A VIDA
LÓGICA DA
ALMA

Dados Internacionais de Catalogação na Publicação (CIP)
(Câmara Brasileira do Livro, SP, Brasil)

Giegerich, Wolfgang, 1942-
  A vida lógica da alma : em direção a uma noção rigorosa de psicologia / Wolfgang Giegerich ; tradução André Dantas. – 1. ed. – Petrópolis, RJ : Vozes, 2021. (Coleção Reflexão Junguiana)

  Título original : The Soul's Logical Life
  ISBN 978-65-5713-258-6

  1. Alma 2. Lógica 3. Psicologia – Filosofia 4. Psicologia junguiana I. Título II. Série.

21-66385 CDD-150

Índices para catálogo sistemático:

1. Alma : Psicologia   150

Maria Alice Ferreira – Bibliotecária – CRB-8/7964

Wolfgang Giegerich

A VIDA
LÓGICA DA
ALMA

EDITORA
VOZES

Petrópolis

© 2019, Wolfgang Giegerich.

Tradução realizada a partir do original em inglês intitulado
The Soul's Logical Life – Towards a Rigorous Notion of Psychology

Direitos de publicação em língua portuguesa:
2021, Editora Vozes Ltda.
Rua Frei Luís, 100
25689-900 Petrópolis, RJ
www.vozes.com.br
Brasil

Todos os direitos reservados. Nenhuma parte desta obra poderá ser reproduzida ou transmitida por qualquer forma e/ou quaisquer meios (eletrônico ou mecânico, incluindo fotocópia e gravação) ou arquivada em qualquer sistema ou banco de dados sem permissão escrita da editora.

CONSELHO EDITORIAL

Diretor
Gilberto Gonçalves Garcia

Editores
Aline dos Santos Carneiro
Edrian Josué Pasini
Marilac Loraine Oleniki
Welder Lancieri Marchini

Conselheiros
Francisco Morás
Ludovico Garmus
Teobaldo Heidemann
Volney J. Berkenbrock

Secretário executivo
João Batista Kreuch

Diagramação: Raquel Nascimento
Revisão gráfica: Alessandra Karl
Capa: Editora Vozes

ISBN 978-65-5713-258-6

Editado conforme o novo acordo ortográfico.

Este livro foi composto e impresso pela Editora Vozes Ltda.

Sumário

Prefácio do tradutor, 7
Prefácio à edição brasileira, 13
Prefácio, 19
1 "Proibida a entrada!" A entrada na psicologia e o estilo do discurso psicológico, 25
2 Por que Jung?, 71
3 Jung: Enraizamento na noção, 98
4 Junguianos: Imunidade à noção e a herança perdida, 140
5 Psicologia arquetípica ou: Crítica da abordagem *imaginal*, 180
6 Actaion e Ártemis: A representação pictórica da noção e a interpretação (psico-)*lógica* do mito, 353
7 Perguntas finais, 483
Referências, 487
Indice analítico, 494

Prefácio do tradutor

É com imenso prazer que apresentamos ao leitor de língua portuguesa uma das principais obras do analista junguiano alemão Wolfgang Giegerich. Desde *Ontology* versus *Phylogeny? A Fundamental Critique of Erich Neumann's Analytical Psychology*[1], seu primeiro artigo publicado no campo junguiano em 1975, Giegerich tem se destacado pela capacidade de apontar de forma precisa os pontos cegos da psicologia junguiana. Oriundo do campo das Letras, Giegerich sentiu-se atraído pelas intepretações de autores junguianos de obras como o *Fausto* de Goethe e buscou uma formação para se tornar analista. Frustrado com a esterilidade do pensamento junguiano tradicional, ele sentiu na psicologia arquetípica de James Hillman uma lufada de ar fresco capaz de arejar o meio junguiano.

Após publicar cinco livros na língua alemã, *A vida lógica da alma* foi seu primeiro livro escrito originalmente na língua inglesa. Publicado em 1998, é o terceiro livro que marca sua fase de rompimento com a psicologia arquetípica por achar que ela enfatizou demais a imaginação da *anima* às custas do pensamento do *animus*. Em julho de 1992, no Primeiro Festival

---

1. GIEGERICH, W. "Ontology vs.Phylogeny? A Fundamental Critique of Erich Neumann's Analytical Psychology". In: GIEGERICH, W. *The Neurosis of Psychology*: primary papers towards a critical psychology. (p. 19-39). New Orleans: Spring Journal Books, 2005.

Internacional de Psicologia Arquetípica em homenagem à James Hillman ocorrido na Universidade de Notre Dame, Giegerich apresenta seu artigo *Matanças: o platonismo da psicologia e o elo perdido com a realidade*. Nesse artigo, ele questiona se "a falação sobre Deuses na psicologia arquetípica é só um jargão glamourizante, fundamentalmente afastado daquela realidade a que antes se referia pela palavra Deuses". Desnecessário dizer quão polêmicas foram suas palavras. Na sequência publica dois livros, *Tötungen. Gewalt aus der Seele: Versuch über Ursprung und Geschichte des Bewußtseins*[2] em 1993 e *Animus-Psychologie*[3] em 1994. Nesses dois livros, Giegerich expõe o que seria uma psicologia baseada não apenas no arquétipo da *anima*, como ele afirma ser a psicologia arquetípica, mas na sizígia *anima/animus* como um todo. Poderíamos aqui dizer que *A vida lógica da alma* fecha essa trilogia de apresentação da sua abordagem ao delinear de maneira clara e concisa esse novo método de interpretação dos fenômenos psíquicos.

Traduzir uma obra como *A vida lógica da alma* é uma tarefa duplamente espinhosa. A primeira camada de espinhos é aquela inerente ao próprio ofício da tradução, o da traição. A segunda se deve ao fato de que a própria obra soa como uma traição à abordagem psicológica de Jung que o autor afirma seguir de maneira rigorosa. A começar pelo título que conjuga

---

2. Apesar de esgotado, um trecho desse livro, que é uma versão estendida do artigo *Matanças* de 1992, está disponível como o capítulo 5 em GIEGERICH, W. "Killings". In: GIEGERICH, W. *Soul-Violence*. (p. 189-265). New Orleans: Spring Journal Books, 2008.
3. Apesar de também esgotado, um trecho dele foi publicado como o capítulo 3 em GIEGERICH, W. "The Animus as Negation and as the Soul's Own Other". In: GIEGERICH, W. *Soul-Violence*. p. 111-167.

duas palavras tidas como antônimas na perspectiva junguiana. Afirmar que a vida da alma é lógica parece trair o *insight* básico de Jung de que a alma é imagem. O que à primeira vista parece traição, se mostra ao longo do livro como um aprofundamento na natureza da própria imagem anímica, um aprofundamento que para acontecer requer uma traição da superfície fenomenal da alma, pois é só por meio dessa negação que algo mais profundo pode aparecer, já que algo se constitui como superfície por conter algo de mais profundo por baixo ou por dentro. No prefácio à *Fenomenologia do espírito*, Hegel escreveu que "fica patente que por trás da assim chamada cortina, que deve cobrir o interior, nada há para ver; a não ser que nós entremos lá dentro – tanto para ver como para que haja algo ali atrás que possa ser visto"[4]. O convite que *A vida lógica da alma* faz ao leitor é que entre nas imagens para ver o que há por trás delas, mas o que Giegerich mostra é que não há nada por trás, por baixo ou por dentro para ver e é precisamente aí que reside a traição. Não há nada para ver, porque o que a imagem oculta é é o seu próprio emergir. O filósofo Heráclito de Éfeso dizia que *physis kryptesthai philei* (fragmento 123), que literalmente traduzido significa "a natureza ama se ocultar". O problema da tradução de *physis* como "natureza" é que a *physis* grega não é idêntica à natureza positivizada da cultura ocidental. Heidegger lembra que *physis* significava "crescimento" não só no sentido quantitativo, mas no sentido de algo que brota de dentro de si, que desabrocha como uma flor. *Physis* é o que brota, o que desabrocha, o que emerge, o que aparece. O sol, os astros, os animais, as plantas e os Deuses são *physis*, porque

---

4. HEGEL, G.W. *Fenomenologia do espírito*, p. 118. Petrópolis: Vozes, 1992.

physis não é aquilo que emerge, mas a emergência enquanto tal, o próprio ato emergir. Não é a "natureza que ama se ocultar", mas o eclodir que ama se esconder[5]. O desvelar ama se velar, porque o que se desvela se vela em seu próprio aparecer. A natureza que ama se re-velar é a natureza daquilo que aparece, a essência que se oculta em seu aparecer, o ser de algo, aquilo que algo essencialmente "é" que é o que Heráclito chamava de Logos. No fragmento 50, Heráclito afirma que "é sábio que os que ouviram, não a mim, mas ao Logos, reconheçam que todas as coisas são um". Esse "um" concorda consigo diferindo de si mesmo, se unifica consigo multiplicando-se, "transformando-se, repousa" (fragmento 84). Logos, para Heráclito, é a natureza autocontrária de algo, a dialética interna que faz algo ser o que é, como bem o mostra os fragmentos 8 ("o contrário em tensão é convergente; da divergência dos contrários, a mais bela harmonia"), 10 ("conjunções: completo e incompleto, convergente e divergente, concórdia e discórdia, e de todas as coisas um e de um, todas as coisas") e 51 ("não compreendem como concorda o que de si difere: harmonia de movimentos contrários, como o do arco e da lira").

Em termos psicológicos isso significa que a natureza da psique ama se ocultar, ou seja, é da natureza da imagem ocultar seu emergir, porque ela é a coagulação do seu emergir, é uma emergência congelada. E "logos" é o nome desse devir que as imagens anímicas coagulam. Explicitar a lógica de uma imagem é trazer à tona o devir que a constitui, é abrir a imagem para mostrar as engrenagens que a movem por dentro. Como essas engrenagens são um processo pensante, esse abrir nega

---

5. HEIDEGGER, M. *Introdução à Metafísica*. Rio de Janeiro: Tempo Brasileiro, 1987.

a imagem enquanto pura imagem, nega o pensamento que ainda enxerga a imagem como um objeto externo à distância. Pensar a alma como vida lógica é pensar um pensamento que não tem nada externo a si, porque o que ele pensa e seu pensar são uma só e mesma coisa, um puro devir. Mas aqui cabe perguntar: devir para onde? Para dentro. Resposta confusa essa, admitimos, já que a ideia de movimento é usualmente pensada de maneira exterior, como uma passagem de um ponto para outro. Mesmo o movimento de introspecção da psicologia profunda é uma passagem do mundo exterior da objetividade para o interior subjetivo. Não é esse o movimento lógico da alma. A alma mergulha cada vez mais dentro de si, se torna mais si mesma ao ir para fora de si e assim refina a si mesma. A alma complexifica sua lógica por meio de produções que expressam esse complexificar, de modo que cada imagem é um experimento feito pela própria alma de aprofundamento e refinamento da sua constituição, e nada há na alma que não esse processo de articular de modo cada vez mais fino e sutil suas engrenagens internas montando novos engenhos.

O Logos da alma é esse devir que as imagens personificam, e psicologia, o Logos da psique, é o trabalho de reconstituir a lógica que constitui cada imagem, o explicitar do Logos que pulsa nelas. E isso não pode acontecer sem que nós entremos na imagem para pensar seu Logos, sem que nosso pensamento se torne o próprio pensamento da imagem. A separação entre sujeito e objeto é dissolvida, à medida que o sujeito que pensa a imagem se torna o próprio pensar ao qual a imagem é. E é esse pensar no qual sujeito e objeto são momentos internos do próprio devir pensante que constitui a Psicologia enquanto *Disciplina da Interioridade*, que é o modo como a abordagem proposta por Giegerich vem sendo chamada.

Psicologia, o Logos da psique, é a atividade de pensar o pensamento da própria imagem e *A vida lógica da alma* é o laboratório ao qual Giegerich nos convida para a realização desse experimento. O livro não mostra isso para nós, como se ele apontasse o dedo para algo que precisássemos observar bem para aprender. Talvez o faça no início, mas é apenas um artifício de sedução para entrarmos na retorta alquímica e realizarmos nós mesmo essa experiência de pensamento que é a psicologia. Impossível garantir que o leitor irá gostar ou concordar com tudo que foi escrito, mas posso garantir, por experiência própria, que aquele que aceitar o desafio de repensar o pensamento que é pensado neste livro transformará sua própria forma de pensar. É impossível sair igual depois de um mergulho no pensamento pensado por Giegerich, como bem o mostram as reações apaixonadas e virulentas que sua obra vem despertando no campo junguiano. Depois que se entra nele, torna-se impossível ler Jung da mesma maneira e é isso que a traição traz para uma relação, não o fim da relação em si, mas da sua simbiose, da visão inocente de que o outro é aquilo que mostra, que não há nada por trás do que é mostrado. *A vida lógica da alma* é um convite para pensar as sementes de pensamentos não pensados que ainda dormitam latentes por baixo do conteúdo manifesto da letra junguiana.

André Dantas
Psicólogo clínico, autor de livros e cursos de psicologia junguiana

Prefácio à edição brasileira

O surgimento da tradução em português deste livro é uma ótima oportunidade para abordar dois tópicos que são essenciais para o entendimento da sua tese e propósito. Um dos tópicos se refere à ideia da "vida *lógica* da alma", onde a palavra "lógica" tem frequentemente sido um obstáculo para um acesso genuíno a essa obra. O outro tópico é a questão acerca de qual foi a motivação fundamental para a escrita deste livro ou, para dizer de outro modo, qual é a questão que está em jogo nele.

Quando as pessoas escutam a frase "a vida lógica da alma", a primeira ideia que frequentemente parecem ter é que "lógica" se refere à lógica formal, até mesmo à lógica matemática, e portanto a frase sugere uma abordagem abstrata, estritamente racionalista da vida psíquica, talvez até mesmo a tese de que a vida da alma segue as regras do raciocínio correto. Se fosse esse de fato o significado, a psicologia dificilmente seria possível. Como tal abordagem poderia fazer justiça à qualidade irracional dos rituais assim como da neurose e de outros sintomas psíquicos, à esfera inteira dos afetos humanos, dos desejos, dos sonhos, à profundidade poética e numinosa das imagens míticas e em geral ao caráter misterioso da vida da alma? Grandes áreas da realidade anímica seriam marginalizadas.

Mas não é necessário tirar conclusões apressadas escolhendo entender "lógica" no sentido mais convencional e cotidiano da palavra. Podemos também escutar o que a palavra diz. E assim fica claro que "lógica" é antes de tudo simplesmente o adjetivo do nome *logos*. Por sua vez isso chama nossa atenção para o fato de que o próprio nome do nosso campo, psicologia, contém em si mesma a palavra Logos. Psicologia é a disciplina que estuda o logos da alma (*psychê*). Essa frase, *O Logos da alma*, é o título de um livro de Evangelos Christou lançado postumamente em 1963, editado por James Hillman. Na segunda frase de sua "Introdução do editor", Hillman diz sobre o livro que "ele tenta pensar uma lógica fundamental para a psicoterapia e separar essa lógica da usada pelas ciências naturais e pela filosofia". A ideia subjacente é que o campo que estuda a alma deve ser guiado por uma lógica que é adequada ao próprio logos da alma, a sua própria lógica interna. Longe de se referir ao pensamento abstrato, racionalista e rigidamente formalista, "lógica" implica em nosso contexto uma dinâmica interna consistente, seja a do campo de estudo, seja a do fenômeno estudado. Todos os fenômenos psíquicos e culturais têm sua própria lógica interna. Em seu desenvolvimento interno uma sinfonia de Beethoven segue sua própria lógica. Nós também falamos, por exemplo, da "lógica das revoluções", de acordo com a qual as revoluções tendem a devorar seus filhos assim como Saturno. Todo fenômeno psíquico, toda imagem arquetípica, todo mito vêm com sua própria lógica específica (e quer iniciar a consciência nessa lógica).

Se os fenômenos psíquicos têm uma natureza de Logos, eles precisam de um Logos correspondente na mente que deseja conhecê-los. Não é suficiente abordar um fenômeno anímico, uma imagem onírica por exemplo, procurando por similitudes na mitologia ou no simbolismo tradicional, isto é, *correspondendo*, mais ou menos mecanicamente, uma dada imagem de uma experiência interna de uma pessoa moderna a algum arquétipo ou deus mítico. Nem é suficiente se relacionar emocionalmente com a profundidade arquetípica das imagens, impressionando-se com sua numinosidade e reverenciando-a de maneira estupefata e maravilhada.

O primeiro (e tão popular) método de "correspondência" é no fundo uma atividade sem alma. Podemos aplicar a ele o mesmo tipo de crítica que – em um contexto diferente, o da sua tipologia psicológica – Jung levantou em seu "Prólogo à edição argentina" do seu *Tipos psicológicos* contra o que ele sentiu ser uma má compreensão e mal uso da sua tipologia. Como ele afirma, sua tipologia não é uma ferramenta para a classificação de pessoas, seu propósito "não é de forma alguma colar rótulos nas pessoas à primeira vista". Mas o que é o ato de corresponder imagens modernas com similitudes mitológicas senão um ato formalista de classificação, a colagem de rótulos como "anima", "trickster", "Grande Mãe", "puer", "Afrodite", "arquétipo da criança", "Dioniso", "renascimento" nas imagens oníricas das pessoas?

Até onde a deficiência da abordagem emocional concerne, podemos relembrar que o Jung maduro advertiu explicitamente contra o abandono de si às impressões emocionais de, por exemplo, fórmulas cristãs dogmáticas como "O sangue do nosso Senhor Jesus Cristo", e contra se entregar a elas simplesmente porque elas "soam tão solenes e tão belas como o domingo, e tão esplendidamente religiosas". A mesma advertência se aplica, é claro, ao caso das imagens míticas, mandalas, símbolos e arquétipos. Eles, também, podem soar tão solenes, tão sagrados, tão esplendidamente significativos.

Qual é o problema com a reação puramente emocional às ideias e imagens arquetípicas? De acordo com Jung "A pessoa se torna novamente inconsciente por meio delas. Porque não sabe o que essas palavras significam, e porque ela se abandona à impressão emocional". "Pois se deveria saber o que significam. Mas a propósito disso não há simplesmente mais nenhum pensamento acontecendo. Existe nisso uma enorme preguiça de pensar". Jung adverte contra o estado mental "no qual não pensamos mais nada e apenas sucumbimos à sugestão absoluta. Alguém se torna sugestionável quando não tem pensamentos conscientes, apenas inconscientes"[1].

Esses curtos comentários devem ser suficientes aqui para ajudar a colocar o leitor na trilha certa para entender o significado de "lógica" na frase "a vida lógica da alma".

Mudando agora para o tópico da motivação por trás da escrita deste livro e para a questão do que está em jogo nas suas discussões, eu devo me referir ao subtítulo do livro "em direção a uma noção rigorosa de psicologia". Esse é em muitos sentidos uma questão similar àquela que Evangelos Christou abordou em seu livro, cujo propósito era, como já ouvimos de Hillman, "pensar uma lógica fundamental para a psicoterapia e separar essa lógica da usada pelas ciências naturais e pela filosofia". É deplorável ver que aquilo que a "psicologia" significa, o seu *status*, fundamento e justificação, é comumente tomado como garantido.

---

1. JUNG, C.G. *Über Gefühle und den Schatten* – Winterthurer Fragestunden. Zürich and Düsseldorf: Textbuch, 1999, p. 22, 23, e 24s.

A vida lógica da alma

Foi compreendido em todas as escolas de psicologia profunda que um psicólogo analítico não pode ser autorizado a trabalhar pura e simplesmente como a pessoa comum que ele é. Não é suficiente estudar os *insights* e métodos que o campo da psicologia analítica tem a oferecer. É um indispensável pré-requisito que quem quer que deseje se tornar analista atravesse ele mesmo uma análise, que seja analisado pessoalmente para só então poder analisar outros.

Mas intelectualmente, até o ponto em que a teoria é considerada, uma análise comparável não é requerida. Usualmente os psicólogos nem mesmo enxergam que há uma questão premente aqui, que é preciso ter uma compreensão clara de qual é a genuína natureza e fundamento da psicologia, e de que as pressuposições que a constituem como uma psicologia autêntica precisam ser claramente diferenciadas daquelas predominantes em outros campos, na consciência coletiva, assim como na consciência individual do psicólogo enquanto membro da sociedade e indivíduo cotidiano ordinário. Jung escreveu uma vez que "Sempre achei muito difícil comunicar, no campo da psicologia, algo de compreensível ao público em geral" (*OC* 10, § 276), e acrescentou, "cada um acha que a psicologia é aquilo que melhor conhece" (§ 277). Mas ele esqueceu de mencionar que os psicólogos, incluindo os junguianos, são e permanecem em sua maioria parte desse público em geral.

A atenção dos psicólogos, e do próprio campo da psicologia, é geralmente dirigida apenas adiante, imediatamente para o "objeto" (para o fenômeno psicológico, para os sonhos, mitos, contos de fadas, histórias de caso e, claro, para os próprios pacientes), sem nenhuma autorreflexão da psicologia enquanto disciplina (enquanto estrutura objetiva) que informa essa consciência que estuda esses fenômenos. Geralmente não há nem mesmo uma suspeita de que algo essencial está faltando: um claro caso de cego *acting-out*. A fórmula do próprio Jung para essa situação é "em vez da psicologia, o uso de métodos psicológicos..."[2]. Como consequência poderíamos dizer, modificando um famoso *dictum* de Freud: Onde houver apenas aplicação de métodos psicológicos e de conhecimento psicológico para cada vez mais "casos" e fenômenos, a *psicologia* deve estar. Esse é o legado de Jung e perene tarefa para nós. É nesse espírito que o presente livro se esforça para contribuir à autorreflexão crítica da psicologia e para trabalhar uma noção rigorosa para o nosso campo.

Não quero terminar este prefácio sem ter expressado meus sinceros agradecimentos a Marcus Quintaes, que ao longo dos anos se esforçou incesssantemente para mediar as ideias deste livro aos colegas brasileiros e conseguiu publicar uma tradução em língua portuguesa; e a André Dantas por ter realizado a certamente árdua e nada fácil tarefa desta tradução. Sou grato também às inúmeras pessoas interessadas neste projeto que apoiaram esta tradução financeiramente, e, por fim, aos editores que nestes tempos difíceis aceitaram este livro em suas prateleiras.

Berlim, Julho de 2020.
Wolfgang Giegerich

---

2. JUNG, C.G. *Cartas Vol. II*, p. 142, para Thompson, 23/09/1949. Petrópolis: Vozes, 2002.

Prefácio

Existe uma antiga saga islandesa sobre um jovem muito acomodado. Sua mãe não suportava isso e tentava despertá-lo com comentários mordazes. Finalmente ela conseguiu. O jovem se levantou detrás da estufa onde havia se sentado e, tomando sua lança, deixou a casa. Fora, lançou sua lança o mais longe que pôde e depois correu ao lugar em que ela caiu para pegá-la. Nesse novo lugar, ele a lançou novamente o mais longe possível e logo a seguiu, e assim sucessivamente. Desse modo, com essas "projeções" literais que então tinha que alcançar, ele abriu seu caminho por si desde o conforto do lar até o mundo exterior[1].

Ao escrever este presente livro, sigo o procedimento desse jovem. Este livro tem um duplo objetivo. Ele tenta preparar o caminho para uma rigorosa noção de psicologia e ao mesmo tempo faz uma defesa para a ideia (talvez surpreendente) de que a vida da alma é no fundo vida *lógica*. Como a estreita relação entre "noção" e "lógica" pode indicar, o que parecem ser dois objetivos separados são na verdade apenas dois lados de um só

---

1. *Gronländer und Färinger Geschichten*. Vol. 13, Dusseldorf: Thule, 1965, p. 163. Tornei-me consciente desse episódio por GEHRTS, Heino. "Vom Wesen des Speeres". In: *Hestia 1984/1985*. Bonn: Bouvier, 1985, p. 71-103, esp. p. 73 com nota 7 na p. 100.

propósito. Neste século, a psique tem sido entendida sobretudo como libido sexual, desejo, emoção, sentimento e assim por diante. Também há a ideia de que a psique é imagem. A tese proposta aqui, de que a alma é no fundo vida lógica ou pensamento, é de imediato aberta a todo o tipo de mal-entendidos e preconceitos de tom emocional. O propósito deste livro é elucidar como esta tese tem de ser entendida. Neste prefácio, é suficiente dar ao leitor a pista provavelmente desconcertante de que é a tese da alma como vida lógica que pode finalmente redimir a promessa de uma psicologia *alquímica* e fazer justiça ao *Dionisíaco* como um conceito psicológico.

Nosso tempo na história e os incríveis problemas com que nos deparamos são tais que não podemos nos dar ao luxo de *não* avançar ao *insight* de que a natureza mais profunda da alma é lógica (é pensamento) e de *não* avançar a uma rigorosa noção de psicologia. Como C.G. Jung disse, "o verdadeiro problema de agora em diante em direção a um futuro obscuro será psicológico"[2], uma afirmação que só faz sentido se a psicologia é compreendida como a disciplina do pensamento apropriado, e se é superada a ilusão de que seu tema deveria não ser mais do que aquilo que se passa no *interior* das pessoas...

Ao abrir o caminho para a realização deste duplo projeto, eu jogo minha lança à frente de onde estou. E ousadamente faço afirmações e levanto o nível sem me preocupar por um momento se posso eu mesmo corresponder a eles ou se serei capaz um dia de estar à altura deles. Se a psicologia há de abandonar os limites acolhedores do seu presente lar e se mover para atingir o mundo real da alma, provavelmente não há

---
2. JUNG, C.G. *Cartas Vol. III*, p. 206, para Werner Bruecher, 12 de abril de 1959. Petrópolis: Vozes, 2003.

outro modo além do de trabalhar com tais "projeções" literais. Mas como mostrei em um texto anos atrás[3], projeções existem a fim de correr ou saltar atrás delas para alcançá-las. Assim como o projeto vem primeiro quando se constrói uma casa, aqui primeiro vem a projeção; é apenas a primeira metade do projeto completo (e este livro pretende não ser mais do que essa primeira metade). Apenas depois surge a questão de se eu, ou qualquer leitor, é capaz de dominar a segunda metade também, recolhendo a projeção e insuflando-a com vida real. A resposta a esta pergunta está fora do alcance deste livro.

Da natureza do meu projeto se segue que às vezes eu tenha que dirigir severas críticas à psicologia do presente. Para empurrar a psicologia acomodada para fora do lugar em que parece ter criado raízes, ela tem que se ver implacavelmente confrontada com seus defeitos. Mas espero que o leitor perceba que minhas críticas não têm a forma de "todos os psicólogos fazem isso ou aquilo". Não falo de psicólogos individuais, nem sobre todos eles coletivamente. Exponho e discuto um *tipo* falso ou pobre de psicologia, para poder desdobrar a noção de um tipo melhor de psicologia. Toda crítica, portanto, é feita no nível *especulativo*, não pessoal, contra certas concepções e modos gerais de ver as coisas, ou contra o que se poderia chamar um "tipo ideal" (no sentido de Max Weber) de má psicologia. A questão de *quem* de fato pensa desse modo (ou

---

3. GIEGERICH, W. "Der Sprung nach dem Wurf. Über das Einholen der Projektion und den Ursprung der Psychologie". In: *GORGO* 1/1979, p. 49-71. Publicado em inglês como "The Leap After the Throw: On 'Catching up With' Projections and on the Origin of Psychology". In: GIEGERICH, Wolfgang. *The Neurosis of Psychology*. Coll. Engl. Papers vol. I. New Orleans: Spring Journal Books, 2005, p. 69-76.

de quantos) não interessa aqui. Inclusive quando cito nomes específicos de autores de psicologia, são usados somente como exemplos concretos de certo tipo de pensamento e com o fim de ajudar a psicologia a se pôr de fora desse tipo inadequado de pensamento. Não são eles em si mesmos o problema. Com frases sobre "os psicólogos", "os junguianos" etc. não pretendo, é claro, saber o que pensa ou faz cada membro do respectivo grupo. Essa forma de enunciado se refere às tendências gerais que se podem realmente observar, mas qualquer psicólogo, qualquer leitor, tem que decidir se, e possivelmente como, participa ou não dessa tendência.

Para o jovem da saga, as coisas foram simples. Era um acomodado e teve que sair para o mundo. O ponto de partida e a meta, lar e mundo, estavam contrapostos sem ambiguidade. A psicologia está em uma situação bem mais complicada. Certamente, também chamei a psicologia de acomodada. Mas é uma acomodada precisamente porque não retornou ao seu próprio lar. Prefere permanecer no exílio, sentindo-se em casa nessa alienação mesma de si. Contudo, isso não significa que sua tarefa seria simplesmente um movimento na direção oposta, do mundo exterior ao seu lar. A psicologia é essa estranha disciplina que, acomodada como é, tem que sair ao mundo e entrar em contato com a realidade da vida, mas para quem essa mesma saída tem que ter a forma de uma interiorização incondicional em si mesma, e para quem essa interiorização tem que equivaler a um pleno movimento à realidade da vida, e não ser meramente a retirada para uma interioridade *literal*. A psicologia tem que viver com e dentro dessas contradições. São seu dilema e sua distinção, e abrir um caminho será a tarefa do seguinte discurso.

O curso das minhas reflexões procede em círculos concêntricos. O primeiro capítulo levanta a questão da relação entre a consciência cotidiana e a consciência psicológica. Como se pode ir de uma à outra? O segundo capítulo mostra por que dentre todos os psicólogos importantes deste século e das diversas escolas psicológicas, Jung tem que ser mais ou menos exclusivamente a base e o ponto de partida para nossa busca de uma noção rigorosa de psicologia. O que continua nos capítulos seguintes é uma apreciação crítica; primeiro, da importância de Jung; depois, do movimento junguiano convencional e, finalmente, da psicologia arquetípica para chegarmos a uma noção estrita de psicologia. Resultará que estes três estágios mencionados não podem ser pensados em termos de uma ascensão linear de uma base passando por um estágio intermediário até um cume. Em vez disso, o estado de coisas no movimento junguiano convencional parece ser o de uma regressão mais atrás dos achados de Jung, de forma que a psicologia arquetípica é novamente um grande avanço, mas que, não obstante necessita de uma crítica radical (a respeito do viés *imaginal*). Para chegar a um conceito rigoroso de psicologia temos que ir mais além do imaginal. O último e principal capítulo é dedicado à exposição da Ideia de psicologia (ou ao menos um esboço de tal Ideia) por meio de uma extensiva análise de um mito particular, o de Actaion e Ártemis.

Algumas das ideias neste livro foram primeiramente apresentadas à receptiva audiência de participantes dos seminários anuais que conduzi para estudantes de graduação em Psicologia e terapeutas profissionais japoneses. Este livro é dedicado a eles e ao meu amigo Toshio Kawai, professor na Universidade de Kyoto, que iniciou e organizou esses seminários. Sou grato a ele pela troca estimulante de ideias e pelo seu contínuo encorajamento na finalização do trabalho deste texto.

Para a 5ª edição, algumas pequenas erratas foram corrigidas. Além disso, em casos em que as versões em inglês de artigos referenciados em alemão ou livros meus tornaram-se disponíveis nesse tempo, as informações bibliográficas relevantes foram adicionadas.

A principal mudança, entretanto, é a adição de um índice detalhado. Houve um razoável empenho para fornecer nele não apenas referências a palavras-chave, mas também a ideias essenciais discutidas n'*A vida lógica da alma*.

WG, junho de 2019.

1 "Proibida a entrada!" A entrada na psicologia e o estilo do discurso psicológico

> ...por isso não poderia me confinar a um material geralmente entendível.
>
> C.G. JUNG[4]

No verão de 1909, Albert Einstein recebeu o convite de uma publicação científica para escrever um livro sobre a revolução gerada na física pela Teoria da Relatividade. Einstein declinou. A razão dada por ele foi: "não consigo imaginar como alguém pode tornar esse assunto mais acessível ao grande público. Para entendê-lo, é indispensável um certo grau de treinamento no pensamento abstrato, que a maioria das pessoas não adquire porque não precisa"[5]. A justificativa para tal cautela é claramente evidente e aceitável para todos. Não há nenhuma dúvida de que para entender a física moderna, sem falar em ser capaz de se juntar à discussão dos seus problemas, é preciso reunir certos pré-requisitos que a maioria de nós não possui.

---

4. ... *daß ich mich nicht uf das Allgemeinverständliche einschränken konnte*." *Erinnerungen* ..., p. 198; *Memories* ..., p. 219.
5. Citado em FÖSING, Abrecht. "Was kostet E = mc^2?" In: *Süddeustche Zeitung*, n. 300, 30 Dec. 1995, p. III.

Sabemos e aceitamos que não estamos à altura do nível de pensamento que nos permitiria estar a par das questões com as quais a física luta hoje em dia. Quando mais tarde em sua vida Einstein mudou de ideia e afinal escreveu a introdução às novas ideias da física para uma audiência mais ampla, esses textos tiveram o caráter de *popularizações*. A validade do seu primeiro argumento não foi alterada. Para realmente entender desses assuntos, um certo grau de treinamento no pensamento abstrato permanece indispensável. E quando Einstein e outros físicos queriam ser *realmente* entendidos, eles escreviam e ainda escrevem para seus próprios colegas (*i. e.*, não para todos) e de uma forma que para a "maioria das pessoas" é incompreensível.

Não é espantoso que não haja nada equivalente na psicologia (terapêutica) a essa diferença entre popularizações e trabalhos feitos para o profissional, nenhuma diferença entre o que foi conscientemente diluído e simplificado, de um lado, e o que expressa o estado-da-arte dos *insights* do campo em uma forma adequada, do outro? Reagindo à reprovação de que seus escritos apresentavam experiências desconhecidas ou não facilmente acessíveis, Jung disse: "É um fato curioso constatar a frequência com que todos, até os menos aptos, acham que sabem tudo sobre psicologia, como se a psique fosse algo que desfrutasse do mais universal dos entendimentos"[6].

A psicologia e a física, claro, não são similares, e não se pode esperar os *mesmos tipos* de pré-requisitos nos dois campos. Para atuar na psicologia, certamente não se faz necessário um treinamento em matemática complexa e no tipo de pensamento abstrato demandado na física. Mas isso

---

6. JUNG, C.G. *Psicologia e alquimia, OC Vol. 12*, § 2. Petrópolis: Vozes, 1994.

significa que nenhum pré-requisito é necessário? Que não é necessário nenhum tipo de treinamento em um pensamento rigoroso? Isso faz sentido?

Livros de psicologia[7] são escritos precisamente para a "audiência mais ampla". Qualquer um que possa ler um jornal diário pode ler a maior parte do que é publicado na psicologia. Não há uma real diferença entre os trabalhos escritos para os especialistas e os escritos para os leigos. E também não há uma real diferença entre os trabalhos escritos *por* especialistas e os escritos *por* leigos. Ambos podem ser igualmente inteligentes ou igualmente superficiais e estúpidos. Claro que há toda uma série de regulações formais e institucionais pelas quais os psicólogos hoje querem dar ao seu campo um semblante de respeitabilidade profissional e acadêmica; o número de horas de treinamento profissional em psicologia, as horas de treinamento prático e teórico assim como de análise didática têm aumentado; rigorosos códigos de ética e de procedimentos de "administração de qualidade total" são estabelecidos para assegurarem altos níveis éticos e profissionais; estudos para "provar" (verificar empiricamente) a efetividade dos princípios de cada escola psicológica são feitos para darem a impressão de que a psicologia é um campo que tem o *status* de uma ciência plenamente realizada. Mas todas essas manobras organizacionais não mudam a forma interna da psicologia, o fato de que o Homem Comum é o endereçado e o remetente dos escritos psicológicos. Se na psicologia não existe diferença entre o nível de pensamento e de escrita dos especialistas e o da "audiência mais ampla",

---

[7]. "Psicologia" é utilizada aqui para se referir à psicologia terapêutica, e não à psicologia acadêmica ou científica.

temos que concluir que mesmo os livros escritos pelos especialistas são escritos por aquela parte da consciência *no* especialista que é "leiga" e que ele compartilha com a "maioria das pessoas". A psicologia parece ser, no fundo, psicologia "pop", independente de isso ser ou não intencionalmente explícito, e independente de quem ou para quem ela é escrita. Se a escrita é "pop", então inevitavelmente o pensamento dos psicólogos também deve ser "pop".

Poderia se pensar que esse estilo pop foi apenas um deslize. Longe disso. Esse estilo é baseado em um princípio. A ideia subjacente é que a psicologia *deve* ser feita para o Homem Comum, deve ser inteligível para o homem cotidiano, deve ser democrática e exotérica e não elitista e esotérica (no autêntico sentido da palavra). O caráter popular é intencional e visto não como um erro, mas como uma virtude. A razão subjacente é que, como todos possuem *uma alma*, a psicologia então deve ser compreensível a todos.

Se esse argumento fosse válido, então também não haveria diferença entre as popularizações e os escritos para os especialistas no campo da medicina, bioquímica e física, pois todo mundo tem um corpo sujeito às doenças e às leis da química e da física. O que Hegel disse sobre a filosofia, *mutatis mutandis* também se aplica à psicologia. "Para se ter qualquer ciência, arte, habilidade, ofício, prevalece a convicção da necessidade de um esforço complexo de aprender e de exercitar-se. De fato, se alguém tem olhos e dedos e recebe couro e instrumentos, nem por isso está em condições de fazer sapatos. Ao contrário, no que toca à filosofia, domina hoje o preconceito de que qualquer um sabe imediatamente filosofar e julgar a filosofia, pois tem para tanto padrão de medida na sua razão natural – como se não tivesse também em seu pé a medida do sapato"[8].

Logo não é apenas o anseio subjetivo de parte dos escritores de psicologia por amplo reconhecimento e sucesso financeiro que elimina a diferença entre as popularizações e as autênticas apresentações em psicologia. É a crença de que o leigo é *expert* por natureza (por ter uma alma), assim como no Protestantismo todo leigo é padre. Também há um outro princípio mais profundo por trás desse fenômeno, uma motivação inconsciente cuja fonte pode ser localizada no pensamento cristão. "Vinde a mim, todos os que estão cansados e oprimidos..." "Ide por todo o mundo, e pregai o evangelho à toda criatura"[9]; a palavra tem que ser disseminada, todos têm que ser convidados a partilhar dos *insigths* da psicologia, a todos tem que ser dada uma chance. Como a psicologia possui uma tarefa terapêutica, a ideia é de que ela tem o dever de tentar atingir a todos. De modo completamente unilateral, o convite e a divulgação são vistos como os modos apropriados do escrito de psicologia. O princípio oposto, o da dissuasão, não tem lugar aqui.

Vemos esse outro princípio por exemplo em Kafka. Em sua parábola "Antes da Lei", um homem do campo chegou a um guardião que está de pé diante da lei e o pede que lhe deixe entrar. Mas o guardião lhe diz que no momento não podia deixá-lo entrar. O texto nos conta que o homem do campo não esperava por tais dificuldades; havia pensado que, depois de tudo, a lei devia ser sempre acessível a todos. – Na ópera de Mozart *A flauta mágica*, Tamino chega à porta do Templo da Sabedoria só para ser recebido por vozes que dizem "Retrocede!". – Se conta que so-

---
8. HEGEL, G.W. *Fenomenologia do Espírito*, p. 59. Petrópolis: Vozes, 1992.
9. Mateus 11,28 e Marcos 16,15.

bre a entrada da Academia de Platão havia uma inscrição que dizia "Proibida a entrada para os não matemáticos!", ou de maneira mais geral, "Não se admite pessoas não qualificadas!", "Pessoas não qualificadas se mantenham de fora!"

Nos três casos, o recém-chegado não advém como um intruso, como alguém com más intenções ou atitudes inapropriadas. Está motivado pelo idealismo. Quer adquirir precisamente aquilo que as instituições na qual chegou podem lhe oferecer, sabedoria e retidão. Mas seu idealismo não é recebido de braços abertos. É ofendido, frustrado, duramente rejeitado. Não há elogios para uma nobre intenção, não há nenhum intento de utilizar sua ânsia para incrementar suas motivações. Não há promessas de reforços gratuitos nem de postos de trabalho adiante.

Sabemos de reações similares dos mestres Zen ou dos grandes mestres artesãos na Ásia Oriental com os novatos que chegam para aprender com eles. O primeiro encontro sempre tem um caráter de um "Não!" De maneira semelhante, os visitantes se encontram nos templos da Ásia com terríveis imagens de guardiões, quase sempre sob a forma de demônios ameaçadores. Entrar no templo requer a superação da ofensa narcísica que o não cumprimento dessas piedosas intenções implica. Em todos esses casos, há um encontro com uma política da dissuasão; há um limite; há obstáculos que se levantam. Jung também tinha essa política quando em uma carta escreveu: "Minha intenção era escrever de tal maneira que assustasse os bobos e apenas os verdadeiros estudiosos desfrutassem da leitura"[10]. Curiosamente, nos encontramos com ideias similares na Bíblia. Uma das ideias cristãs que corresponde ao limiar ou

---

10. JUNG, C.G. *Cartas Vol. II*, p. 29, para Wilfried Lay, 20 de abril de 1946. Petrópolis: Vozes, 2002.

ao obstáculo é a de uma passagem estreita ("É mais fácil um camelo passar pelo buraco de uma agulha ..."). Outra história, a parábola da festa do casamento real, mostra que, aos que entram, não é permitido que entrem como as *pessoas comuns* que sempre foram, tendo que passar por uma mudança radical: "E quando o rei chegou para ver os convidados, viu que havia um homem que não havia se vestido para a festa", em outras palavras, ainda estava com suas roupas comuns. "E o rei disse aos seus servos: 'Amarrai-o de pés e mãos, levai-o, e lançai-o nas trevas exteriores; ali haverá pranto e ranger de dentes'"[11].

A psicologia conhece os temas do limiar, do guardião, das rochas de Cila e Caríbdis, da iniciação etc. como imagens arquetípicas; em outras palavras, como conteúdos de sua reflexão. Mas em seu próprio estilo intelectual, ela tenta ser acessível a todos do jeito que andam na rua, vestidos com sua velha e ordinária consciência comum. Nada no modo como a psicologia fala e pensa indica que alguém tem que se tornar radicalmente diferente, que tem que mudar suas "vestimentas". Não há nenhum limiar a ser cruzado arriscando a vida. Nenhuma morte a ser realizada antes de entrar na psicologia[12]. Mesmo quando *fala* sobre transformação, mudança e até sobre iniciação, morte e inframundo, a própria psicologia, no modo como fala e escreve sobre esses e outros temas, apoia a ininterrupta continuidade do velho ego. Não há uma barreira lógica fundamental construída em seu próprio estilo de pensamento que seria equivalente

---

11. Mateus 22,11-14.
12. Com seus variados procedimentos de admissão de novos candidatos à formação em psicanálise (e também com os exames de admissão nas universidades) a ideia do limiar é meramente atuada, pois não são mais do que uma barreira literal empírica.

ao "Não entre!" ou "Retorne!" A literatura psicológica quer promover os conhecimentos obtidos, quer conseguir tanta audiência quanto for possível.

Irei agora discutir o que a situação no portal significa para três aspectos do discurso psicológico.

a) O "quem" do discurso psicológico

A parábola do Novo Testamento do casamento real é particularmente útil de duas maneiras. Primeiro, porque ao focar nas vestimentas ela nos ajuda a mudar nossas ideias sobre o rechaço inicial dos recém-chegados de uma compreensão interpessoal para uma intrapessoal. Não há pessoas privilegiadas e não privilegiadas aqui. A dissuasão não é dirigida a uma pessoa em particular, apenas à "vestimenta" cotidiana que ela usa. A princípio todos são igualmente elegíveis ou não elegíveis. A linha divisora entre a elegibilidade e a não elegibilidade é traçada dentro de cada indivíduo; é uma divisão já psicologizada. O critério é se ele quebrou radicalmente ou não com sua antiga identidade. A ruptura com sua antiga identidade é o único requisito de entrada. Aquele que quer ser admitido tem que deixar sua antiga identidade para trás e entrar com ou *como* uma nova identidade. Não: eu não posso entrar enquanto outros podem, mas: minha identidade ordinária com suas roupas cotidianas não pode entrar, enquanto outra parte (até agora provavelmente desconhecida para mim) da minha personalidade pode.

De modo que a questão se reduz a "quem *em mim* pode entrar na psicologia?" e "a quem em cada membro do público de um texto ou conferência se dirige a psicologia?" Temos pelo menos três tipos de distinções tradicionais que podemos utilizar para colocar o nome nas nossas diferentes personalidades. Uma é a distinção de Jung entre o ego (ou ego-personalidade) e o Si-mesmo (no sentido estrito junguiano); outra é a distinção entre o eu empírico e a alma; uma terceira é a distinção entre a personalidade e a semente interior, o *daimon* ou gênio[13]. Para o nosso propósito aqui, não é necessário entrar nas diferenças que há entre Si-Mesmo, alma e *daimon*. Tampouco temos que abordar as teorias específicas que subjazem a esses conceitos. Tudo que se necessita aqui é ter uma visão de que há a ideia de uma duplicidade fundamental da personalidade ou da subjetividade na psicologia e que isto nos obriga a levantar as questões, *quem* há de ser o sujeito na pessoa que faz psicologia (e que escreve ou fala nesse campo) e a quem a psicologia tem que se dirigir em cada membro do público.

A resposta é óbvia. A pessoa que faz psicologia tem que ser a nova ou a *outra* personalidade. O *daimon*, o Si-Mesmo, a alma: eles são os únicos que podem produzir uma psicologia que mereça esse nome. Tem que se ter posto os trajes de casamento. Simplesmente não faria sentido permitir à personalidade egoica desenvolver uma "psicologia". Não faria sentido ter uma psicologia produzida pelo ego, que diz aos outros que eles deveriam desenvolver seu Si-Mesmo, porque não há ponte que conduza o ego ao Si-Mesmo. No melhor dos casos o ego pode somente *pregar* a individuação (tornar-se Si-Mesmo), e sabemos o quão ineficaz a pregação é. Pregar transporta continuamente e restabelece mais uma vez o mesmo abismo que demanda ser transposto. Se alguém quer desenvolver o Si-Mesmo, tem que ter cruzado o limiar; tem que ter deixado o ego para trás (não

---

13. HILLMAN, J. *O código do ser*. Rio de Janeiro: Objetiva, 1997.

em todos os aspectos, claro, mas pelo menos ao ponto em que se quer desenvolver o Si-Mesmo) e tem que ter permitido ao Si-Mesmo tomar as rédeas. O Si-Mesmo é real só ao ponto em que o ego foi negado, vencido; poderíamos inclusive dizer que o Si-Mesmo só existe como uma realidade sobre "o corpo morto do ego".

Por isso mesmo, não faz sentido falar sobre o *daimon* enquanto os próprios pensamentos sobre o *daimon* são dirigidos à *personalidade egoica* da audiência, que é persuadida a comprar a teoria do *daimon*. O ego pode "comprar" todo tipo de teoria, mas *psicologicamente* isto não faz nenhuma diferença. Uma personalidade egoica que acredita e desfruta da teoria do "gênio interior" permanece tão egoica quanto se lhe fosse vendida a "psicologia do ego" ou qualquer outra variedade de sistemas de crenças psicológicas. Não é suficiente defender as *ideias corretas* (Si-Mesmo, alma, *daimon*, ou, em outros casos, direitos humanos, cristianismo, democracia, ou o que seja) e rechaçar as ideias erradas (racismo, fascismo, psicologia do ego etc.). Isso é muito barato. Bem mais importante é se o estilo da linguagem psicológica de falar do Si-Mesmo (mencionando aqui apenas ele) põe em jogo isso que se está defendendo, e se demanda aos leitores ou ouvintes para *já* lerem ou ouvirem *como* o Si-Mesmo de que eles estão ouvindo falar. Para o *daimon* ter uma chance, um doloroso corte é inevitável. Sua maneira de falar ou escrever tem que confrontar a audiência com a experiência do não-ego (i. e., no sentido de *"não* como você tem sido até agora"); tem que impor na audiência a ferida narcísica de que você *não* está preocupado com o que *eles* pensam e *não* está falando para *eles*, mas para o Outro deles.

A segunda ajuda provinda da parábola do casamento real que torna bastante evidente o momento de violência que as outras imagens ou ideias (o limite passivo ou estático, o guardião mais gentil de Kafka etc.) não chegam a expressar tão claramente. O convidado dessa história é "jogado nas trevas exteriores" onde haverá "choro e ranger de dentes". Que punição extrema! Podia-se esperar isso se fosse o caso de um crime terrível. Mas nenhum crime real foi cometido. O máximo que se pode dizer é que o homem cometeu uma quebra de etiqueta, que não se vestiu com o traje adequado. Mas o fato de a tentativa de entrada sem o traje adequado ser punida *como* um crime terrível nessa história, mostra que a entrada *requer* uma completa mudança. E a punição da expulsão violenta nas "trevas exteriores" mostra o que está em jogo! A violência da punição lança uma luz sobre a violência da descontinuidade ou divisão que qualquer um que queria passar tem que se submeter e que o homem da história omitiu. Não se pode entrar sem alguma violência: seja a da radical mudança de identidade, ou a da violência literal da punição. Entrar, isso é o que aprendemos na parábola bíblica, não é uma simples transição, uma evolução ou desenvolvimento, não é um lento crescimento em algo melhor ou em algo mais, não é uma expansão harmoniosa do eu habitual.

A entrada é uma transgressão. E paradoxalmente, o crime do homem foi que não fez realmente a transgressão, não foi transgressor o suficiente. Só empurrou seu corpo mais além do limite, sem que esse movimento exterior tenha feito alguma diferença, sem que o tenha levado realmente (psicologicamente, logicamente) mais além do limite. Foi uma transgressão só encenada.

Nas histórias citadas no início, os buscadores idealistas foram rechaçados. Na história do Novo Testamento uma pessoa astuta queria ter os benefícios de entrar sem ter que pagar o preço existencial requerido e foi castigada por isso. Há uma outra parábola famosa sobre o problema de entrar. Contudo, neste caso se trata de pessoas que não querem de maneira alguma chegar a outro lugar e não querem deixar a condição familiar em que se encontram e por isso precisam ser arrancados e literalmente "virados" em 180 graus por uma força violenta. Estou me referindo à Parábola da Caverna de Platão. Platão quer mostrar que a educação, especificamente a entrada da consciência comum na consciência (não psicológica e sim) filosófica, requer uma violenta revolução, uma mudança total de orientação, que se depara com uma feroz resistência literal por parte da consciência convencional. Novamente: não se trata de uma simples transição, não é uma continuidade, não é um crescimento harmonioso, não é um acréscimo de blocos de uma edificação. E novamente: a conexão de um certo momento de violência com o entrar.

Podemos rever todas essas histórias e imagens para ver qual delas revela de maneira mais próxima a realidade da psicologia. Penso que seja a da parábola do casamento real. A psicologia gosta de se banquetear com os mais variados tipos de belas ideias, a alma, o Si-Mesmo, individuação, totalidade, criatividade, crescimento pessoal, *anima mundi*, os Deuses em todos os homens e mulheres e o encantamento divino da vida cotidiana – mas não quer pagar o preço. Ela se nega terminantemente a pagar pela entrada, encontrando uma forma de se esgueirar furtivamente esperando se safar. A psicologia *fraterniza com* a personalidade cotidiana da audiência. Isso é o que inevitavelmente a torna pop, independente da sofisticação das suas ideias e *insights*. A psicologia quer ensinar, persuadir, consolar, mover emocionalmente, conquistar *o ego habitual*, assim como a televisão joga suas imagens nas pessoas que estão sentadas na sua frente vestidas com suas roupas caseiras e seus chinelos. Se a "mensagem" for entendida não pelo que é explicitamente pregado, mas pelo que seu estilo e comportamento atual implica, a mensagem da psicologia hoje parece ser a de que você pode permanecer nas suas roupas caseiras, na sua mentalidade senso-comum e, como faz com a TV, apenas *assistir* todas as imagens e ideias psicológicas (que podem ser ideias *sobre* iniciação, transformação, individuação etc.) que a literatura psicológica externa e as visões internas lhe apresentam. Mas você não precisa estar realmente lá. Não precisa sofrer a experiência da divisão em você mesmo, da sua não identidade com você. A psicologia confirma e estabiliza a autoidentidade convencional. Ela (muitas vezes involuntariamente) reforça a poderosa necessidade de autopreservação do ego.

Mas como Jung sabia, você tem que pagar o preço de uma forma ou de outra. E de fato, a psicologia não tem há muito estado de mãos e pés amarrados jogada nas trevas exteriores, como na parábola de Mateus? As trevas exteriores não consistem no próprio fato de que a psicologia toma por reais todos o belos mitos e ideias que coloca diante de si como aldeias de Potemkin, ou imagens de TV, ou sombras na caverna platônica, não conseguindo ver através do seu caráter televisivo?

A alquimia conhece a *opus contra naturam*, a dissolução da *unio naturalis*. Quando segue a alquimia, a psicologia ensina essas ideias, mas se agarra ela mesma na *unio naturalis*. Em geral a psicologia quer ser natural, espontânea. Alguns anos atrás, como consequência do culto à espontaneidade da psicologia e da sociedade, muitas pessoas sentiram que tinham que ir para ópera em seus velhos *jeans* e camisetas para demonstrarem (o que não é tão espontâneo assim afinal) que queriam entrar na casa de ópera como as pessoas cotidianas que elas "naturalmente" eram sem se trocarem primeiro para vestirem algum tipo de "traje de casamento" do qual fala a parábola bíblica. E qual é o desejo mais difundido entre as escolas de psicologia analítica que querem se colocar como "ciência" senão a fraternização com o ego e sua mentalidade senso-comum, a insistência na ininterrupta continuidade com a "consciência natural"?

A psicologia ensina o Si-Mesmo e o *daimon* interior, mas não quer *realmente* estar lá. E talvez ensine essas ideias para não ter que atualmente estar lá, e ainda assim se orgulhar de defender as ideias certas. Da mesma forma que Jung disse uma vez que a Igreja "serve como fortaleza para nos proteger contra Deus e seu Espírito"[14] temos que considerar a possibilidade de que os ensinamentos da psicologia têm a função secreta de nos isentar de termos nos tornado (pretérito perfeito!) e, assim, de sermos aquilo que essas imagens falam. Ensinar e pregar de um lado, e assistir, espiar, crer e se indulgir nesses ensinamentos, de outro, são um álibi para não transgredir realmente a entrada. A psicologia do Si-Mesmo, da alma, do *daimon* é um grande mecanismo de defesa contra a alma, contra o Si-Mesmo, contra o *daimon*.

Em alemão há um ditado que diz: *"von nichts kommt nicths"* (se começas com nada, o resultado será nada). Uma

---

14. JUNG, C.G. *A vida simbólica, OC Vol. XVIII/2*, § 1534. Petrópolis: Vozes, 1998.

A vida lógica da alma 39

verdadeira psicologia do Si-Mesmo tem que *começar* a partir do Si-Mesmo consumado, senão não poderá haver desenvolvimento do Si-Mesmo. O Si-Mesmo tem que estar ali desde o começo, *i. e., antes* do intento de realizar o Si-Mesmo, se é que o Si-Mesmo há de ser realizado em absoluto. Isso é uma contradição óbvia. Mas é justamente dessa contradição de que se trata o problema da entrada. A transgressão contra o limite não é outra coisa senão esse *hysteron proteron*, essa inversão "enlouquecida" da ordem do tempo: o que é "posterior" (*hysteron*) no tempo (neste caso a realização ou encontro do Si-Mesmo) tem que ser *proteron*, "anterior", "prévio"; essa tem que ser a pré-condição de uma busca do Si-Mesmo. Tem-se que estar lá caso se queira chegar lá. Tem-se que ter chegado antes de se por em marcha no caminho que levará onde se quer chegar. Sem isso, você se condena a uma posição onde se pode apenas espiar pela porta, assistindo imagens, ensinando a mensagem sobre o que está além, mas jamais chegando ao outro lado do limite.

Agora entendemos melhor por que há um momento de violência em nossas histórias de ingresso. A violência não é a expressão de uma maldade especial, de uma inclinação pela crueldade e por um prazer sádico em ferir ou castigar os outros. Nada disso. É simplesmente a imagem (a representação pictórica) do que realmente é a contradição *lógica*, ou a dialética do "ingresso real". O ingresso real não pode ser imaginado em termos de um movimento de avanço gradual no espaço. A verdadeira transgressão não pode ser compreendida se for meramente imaginada em termos de passagem através de uma linha. Algo mais violento é necessário: a completa inversão do mundo (cf. o mundo invertido de Hegel), a reversão radical da sequência de início e fim ou de causa e efeito. Por isso não é suficiente que os mitos e contos arquetípicos apresentem o problema da entrada meramente na forma de um portal ou de um limite. Também tem que haver um guardião lançando ao recém-chegado seu implacável "Não entre!". Ou tem que haver uma troca de roupas, ou uma total reversão da própria orientação. A imaginação tem que traduzir a contradição lógica em conduta empírica. O "Não!" do guardião, que lança o idealismo do buscador de volta a si mesmo é uma tentativa de representar pictoriamente a necessidade do *hysteron proteron*, quando o buscador ainda está preso na lógica cotidiana segundo a qual o idealismo da busca como *proteron* deveria ser recompensado com um achado como *hysteron*. O "Não!" diz ao recém-chegado que ele só pode se permitir buscar, uma vez que seja capaz de proceder sua busca na base de um encontro realizado.

Também podemos ver por que minha afirmação de que "a psicologia não quer realmente chegar lá" se justifica. Se quisesse chegar lá, o momento de violência teria que se mostrar no estilo mesmo de falar da psicologia. Mas a psicologia evita a violência. Não quer ferir os sentimentos das pessoas. Não quer dividir, não quer ser o limite nem o guardião que diz, "Não se pode entrar!". Prefere persuadir ("adocicar"), "vender" suas ideias, expressar-se de tal modo que as pessoas possam aceitá-la tal como é, e também de tal maneira que a psicologia simplesmente chegue como é. Em uma psicologia que realmente representa o que diz, a forma de falar e de escrever teriam que ser tais que suas afirmações teriam que *ser* elas mesmas o fio cortante de uma espada ou uma espécie de contínuo Juízo Final, dividindo dentro de cada leitor ou de cada ouvinte (e claro também no orador) o *daimon* e o ego, e fixando um depois do limite e o outro antes.

A negação do ego não pode ser confundida com uma simples não-dialética, subversão, algo com o que o homem moderno costuma se deleitar. Ser no fio da espada ou ter que se assentar no mesmo limite implica também estar do outro lado da fronteira. Estou falando aqui de uma negação *realizada*. "Realizada" se refere, em primeiro lugar, ao pretérito perfeito, em que a negação da identidade natural já teve lugar, e em segundo lugar se refere à perfeição ou completude da negação, *i. e.*, à negação que vai até o final do caminho e por isso não para de negar nem a si mesma (no sentido de uma "negação da negação" [Hegel]). Ter ido até o fim, significa não permanecer atolado desse lado do limite em um interminável, mas impotente ato de subversão, mas, tendo se tornado *real* negatividade, haver passado *verdadeiramente* através do guardião e seu "Não se pode entrar!". Já o tipo de subversão que hoje muitos círculos aclamam não é mais do que um tipo de "identificação com o agressor", isto é, uma contínua permanência com o guardião da entrada. Aplicam o "Não!" do guardião a todos os valores tradicionais que trouxeram juntos consigo, em vez de se elevarem ao desafio de voltar esse "Não!" contra si mesmos expondo-se implacavelmente a ele, *i. e.*, passando verdadeiramente através do "Não!" para que ele possa permear todos os lados. Esta seria a verdadeira transgressão através do umbral, assim como a verdadeira negação (despedida) da afirmação habitual. O "Não!" *é* a porta, *é* a entrada!

A forma que coloquei em palavras algumas das últimas afirmações, necessita ser modificada. Vou fazer isso discutindo quatro ilusões que normalmente temos. A primeira ilusão foi quando disse que "eles" deveriam se expor implacavelmente ao "Não!". Essa é a primeira falácia personalista. A ilusão é que "eles" ou "nós" como pessoas teríamos que passar pela porta. Mas é nossa *psicologia* que tem que passar através, para poder entrar na terra da alma se tornando assim uma verdadeira psicologia. (Há apenas um modo de *nós* entrarmos na terra da alma, que seria por meio da morte [literal]. Mas então a pessoa que pode fazer psicologia não existiria mais. A psicologia não requer nossa morte literal, mas nossa morte lógica.)

A segunda ilusão é a concepção de que o Juízo Final se encontra depois da nossa morte em algum futuro utópico. Mas o tempo do Juízo Final é o pretérito perfeito. É sempre *agora*. Ou melhor dizendo, em cada momento acaba de ser e está sendo. O umbral e o "Não!" estão (potencialmente) em toda parte e em qualquer momento.

A terceira ilusão é a de que o portal (como abertura, entrada) e o guardião (como um obstáculo) são dois fatores separados. Pensamos que o "Não entre!" do guardião é uma complicação adicional e desnecessária. Se o guardião não estivesse ali, poderíamos passar caminhando diretamente. Mas como disse, no Mundo Invertido da alma, o "Não!" do guardião *é* em si mesmo a entrada; a única entrada. Sem esse impedimento não haveria em absoluto nenhuma abertura. A mesma frase "Não entre!", "Retorne!" é a única brecha em uma porta que de outra maneira estaria fechada. Entrar significa, por assim dizer, banhar-se na negação.

A quarta ilusão é a ideia de que a porta e onde se entra por meio dela são duas realidades separadas. A porta é imaginada como o obstáculo a ser vencido a fim de entrar, seja no paraíso, no teatro da ópera, na universidade, no estádio de futebol, no inferno ou onde quer que se queira entrar. Assim é como funciona uma porta na realidade comum. Mas no Mundo Invertido

A vida lógica da alma

da alma, a entrada ou abertura é em si mesma a meta. Não há nada adicional depois ou por trás dela. A abertura é em si mesma o paraíso *e* o inferno. O "Não entre!" ou o Juízo Final são, por assim dizer, o *modus vivendi* constante da psicologia. Não é um momento inicial a ser atravessado, e sim a forma lógica do discurso pelo qual se constitui a psicologia. A psicologia *é como* um Juízo Final permanente que divide "as ovelhas das cabras", o paraíso do inferno, *mantendo* continuamente separados o ego do Si-Mesmo (alma, *daimon*). Não é nem um nem o outro. É a divisão, a diferença, a contradição, o *manter* separados, assim como na mitologia grega Atlas, ao manter o Céu separado da Terra, é também a conexão *viva* entre eles.

A psicologia tem que passar diretamente ao Juízo Final que implica o "Proibido entrar!" a fim de ser "batizada" por ele, *i. e.*, permeada pela negação. Só então pode ela mesma ser o Juízo Final ou, falando de um modo menos imaginal da mesma coisa, ser absoluta negatividade.

As ilusões discutidas aqui vêm todas da mesma fonte. São o resultado da visão (imaginação) do problema da entrada de um ponto de vista *anterior* (exterior) à entrada. Mas o problema da entrada só pode ser compreendido por uma posição dentro da entrada. Contudo, quando se está dentro da entrada, o modo de *imaginar* o problema da entrada foi deixado para trás. De dentro, o problema da entrada é (e só pode ser) *pensado*. Em geral, o modo da imaginação é o modo da reflexão externa; é a antecipação mental *de* fora, antes de se ter entrado, daquilo que é "imaginado" estar dentro.

O tempo de indulgência em *mitos* e *imagens dos* Deuses, do Si-Mesmo, do *daimon* etc. é passado. Não vivemos mais em uma era psicológica onde as imagens como conteúdos da consciência teriam ou poderiam ter alguma verdade para nós. Quanto mais apresentamos o *daimon* (para ficar apenas nesse exemplo) como *ideia* ou *imagem*, mais o objetificamos e o tornamos um face a face "lá fora" (fora da consciência, como seu objeto) que podemos admirar ou cultuar, em outras palavras, que podemos nos relacionar da mesma maneira como fazemos com as imagens que assistimos na TV. E quanto mais fazemos isso, mais nos firmamos como ego (expectador, admirador ou cultuador). O Si-Mesmo, o *daimon*, os Deuses *como imagens positivas ou símbolos* são obsoletos. O tempo dessa inocência lógica, em que a verdade ainda podia *realmente* acontecer na *forma* de símbolos, imagens ou rituais, há muito já passou. Nos shows televisivos e nas imagens publicitárias temos a constante lembrança e a representação objetiva ("material") da obsolescência lógica ou psicológica da "imagem" enquanto tal. Esses dois fenômenos não são apenas dois fenômenos específicos entre outros. Acima de tudo, eles são o local no qual a *verdade presente sobre* a imagem é tornada evidente para todos verem. Ninguém precisa desenvolver uma teoria sobre e pregar a obsolescência da imagem: a obsolescência é visível e fala por si mesma.

Nesses tempos não podemos escapar da dialética de que quanto mais propagamos imagens míticas e mais buscamos nos conectar com o Si-Mesmo ou com o *daimon*, mais caímos no ego. A busca pelo Si-Mesmo é o oposto de si mesma. Na lógica da nossa situação psicológica, há necessariamente uma distribuição ou divisão de tarefas. Quanto mais a consciência se foca em conteúdos arquetípicos, mais ela se torna egoica. O problema psicológico atual não pode ser abordado no nível dos conteúdos (imagens, símbolos, rituais, mitos, Deuses, doutrinas). Nosso problema é, e tem sido, o da *forma lógica* da consciência.

É por isso que afirmei que o discurso psicológico tem que ser ele mesmo uma lâmina cortante. Tem que *ser* a negação do ego, e o psicólogo (apenas, é claro, ao ponto em que ele é realmente um psicólogo e fala psicologicamente[15]) tem que falar como aquele que morreu como ego-personalidade. A arte do discurso psicológico é a de falar como alguém já falecido. A entrada no umbral é sobre algo muito mais importante do que *ideias* positivas sobre a divisão entre ego e Si-Mesmo, é sobre o *estilo* da psicologia como o da não-identidade, divisão, desunião. A psicologia tem que acontecer no espírito da negatividade lógica. Não o *daimon*, mas a forma lógica da divisão é o que conta hoje. A forma da divisão é a única forma pela qual o *daimon* pode ter hoje uma realidade na psicologia[16].

O resultado dessas reflexões é surpreendente. Não é a tarefa da psicologia terapêutica superar a neurose, que por sua vez é definida como uma personalidade dividida contra si mesma ou, mais geralmente, como uma dissociação? Como posso insistir aqui que a psicologia, na própria forma lógica da sua constituição, tem que ser divisora (ou dissociadora

---

15. Enquanto um ser humano vivo, o psicólogo *também* permanecerá sempre, é claro, uma personalidade egoica. Uma pessoa que fosse 100% psicóloga não poderia sequer permanecer viva. O psicólogo em um psicólogo é sempre uma personalidade parcial. Mas essa personalidade parcial deveria ser o autor atual do discurso psicológico, e deveria ser um "finado".

16. Na psicologia! Na medida em que o *daimon* também pode ser um nome para certas experiências *pessoais* ou *fenômenos* da vida, ele pode, é claro, se manifestar como antes. Existem vários tipos de experiências pessoais que, enquanto *imagens* ou *ideias* positivas, não são coletiva ou teoricamente relevantes para a alma.

como eu poderia ter perfeitamente dito)? Uma psicologia que consciente e sistematicamente se assenta na desunião e se estabelece como um constante Juízo Final não celebra a neurose em vez de curá-la?

O que parece ser uma contradição (defeituosa, não-dialética) é, contudo, conciliável. Temos que compreender que unidade e diferença, harmonia e divisão, continuidade e ruptura são opostos polares. Ambos estão inevitável e inescapavelmente vinculados. Divisão e desunião também pertencem a esse vínculo. A neurose é, então, algo mais complicado do que a simples desunião. A dissociação neurótica é a desunião somada à sua negação. Não é neurótico ter uma mão direita e esquerda que fazem coisas diferentes e até opostas. Se torna neurótico quando a mão direita não deve saber o que a esquerda faz e vice-versa. Em outras palavras, a dissociação neurótica consiste na *negação* de *si mesma* (da dissociação) e, por isso, na insistência de cada verdade parcial ser toda a verdade. Por isso a "cura" da neurose não consiste em nos livrarmos da desunião para nos tornarmos "completos" novamente. É tão ingênuo quanto neurótico presumir isso, pois a neurose consiste precisamente *na insistência unilateral na harmonia e na inambígua identidade*. O que está por trás da neurose não é a divisão e sim o ideal de unidade não-dialética. Se a psicologia (como teoria ou consciência) não permitir a divisão em si mesma, terá inevitavelmente que projetá-la fora. Logo, a cura da neurose consiste na cura de uma consciência fixada na continuidade, unidade, positividade, autoidentidade; consiste em permitir à desunião retornar à consciência para permear a forma lógica da sua constituição, para que a consciência seja capaz de dar à desunião (em nós, no mundo, na vida) e às verdades parciais dissociadas seus legítimos lugares, a do antes da entrada (no caso do ego) e a do além da entrada (no caso da alma). É, acima de tudo, a preocupação com a terapia da neurose que me leva a dizer que a psicologia, na própria forma de sua consciência, tem que se firmar exatamente no umbral divisor e existir como a incorporação do umbral e do seu guardião ameaçador, mantendo o espírito da negação e da divisão vivos e conscientes. Aí o Si-Mesmo e o *daimon* seriam *reais*, tão reais quanto possíveis no nível lógico de consciência em que estamos nesse período da história da alma; não se trataria apenas de um belo show educacional de TV *sobre* eles. Nossa "totalidade" e a do mundo dependem da capacidade lógica da psicologia de se abrir para a divisão e alteridade – não só em suas imagens e ideias, mas em sua forma lógica.

b) O "como" do discurso psicológico

Tendo iniciado com a primeira recusa de Einstein para escrever uma introdução à revolução causada na física pela sua teoria da relatividade, aparentemente terminamos em outro lugar. Certamente, nossa insistência na divisão entre ego e Si-Mesmo ou *daimon* e a necessidade de uma psicologia cuja forma lógica seja baseada na negatividade é bem distante de suas preocupações específicas. A barreira que Einstein viu tinha a ver com demandas intelectuais, com o indispensável treino no pensamento abstrato que a maioria das pessoas não adquire por não ter necessidade. Reprovei o modo de constituição da psicologia por não fazer uma distinção correspondente à feita pela ciência entre popularizações e escritos para especialistas. Acusei a psicologia de fraternizar com a consciência ordinária, ou com a personalidade egoica do "homem comum", o que inevitavelmente a torna psicologia pop. Mas minha crítica não focou nas qualificações intelectuais; os requerimentos para a entrada em uma real psicologia, como os coloquei, não têm nada a ver com um tipo de *treino* da mente. A divisão que acontece "na fronteira" é muito mais radical, poderia se dizer "existencial", pois se refere ao nosso sentido de identidade, a *quem* em nós deveria ser tanto sujeito ou "autor" quanto audiência do discurso psicológico, e envolve uma mudança fundamental do centro de gravidade (ou melhor, de autoridade) da personalidade habitual para o *não*-ego, para um Outro real em nós.

Mas há um segundo aspecto da barreira de entrada que tem sim a ver com demandas intelectuais e um certo treino da mente. A psicologia é essencialmente pop também pela razão de que trabalha com os meios intelectuais e lógicos do pensamento e imaginação cotidianos. Ela fraterniza com a "consciência natural" também no que diz respeito às categorias e padrões de pensamento. Nessa área, ela também acredita em continuidade. Não há ruptura. Não há ferida narcísica. Nenhuma demanda de que a mente quebre sua ordinária, costumeira e por isso confortável "lógica", elevando-se a um nível mais complexo, mais *abstrato* de pensar caso queira entender a psicologia. Abstração é uma forma de negação. Agora estamos mais próximos da preocupação original de Einstein, mesmo que seja desnecessário repetir que o tipo de pensamento abstrato que a psicologia tem que seguir não é o mesmo tipo de pensamento abstrato da física. Não é matemático e formalista; e as "leis" lógicas que o governam não são as mesmas da lógica formal. São mais do tipo de uma lógica dialética bem mais complexa, tal como a que Hegel desenvolveu em sua *Ciência da Lógica*, que poderia servir como modelo para o tipo de pensamento abstrato requerido a fim de fazer justiça às complexidades dos dilemas da alma moderna. A psicologia necessita do "trabalho do Conceito".

Mas a psicologia não se submete a tal trabalho. A questão sobre que forma de pensamento a mente necessita para poder lidar adequadamente com as grandes realidades psicológicas da nossa era, simplesmente não existe para ela. Assim como os médicos antes de Semmelweis visitavam seus pacientes sem se preocuparem com os germes que traziam de onde viam, assim na área do intelecto a psicologia é completamente inconsciente e despreocupada a respeito do *status* lógico da consciência com o qual aborda os temas individuais de que trata. A psicologia aprendeu que os *terapeutas* como pessoas deveriam passar por uma extensa análise pessoal antes de poder trabalhar com os pacientes. Mas não aprendeu que assim como os médicos têm que proteger seus pacientes das fontes de infecção que eles mesmos levam, a psicologia tem que proteger os fenômenos psicológicos das insuficiências intelectuais de sua própria estrutura mental. Sem o menor exame de suas premissas lógicas e modelos de pensamento, a psicologia procede a examinar seus temas tais como se tivesse chegado da rua, por assim dizer. Não há uma prévia "lavagem de mãos" intelectual, nem "antissepsia" intelectual. A alquimia foi estabelecida com a dualidade de oratório e laboratório. A psicologia não tem equivalente, o que leva o psicólogo a tropeçar direto no "laboratório". Simplesmente se dá por garantido que em psicologia se pode proceder com a Obra sem mais nem menos, e que o tipo de inteligência necessária para a psicologia é a mesma que a de qualquer jornalista, ou daquela necessária para lidar com as situações do dia a dia. Somente o conteúdo, as ideias particulares, o tipo de informação com que a psicologia trabalha é diferente daquilo sobre o que os jornalistas escrevem ou do que conhece a consciência do senso-comum, mas *não* o *status* lógico da mente.

A consciência comum desenvolveu suas estruturas de pensamento e seus modos de pensar a partir de sua experiência com o mundo fenomênico. As coisas e objetos visíveis e tangíveis, as pessoas e seus comportamentos e interações, os processos naturais (o fluxo da água, o vento, incêndios, terremotos etc.), as organizações sociais, a experiência interior ou emoções, paixões, intuições, impulsos, intenções etc., eram o marco de referência para todo pensamento sobre qualquer coisa na vida. O pensamento era basicamente *pensamento pictórico* modelado segundo o que parecia mostrar a percepção e a intuição sensorial (*Anschauung*). O pensamento não havia retornado ao seu próprio solo. Os modelos básicos de pensamento foram adquiridos durante as eras em que o homem era caçador e agricultor, em outras palavras, há mais de 200 anos.

Mas agora vivemos em um *nível* totalmente diferente, abstrato de realidade. Apesar das forças da natureza ainda estarem lá, sem dúvida o nível em que vivemos superou o nível das coisas e processos naturais, o nível do que pode ser percebido e imaginado em termos de percepção e intuição sensorial. Mas ainda abordamos a vida nesse novo nível abstrato com as velhas categorias. Tomando a guerra como um simples exemplo, vemos que a palavra "guerra" foi desenvolvida em uma época em que a luta ainda ocorria homem a homem, com espadas, facas, lanças e flechas. Agora temos guerras com mísseis a longa distância, com vigilância por satélites e sistemas modernos de telecomunicação, com radar, tecnologia computacional e com armas com poder nuclear. Esse é um fenômeno totalmente diferente, algo absolutamente novo e incomparável, mas ainda usamos para ele a mesma palavra, guerra. Esse é apenas um pequeno exemplo do quão defasadas estão nossa consciência e nossa lógica em relação ao que está acontecendo no mundo. A palavra "guerra" é um equívoco que cobre o abismo que separa a antiga situação "familiar" de luta da situação abstrata radicalmente nova de luta. A vida há muito se moveu do nível que uma vez esteve para ocorrer agora em um nível fundamentalmente "superior" (ou "mais profundo"), muito mais abstrato. O objetivo do equívoco é nos eximir de compreender no pleno sentido da palavra que estamos sendo confrontados com um fenômeno verdadeiramente novo, que requer uma nova abordagem psicológica.

Esse não é o lugar para dar uma visão de todas as mudanças fundamentais que indicam sintomaticamente que o nível prévio da vida se tornou obsoleto, e que o lócus do que realmente acontece, onde a "ação ocorre" hoje, está em um novo nível. Mas alguns poucos exemplos adicionais podem clarear o fato de que a vida foi catapultada a um nível diferente. Na física nos movemos do macronível para o micronível (moléculas, átomos, partículas subatômicas); na biologia nos movemos para o nível molecular e da informação genética. A física não fala mais do que se pode ver realmente, mas desenha e reflete *modelos teóricos da realidade*. O nível da realidade natural foi superado. Já não existe mais a pretensão de que o mundo realmente *seja* do modo como a física o descreve. Pela mesma razão, o nível de informação alcançado na biologia é o de um nível abstrato de relações lógicas e instruções, e não um nível "natural" de "relações de objetos". Em geral, as leis de informação e comunicação determinam e impregnam mais e mais áreas da nossa vida. A vida (em grande medida) se moveu da realidade natural e caminha para se estabelecer na realidade virtual do ciberespaço. Os poderes que regem a nossa situação já não são mais os das forças naturais, tais como dia e noite, lua e sol, terra e mar, paixões e interesses humanos. Nossa vida é governada por processos ou forças absolutamente misteriosos, abstratos e irracionais que *ninguém* compreende e que outras eras não conheceram; os processos em grande escala, tanto na economia quanto nas grandes organizações de comércio e até na política, mesmo sendo feitos pelo homem em um certo sentido, tendem mais e mais a se tornarem processos "anônimos", dessubjetivados, além dos pensamentos e vontades das pessoas, processos que seguem suas próprias leis internas desconhecidas, o que os torna largamente imprevisíveis tornando necessário o desenvolvimento da teoria do caos. Os novos desenvolvimentos nos mercados de ações são especialmente misteriosos e irracionais. O comércio com derivados envolve bilhões de dólares; é um comércio com "opções" ou "futuros" abstratos que não estão respaldados por, ou não têm uma relação sólida com nenhum valor econômico *real*. Se algo vai mal nessa área, as consequências podem ser desastrosas para todos no mundo.

O modo convencional de olhar as coisas em termos de desejos humanos, esforços, erros ou crimes, de um lado, e de forças naturais, do outro, simplesmente não tem mais aplicação nesse novo nível de vida. Nossos grandes problemas são de uma ordem de abstração fundamentalmente diferente. De alguma maneira são feitos pelo homem e ainda assim largamente anônimos, dessubjetivados, incontroláveis e incompreensíveis para os humanos; nunca houve uma situação comparável à nossa em toda a história. Essa nova situação exige um outro *status* lógico de consciência que, *talvez*, possa ser capaz de estar intelectualmente a par dele. A consciência tem que avançar mais além do pensamento pictórico e mover-se adequadamente em um nível abstrato de pensamento.

Na seção anterior assinalei que no nível das imagens positivas e ideias, a psicologia não está à altura de onde ocorrem hoje os problemas da alma. A psicologia tem que ir mais além das imagens e das ideias até chegar ao nível da forma *lógica* (a forma *de* qualquer que seja o conteúdo de que trate). Tem que deixar-se penetrar pela lógica e pelo pensamento.

Ou podemos imaginar que a psicologia possa se permitir *continuar* operando com instrumentos lógicos antigos e com modelos de pensamento apropriados para descrever um mundo de objetos naturais e das experiências e interações das pessoas, enquanto o solo foi deslocado debaixo de nós e a realidade da vida foi deslocada para um nível radicalmente novo? Pode-se imaginar realmente que a psicologia possa sair empregando basicamente a mesma forma lógica ingênua de pensamento com a qual as pessoas da Antiguidade e da Idade Média respondiam aos seus problemas, e com descrições e teorias que podem ser apresentadas, e são de fato apresentadas, em uma forma tão facilmente acessível, cotidiana, que qualquer leitor de jornal poderia também entender à primeira vista sem esforço? Nossos problemas devem sua natureza particular ao radical afastamento da mente do antigo estilo de pensamento. É factível que a psicologia possa ignorar a tremenda complicação, diferenciação e sofisticação lógica pela qual a mente ocidental passou e simplesmente permaneça intelectualmente abaixo do nível que foi alcançado no desenvolvimento intelectual da alma ocidental – e saia verdadeiramente impune disso? Sem chances. A psicologia tem que ascender aos picos mentais que foram alcançados tais como, para mencionar apenas um exemplo, o pico representado pela lógica de Hegel, e aprender lentamente a se estabelecer nesses picos.

Para fazer justiça a vida tal como está hoje constituída, o pensamento psicológico simplesmente deve se pôr em dia e a altura da situação. O melhor, o mais desenvolvido e diferenciado é apenas suficientemente bom. As velhas formas de pensar são absolutamente desproporcionais à natureza dos problemas da psique. A psique já vive, e tem que inescapavelmente viver, no mundo determinado pelo novo nível de realidade. Os bons tempos antigos de ingenuidade lógica já passaram. Se pode reparar *chips* de computador com as ferramentas rudes usadas durante a Idade Média, em outras palavras, pode alguém atingir o nível da "informação" digitalizada com meios mecânicos? Claro que não. Mas cremos que podemos nos permitir uma atitude intelectual usual e sem esforço, acessível a todos, e *isso em vista* de todas as mudanças extraordinárias de impacto mundial que fizeram a vida incrivelmente mais complexa psicologicamente. Não foi apenas o lado técnico da nossa civilização e a organização social da nossa vida moderna que se tornaram mais complexos. Foi acima de tudo a situação psicológica que se tornou muito mais difícil e inquietante, em parte devido às mudanças técnicas e sociais. Temos que nos dar conta do quanto de abstração e complexidade intelectual foram objetivamente investidas em todos os tipos de coisas que usamos diariamente e em todos os procedimentos da vida moderna e reciprocamente o nível extremamente alto de abstração predominante na ciência moderna que foi produzido pela alma. A abstração está simplesmente aí. Já vivemos nela, quer admitamos ou não. E mostra onde está a alma hoje e o quão intelectualmente sofisticada ela é. O mundo moderno se apoia nos esforços intelectuais e na máxima concentração do intelecto de muitas e muitas gerações das maiores mentes que o Ocidente teve, mas na psicologia temos um estilo de pensamento que frequentemente é tão simples ou até mesmo simplista quanto aqueles utilizados nos tratados devocionais de algumas seitas religiosas. Nenhuma demanda de concentração e de esforço intelectual é necessária?

O que é intelectualmente tão fácil que pode ser entendido imediatamente, já não pode ser mais verdade. Psicologicamente é prescindível, trivial, insignificante. A alma só pode habitar verdadeiramente esse mundo se ele, *i. e.*, se nossa consciência aprende a se equiparar em sua forma lógica ao nível de complexidade intelectual aplicada em nosso mundo real e na organização social da vida. De outro modo, a psicologia continuará simplesmente passando abaixo do nível em que hoje estão os problemas da alma, e a alma não terá chance, devendo então adoecer. A psicologia não pode se dissociar de toda a extensão da verdadeira vida psicológica de hoje que se expressa nas ciências e na tecnologia; não pode limitar sua competência a só um segmento da vida da alma, à esfera das emoções, desejos e fantasias pessoais. A psicologia deve, psicologicamente, estar por cima das ciências, e não no meio ou abaixo delas.

De forma que aqui também é necessária uma ruptura. Um guardião tem que botar sua "Entrada proibida!" na mente preguiçosa que insiste em uma simples continuidade dos seus velhos hábitos lógicos, na preservação da autoidentidade, a mente que, sem atenção prévia a sua própria configuração e *status* lógico, quer imediatamente avançar para submergir em seus temas. O guardião tem que frustrar essa mente, impedir que ela se meta diretamente *in medias res* fazendo-a retornar sobre si mesma, para que se veja forçada primeiro a trabalhar sobre si no espírito de um tipo de "antissepsia" intelectual. O trabalho intelectual duro e grande concentração são indispensáveis. A psicologia tem que se tornar difícil, intelectualmente muito mais exigente – não por princípio, mas por necessidade "prática", terapêutica. Em psicologia é preciso dobrar o pescoço acima para se poder atingir o nível de abstração que a alma há muito já assumiu no desenvolvimento objetivo da nossa civilização. Já não é suficiente em psicologia simplesmente desenvolver modelos teóricos dos processos psíquicos ou contemplar cuidadosamente e admirar imagens arquetípicas e traduzi-las em experiências cotidianas (ou traduzir essas experiências da vida em imagens arquetípicas). Isso é por demais superficial. Em psicologia temos que aprender a tentar *compreender* nossa realidade em *termos conceituais*, e a desenvolver um modo verdadeiramente psicológico de pensamento conceitual abstrato.

Pouco antes da Revolução Francesa, havia círculos entre a nobreza parisiense que se comprometeram em uma luta para libertar os escravos na América. Não viam e não afrontavam os graves problemas sociais que estavam bem diante dos seus olhos. Ainda que em muitos sentidos não seja comparável, há um *tertium comparationis* que tanto a nobreza francesa pré-revolucionária e a psicologia de hoje compartilham. Ambas passam ao largo dos problemas reais que estão na sua frente, apesar de, e não por causa do, seu envolvimento ativo e apaixonado. A psicologia atual, via de regra, não faz ideia de onde estão os reais problemas psicológicos. Os procura nos lugares equivocados e com as categorias erradas. A psicologia e a "realidade psicológica" tal como é hoje concebida estão essencialmente subdeterminadas; a ordem de magnitude do objeto de estudo da psicologia e a dignidade de sua tarefa em nossas condições modernas ainda não foram compreendidas. De um certo modo, esta situação se assemelha ao modo como as pessoas tentavam, na Idade Média, explicar a peste como consequência do pecado humano (*i. e.*, no *macronível* da vida moral humana), enquanto ela é algo que ocorre no micronível invisível e inimaginável das infecções virais. A psicologia também se assemelha a um físico que trata de explicar os fenômenos microfísicos através dos instrumentos e categorias proporcionados pela física de Newton. Este físico e os medievos estariam até à frente da nossa psicologia, visto que ao menos se davam conta do fenômeno microfísico ou da peste, enquanto a psicologia atual não tem sequer senso do problema da alma. A psicologia toma os sintomas menores selecionados do problema pelo próprio problema.

Os sentimentos, intenções, desejos, temores, ideias humanas – isto é com o que a psicologia se preocupa e com o que ela tenta explicar a vida da alma e seus problemas. Sem dúvida, os sentimentos humanos etc., são também parte do campo de estudo da psicologia. Mas, se posso me expressar metaforicamente, não são mais do que "coisas de criança", criancices comparadas com os problemas reais, "de adultos" que a alma hoje sofre e, sobretudo, são totalmente inadequados para servir como categorias em termos das quais a vida psicológica hoje pode ser percebida. Nem as antigas ferramentas para tornar visível os problemas da alma e para pensar e lidar com eles, como os mitos, símbolos, imagens divinas, rituais, oráculos, visões e nem as ferramentas modernas (empatia, entendimento hermenêutico, confissão subjetiva, associação livre, interpretação de sonhos, análise de transferência etc.) são capazes de vislumbrar onde está a alma hoje. A mente psicológica tem que adquirir para si um "micronível" (psicológico), um nível de pensamento abstrato. De um certo modo, e aqui emprego mais uma vez uma analogia, esta mente é como alguém que procura dentro de um rádio pelas pessoinhas falantes, que não têm a menor noção das ondas de rádio porque sua ideia de realidade é confinada ao que os olhos humanos podem ver e as mãos humanas podem tocar, se recusando a deixar que essa sua ideia de realidade passe por uma revolução.

Esse pensamento abstrato é o que "a alma" hoje necessita. É a alma que requer mais intelecto. A alma não precisa de mais sentimentos, emoções, trabalho corporal. Tudo isso é material do ego. Sob as condições psicológicas atuais, a vida da alma só pode ser "vislumbrada" por meio do mais elevado e rigoroso pensamento abstrato. Pensamento abstrato *psicológico*, é claro.

c) O *quê* do discurso psicológico

Do ponto de vista do problema da entrada olhamos até agora para dois aspectos do discurso psicológico, o *quem* do discurso (quem deveria ser aquele falando e escutando) e o *como* (o *status* lógico no qual esse discurso tem lugar). Há mais um momento que precisa ser investigado, o *quê* (o quê é falado; o conteúdo ou substância do discurso). Como o guardião com sua negação ("Não entre!") se encaixa aqui?

A imagem do portal ou do limiar cria uma divisão em dois. Essa duplicidade foi bem óbvia nas duas partes anteriores da nossa discussão. No que diz respeito ao *quem*, temos mais uma divisão "espacial", uma mudança do exterior para o interior, da superfície para a profundidade, da personalidade convencional para a essencial (apesar de já aqui a distinção não ser uma externa entre dois grupos de *pessoas*). No que diz respeito ao *como* a divisão foi mais temporal, tempo anterior *versus* novo *status* lógico das questões da alma. Em ambos os casos, havia dois (duas personalidades, dois *status* de consciência) que eram claramente separados, e o primeiro tinha que ser superado e deixado para trás em favor do outro que assumia sua posição. Em outras palavras, tínhamos uma clara *alternativa*. No domínio do *quê*, a divisão é diferente. Não pode ser apresentada em termos espaciais ou temporais, *i. e.*, em termos de extensão. E também não há um tipo de movimento de substituição de um pelo outro que tínhamos nos outros casos. A *imagem* do umbral ou portal (que é a imagem *da* negação) não funciona mais aqui, tem que ser logicamente negada (negação da negação) e refletida em si mesma, dobrada de volta a si, tornando-se interiorizada em si mesma. Não há uma escolha entre duas alternativas aqui. A diferença se tornou "intensiva", "intensional". O que isso significa ficará mais claro adiante.

Por ora temos que começar com uma duplicidade aqui também, para sermos capazes de construir um caminho em direção a uma forma apropriada de descrever a situação. A diferença inicial na área do *quê* do discurso é aquela entre falar e silenciar, mostrar e ocultar, revelação e segredo. Um filósofo desse século disse o que o guardião teria dito. Refiro-me à Wittgenstein, que terminou seu *Tractatus* com a famosa sentença (final): "Sobre aquilo de que não se pode falar deve-se calar". Claramente, há uma implicação de inambígua divisão ou alternativa entre grupos de temas, aqueles dos quais se pode falar e aqueles de que não. No momento em que se lida com o segundo grupo, é preciso silenciar.

O que o guardião diz é sempre essencial. Mas se tomarmos suas palavras literalmente nesse caso, nossa entrada na psicologia nos condenaria a um silêncio literal. A psicologia é genuinamente *apenas* sobre aquelas coisas das quais não se pode falar. A vida da alma é invisível, intangível e, enquanto a concepção de conhecimento for positiva (positivista), também incompreensível, logo impronunciável.

Existem três defesas para quem quer que entre na psicologia e se choque em ouvir o que o guardião tem a dizer sobre falar e silenciar. A primeira defesa é simplesmente aceitar as palavras do guardião como um tipo de veredito e tirar a conclusão de que é melhor (colocando nos termos da parábola de Kafka) para mim como homem do campo esquecer completamente da Lei e retornar para casa a fim de me dedicar ao cultivo da terra e de outras questões práticas. Em outras palavras, desistir do projeto da psicologia e me tornar algo mais razoável e positivo, como um fazendeiro, um químico ou engenheiro.

A segunda defesa é simplesmente ignorar o que o guardião disse e continuar fazendo psicologia de qualquer forma, se pronunciando sobre o impronunciável. Seria semelhante ao que o convidado da parábola bíblica tentou fazer, esgueirando-se para entrar no casamento sem ter mudado o traje. Esse é um fenômeno disseminado e caracteriza especialmente a psicologia pop, a psicologia *new age* e esotérica. Aqui sente-se livre para falar *positivamente* sobre Deuses e Deusas em cada mulher e cada homem, sobre reencarnação, magia, grandes símbolos e mistérios.

A terceira defesa, de uma certa maneira mais honesta, mas ainda assim também uma fraude, é ouvir as palavras do

A vida lógica da alma   61

guardião sem, contudo, abrir mão do projeto da psicologia. E para ser capaz de fazer isso se utiliza o truque de simplesmente mudar a definição ou propósito da psicologia. Se alguém tem que permanecer em silêncio sobre o impronunciável e fazer psicologia significa *falar* sobre coisas, a solução é dizer que a psicologia não é mais sobre a impronunciável vida da alma. Ela agora tem que ser definida como "uma psicologia *sem alma*", para usar a famosa frase de F.A. Lange (1866), uma psicologia do comportamento empiricamente observável. Esse é o caso especialmente, mas não apenas, da psicologia acadêmica. Com a terceira escolha o recém-chegado ao portal da psicologia se comporta mais ou menos da mesma maneira que o homem do campo da história de Kafka. Ele desperdiça toda a sua vida em frente ao portal com *pseudopositividades*, não se devotando a temas científicos (realidades físicas) razoáveis (realmente positivas), nem partilhando da realização do seu propósito original, uma realização que só poderia vir do que está além do umbral.

O "de que" ou "sobre o que" da psicologia não é negociável. A psicologia tem que ser sobre a vida da alma. Mas a psicologia também tem que *falar* sobre o que ela é. Tem que se pronunciar sobre o impronunciável que é seu objeto de estudo. Esse dilema é o ponto em que a negação da negação entra em cena. Não podemos mais reservar a "fala positiva" para um grupo de temas e a negação (não falar, silenciar) para outro grupo. A positividade dessa oposição não dialética tem que ser negada. Os opostos têm que colapsarem um no outro, resultando em uma pronúncia (positiva) que tem sua própria negação (silêncio) *dentro* de si mesma e não como uma possibilidade separada (positiva) fora de si. O umbral não divide mais literalmente dois estados ou comportamentos, mantendo um separado do outro de cada lado da fronteira. A imagem temporal ou espacial e, portanto, *positiva* se dissolveu. Ela deu lugar à negatividade de uma pura oposição *lógica* de falar e silenciar, conhecimento e segredo, que se tornaram momentos dialéticos do falar psicológico. A fala psicológica é a unidade de si mesma e do seu oposto.

Heráclito disse que "o senhor do oráculo de Delfos não fala nem esconde seu significado, mas o indica por meio de um sinal" (fr. 93). Parece-me que Heráclito aqui não aponta para a ideia de uma terceira opção para falar e para esconder o significado. E sim para a ideia de liberar os opostos de sua isolação trazendo-os para a *viva relação* dialética de um com o outro, para a situação em que o pulsante movimento lógico de um para o outro não é mais artificialmente impedido. O que resulta disso é um falar que *evoca* mais do que elucida ou encerra o assunto. Sendo lógico, esse movimento não ocorre como uma sucessão no tempo (agora esse, agora o outro). Ele ocorre como a *lógica interna* de um e mesmo falar (verdadeiramente psicológico). Aquilo sobre o que se fala não pode ser percebido pelos sentidos, não pode ser imaginado, pode ser percebido apenas no *pensamento*.

Aqui o guardião *se tornou* a própria *forma* de falar (ou de silenciar). Ele se tornou completamente interiorizado (*er--innert*), refletido em si mesmo (*i. e.*, não na pessoa que fala), que o torna manifesto como a forma lógica do falar. E ele não mais divide algo ou alguém em dois (a pessoa em ego *versus* Si-mesmo, a consciência em um antigo *status versus* um novo), e sua divisão não é mais uma atividade que ele executa sobre algo (ou algum) outro.

De um certo modo, podemos encontrar esse verdadeiro modo psicológico de falar em Freud, pelo menos se seguirmos a avaliação de Jung. Como nosso interesse é apenas transmitir a ideia dessa fala psicológica, a questão sobre o quanto a avaliação de Jung correspondia à verdadeira fala de Freud não nos preocupa aqui. Sobre Freud, Jung uma vez disse "... ele era um grande homem e ainda mais, um homem sob o julgo do seu *daimon*" ["*ein Ergriffner*"][17]. Ele era *ein Ergriffner*, porque a ideia de sexualidade "tomou posse dele"; para Freud, a "sexualidade era sem dúvida um *numinosum*". A "emocionalidade com a qual ele falava sobre ela" "revelava os profundos elementos que reverberavam dentro dele" (p. 152). O que Jung nos diz sobre Freud é que ele falava (em vez de manter silêncio) sobre um aspecto da vida da alma, enquanto ao mesmo tempo o que ele dizia não cobria exaustivamente a realidade do que ele falava. Havia mais do que era dito e do que poderia ser dito, mas esse "mais" não eram fatos adicionais que foram mantidos em segredo, era uma profundidade impronunciável dentro do que era dito, uma profundidade que "reverberava dentro dele". O tema de Freud permanecia um *numinosum*, um mistério, a despeito de ser abertamente discutido.

E ainda assim, a maneira de Freud falar não pode ser *realmente* vista como um bom exemplo de discurso psicológico, se novamente seguirmos a interpretação de Jung. A falha encontrada em sua fala é a de que apenas a "emocionalidade com a qual ele falava" revelava a numinosidade do seu tópico, em outras palavras, um estado psicológico pessoal que meramente *acompanhava* o que ele dizia e não verdadeiramente inerente à forma lógica da sua fala enquanto tal. Podemos até dizer que apenas Freud pessoalmente, mas não seu próprio discurso

---

17. JUNG, C.G. *Memórias, sonhos e reflexões*, p. 138. Rio de Janeiro: Nova Fronteira, 1986.

permitia-se ser *ein ergriffner*. O momento do falar (do falável) e o momento do silêncio (do impronunciável, do segredo, do *numinoso*) ainda eram mantidos apartados em uma sistemática distribuição. O impronunciável era reservado para a emoção pessoal e o discurso era reservado para a positividade do "que podia ser dito (visto, demonstrado)". Jung dizia, "Basicamente ele [Freud] queria ensinar... que, abordada por dentro [*i. e.*, psicologicamente, W.G.], a sexualidade incluía a espiritualidade e tinha um significado intrínseco. Mas sua terminologia concretista era muito estreita para expressar essa ideia. Ele me deu a impressão de que no fundo estava trabalhando contra seu próprio objetivo..." (ibid.). O discurso de Freud reduziu qualquer tipo de experiência à "mera sexualidade" (cf. p. 176). A terminologia concretista era muito estreita para expressar o intrínseco aspecto espiritual e significativo da sexualidade – essa formulação nos diz: sua fala não era ampla e nem complexa o suficiente para abrigar o silêncio (acerca da mesma temática) em si mesma. Freud não admitia e nem sabia conscientemente que aquilo de que falava era em si mesmo impronunciável. Por ver a sexualidade como "mera sexualidade", como um fenômeno psicobiológico, ele lhe atribuiu o *status* de algo que é *apenas* pronunciável.

Apesar disso Freud *era* um *Ergriffner*, e mesmo que não na forma do seu discurso, pelo menos no seu trabalho como um todo com sua fixação na sexualidade que permite ainda sentir que deve haver um mistério que foi sistematicamente excluído e obliterado. Os seguidores de Freud, contudo, parecem, em grande parte, carentes desse senso de mistério quando falam da sexualidade. Se é assim, então seus discursos não são psicológicos, porque a psicologia é a contradição do pronunciar impronunciáveis, um falar que *revela* o irrevelado, e ainda assim revela de uma forma que preserva seu segredo. A sexualidade percebida como um impulso biológico, como um desejo e comportamento empírico não é um tópico da psicologia. Ela se torna um tópico psicológico no momento em que é vista como uma realidade empírica que contém a riqueza de um significado "espiritual" intrínseco e um mistério dentro de si. (Não insistiria na palavra "espiritual". Eu a utilizei apenas por falta de uma palavra melhor e seguindo o uso da linguagem de Jung na citação acima).

Em geral o discurso psicológico hoje tende a não ter nenhum silêncio e nenhum segredo dentro de si. Poderia se dizer que a linguagem psicológica é caracterizada por um descaramento lógico. Digo um descaramento *lógico*, porque não estou me referindo à livre-discussão dos detalhes das vidas sexuais das pessoas ou de suas psicopatologias que seria considerado inapropriado em outros contextos sociais. O descaramento que tenho em mente aqui concerne à forma lógica do falar – *independente daquilo* que é falado (sejam eles temas "embaraçosos" ou não). Não é aquilo de que se fala que é descarado, mas a *forma da fala* sobre todos os tipos de detalhes da psicologia pessoal é que não tem nenhum *pudendum* em si. Advertências como a expressa por Cristian Bobin, "Ecláire ce que tu aimes sans toucher à son ombre" (elucida o que você ama sem tocar sua sombra)[18] não são ouvidas. O descaramento consiste na positividade, imediaticidade e "nudez" lógica (diretividade) do que é dito. Não há nada escondido naquilo que é revelado. O que é dito o é de tal maneira que com isso tudo sobre o assunto é suposto

---

18. Essa, claro, não é a ideia junguiana de sombra, e sim o que poderia ser também expresso pela palavra "aura", ou algo como "a alma das coisas".

ser completamente divulgado, diretamente falado, tornado totalmente acessível, sem nenhum tipo de excesso ou significado não dito. O dito não tem nenhum outro lado, nenhum "vazio", nenhuma solidão ou calmaria dentro de si[19]. É intencionado ser um *dito* totalmente inambíguo. Seu propósito é trazer aquilo que é dito para o centro dos holofotes: um exibicionismo lógico. O silêncio é pensado nesse discurso apenas como uma formalizada manobra literal, exterior à forma do discurso, apenas um requerimento legal acerca da comunicação confidencial, ou do desejo pessoal de preservar certos detalhes para proteger o paciente ou a si mesmo.

(Isso não quer dizer que na literatura da psicologia profunda não haja também muito descaramento *literal*. Não estou pensando aqui sobre temas sexuais. O descaramento vem mais de outras áreas. Dificilmente encontramos artigos ou livros que não estejam recheados de histórias de caso, sonhos, relatos sobre imaginação ativa e detalhes sobre reações transferenciais e contratransferenciais. São divulgadas preciosas experiências anímicas que têm seu lugar na *singularidade* de um momento particular e na *singularidade* do encontro de duas almas particulares. Isso significa que elas são arrancadas da intimidade a qual pertencem e jogadas "na praça do mercado", de tal forma que sua *"ombre"* é ofendida. O mesmo vale para o modo como contos de fadas e mitos são explorados para ilustrar aspectos da psicologia personalista; sua integridade e mistério não são respeitados. Assim como os jornalistas da imprensa marrom expõem os detalhes da vida privada das celebridades, os psicó-

---

19. Cf. JUNG, C.G. *Memórias*, p. 173, onde ele fala de uma "extrema solidão" e "calmaria cósmica".

logos fazem *close-ups* que expressam diretamente o significado dos contos de fadas ou casos que discutem).

    Os Rouala, um povo nômade da Síria, não possuem templos ou santuários. A forma do seu santuário é uma liteira com a cadeira vazia ornamentada com penas de avestruz transportada por um camelo. Ela tem a forma de um funil aberto em cima. De tempos em tempos Deus desce para tomar assento nela. Em uma batalha, o camelo com a liteira é levado aos locais mais duros e críticos, para instigar nos guerreiros o mais intenso espírito de luta. Sua perda seria sentida como uma catástrofe. Em vários lugares na Antiguidade, também havia a instituição do estabelecimento de um trono vazio para convidar Deus (ou um Deus particular) a descer para se sentar nele. Hoje, estamos além do nível de consciência em que temos ou podemos manter um local *especial positivo* de "vacuidade" literalmente oferecido para o lado silente, misterioso da realidade preenchê-lo. Mas há um equivalente. No *status* de consciência em que nos encontramos, o trono vazio para a negatividade da vida da alma tem que ser a *forma* (também logicamente negativa) do nosso discurso. Assim como os guerreiros Rouala circundavam o camelo que carregava a liteira vazia e eram inspirados por ela para lutarem contra seus inimigos, nosso esforço de expressar nossos *insights* para os outros o melhor que podemos deve ser um que se permite ser inspirado pelo silêncio no meio do nosso discurso. Em outras palavras, não um silêncio literal, não um esoterismo intencional e nem uma reserva mental consciente. Ao contrário, o silêncio real, como a cadeira vazia, se dá sempre no lugar em que ocorre a mais intensa luta para encontrar as palavras certas capazes de revelar a sua verdade. As palavras que devem revelar, circundam e protegem seu próprio segredo interior. "Mas os reais segredos não podem ser revelados. Nem é possível fazer uma ciência "esotérica" a partir deles, pela simples razão de que não são conhecidos"[20].

O segredo está dentro, no centro. Logo, a posição apresentada aqui é bastante diferente da pós-moderna, que ataca a própria ideia de centro e opta por uma abertura ilimitada para o fora, o outro, o estrangeiro. Nesse cenário pós-moderno, a relação entre a fala e o silêncio é invertida, posta ao avesso. Os guerreiros lutam então contra suas próprias palavras (desconstroem) e localizam o significado profundo (a cadeira vazia) lá fora, nas outras pessoas, em algo novo, no futuro por vir.

Hölderlin era capaz de colocar juntas duas palavras, "sagrado" (ou "santo", *heilig*) e "sóbrio" (*nüchtern*); para ele havia algo chamado *heilignüchtern*, sugerindo um movimento dialético entre os opostos. Na psicologia atual, os opostos são dissociados. Temos um ramo de psicologia que é apenas sóbrio, prático, "científico", superficial; e temos muita psicologia que é (não realmente "sagrada", mas) inflada, emocional, cheia de sentimentalismo e mistificações (mas não menos superficial). Ambas são igualmente descaradas. Não importa se um inocente conto de fadas atrás do outro é submetido a interpretações triviais em termos de psicologia personalista e explorado para prover uma aura para histórias de casos comuns, ou se uma história de caso atrás da outra é divulgada, explorada e disseminada. Também não faz diferença se há uma expressa consciência de que os *insights* apresentados nos livros ou artigos são apenas preliminares, hipotéticos, incompletos, ou se uma teoria é oferecida como algo final. Tais limitações são tão externas à

---
20. JUNG, C.G. *Civilização em transição, OC Vol. X/3*, § 886. Petrópolis: Vozes, 1993.

forma do discurso quanto as omissões propositais devido à comunicação confidencial.

O descaramento literal com o qual os assuntos privados da realeza e de outras figuras públicas são espiados e divulgados pelo jornalismo invasivo, ou que os indivíduos voluntariamente, ou por dinheiro, expõem os detalhes de suas experiências e sentimentos mais íntimos na TV e nos *reality shows*, expõem a nudez nas capas de revistas e o sexo nos filmes, pode ser interpretado como o reflexo objetivo do descaramento *lógico* da nossa atitude psicológica em geral.

Jung escreveu sobre os índios Pueblo, "Eles fazem uma política de manter em segredo suas práticas religiosas, e esse segredo é guardado tão restritamente que abandonei desesperançado todas as tentativas de questionamento direto. Nunca antes eu havia me deparado com uma atmosfera de tanto segredo; *as religiões das nações civilizadas de hoje são todas acessíveis*; seus sacramentos há muito deixaram de ser mistérios. Aqui, contudo, o ar estava preenchido por um segredo *conhecido por todos os comunicantes*... Essa estranha situação me deu um indício de Elêusis, cujo segredo era conhecido por toda a nação e ainda assim jamais foi traído. Entendi o que Pausânias ou Heródoto sentiu quando escreveu: 'Não me é permitido nomear o nome do deus'. Senti que isso não era uma mistificação, mas um mistério vital cuja traição poderia levar à queda tanto da comunidade quanto do indivíduo"[21]. O *status* lógico em que a alma está hoje torna impossível pensar que ainda possa haver para nós tais segredos literais. Mas o "segredo conhecido por todos" (por uma nação inteira) pode ainda assim servir como

---

21. JUNG, C.G. *Memórias,* p. 221 (minha ênfase).

um modelo *imaginal* para a forma lógica que o discurso psicológico precisa para *ser* realmente psicológico.

Por que esse momento de silêncio e segredo é necessário afinal? Por que nosso discurso é psicológico apenas se tiver o silêncio dentro de si? Porque o objeto de estudo da psicologia, a alma, *é* a *contradição* e a *diferença* (aqui, entre fala e silêncio, revelação e ocultamento). A alma não é "empírica", não é um "mistério transcendente", é a *vida* lógica, dialética circulando entre os opostos.

2. Por que Jung?

O objetivo deste livro é trabalhar uma rigorosa noção de psicologia. Mas tomo apenas uma única psicologia, aquela desenvolvida por C.G. Jung, como ponto de partida e base, como minha *arché*. Todas as outras escolas psicológicas, os vários tipos de psicologia acadêmica, Freud, Melanie Klein, Kohut, Lacan, para mencionar apenas alguns, não aparecem neste livro. Essa unilateralidade precisa ser explicada. Ela se deve ao simples fato de que sou um "junguiano"? Isso seria uma razão externa e acidental. Na verdade, é o inverso. Tornei-me "junguiano" porque senti que Jung tinha que ser meu ponto de partida e minha base.

No prefácio citei a história de um jovem de uma saga islandesa que tentou abrir seu caminho no mundo jogando de novo e de novo sua lança à frente para então segui-la, e disse que iria proceder de uma maneira similar. A decisão de começar por Jung, que equivale à decisão de passar ao largo de todas as outras psicologias, pode ser vista como o resultado do primeiro jogar da lança em que tento abrir um caminho em meio ao matagal das várias abordagens em busca da rigorosa noção de uma genuína psicologia. Isso, é claro, não é uma explicação, mas uma caracterização ou localização do problema.

a) A noção de alma

Por que Jung? No fragmento de um manuscrito publicado postumamente sobre "Contatos com C.G. Jung", Karl Kerényi escreveu em 1961, o ano da morte de Jung, "Se olhasse para o fenômeno C.G. Jung a partir dos contatos pessoais ocorridos durante os últimos 20 anos para colocar em palavras o que lhe era mais característico, diria que era o tomar a alma como real. Para nenhum outro psicólogo do nosso tempo, a psique possuía tanta concretude e importância"[22]. Na margem desse manuscrito, o autor escreveu referente a essa passagem uma citação das *Memórias, Sonhos, Reflexões* de Jung, "*Damals habe ich mich in den Dienst der Seele gestellt. Ich habe sie geliebet und habe sie gehaβt, aber sie war mein gröβter Reichtum*". ("Foi então que me dediquei ao serviço da psique. Amei e odiei, mas isso foi minha maior riqueza")[23]. Em outro comentário marginal ao seu texto, Kerényi citou sua própria carta à C.J. Burckhardt de 18 de dezembro de 1961, "Jung me escreveu... citando um alquimista '*maior autem animae [pars] extra corpus est*' e ele falou realmente sério. Ele se destaca como o único entre seus colegas – pelo menos eu não encontrei um segundo entre os

---

22. KERÉNYI, Karl. *Wege und Weggenossen*, vol. 2, München (Langen Müller) 1988, p. 346.
23. *Erinnerung, Traüme, Gedanken*, Zürich-Stuttgart (Rascher) 1962, p. 196; *Memories* ... , p. 192. Memórias, p. 170. Notem a diferença: onde no alemão tem *Seele* na tradução inglesa tem "psyche", que baixa um pouco o tom de toda a sentença. O fraseamento de Jung evoca reminiscências do serviço do menestrel medieval a sua senhora, aqui a Senhora Alma.

psicólogos que não tinham vínculos religiosos – que acreditava firmemente na existência da alma"[24].

Penso que Kerényi acertou em cheio o alvo. Sua avaliação é sustentada pelo que conhecemos de Jung e pelo que podemos falar do seu trabalho, do espírito da sua psicologia. Há dois aspectos nisso. O primeiro, é que para Jung a alma era uma concreta e viva *realidade*. O segundo, é que *por essa razão* Jung se destaca entre seus colegas contemporâneos. Ele e seu senso da realidade da psique são singulares.

Claro que para nós hoje, muitas décadas depois de Jung, a "realidade da alma" se tornou uma frase costumeira que é ampla e facilmente usada, mas usada de tal maneira que não se conecta realmente um pensamento a ela. Pode-se repeti-la bem insensatamente. Então temos aqui que suprir o pensamento que essa ideia contém; em outras palavras, formular o que ela basicamente significa e envolve, apesar de não ser a tarefa deste capítulo discutir essa ideia em profundidade e em toda a sua amplitude.

A ideia é capciosa. Quando Kerényi, por exemplo, afirma que Jung era o único que "firmemente acreditava na existência da alma", toda uma série de interpretações ilusórias podem ser criadas devido às palavras utilizadas. Acreditar, firmemente acreditar – isso pode ser ouvido em termos de uma crença religiosa ou de um sistema de crenças em um sentido mais geral, como uma crença subjetiva. E a "existência da alma" em conexão com

---

24. Os dois comentários marginais foram citados nas notas do volume mencionado de Kerényi, p. 487, notas 354 e 355. Na nota 355 a palavra *pars* foi omitida por erro. Adicionei entre parênteses. A frase em latim significa, "a maior parte da alma, contudo, está fora do corpo" – uma afirmação que, se aceita, torna impossível uma concepção personalista de psicologia.

"acreditar na", não lembra o grande problema da "existência de Deus"? Devemos esquecer todas essas associações, ainda mais porque o próprio Kerényi excluiu abertamente os psicólogos com vinculações religiosas. Mas para sermos capazes de esquecer essas associações, é melhor esquecer as palavras "acreditar na" e "existência da", pois são muito problemáticas. Uma série de problemas filosóficos, lógicos surgem com a palavra "existência". A alma possui uma existência da mesma forma como se diz que as coisas do mundo possuem? É como uma coisa, ou é invisível? O mesmo vale para a palavra "realidade". É a alma uma realidade porque é um aspecto da realidade física, ou é completamente uma outra realidade, transcendente (e se é, de que forma é transcendente)? Em que sentido a alma possui uma existência ou realidade (nos termos da ideia de Jung de "realidade da alma") e que sentido de existência e realidade aplicar aqui é uma questão aberta. Não devemos abordar a frase de Jung com significados preconcebidos, predefinidos. O significado preciso dos termos tem que ser desenvolvido ou desdobrado de dentro da ideia e da experiência primordial expressa nessa frase; não precisa ser introduzido de fora para a frase, contrabandeado do nosso entendimento cotidiano desses termos, ou de um ponto de vista filosófico particular.

O significado central do que Kerényi disse ser a distinção singular de Jung pode ser fraseada da seguinte maneira: *Jung tinha uma real Noção ou Conceito de "alma"*. Isso é tudo o que significa para nós o que Kerényi tentou dizer sobre Jung na citação acima.

As palavras Noção e Conceito foram capitalizadas nessa sentença para indicar desde o início que elas significam algo bem diferente das mesmas palavras usadas na linguagem cotidiana assim como na Lógica Formal. Elas não se referem ao conceito *abstrato*. Adicionalmente, elas foram qualificadas pelo atributo "real". "Real" aqui não significa a mesma coisa que verdadeira. Ela aponta para uma independência da Noção, ao fato de que ela se comporta como um tipo de subjetividade própria. É um Conceito "vivo". A sentença acima não fala de um conceito que Jung pensou por meio de um processo da sua própria razão discursiva ou, uma segunda possibilidade, que teve sua origem em uma ideologia, em uma *Weltanschauung*, em um dogma ou algo do tipo. O ponto em que a afirmação de Kerényi quer chegar é que Jung foi atingido e tocado, realmente "apreendido" pela Noção de alma. E por ele ter sido tocado e apreendido por ela[25], ele tinha uma com*preensão*, um *Begriff*, uma Noção dela e podia a*preendê-la*. Ambos os aspectos oposicionais (ativo e passivo) se pertencem. A Noção *viva* que nos interessa aqui é a unidade dialética de "ser agarrado" e de "*apreender*", de *begriffen sein* e *begreifen*.

Tendo sido apreendido pela Noção, Jung certamente também era o que ele afirmou acerca de Freud, um *"ein Ergriffner"*. Mas seu *Ergriffenheit* não deve ser confundido com um estado agudo de profunda emoção, ao qual a palavra geralmente se refere. Não apenas, mas especialmente por que ele era um *Ergriffenheit* pela *Noção*, era um ser atingido *lógico*, e não emocional, pela Noção, por um *status* (não um estado psicológico) da mente.

A distinção de Jung é que ele estava em contato, *não* apenas com a alma ou psique, mas com a Noção de alma! Muitas pessoas estão em contato com a alma (ou ao menos com *suas* almas), sem serem destinadas a serem psicólogas.

---

25. Podemos lembrar aqui da formulação que Jung usou para Freud e que citamos antes, de que ele havia sido *ein Ergriffner*.

Foi apontado por Grinnel[26] e Hillman[27] e recentemente de novo por Mogenson[28] que o próprio Jung descreveu em sua autobiografia como ele foi ensinado sobre a ideia de "objetividade psíquica, da realidade da psique"[29] por suas figuras internas. Foi acima de tudo a figura de Philemon "que me trouxe o *insight crucial* de que há coisas na psique que eu não produzi, mas que produziram a si mesmas e têm vida própria" (ibid.). O que Jung nomeou aqui de *insight crucial* que lhe foi *trazido* é o que eu nomeei de Noção real ou Conceito. Não é o evento (irracional) que Jung teve dessa experiência do inconsciente que é crucial aqui. Mas o fato de que a noção racional de "alma", de "realidade da alma", despontou para ele e se tornou o inalienável *insight* a partir do qual ele experienciou e pensou tudo o mais. Jung *compreendeu* o que "alma" significa, e foi "assentado" nesse conceito, que então se tornou sua *arché*, seu ponto de vista. Se tornou o centro e a circunferência de sua visão e reflexão. Isso é singular.

Pode-se ver a vantagem da minha formulação sobre o que é característico de Jung comparada à formulação dada por Kerényi. Primeiro de tudo, não prejulga as experiências a que se refere com palavras como "acreditar", "realidade" ou "existência", palavras que estão carregadas com significados estranhos à experiência. Outro aspecto é ainda mais importante. Kerényi

---

26. GRINNEL, Robert. "Reflections on the Archetype of Consciousness – Personality and Psychological Faith". In: *Spring 1970*, 190, p. 30-39.
27. *E. g.*, HILLMAN, J. *Ficções que curam*: psicoterapia e imaginação em Freud, Jung e Adler, p. 89. Rio de Janeiro: Verus Editora, 2010.
28. MOGENSON, Greg. "Re-Constructing Jung". In: *Harvest 42*, n. 2, 1996, p. 28-34.
29. JUNG, C.G. Memories, p. 183; • JUNG, C.G. *Memórias*, p. 162.

A vida lógica da alma

falou que Jung *tomava* a alma como real, *acreditava* na existência da alma. Temos aqui uma divisão entre uma atitude ou ato subjetivo da mente e a realidade objetiva que é suposta ser atestada por essa atitude, mas que é relativizada porque se mostra dependente de um subjetivo "acreditar". O fato de que Jung acreditava na realidade da alma não é mais do que um histórico biográfico pedaço de informação, que não possui relevância teórica; não tem o *status* de um argumento, assim como o fato de que muitos membros da igreja acreditam na existência de Deus e os ateístas não. E daí se Jung acredita em algo? Há pessoas que acreditam na existência de Ovnis e marcianos. A não ser que Jung já tenha sido aceito como autoridade, suas crenças subjetivas e visões não dizem respeito a mais ninguém. Mesmo se a "realidade da psique" é a aceita na base de sua autoridade, exatamente por isso essa ideia não possui novamente nenhuma relevância *teórica*. Contudo, ao dizer que Jung tinha um real Conceito de alma, nós mudamos nossa afirmação sobre o que era característico de Jung de uma asserção ou confissão subjetiva para uma sentença teórica. E dessa maneira também libertamos a ideia de "realidade da alma" do estigma (e os inevitáveis aborrecimentos) de ser uma questão de fé ou de ser uma ideia metafísica supersticiosa para lhe garantir a dignidade de ser uma teoria. Enquanto tal, é subjetivo-objetiva. A Noção não é uma questão de fé subjetiva, pois enquanto ideia ela pode ser concebida por qualquer mente humana. Noções não são propriedades privadas; elas são, *qua* noções, universais. Mas por outro lado, a Noção de alma não hipostasia aquilo de que é a noção. Ela não envolve o clamor de que há uma entidade mística chamada alma em algum lugar "lá fora", nem um fator biológico chamado psique em nós, ou um fator de comunicação interpessoal. Ambos os mal-entendidos "metafísicos" e redutivos (biológicos ou sociológicos) não têm lugar aqui. Como noção, trata-se de uma propriedade da mente. Uma psicologia baseada na Noção de alma não transgride os limites do seu campo (o metafísico, o corpo, a sociedade). Ela é enraizada em algo que cai *dentro* do seu próprio campo de competência.

Ao falar da Noção de alma eu também não prejulgo o conceito de realidade de alma de Jung em outro sentido: eu não tenho que introduzir os termos "arquétipos" e "arquetípico". O problema desses termos não é tanto o fato de serem controversos. O que é problemático é que eles são *produtos* da teorização de Jung *baseada* na noção de Alma. Logo, eles não podem ser usados para descrever aquilo que está por trás deles.

b) O pensador

O fato de que Jung tinha uma real noção de alma, *i. e.*, que *a* Noção de alma se tornou viva e o tomou, autentica seu trabalho como um psicólogo. Como bem se sabe, o próprio Jung queria ser visto como um empirista. Essa autointerpretação é problemática. A palavra "empirista" pode ser usada de diferentes maneiras. Em muitos sentidos, especialmente naquele que prevalecente no entendimento popular da ciência, Jung não era um empirista (excerto em alguns dos seus estudos iniciais como aqueles sobre os experimentos de associação, estudos que, contudo, não são representativos do espírito e do método da sua psicologia). Mas em nosso contexto poderíamos levar em consideração essa autointerpretação, desde que estejamos dispostos a tomar "empírico" como se referindo ao fato de que

A vida lógica da alma

todo o seu trabalho era animado e substanciado pela experiência real da Noção de alma. Nesse sentido, a palavra "empirista" seria sinônima da palavra "pensador" no modo como, *e. g.*, Heidegger usa. *Jung é o pensador da alma*. De acordo com Heidegger todo grande pensador tem (ou melhor "pensa"), no fundo, um único pensamento, e seu inteiro trabalho (que pode ser posto em vários volumes e até incluir mudanças de posições) é o trabalho sobre e o desdobramento desse único pensamento. E esse pensamento não é, de acordo com Heidegger, "pensado" pelo pensador, mas vem a ele *Aus der Erfahrung des Denkens* ("Da experiência do pensamento", como é intitulado o volume 13 das suas obras completas). E esse único pensamento de Jung como um "empirista" ou grande pensador é a Noção de alma.

Jung era capaz de *pensar* a Noção de "alma", o que significa, poderia se dizer, experienciar a vida, todos os vários fenômenos da vida, através, das lentes desse único pensamento. Em tudo o que ele experienciava, era capaz de fazê-lo firmando seu lugar na Noção de "alma". Esse único pensamento *amarrava* todo o seu trabalho psicológico; ele não permitia que a tração inerente dos fenômenos o seduzisse a enxergá-los sob a luz das perspectivas que *eles* poderiam sugerir. Ao ver a sexualidade, *e. g.*, ele não saía da Noção de "alma" para as ideias óbvias de "corpo" e "biologia", e com respeito à vida psicológica em geral ele não recorria à "libido sexual", nem ao "desejo" e nem ao "romance familiar". Desordens neuróticas não o induziram a escapar para a ideia de "causas". O fenômeno da transferência não o fez se refugiar na ideia de "relações objetais". Ele permaneceu fiel ao seu único pensamento, à Noção de alma. Isso fez dele um psicólogo. Pensar (no sentido que falamos aqui) significa três coisas: 1) ter (ter experienciado, ter sido atingido e sido clamado por) um pensamento; 2) absoluta obrigação e constrangimento a esse único pensamento, necessidade e não liberdade; 3) potencial abertura para todos os fenômenos da vida sob a luz desse único pensamento.

No capítulo 3 eu discutirei em mais detalhes o que a ideia do "pensador Jung" significa e envolve. E irei mostrar como o que foi dito sobre o pensar como experiência e sobre a obra inteira de um pensador sendo gerada por, e sendo o desdobramento de, um único pensamento é certamente verdadeiro para Jung e que forma precisa isso tomou em seu trabalho e em sua vida. Aqui, contudo, me devotarei a uma questão diferente. Jung e o pensar – não é essa uma combinação impossível? Não é Jung conhecido pela natureza associativa do seu estilo, pela imprecisão da sua linguagem, pela vagueza das suas ideias, pelo dar lugar a toda sorte de símbolos, imagens, mitos e, mais importante, por uma insuficiência na área do pensamento estrito? Jung, com certeza, tinha várias ideias. Mas pode alguém seriamente chamá-lo de pensador? Alguém estaria bem mais disposto a atribuir essa característica à Freud e à escola de psicanálise freudiana. Eles se sobressaem no pensamento conceitual. Suas ideias são trabalhadas e sistematizadas teoricamente; eles trabalham com definições claras dos seus termos. Intelectualmente (com respeito a forma racional de apresentação e argumentação) seu trabalho pode ser legitimamente considerado de um calibre mais alto do que o de Jung. Então como ainda assim eu chamo Jung de pensador?

Eu ainda darei um passo adiante para audaciosamente afirmar que o pensamento psicológico de Jung ocorre em um *nível lógico mais alto de reflexão* do que todas as outras psicologias e ciências convencionais. Ele tem lugar em um *status lógico*

A vida lógica da alma 81

mais alto de consciência. Para sustentar essas asserções, tenho primeiro que fazer algumas distinções e qualificações.

As distinções: ao falar sobre Jung como um pensador não estou falando a partir do seu sistema tipológico. "Pensador" nesse contexto não tem nada a ver com o "tipo pensamento". Obviamente, um pensador não obrigatoriamente é (mas pode é claro ser) um "tipo pensamento" no sentido de Jung, senão o próprio Jung não teria discutido os diferentes tipos a que pertenciam Tertuliano, Orígenes, Lutero, Zwingli, Goethe, Schiller e Nietzsche (que eram todos *pensadores*) em seu livro de tipologia. Temos que esquecer completamente as funções tipológicas em nosso contexto. Pensamento aqui não é o emprego de uma *função*.

Similarmente, o significado do pensar não é exaurido pela capacidade de raciocínio discursivo e nem pelo emprego literal do intelecto ou operações intelectuais. Pensar tem a ver com ser atingido e investido por um único pensamento...

c) Pensamento implícito *versus* explícito

O trabalho de Jung nos força a um estranho reconhecimento. O *insight* de que o trabalho de um pensador pode, entretanto, vir em uma *forma* que *não* é a forma do pensamento. Na maior parte de sua obra, Jung está absorto nos objetos e conteúdos de suas considerações, quase que completamente entregue aos símbolos, mitos e sonhos que está discutindo. O que ele faz em seus escritos pode ser talvez comparado ao que é feito na terapia com caixa de areia: Sem uma caixa de areia e figuras literais, Jung usa várias ideias e imagens como blocos de construção para criar um tipo de figura de caixa de areia *intelectual*. São as figuras e ideias discutidas que tomam a liderança na condução, enquanto o intelecto de Jung tem um papel secundário, uma posição subserviente de um mero comentador. O pensamento genuíno, a reflexão autêntica requer, ao invés, que o intelecto do pensador tome a condução dos objetos e lhes dê sua forma. Essa certamente não é a maneira como Jung trabalhou e escreveu.

Isso me leva à primeira qualificação. Jung *é* um pensador, mas seu pensamento permaneceu "implícito" no que concerne a sua forma. Ele é um *"pensador implícito e não explícito"*. Com "implícito" e "explícito", eu me refiro à distinção de Hegel entre *an sich*, "em si" *versus für sich*, "para si" (de onde são derivadas as formas adjetivas *ansichseiend* e *fürsichseiend*, "ser-em-si" e "ser-para-si"). Um infante, *e. g.*, é um ser racional *an sich*, mas na medida em que as funções racionais ainda não se desenvolveram tornando-se explícitas, não é "para si" que ele é um ser racional; o infante não mostra abertamente sua capacidade para o raciocínio. Ele ainda não sabe que tem esse potencial em si mesmo[30], mas naquilo que ele é apenas "em si" ele é (na medida em que *nós* sabemos) também "para nós" (*für us*; é "para nós" que ele é um ser racional). Usando essa terminologia, podemos também dizer que Jung era um pensador *ansichseiend*, e não *fürsichseiend*. Quando falo sobre sua psicologia ocorrendo em um nível mais alto de reflexão, isso também tem que ser entendido como uma reflexão amplamente *ansichseiend*, implícita. Sua reflexão permaneceu "ingênua", como que acontecendo a ele por meio de uma intuição, não

---

30. Os dois termos são categorias *lógicas*. Logo, o fato de que no exemplo dado o *an sich* tenha a forma de um potencial, não deve levar alguém a pensar nesse termo como se referindo aos potenciais em todos os contextos. Por isso eu escolhi os termos "implícito" *versus* "explícito".

(tanto) como uma deliberada prática intelectual. Isso é uma óbvia contradição. Implícito, intuitivo, ingênuo são o oposto do que normalmente se entende por reflexão, que quase que por definição tem que ser consciente e explícita. Mas aqui temos que nos mostrar a altura do desafio de conceber uma reflexão implícita e um pensador implícito.

Essa distinção entre o que chamei de pensamento implícito e explícito é familiar também a Jung. Ele disse sobre si mesmo que era um *"uneigentlicher Philosoph"*[31], ou seja, um filósofo, é certo, mas não formalmente (não genuinamente). E Aniela Jaffé relatou sobre essa sentença: "Eu só posso formular esses pensamentos do modo como eles explodiram em mim. É como um gêiser. Aqueles que vierem depois de mim terão que lhes dar forma"[32]. Podemos também acrescentar sua concepção teórica de um "pensamento aproximativo" "no meio do caminho entre o estado consciente e inconsciente"[33], e falar analogamente de um "pensar aproximativo" em vez de um pensamento "implícito" ou *"ansichseiend"*. Essa distinção

---

31. JUNG, C.G. *Briefe I*, p. 251, à Friedrich Seifert, 31 de julho de 1935. No *Letters 1*, p. 194, está escrito "a philosopher *manqué*". JUNG, C.G. *Cartas Vol. I*, p. 207. Petrópolis: Vozes, 2002.
32. JAFFÉ, Aniela. *Der Mythus vom Sinn im Werk von C.G. JUNG*. Zürich and Stuttgart: Rascher, 1967, p. 10. • JAFFÉ, A. *O mito do significado na Obra de C.G. JUNG*, p. 10. São Paulo: Cultrix, 1996.
33. JUNG, C.G. A *natureza da psique, OC Vol. VIII/2*, § 387. Petrópolis: Vozes, 1984. Se Jung não tivesse se recusado a aprender com Hegel, ele poderia ter evitado as dificuldades intelectuais referentes a ideia de uma "consciência aproximativa", uma consciência sem ego, uma consciência inconsciente etc., se reportando às categorias hegelianas de "em si" e "para si", que são muito mais adequadas do que as categorias "consciente" e "inconsciente" de Jung. O que Jung tinha em mente não poderia ser discutido com essas categorias "psicológicas" e "topológicas", por ser uma questão de relações *lógicas*.

também é operativa, *e. g.*, na passagem seguinte onde ele fala sobre certas imagens que "devem ser encaradas como símbolos representando, em uma forma visual, um pensamento que não é pensado conscientemente, mas que é potencialmente presente no inconsciente em uma forma invisível e adquire visibilidade apenas através do processo de tornar-se consciente. A forma visível, porém, expressa o conteúdo do inconsciente apenas aproximadamente. Na prática o significado tem que ser completado pela interpretação amplificatória"[34]. Imagem é a forma em que aparece inicialmente para a consciência aquilo que na verdade (isto é, "em si mesmo", mas não "para si mesmo") é um pensamento ou Noção. Enquanto aparece na forma de um símbolo ou imagem, o pensamento não pode ainda ser conscientemente *pensado* (particípio passado); pode apenas ser "visto" ou "contemplado", como se fosse um objeto ou uma cena e não um pensamento. Porque é um pensamento em "uma forma [*anschaulicher*] visível", a forma da representação pictórica, sua característica pensante permanece "invisível" [*unanschaulich*] ou inconsciente, implícita. O trabalho "prático" (*e. g.*, de análise) tem a tarefa de tornar o pensamento "completo"; em outras palavras, trazer à tona a inconfundível característica pensante ou de dá-lo a *forma* explícita do pensamento; é a

---

34. JUNG, C.G. *Um mito moderno sobre coisas vistas no céu*, OC Vol. X/4, § 618. Petrópolis: Vozes, 1991. Em alemão a última sentença está escrita, ... *muß im praktischen Fall erst noch durch ergänzende Deutung 'völlig' gematch werden*. "Egänzende Deutung" não se refere ao método junguiano de amplificação. Mais apropriadamente, significa que a interpretação é "suplementar", "adicional", suprindo o que está faltando. – Também se deve notar como Jung deu uma ênfase especial à ideia de completude ou realização ao utilizar as inusuais palavras "völlig machen" ("tornar 'integral' ou 'completo'"), com as aspas ao redor de *völlig*.

tarefa de aprender a "pensá-lo conscientemente". Quando ele tem a forma do pensamento, não é mais para ser percebido ou imaginado, devemos pensá-lo. Uma vez que tem a forma do pensamento, *é* apenas *o* processo de pensá-lo[35].

A ideia de Jung tem consequências de longo alcance, bem além do nosso interesse imediato no tópico de Jung como um pensador implícito. Irei me permitir tocar em algumas dessas consequências por meio de uma digressão, por serem essenciais à tese inteira deste livro. A primeira consequência a ser discutida tem a ver com a concepção do projeto de psicologia terapêutica. Como é sabido por todos, Jung estava convencido da necessidade do nosso trabalho em "desenvolver o mito adiante"[36]. O trabalho psicológico, porém, não é apenas "sonhar o mito adiante", como as vezes é dito. Essa é apenas uma metade do trabalho. A outra metade, igualmente importante do trabalho psicológico, é atualizá-lo com o mito cultural ou com a visão pessoal de alguém. O trabalho é, como Jung disse sobre si mesmo, "atualizar com minha visão"[37]. Esse "atualizar" é uma nova formulação para o que Jung expressou na outra citação como "completar" [*"völlig' machen"*]; o que no início era pensamento imerso no meio de uma emoção ou visualizado em uma imagem tem que ser transposto para a forma explícita (ou consciente) de um pensamento, no caso de Jung na forma de uma teoria psicológica. Poderíamos dizer junto com Freud que o que primeiro estava

---

35. A mesma noção de uma progressão da forma da imagem para a do pensamento fundamenta a discussão de Jung sobre a "morte dos símbolos" em seu livro de tipologia (capítulo "Definições" *versus* "símbolo"). Cf. tb. abaixo, capítulo 5. f.5.
36. JUNG, C.G. *Memórias*, p. 287.
37. JUNG, C.G. Op. cit., p. 308.

no *status* de "Isso" teria que ser transposto para o estado de "Eudade". Expresso na linguagem de Hegel, o que primeiro era apreendido e expresso somente como *Substância* [um conteúdo imaginal percebido ou visualizado que, enquanto percebido e visualizado, estava por assim dizer em frente à pessoa que o percebia] tinha também que ser apreendido e expresso como *Sujeito*[38], isto é, como o próprio pensar de alguém, o próprio pensamento atual e vivo. E enquanto tal podia se tornar o que Hegel chamou de Noção (*der Begriff*).

Um movimento similar da *forma* da emoção espontânea por via da mediação da imagem até o pensamento explícito está em ação no fato do que Jung diz sobre si mesmo que, em seus últimos anos, não precisava mais praticar imaginação ativa, não precisava mais das "conversações com a *anima*", para conseguir libertar o *conteúdo* ideacional em (da forma da) suas emoções, "pois não tenho mais tais emoções... Hoje em dia sou diretamente consciente das ideias da *anima*"[39]; ou seja, elas agora são os próprios pensamentos que ele conscientemente pensa.

Generalizando as concepções subjacentes com a ajuda da linguagem filosófica de Hegel poderíamos dizer: Um sintoma psicossomático é "em si mesmo", sem seu conhecimento, emoção (ou emoção implícita, latente); não é emoção explicitamente, manifestamente, "para si mesmo" (é emoção *ansichseiend*, e não *fürsichseiend*). E emoção é uma imagem *ansichseiend* (ou latente); imagem é Noção *ansichseiend* (ou latente). Inversamente Noção é imagem *suspendida** (*aufgehoben*); imagem

---

38. Cf. HEGEL, G.W. Op. cit., p. 38.
39. JUNG, C.G. Op. cit., p. 166.

* Nota do tradutor: O termo *sublation*, tradução inglesa do alemão *aufheben*, foi traduzido como *suspensão*, pois essa palavra porta o triplo sentido

é emoção *suspendida*; emoção é comportamento ou condição física *suspendida* (interiorizada, psicologizada). Em suas *Memórias* Jung relata quão vitalmente importante foi durante seus anos de crise realizar a primeira parte desse movimento: "traduzir as emoções em imagens – isto é, encontrar as imagens que estavam ocultas nas emoções"[40]. A segunda parte (da imagem para o pensamento) é menosprezada em sua descrição assim como em seu trabalho.

O que foi citado acima é uma outra forma mais conceitual de apresentar a relação entre os complexos inconscientes (ou impulsos, emoções) e seus equivalentes conteúdos conscientes, que Jung tentou expressar pelos meios da analogia pictórica do espectro[41]. Jung visualizou um único contínuo com um por assim dizer extremo "infravermelho" (ou emocional, inconsciente) e um extremo "ultravioleta" (ou imaginal, conceitual, consciente). Um só e mesmo conteúdo pode atravessar de um ao outro extremo do espectro, mas na medida em que é um só contínuo, ele sempre partilha de ambos os aspectos, então se a forma manifesta é a de uma emoção, o aspecto imagético ou noético está oculto *dentro* dessa forma afetiva manifesta, e vice-versa. A desvantagem dessa analogia é que ela tem que imaginar as diferentes formas de manifestação em termos de simples "deslocamentos" ao longo do contínuo, enquanto a

---

visado pelo termo alemão original. O de (1) negar, cancelar como quando um voo é suspenso devido às condições climáticas, de (2) manter, conservar como quando nas histórias de ficção científica os astronautas são mantidos em animação suspensa, ou quando um acontecimento se mantém em suspenso e de (3) elevar, conduzir a um nível mais alto.
40. JUNG, C.G. Op. cit., p. 158.
41. JUNG, C.G. A *natureza da psique*, §§ 384ss.

linguagem hegeliana, sem abrir mão totalmente da ideia de contínuo, expressa também a descontinuidade lógica entre as diferentes formas por conceber a forma mais "alta" como a negação e a suspensão da forma prévia. Com a analogia do espectro, a mudança ainda é imaginada e não *pensada*.

Isso nos leva à segunda, e ainda mais abrangente consequência a ser elaborada a partir da citada ideia de Jung de que o trabalho prático da psicologia tem que libertar o pensamento inicialmente latente da sua imersão na emoção ou imagem para torná-lo "completo". Em última análise, *alma é Noção, é vida lógica*. Isso corresponde ao ouro ou pedra filosofal dos alquimistas. Logicamente, apesar de não temporalmente, ela não é primariamente emoção, afeto, sentimento, impulso, desejo e nem mesmo imagem ou fantasia (que correspondem todos às formas impuras da prima-matéria alquímica, a *massa confusa*). Com certeza, alma é *também* emoção, desejo e especialmente, como Jung frequentemente insistia, imagem. De fato, é até comportamento físico e sintoma psicossomático e até mesmo somático. Mas é sintoma, emoção e desejo apenas porque, como de novo Jung nos ensinou a entender, cada um desses fenômenos contém uma imagem ou ideia dentro de si ou é uma das fantasias em que a imagem ou ideia pode inicialmente aparecer quando está profundamente imersa na matéria (alquímica ou psicológica). E a imagem é uma fantasia em que o pensamento ou noção se apresenta sob as condições, ou no meio, de uma consciência que está sob o feitiço da intuição sensorial (*Anschauung*), da imaginação, da representação pictórica (*Vorstellung*).

O inverso disso, contudo, não pode ser esquecido, para que nosso pensamento não perca a dialética da vida lógica da alma. É algo que Jung tornou muito claro com sua analogia do espectro, que trabalha em ambas as direções. Sendo sintoma psicossomático, emoção e imagem *suspendidos*, a Noção não é o simples oposto (não dialético) deles. Não é um tipo abstrato de noção, meramente intelectual, dissociado da experiência viva. Em vez disso, é a Noção concreta que, devido a sua gênese na emoção e imagem, ainda é plena delas, mas agora como momentos suspendidos *no* pensamento. As qualidades sensuais, emocionais e imaginais não foram perdidas por completo. Elas foram destiladas alquimicamente e trazidas de volta a si de sua alienação no estado cru e literal em que inicialmente se manifestaram.

Após essa digressão retornamos à questão de Jung como um pensador implícito. Expresso psicologicamente em termos junguianos, poderia se dizer que no nível mais profundo e inacessível do Si-Mesmo Jung era um verdadeiro pensador e seu trabalho era elaborado por esse pensador, enquanto Jung como personalidade egoica ou como o intelectual que de fato *formulou* em sua mente consciente o que o pensador nele pensou, não era um pensador nato. Ou, elaborando a partir da ideia de Hillman anteriormente referida da semente interior ou *daimon* em nós, ou na própria distinção de Jung entre sua "personalidade No.1" e "No.2", podemos dizer que o pensador em Jung era seu *daimon*, ou sua personalidade No.2, enquanto sua personalidade No.1 (que realizou de fato a escrita) não era inclinada a abordar os pensamentos que o pensador nele pensou no nível do pensar, e logicamente também não estava a altura do calibre que esse pensamento demandava dele.

Então há uma discrepância entre o estilo manifesto dos seus textos e a coerência conceitual interna da substância noética que eles contêm. O que aparece como uma discrepância em seu trabalho equivale a uma *tarefa* para nós (como Jung disse, "aqueles que vierem depois de mim"). É nosso trabalho tornar o pensamento "implícito" de Jung "completo" trazendo-o mais perto do estado no qual ele também tem a *forma* do pensamento.

d) O nome, "Jung", como abreviação para um corpo de pensamento

Contudo, esse modo de colocar (a diferença entre as duas personalidades) não está bem à altura do problema com o qual estamos lidando, pois personaliza e apresenta em um estilo imaginal algo que enquanto problema de pensamento é um problema de forma lógica. Nossa questão não deve ser quem em Jung está pensando ou quem nele moldou de fato seus textos. Temos que nos preocupar com a discrepância no trabalho escrito, no que é característico dos próprios textos. Então temos que retornar também à nossa antiga formulação sobre Jung como um pensador "implícito" para que ela não seja tomada personalisticamente. Não Jung como pessoa, não o pensador, mas a qualidade (factual, mesmo que apenas implícita) do pensamento da obra de Jung é o que nos interessa; e da mesma forma, nossos esforços devem ser devotados à forma lógica *explícita* da mesma obra, que ainda não está no nível do pensamento genuíno.

Isso me leva à reflexão do título deste capítulo: "Por que Jung?" Essa questão, o modo como ela é colocada, não convida a um pensamento personalista?

Em um texto de 1985, Murray Stein disse o seguinte: "Abrindo o caminho para essa região de sombras, a imagem de Jung, nosso herói e pai, foi alterada. Citar Jung para provar um ponto não é mais elegante nos círculos junguianos, apesar de que devo admitir que ainda acontece. Mas os colegas mais 'sofisticados' torcem o nariz quando isso ocorre... Agora em vez de citarem apenas Jung enquanto autoridade, citam Jung e... Winnicott, Kohut, Jacobson, Klein, e até Freud"[42]. Uma afirmação estranha. Primeiro, seria desnecessário dizer que citar Jung para provar um argumento ou como autoridade é embaraçoso. Não estamos em uma situação medieval na qual se pode provar algo por meio da referência a uma autoridade. Isso não tem a ver só com Jung (como essa passagem pode sugerir), mas com todas as chamadas autoridades que Stein comenta. Não é preciso ser um assim chamado "colega sofisticado" para torcer o nariz quando isso acontece. A segunda coisa estranha é que o autor, enquanto se considera ainda pertencente à Psicologia Analítica, se distancia de Jung e o reduz a alguém entre muitos outros a ser talvez levado em consideração. (Retornaremos a esse ponto no capítulo 4.b.4.) Esse distanciamento se tornou provavelmente necessário para Stein devido ao que me parece a terceira ideia estranha (e a que antes de tudo me fez citar essa passagem nesse contexto). Essa ideia está contida na frase, "Jung, nosso herói e pai".

Essa é uma ideia que *eu* tenho que me distanciar. Não posso olhar Jung nos termos de uma fantasia heroica (que implica uma veneração heroica e um culto à personalidade) nem nos termos de um romance familiar. Eu não venero Jung, ele não é meu pai e eu não sou seu filho, discípulo, seguidor ou fã. Penso

---

42. STEIN, Murray. "*Solutio* and *Coagulatio* in Analytical Psychology. One Man's View of Where our Field is Today". In: *The Analytic Life* (Papers from a conference held in 1985), Boston: Sigo Press, 1988, p. 1-9, aqui p. 6s.

que essa abordagem extremamente personalista de Jung, tão adolescente (herói) quanto infantil (pai), é o que torna necessário a Stein desejar tirá-lo do pedestal. Mas claro que, para começar, ninguém precisa abordar Jung dessa maneira. Para mim, e isso se refere especialmente ao título deste capítulo, "Por que Jung?", a palavra Jung não significa o homem, a pessoa. Eu nunca o conheci. A palavra "Jung" significa nada mais, mas nada menos do que uma *conveniente* abreviação para um corpo de pensamento. É a "identificação" escrita na sua *Obra Completa*, o nome para uma forma psicológica de olhar para o mundo. É uma *façon de parler* do "projeto junguiano". É muitas vezes mais fácil falar de um corpo de pensamento tomando metonimicamente o autor pelo trabalho, falando "dele", do "pensador", quando certas teorias, teses ou modos de pensar são indicados. (E continuarei a fazer uso dessa maneira de falar nesse sentido). Jung (como Freud ou qualquer outro pensador) não deve ser abordado por meio de sentimentos pessoais e reações transferenciais – mas *reflexivamente*: no nível do pensamento, no reino do intelecto e a partir da tradição ocidental das ideias. Deve-se dar a Jung a merecida honra de apreciá-lo como um nome que tem seu lugar na esfera nocional esquecendo dele como um "grande homem" ou "gênio". As ideias de "herói" e "pai" surgem como *fenômenos* psicológicos, mas não podem ser categorias por meio das quais a mente psicológica pode refletir sobre sua relação com alguém como Jung. Em geral, temos que aprender em psicologia a nos distinguirmos de nós mesmos e a nos abstrair dos nossos sentimentos objetivos e idiossincrasias. Nossas emoções e desejos pessoais não devem ser contrabandeados para o campo do objeto de estudo. Não é a autoridade de Jung (nem de mais ninguém é claro) que conta, mas a validade assim como a profundidade e verdade daquilo que (em cada caso) é dito. Por isso a minha tomada de Jung como base e ponto de partida inclui uma posição bastante crítica em relação ao seu trabalho. Considerar sua psicologia excepcional, não significa que se concorde 100% com ela. Ao contrário. Respeitá-la é submeter ainda mais suas ideias individuais a um estrito escrutínio concernente aos seus méritos e insuficiências (o leitor encontrará vários exemplos logo à frente).

e) A vantagem do pensamento implícito

Retornando à questão da forma "implícita" *versus* "explícita", gostaria de repetir que há uma discrepância entre a *forma interna* da *substância* dos escritos de Jung, que têm a forma do pensamento, e a forma que esses escritos têm no nível da sua apresentação. Também gostaria de repetir que Jung parece não ter estado à altura do que seu pensamento "implícito" demandava. Contudo, temos que entender agora que uma insuficiência não é necessariamente negativa. Também é uma grande vantagem. Por Jung não ter nem mesmo tentado escrever no nível apropriado de pensamento, os pensamentos que ele teve ou que vieram a ele não tiveram que ser acomodados *ao* e reconciliados *com* seu pensamento consciente, cuja forma ele compartilhava largamente com sua época. Sob a cobertura protetora de um pensamento menos rigoroso, em parte mais convencionalmente científico, em parte mais ingenuamente imaginal, grandes pensamentos junto com o alto nível lógico no qual eles viam, puderam ser transportados ilesos (e talvez até mesmo despercebidamente para o próprio Jung). Eles estão lá em seus escritos para que quem quer que tenha olhos possa ver. Jung era guiado pelo Conceito e pode lhe dar livre acesso, porque ele estava no subterrâneo e não na superfície e porque a lógica da superfície era bem ingênua e acima de tudo não rígida, não restritiva. Jung não tinha que justificar intelectualmente e conceitualizar sistematicamente a Noção e os pensamentos conectados a ela. Suas tentativas de justificação não chegaram a tocá-la e por isso não a destruíram. É o trabalho daqueles que vêm depois de Jung tentar lentamente trazer a Noção com toda sua complexidade lógica à superfície – sem perder ou destruir o que está no subterrâneo!

O que quero dizer pode se tornar um pouco mais claro por meio de uma comparação com analistas que eram pensadores explícitos: Freud, Lacan e Medard Boss. Como Jung viu, Freud "estava sob o julgo do seu *daimon*". Ele foi tocado por um Conceito. Mas a lógica positivista da sua poderosa teorização consciente não deixou nenhum espaço para o Conceito encontrar expressão. Ele estava (mais ou menos) acomodado à lógica da sua mente consciente (sua teorização explícita), o que tornou sua teoria altamente redutiva a respeito do que a tocou. O Conceito não teve nenhuma chance na sua teoria, nem mesmo como um aspecto implícito ou subterrâneo.

Lacan impressiona como o pensador que elevou a psicanálise freudiana a um nível radicalmente novo de reflexão e complexidade intelectual. Sua psicologia tem acesso explícito ao pensamento filosófico e faz altas demandas intelectuais ao leitor. É realmente uma psicologia que avançou ao pensamento abstrato em seu mais alto sentido. O que Lacan fez ao pensamento freudiano convencional, às noções de "falo", "desejo" e várias outras é admirável. Ele explodiu seus estreitos sentidos literais ao infundir mente e espírito nelas. Porém, acho improvável que ele tenha sido tocado e se *comprometido* com uma Noção, e que seu pensamento fosse enraizado na Noção, seja a Noção de "alma" ou qualquer outra (como Freud, para quem a "sexualidade" parece ter sido uma ideia numinosa). Tem-se a impressão que seu pensamento era enraizado no *texto* do trabalho de Freud, quase que no "palavreado" das suas ideias e na elaboração intelectual que ele realizou sobre as ideias em sua forma textual. Mesmo que essa elaboração tenha infundido mais espírito nelas, ainda assim elas possuem um toque bastante formalista, lembrando frequentemente uma arte malabarista. Temos então a estranha combinação de pensamento verdadeiro, alto nível de abstração e reflexão de um lado, e falta de compromisso com uma *substância* nocional, do outro. Essa falta é o que mantém seu pensamento *somente* abstrato, impedindo-o de se tornar concreto no sentido hegeliano.

Com Boss, a situação é novamente diferente. Ele, também, era aberto ao pensamento genuíno e tentou elevar a psicologia ao nível filosófico. Porém, provavelmente ele, também, não estava a serviço de uma Noção que o tocou, e bem distante da Noção de "alma". Isso vem à tona no dilema da *Daseinanalyse*. Em vez de se enraizar e desenvolver uma Noção que fosse realmente sua, ela tomou seu comprometimento intelectual emprestado de duas *fontes* estranhas, duas fontes que não são nem mesmo compatíveis realmente uma com a outra. Na parte intelectual, a *Daseinanalyse* se apoia no pensamento ontológico de Heidegger, enquanto na prática terapêutica ela toma refúgio nas técnicas freudianas convencionais. Até onde consigo ver, a questão de como uma psicologia pode ser concebida como *Daseinanalyse* sem deixar de ser uma *psicologia* genuína, e a questão de como uma abordagem técnica, personalista e uma filosofia ontológica podem juntar as forças sem invalidarem uma a outra, não foi respondida.

Entretanto, a resposta a minha questão "Por que Jung?" tornou-se aparente. Tem que ser Jung porque sua psicologia é enraizada na Noção de alma. O modo como ela é explicitamente estabelecida a torna capaz de dar (relativamente) livre-movimento ao desdobramento das complexidades da Noção e de abrigar em uma forma germinal por baixo do "texto" um alto nível lógico de consciência capaz de estar à altura do *status* lógico que nossa realidade há muito atingiu. A explícita Noção de alma e o alto nível lógico não são dois aspectos separados; ter avançado à noção de Alma significa ter atingido um alto *status* de consciência, além daquele que tanto nossa experiência cotidiana quanto a visão de mundo da ciência estão. A noção de Alma equivale a mais do que um *insight* particular acerca da consciência (cotidiana, científica, religiosa) predominante. A importância da noção de Alma é que ela traz uma revolução à própria consciência ao transportá-la a uma nova forma de mente capaz de experimentar a vida em geral, talvez até mais, a um novo modo de estar-no-mundo. Como e por que se tornará claro ao longo dos próximos capítulos.

Todas as outras escolas de psicologia e muito dos seus eminentes representantes tiveram notáveis *insights* e fizeram importantes e duradouras contribuições ao nosso entendimento do fenômeno psicológico. Contudo, eles não podem na mesma proporção serem estabelecidos como base, como ponto de partida e como estilo geral de pensamento para uma psicologia rigorosa. Até onde posso dizer eles não transgridem verdadeiramente o positivismo da nossa visão de mundo e sujeitam a

A vida lógica da alma

realidade psicológica a uma série de perspectivas e categorias que lhes são estranhas.

Aqui tenho que finalmente introduzir uma segunda qualificação às asserções feitas acima. Jung nem *sempre* e em todos os aspectos deu livre-movimento aos pensamentos que vieram da Noção; a forma de apresentação nem sempre funcionou como uma cobertura sob a qual os pensamentos puderam ser transportados imperturbados. Há um outro lado de Jung em que sua personalidade No.1 tomou a frente e que tentou ser um "cientista natural empírico" explicando sistematicamente no nível da "superfície" ou do "texto" os *insights* psicológicos conquistados. Então ocorreu algo com Jung similar ao que ele disse que aconteceu com Freud. Certamente, o redutivismo e o positivismo que caracterizam muito do pensamento freudiano não é proeminente nem mesmo nessas passagens de Jung. Mas Jung falou nessas passagens de um modo que não era apropriado para o espírito de suas próprias ideias e seus próprios critérios.

O fato de que esse lado do trabalho de Jung também existe, mostra que dentro da sua obra há a semente para dois caminhos bem diferentes a serem tomados por aqueles que vieram após ele. Eles podem se sentir compromissados com, e basear seu trabalho no, corpo de pensamento; ou podem ver apenas as "hipóteses" do "cientista" Jung. A travessia por cada um desses caminhos será tema dos próximos capítulos.

3 Jung: Enraizamento na noção

> Mas o melhor chega com um intento teórico[43].

No *Edda* de Snorri há um conto no qual o deus germânico Thor viaja a Utgard (*Útgarðr*, "o mundo ou reino exterior", "o além": a esfera dos demônios e gigantes) e entra no palácio do rei Útgarða-Loki. O rei e seus homens, todos gigantes, o receberam desdenhosamente devido ao seu pequeno tamanho e lhe pediram que demonstrasse suas capacidades, porque Útgarða-Loki queria demonstrar que, apesar de ser famoso por sua enorme força, não era páreo para os gigantes. Uma das tarefas que lhe foi dada foi que levantasse do solo o gato do rei. Thor, agarrando-o por baixo da barriga, tentou levantá-lo

---

43. Diogenes Laertius VIII, citando a comparação pitagórica da vida com os Grandes Jogos, em que alguns competem pelo prêmio, outros para vender bens (naturezas escravas que estão lá por fama ou dinheiro, respectivamente), mas os melhores vão como espectadores (os "teóricos" ou filósofos que querem contemplar a verdade). Esse é um testemunho inicial da preferência grega pela *bíos theöretkós* (*vita contemplativa*) sobre o estilo de vida prático. Essa comparação pitagórica também é citada por LAMBLICHUS, *Protrepticus*, ed. H. Pistelli, Stuttgart (Teubner) 1967, p. 53, linhas 19ss.

do solo com todas as suas forças, mas o gato apenas arqueou a coluna, mantendo a cabeça e a calda firmes no solo. Em uma segunda tentativa voltou a fracassar, ainda que dessa vez ele tenha conseguido levantar pelo menos uma pata do solo. No dia seguinte, quando Útgarða-Loki o levou para os limites do seu reino para se despedir, revelou a Thor a razão do seu fracasso em uma tarefa aparentemente tão simples. Havia um truque envolvido. O que Thor havia visto enganosamente como um gato, na realidade era uma pequena seção da Serpente de Midgard, a serpente que rodeia toda a terra. Útgarða-Loki e os outros gigantes em seu palácio haviam ficado aterrorizados porque podiam ver a serpente e testemunhar quão próximo Thor chegou de despregá-la da terra, quase rompendo o círculo urobórico (o que teria levado a consequências catastróficas).

a) O gato que não é um gato

É possível interpretar essa história nos termos do que ela significa dentro da mitologia germânica. Mas em nosso contexto, quero lê-la como uma alegoria de como entrar em contato com a obra de pensadores (incluindo poetas e outros artistas). Quando encontramos tal obra, a pergunta é, a lemos com a mentalidade de senso comum do Homem Cotidiano ou a lemos igual a, ou melhor: *como* Thor nesse conto. Quem está fazendo a leitura, o ego em mim, ou Thor? Mas aqui se poderia perguntar, não é precisamente Thor que representa nesse conto a perspectiva do senso comum de forma que a diferença que acabei de fazer entre ele e "o ego" é nula e vazia? Afinal, ele não é capaz de ver através do gato, de "ver através" (Hillman) para chegar na realidade arquetípica da Serpente de Midgard. Pensar dessa maneira não é sinal da mentalidade de senso comum do ego?

Pensar assim seria um erro. O fracasso de Thor é simultaneamente a marca de sua distinção sobre o homem cotidiano. O fato de que Thor fracassa em levantar o "gato", mostra que ele tinha um *verdadeiro* e *real* acesso ao nível arquetípico; estava efetivamente (não só mentalmente) em contato com a Serpente de Midgard. Se tivesse sido capaz de "ver através" diretamente desde o começo, provavelmente não haveria em primeiro lugar tentado levantar o gato do chão e, portanto, haveria perdido a possibilidade de um contato genuíno com o nível arquetípico. Seu ato de ver através haveria sido somente um substituto fácil, meramente intelectual ("acadêmico") para uma relação comprometida com o nível arquetípico. Mas tal como agiu, não se deu conta de antemão com o que estava lidando e, portanto, teve que usar toda a sua força. Foi precisamente seu fracasso que o obrigou a se dar conta de que aquilo com o que havia lutado devia ser algo mais que um gato empírico. Em vez de um ato imediato e anterior de "ver através" do nível arquetípico, sua tomada de consciência lhe chega indiretamente, depois do fato, como uma inferência a partir do seu fracasso. (O que é logicamente uma inferência depois do fato é descrita narrativamente como a explicação de Útgarða-Loki na "manhã seguinte"). Nesse sentido seu fracasso é o testemunho da natureza arquetípica da sua experiência.

Por outro lado, dentro da estrutura da mente do senso comum, o gato *não pode* ser mais que um gato; não existe de nenhuma maneira a possibilidade de fracassar na tentativa de levantá-lo. O tema crucial acerca da visão que o ego tem da vida é que o problema de não poder ver através sequer pode surgir para ele. O ego nunca se vê enganado em confundir um gato com o que na realidade é a Serpente de Midgard. Para ele, o gato *é na verdade* um gato, nada além de um gato, porque algo como a Serpente de Midgard é para início de conversa um absurdo. Sob tais circunstâncias, não é necessário sequer ter que ser Thor ou tão forte como ele para poder levantar um gato do chão. Qualquer um pode fazer isso. Isto é assim para a mentalidade do homem cotidiano, porque por definição ela está em Midgard, no ordinário mundo comum em que os homens habitam, independentemente do quão longe possa viajar. Em Midgard, as coisas estão limitadas por sua positividade (o que elas positiva ou literalmente são). Isto também se aplica às obras dos grandes pensadores. Contudo, o leitor que é capaz de apreciar um pensador como um pensador não tem mais o seu lugar em Midgard. Ele cruzou o umbral e se encontra além, em Utgard, por assim dizer, e provavelmente se encontra também nesse ponto com seus trajes de bodas, voltando aqui à parábola bíblica que discutimos. Em Utgard, um gato é mais que um gato. Abrange também aquilo que não é; sua própria negatividade lógica. O gato está enraizado no que está abaixo do solo, sua cabeça e sua calda continuam muito mais além do pequeno pedaço que é visível acima do chão: é também aquilo que rodeia o mundo inteiro, assim como faz o pai Okeanos grego ("a origem dos Deuses", "a origem de tudo"). Assim, não é só uma coisa a mais no mundo, nem só uma coisa maior do que as outras, mas é o absoluto, a uróboros, o *horizonte lógico* e ontológico de tudo e do mundo enquanto tal. É todo o *status* de consciência, todo o modo de ser-no-mundo, a inteira ontologia ou *lógica* dentro da qual se percebe não só o gato ôntico ou empírico, mas toda entidade ôntica ou empírica, e que constitui o seu significado. A tarefa de cada leitor é ser Thor e tentar com toda sua força levantar o que em princípio pareceria ser um gato comum e experimentar o incrível peso que o mantém no solo – até que, finalmente, se dê conta de que na realidade está lidando com um trecho da serpente universal, com uma forma visível na qual se torna acessível o horizonte invisível de todas as coisas. Se ele lê dessa maneira, será capaz de ver o que é verdadeiramente grande no que é aparentemente insignificante, ou falando mais logicamente, o "universal" no "singular".

Poderíamos descrever esses dois tipos de leitura em outros termos. Para o leitor que é Thor em Utgard, a orientação é inteiramente "vertical". Está tentando levantar o gato, e através de seu fracasso se dá conta de seu enraizamento em uma profundidade invisível e insondável. O "leitor" que permanece em Midgard e cuja visão ao ler a obra também pertence a Midgard, tem uma visão "horizontal". Posto que é capaz de levantar o gato de antemão, sem nenhum esforço, sua atenção provavelmente irá em direção a outras coisas e outras tarefas. Poderia comparar o gato com outros gatos sobre a superfície da terra, ou poderia pensar sobre o que se poderia fazer com um gato. Para ele, o que poderia ser a obra de um pensador ou poeta não é mais do que um "texto". Se as obras se reduziram até se tornarem apenas "textos", como tem sido em um amplo campo da crítica literária, especialmente na desconstrução, então o foco é somente naqueles aspectos das obras que podem ser positivados e tornados operacionais. A visão é limitada ao nível superficial dos signos e de seus "significados", àquilo que é "um gato, tão somente um gato" na obra; a serpente que contém o mundo não tem chance. Só se pensa em termos da separação (horizontal) entre "significantes" e "significados". A dimensão da verdade, do alcance e do valor da *obra* e de sua absoluta singularidade foi eliminada; o "texto" tem seu lugar lógico no reino da indiferença, no final apenas no ciberespaço. As palavras, as ideias e as imagens contidas no "texto" não estão de fato enraizadas ou fundadas na, e inspiradas pela, realidade da serpente do mundo. Mas a obra de um pensador não é "só uma questão de discurso, ou uma questão de palavras" (Greg Mogenson sobre os trabalhos de Jung). Mogenson adiciona uma nota importante: "A desconstrução, com sua declaração solipsista de que não existe nenhum 'significado transcendental' fora do texto, não permite começar com a realidade do que pretende ter uma existência mais além das palavras que postula. Independentemente do valor que o movimento desconstrucionista de 'ontologizar' os textos possam ter na leitura de outros pensadores, ele obscurece o movimento similar do próprio Jung a respeito da psique. O *'esse in anima'* de Jung é ser-na-alma, não ser-no-texto, e sua prática desconstrutiva é localizar, não a fissura no texto, mas as formas imaginais da psique que são para a psique o que os tropos são para a literatura"[44].

Hoje estamos testemunhando a vitória absoluta da abordagem textual no lugar da ideia de "obra": o lugar dos muitos

---

44. MOGENSON, Greg. "Re-Constructing Jung". In: *Harvest 42*, n. 2, 1996, p. 28-34, aqui p. 28 com a nota 2 na p. 32. Mesmo tendo um problema com o "movimento similar" de Jung de ontologizar a psique, devido a minha ênfase na lógica em vez da ontologia, este problema não deve nos afetar aqui, onde só tratamos da questão da diferença entre "obra" e "texto". Temos só que pôr "ontologizar" entre aspas, tomando-o em sentido figurado para podermos aceitá-lo como determinante no sentido descrito por Mogenson. Mas no que se refere às obras de outros pensadores, insisto que a ideia de "ser-no-texto" não se aplica a eles mais do que a obra de Jung, apesar do fato de que esses pensadores não costumam fazer o mesmo tipo de movimento feito por Jung a respeito da psique.

textos impressos "lineares" está sendo tomado pelo Único grande texto representado na Web (*World Wide Web*). O que antes era um texto por direito próprio agora está sendo integrado como um mero pedaço de texto dentro do supertexto criado por hiperlinks dentro da web. Aqui a superfície e o movimento horizontal sobre ela está se convertendo em absoluto. A penetração na profundidade de um único "texto' (obra!) em um único ponto está sendo substituída por saltos potencialmente intermináveis de um item a outro. Comparem isso com o que Jung disse acerca da imagem de fantasia, de que ela contém tudo o que necessita dentro de si ("Acima de tudo, não deixe que nada de fora que não pertença se intrometa, pois a imagem de fantasia tem 'tudo o que necessita'")[45]. A imagem de fantasia não precisa de *hiperlinks*. Precisa do enlace na serpente urobórica. O mesmo se aplica a qualquer texto concebido como uma obra.

O gato de Thor não era um "signo" da serpente. Não estava *apontando* para aquilo que não era, nem tampouco tinha que apontar. Ao contrário. Por quê? Porque a todo momento ele já *era* a serpente; *na realidade* Thor havia posto suas mãos embaixo da própria serpente, e o que *ele* viu como um "gato" se mostrou ser um engano, uma impressão meramente superficial. Se o que Thor houvesse agarrado fosse um "signo" da serpente, então ele teria sido capaz de levantá-lo. Mas não conseguiu. Seu fracasso é o testemunho do fato de que ele havia captado no gato também sua negatividade, havia captado a lógica inteira da situação, havia captado a Noção. O "gato" não era levantável porque era infinitamente mais do que era positivamente. E,

---

45. JUNG, C.G. *Mysterium Coniunctionis*, OC Vol. XIV/2, § 404. Petrópolis: Vozes, 1990.

A vida lógica da alma 105

inadvertidamente, havia sido precisamente este "mais" que Thor havia segurado. Não havia agarrado na positividade externa que o gato também tinha. Ele o havia segurado em seu mistério, em seu segredo. Também poderíamos dizer que ele havia estado em contato com sua *infinitude* interior, que inclusive ele não poderia ter levantado do solo, pois, por definição, se tivesse conseguido levantar, ele teria *ipso facto* reduzido-o a uma entidade finita, inambiguamente definida.

Na *Word Wide Web* a ideia de infinidade interior já não tem nenhum sentido. Esse "mais" que havia no gato de que estivemos falando pode nesse contexto significar apenas saltar para *outros* gatos e *outros* tópicos por meio de *hyperlinks*. Sob essas circunstâncias é absolutamente impossível perceber o gato de tal maneira que na realidade, ainda que sem saber, se está lidando com a Serpente de Midgard. Mas se isso é tudo o que o psicólogo tem que estar fazendo, chegamos à conclusão de que o psicólogo nesses dias e nesses tempos é inevitavelmente um dinossauro, tal como muito provavelmente é a Serpente de Midgard que tanto o interessa.

Há duas ilusões em que *nós* poderíamos cair. Poderíamos pensar que Thor deveria ter sido capaz de realizar a tarefa que lhe foi apresentada, que seu fracasso foi uma vergonha para ele, e que na realidade ele teria que ter se dado conta com o que estava lidando. Mas o próprio ponto da história é que ele concentra todo o seu poder no gato sem ver através do "engano", conseguindo apenas dobrar suas costas sem conseguir levantá-lo do chão. A questão é aprender a experimentar o ontológico ou lógico *no* ôntico ou empírico, e aprender através do que pode aparentemente ser um fracasso quando visto do exterior. A tomada de consciência vem depois do fato.

O fracasso em "levantar o gato" e o fracasso em "ver através" são indispensáveis. Há muitos autores na psicologia arquetípica que exibem uma notável habilidade de "ver através" e "guiar" as imagens dos sonhos e fenômenos psicopatológicos "de volta" (*epistrophé*) às suas origens arquetípicas ou míticas. Parecem com os gigantes do palácio de Útgarða-Loki, que eram capazes de ver as coisas imediatamente em sua desnuda verdade arquetípica. Mas isso é muito fácil. As imagens e fenômenos não têm então nenhum peso que os empurrem *abaixo*. O movimento do "gato" à "Serpente de Midgard" é só um movimento horizontal de um conteúdo *positivo* de consciência (que tem as características *formais* da realidade cotidiana ou empírica) a outro conteúdo *positivo* de consciência (que passa a ter a característica *formal* de uma imagem mítica). Assim, o "ver através" ou o "descobrir os Deuses em cada homem ou mulher" pode ser um jogo formal que não se conecta realmente com a profundidade arquetípica ou lógica. É o fracasso em "ver através" que faz com que o arquetípico, o ontológico, a profundidade lógica, se torne uma *realidade*, porque proporciona a experiência real da negatividade lógica ("o gato *não pode* ser meramente um gato", "tem que haver um algo 'mais' *in*consciente, *in*visível nele", "deve ser *in*finito"). Esse fracasso de ver através não deve se confundir com a experiência de sentido comum, para a qual não *há* nada para ver através, posto que para ela todas as coisas não são mais do que aquilo que são positivamente.

Logo, o que no nível do *texto* é representado como o engano de Thor, em nossa história tem que ser compreendido como sua consciência mais profunda, e, opostamente, os que realmente estão sendo enganados são aqueles que creem serem capazes

A vida lógica da alma

de ver através da Serpente de Midgard ou ver diretamente os Deuses e Deusas.

Claro que a tarefa de se tornar Thor ao ler uma obra particular pressupõe que ela está de fato enraizada embaixo da terra. Só é necessário ser Thor na hora de ler quando alguém deixa de ser um convidado em alguma reunião em Midgard para se ver confrontado com o rei Útgarða-Loki, isto é, com aquele que de fato conjurou a Serpente de Midgard para nós disfarçada de um gato ordinário. Em nosso caso, a questão é se a obra de Jung é, na verdade, algo mais do que positivamente é, mais do que o "texto" literal e seu significado. Quando abordamos sua obra, ainda que conscientemente tratamos de meramente ler o "texto", estamos de fato em contato e tentamos levantar a Serpente de Midgard, a uróboros, o infinito, o absoluto? Não faz sentido tentar responder essas questões apoditicamente, através de meras afirmações. A resposta tem que ser prática, provinda de uma *real* tentativa de "levantar" a obra de Jung. Se tentarmos, existem três possibilidades.

a) Somos capazes de levantá-la, mostrando que Jung não é o pensador da alma, e que Útgarða-Loki não conjurou realmente a serpente do mundo sob o disfarce de um gato comum. Não *há* nada mais do que um gato. O autor permaneceu em Midgard e escreveu com ou como seu ego comum.

b) Somos capazes de levantá-la, mostrando que *nós* não lemos a obra de Jung *como* Thor e que na realidade tampouco cruzamos o umbral em direção a Utgard. Permanecemos em Midgard e lemos sua obra como o ego convencional que temos sido todo o tempo. E é por isto que para nós é só um texto, só as hipóteses e as opiniões de alguém.

c) Não podemos levantá-la. Isso demonstraria que realmente entramos em Utgard e que na obra de Jung nós somos efetivamente confrontados com a grande serpente, com a vida lógica da alma, com a Noção.

Vemos que no caso negativo ("o gato pode ser levantado"), não fica claro qual lado é responsável, se o leitor ou o autor. "Se uma cabeça e um livro se chocam e há um som oco, é sempre culpa do livro?" (Lichtenberg). Mas claro que pode ser culpa do livro. Não há prova positiva que possa determinar objetivamente se a possibilidade a) ou b) é dada. É necessário o *nosso* entrar na situação, o *nosso* se arriscar a tomar uma decisão.

b) Da ardente lava líquida à pedra cristalizada

De maneira similar, cada potencial leitor tem que por si mesmo tentar levantar o trabalho de Jung e ver o que acontece. Ninguém mais pode fazê-lo por ele. Logo, eu não quero continuar nessa questão. Não posso e não gostaria de provar que Jung escreveu como o rei Útgarða-Loki que efetivamente conjurou as profundezas para nós. Mas o que posso demonstrar é que de acordo como sua autointerpretação, Jung *foi* Útgarða-Loki e se comportou como Útgarða-Loki quando, em suas *Memórias*, ele nos revelou após o fato, em retrospecto ("no dia seguinte") aquilo o *que* estivemos realmente confrontando enquanto líamos seu trabalho (que parecia para nós ser um mero "texto" ou a coleção de hipóteses de alguém). Estou pensando em passagens como a do último parágrafo do capítulo sobre o confronto com o inconsciente antes e durante o período da Primeira Guerra Mundial.

> Foram necessários quarenta e cinco anos para elaborar e inscrever no quadro de minha obra científica os elementos que vivi e anotei nessa época da minha vida. Quando jovem pretendia contribuir com algo válido no domínio da ciência à qual me devotava. Mas encontrei essa corrente de lava e a paixão nascida de seu fogo transformou e coordenou minha vida. Essa foi a matéria-prima que me compeliu a trabalhá-la e minha obra é um esforço, mais ou menos bem-sucedido, de incluir essa matéria ardente na concepção do mundo de meu tempo. Os anos durante os quais me detive nessas imagens interiores constituíram a época mais importante da minha vida e neles todas as coisas essenciais se decidiram. Foi então que tudo teve início e os detalhes posteriores foram apenas complementos e elucidações. Toda a minha atividade ulterior consistiu em elaborar o que jorrava do inconsciente naqueles anos e que inicialmente me inundara: era a matéria-prima para a obra de uma vida inteira[46].

Na edição alemã, há mais uma sentença no final do primeiro parágrafo citado aqui. Está escrito: "As primeiras fantasias e os primeiros sonhos foram como que um fluxo de lava líquida e incandescente; sua cristalização engendrou a pedra em que pude trabalhar"[47].

Há vários *insights* importantes a serem ganhos sobre o *status* do trabalho de Jung (ou sobre sua autoavaliação).

1) Ao empregar a metáfora da lava, Jung quer nos dizer que suas ideias não eram pensadas por ele, mas "irromperam" em sua consciência. A origem não está nele, ou ele não é o sujeito das suas ideias. Elas vieram a ele, ele era o recipiente delas, ou devemos dizer, sua vítima? Havia nessa massa incandescente

---

46. JUNG, C.G. *Memórias*, p. 176.
47. JUNG, C.G. *Erinnerungen*, p. 203.

uma subjetividade que não era sua, mas que inversamente deu à sua vida forma e estrutura. O que em inglês foi traduzido como "Essa foi a matéria-prima que me compeliu a trabalhá--la" significa mais literalmente: "Essa foi a matéria-prima que forçou a minha vida ser do jeito que foi". Isso corresponde ao que eu disse antes sobre ser tocado e apreendido pela Noção. Outra sentença aponta para a mesma direção. "Desde o início eu tinha um senso de destino... Isso me deu uma segurança interior, e, apesar de jamais poder provar para mim mesmo, se provou para mim. *Eu* não tinha essa certeza, *ela* me tinha"[48].

2) As metáforas do fluxo de lava, do incandescente basalto líquido, da pedra que podia ser trabalhada indica o sentimento de Jung de que ele começou com uma substância. Em contraste com outras escolas psicanalíticas, Jung não começou com a ideia de "desejo", de "vontade", ou de uma insuperável "falta" ou "ausência". Havia, ao invés, muito, uma inteireza esmagadora, uma presença real.

3) A substância tinha sua própria necessidade interna. Ela se iniciou em uma forma líquida "amorfa", se endureceu em uma pedra ainda sem forma que então tinha que ser trabalhada, não de acordo com um esquema que Jung trazia a ela, mas de um modo que sua própria forma e significado inerente poderia ser exposto. A substância era o núcleo formativo e generativo do seu trabalho.

4) Nessa substância *animada*, Jung tinha um objetivo face a face, um tipo de "tu" que ele se relacionou e que se comprometeu. Ela demandou que ele devotasse toda a sua vida ao seu serviço.

---

48. JUNG, C.G. *Memórias*, p. 54.

5) Também vemos o *hysteron proteron* atuando na autoavaliação de Jung. Não há uma construção linear de um sistema de conhecimento através da adição de um *insight* após o outro, como a montagem das peças de um quebra-cabeças. O desenvolvimento de sua psicologia não tinha a característica de uma aproximação popperiana da verdade por meio de um infindável processo de falsificação de hipóteses. Não. O resultado final já estava lá desde o início. "Tudo o que era essencial já estava decidido". Jung iniciou com algo que era, em um certo sentido, finalizado. As repostas estavam lá desde o começo. Mas ter as respostas não significa que agora se pode repousar. Ao contrário. É agora que o trabalho começa.

6) Heidegger disse que todo pensador pensa apenas um único pensamento. Vemos isso nessa passagem também. Uma única *prima materia* para uma vida inteira. Todas as milhares de páginas dos vários volumes do seu trabalho circuambulam em torno desse centro. "Todos os meus trabalhos, toda a minha atividade criativa, veio desses sonhos e fantasias iniciais ..."[49] Essencialmente, não havia nada novo: "os detalhes posteriores são apenas suplementos e clarificações do material que explodiu do inconsciente..." Em outras palavras, a característica do trabalho de Jung é o de um *desdobramento* de um único e mesmo conteúdo inicial.

7) Na medida em que Jung iniciou com um conhecimento dado que tinha apenas que ser incorporado na visão de mundo (*Weltaschauung*) predominante de seu tempo, seu trabalho não era o de um cientista. Um cientista inicia com questões e *então* procura as respostas; ele coloca hipóteses e *então* tenta

---

49. JUNG, C.G. Op. cit., p. 176.

verificá-las ou falsificá-las por meio de experimentos e outros métodos empíricos. Tudo isso Jung não teve que fazer, pelo menos não no que era essencial, porque o que para ciência é a busca de um resultado final, para ele era o ponto de partida. As hipóteses do cientista são antecipações, elas são pensadas por ele. E é por isso que em seu trabalho de pesquisa ele precisa que a realidade ou natureza confirme ("colocando a natureza sob tortura", Bacon) até que ponto *suas* antecipações são corretas. A ciência opera sobre a base e por meio da radical dissociação do sujeito como ego (que pensa *suas* hipóteses ou conjecturas) da natureza concebida como uma defensora obstinada que tem que ser violentamente forçada a admitir a verdade; essa dissociação se reflete na divisão clara entre "questões primeiro" e "então respostas". Para Jung, ao contrário, a "natureza" já falou de início e por sua própria conta, no "material que explodiu do inconsciente". *Ele* estava sob "o julgo" dela. Nenhuma testagem ou checagem secundária era necessária ou, nesse sentido, concebível. Não havia nenhuma divisão fundamental da "natureza". Havia mais uma submersão nela, *i. e.*, uma unidade excessiva. Temos que nos dar conta de que a ciência e o *opus* junguiano são duas "figuras" fundamentalmente diferentes de conhecimento, com a posição de uma sendo o inverso da outra. Em nosso texto Jung expressamente se distancia da posição do cientista: "Quando jovem pretendia contribuir com algo válido no domínio da ciência à qual me devotava. *Mas* encontrei essa corrente de lava..." (minha ênfase). No início ele tentou trabalhar como cientista, mas seu trabalho maduro deixou para trás essa fase e a orientação intelectual pertencente a ela. Não por sua escolha, isso é certo, mas compelido pela força eruptiva que reformou sua vida.

A vida lógica da alma 113

Se Jung ainda assim pôde falar (na nossa citação) do seu "trabalho *científico*", podemos assumir que ele meramente paga tributo à sua época, à "visão de mundo contemporânea". Jung tinha que capturar o material bruto de suas experiências iniciais no vaso do seu trabalho científico e incorporá-lo na visão de mundo do seu tempo. Foi esse esforço *mediador* o responsável pelo verniz científico obtido pelo trabalho. Mas a substância não requer por si mesma um verniz científico. Era necessário ao ponto em que essa complacência realizou uma verdadeira mediação, sob a tutela de Hermes, com o espírito dominante da época; contudo, ao ponto em que comprometeu e obscureceu o que devia ser mediado, abrindo espaço para equívocos fundamentais, merece críticas severas (críticas que serão feitas mais tarde nos locais apropriados deste livro).

Ciência e o que Jung fez são "figuras" de conhecimento radicalmente diferentes. A primeira "figura" já tem um nome, ciência. Mas e o que Jung fez? Que nome merece? Vimos que ele começou com respostas. Esse tipo de situação pode nos levar a duas posições bem diferentes, a do profeta e a do pensador. O profeta simplesmente proclama as respostas que recebe. De certo modo pode-se dizer que ele "as atua". Ele ingenuamente segue suas orientações interiores acreditando prontamente nelas. Existem aqueles que sentem que devem entender Jung dessa maneira, como profeta e fundador de um culto. Mas isso é um erro. A reação de Jung ao ser inundado pelas "respostas" não foi proclamar e pregar imediatamente o que ele experienciou. Ele lidou com o que irrompeu em sua consciência como uma *prima materia* a ser trabalhada. A própria experiência e seus conteúdos foram apenas o começo para ele, não mais que a ocasião ou o tema para o essencial que viria depois: o trabalho de toda uma vida em cima desse material. Era a pedra que demandava um laborioso refinamento, e o que Jung fez tinha o caráter de um *opus* no sentido alquímico. O profeta deixa as "respostas" do modo como apareceram e concentra todos os seus esforços em disseminá-las ao público. Ele tem a mensagem atrás dele e como um porta-voz passivo deixa inalterado os conteúdos que o atravessam.

experiências do inconsciente → sujeito consciente → audiência

Em contraste com essa unidirecionalidade Jung, como um recipiente, se vira para *encarar de frente* os conteúdos que apareceram.

experiências do inconsciente →← sujeito consciente.

Em geral, era sempre de importância primária para Jung a) *distinguir-se* (assim como é para qualquer um) dos conteúdos do inconsciente e b) desenvolver uma *relação* com eles. Logo, quando escreveu sobre suas experiências com o inconsciente, ele não era um porta-voz passivo delas. Ele escreveu como alguém que rompeu com a imediaticidade, com a unidade ingênua com os conteúdos, e que, portanto, estabeleceu uma relação reflexiva com eles. Pela mesma razão não há um fluxo contínuo vindo do inconsciente atravessando Jung em direção ao público como ocorre com o profeta. Para Jung, havia duas tarefas distintas, um corte que também deveria ser feito. A primeira tarefa era trabalhar por si mesmo, sem nenhuma preocupação com qualquer público, sua relação com os conteúdos que recebeu; a segunda tarefa era *reportar* sua relação com esses conteúdos.

A vida lógica da alma   115

1. experiências do inconsciente →←— sujeito consciente.

2. sujeito consciente → audiência.

É preciso enfatizar esses dois aspectos da segunda tarefa: o aspecto de reportar (em contraste com "pregar" e "proclamar"), e o fato de que sua escrita não era sobre os conteúdos em si mesmos, na sua imediaticidade, mas sobre sua relação com eles. Tanto o reportar quanto a relação passaram pela reflexão; há um momento de distância, de mediação e negação neles. A lógica da profecia é expressa na fórmula "a voz de Deus". Usando nossa analogia anterior, o profeta fala clamando tornar a Serpente de Midgard *diretamente* acessível. Jung, falando como um ser humano com sua própria voz para outros seres humanos, nos apresenta apenas o gato, deixando a nós a tarefa de ver se somos capazes de agarrar a Serpente de Midgard nesse "gato".

Estamos agora em posição de dar um nome ao que Jung fez. O nome é *pensamento*. A natureza do pensamento é determinada por duas coisas, a) ter sido atingido por uma *prima materia* e b) conceber essa *prima materia* como algo a ser trabalhado "por toda uma vida" ("trabalhado" aqui não fisicamente em um laboratório ou ateliê, como por um escultor, mas teoricamente, no "ateliê" da mente e de uma forma reflexiva). O *status* de "Jung" (como foi expresso em sua autoavaliação) é o de um *pensador*. Digo isso mesmo sabendo que o próprio Jung provavelmente o contradiria. Mas talvez até não. Basta olhar para a seguinte sentença introduzindo o capítulo "Últimos Pensamentos" de suas *Memórias*: "Qualquer biografia minha deve, penso, levar em consideração as seguintes reflexões. É verdade que podem surpreender os outros como altamente teóricas, mas fazer esse gênero de 'teoria' é tão parte de mim, como uma função vital minha, quanto comer e beber"⁵⁰. A versão original alemã é ainda mais expressiva. "Mas essa 'teoria' é uma *forma de existência* que fez parte da minha vida, representa um modo *de ser* tão necessário para mim como comer e beber"⁵¹. Jung não suaviza sua sentença como fez o tradutor dizendo "fazer esse gênero de 'teoria'". Ele nos confronta com a direta afirmação que "essa teoria" pura e simplesmente é seu *modus vivendi*. Sem aspas, não "esse gênero", não colocando o *ato* de fazer teoria inambiguamente de um lado, e a teoria resultante desse ato do outro. Sua "teoria" é tanto o ato de teorizar quanto a teoria resultante. Jung aqui claramente reconhece o que os gregos chamaram de *bíos theöretikós* (*bíos*: não a vida no sentido da biologia, mas um específico modo de existência, um estilo de vida) e provavelmente está sintonizado com sua concepção de que a *theoria* é (não o oposto não dialético, mas) a mais alta forma de *práxis*⁵². De acordo com essa confissão, ele não é meramente alguém que escreveu um ensaio intitulado "Reflexões Teóricas Sobre a Natureza da Psique". Ele é um pensador por natureza, ou melhor: pensar *é* sua natureza.

O que Jung nos disse aqui é mais do que um pedaço de informação biográfica, pessoal. Ele nos falou também sobre o *status* e escopo do seu trabalho (sempre olhando através da sua autointerpretação). A psicologia de Jung surge no cenário com um clamor *teórico*. Isso traz à tona mais uma vez a diferença com a ciência. Heidegger nos ensinou que a ciência não pensa. Ao dizer isso, ele, é claro, não quer sugerir que os cientistas não são inteligentes ou que não usam suas funções racionais. De um

---

50. JUNG, C.G. Op. cit., p. 283.
51. JUNG, C.G. *Erinnerungen*, p. 330 [itálicos meus].
52. Cf. *e. g.* ARISTOTLE. *Politics*, VII, 3, 1325 b 14-1326 a 22.

certo modo, essa afirmação diz mais sobre a estranha natureza do pensamento genuíno do que sobre as ciências. Ela nos diz que o tipo de atividade mental acontecendo nas ciências não é a do pensamento. A ciência, ele demonstrou, é no fundo e desde o início tecnológica (*i. e.*, prática). A ciência não pode clamar ter o *status* de um verdadeiro esforço teórico. (Hegel expressou basicamente o mesmo *insight* do seu próprio modo e na sua própria linguagem). Hoje a ciência está no estágio de desenvolvimento em que sua característica tecnológica se torna manifesta na subjugação da ciência pelo comércio, enquanto antes ainda era fácil ser iludido sobre sua natureza, atribuindo a ela uma característica *teórica*, *i. e.*, o inadulterado esforço por conhecimento. Hoje, mesmo os cientistas se dão conta de que a ciência não é a busca por verdade (conhecimento verdadeiro). Como o físico teórico Herbert Pietschmann mostrou, a ciência não está realmente atrás da verdade, nem mesmo da correção, mas atrás apenas da precisão e predição (o que é algo bem diferente)[53].

Podemos conectar a diferença entre a posição teórica e a tecnológica com o que dissemos antes sobre Thor e Útgarða-Loki e a diferença entre as orientações verticais e horizontais. O interesse teórico se relaciona com a Serpente de Midgard *no* gato ordinário, enquanto o interesse científico, *i. e.*, tecnológico, se concentra no gato enquanto gato (em sua positividade): em sua anatomia, fisiologia, etiologia, ecologia etc. Essa é a mesma

---

53. PIETSCHMANN, Herbert. *Phänomenologie der Naturwissenschaft. Wissenstheoretische und philosophische Probleme der Physik*. Berlin et al. (Springer) 1996, capítulo 8.3 "Die Sicherheit der Naturgesetze". Anteriormente em *Eranos 55-1986*, Frankfurt/M. (Insel) 1988, p. 85 f. ("Die Sicherheit der Naturgesetze – Polarität von Mensch und Kosmos").

diferença que divide a alquimia da química. A química resultou da radical exclusão da "serpente do mundo" (do *Mercúrius*, da infinitude interior, da dialética interna) da definição de todas as substâncias, para que pudesse se focar exclusivamente no que é logicamente positivo ou em "nada além do gato no gato" acerca das substâncias. Assim a mente química é absolutamente imperturbada pela dimensão vertical.

c) Ciência suspendida, religião suspendida, medicina suspendida

A obra de Jung, como temos visto, não é a de um profeta, a de um fundador de uma religião e nem tampouco a de um cientista. O que separa Jung do profeta é o momento de negação ou reflexão que intercepta o fluxo imediato da experiência até a sua anunciação. O que Jung apresentou ao público, no que concerne a sua forma lógica, havia passado pela Ilustração, por assim dizer. Havia sofrido o confronto com a mente crítica, tão ofensiva para a imediatez da experiência ingênua. A obra de Jung compartilha esse momento de Ilustração com a ciência. Mas enquanto a ciência absolutiza ingenuamente a postura da Ilustração e, portanto, tem que ignorar e rechaçar o conjunto de experiências imediatas do inconsciente e a ideia de uma "alma" (como "irracional", "superstição", "crença metafísica" etc.), Jung nega tanto o enfoque científico quanto a posição profética. Ao negar também a posição do Iluminismo, é de novo livre para tomar as imagens do assim chamado inconsciente seriamente em um nível inteiramente novo, isto é *logicamente a sério* (não só empiricamente a sério – como fazem muitas escolas de "psicologia"), convertendo-se assim em um psicólogo no verdadeiro sentido, um cujo pensamento inteiro se enraíza na Noção de realidade da alma. Ele toma as imagens "e em particular (sua) forma e (seu) conteúdo" como *"afirmações"*[54] da alma, afirmações que têm seu significado, seu "referente", e sua dignidade *dentro* de si mesmas. Não apontam para nenhuma outra coisa, não são resultado de causas externas, em resumo, não são epifenômenos. São *fenômenos*.

O conceito de realidade da alma requer a dupla negação, a negação da intepretação religiosa das imagens como "a voz de Deus" e a negação da intepretação cientificista das imagens como um mero reflexo (secundário) da assim chamada vida real ou como causada por processos corporais e afins. Ambas as interpretações são positivas (positivistas). A realidade da alma, ao contrário, tem seu lugar lógico na negatividade lógica, na medida em que é o resultado da negação das duas formas de positividade. Não tem referente externo. Mostra a *si mesma*.

Eu disse que a tomada da realidade da alma seriamente por Jung ocorre em um nível inteiramente *novo*. Este é finalmente o ponto em que podemos ao menos ter um indício do que queria dizer a nossa afirmação anterior de que o pensamento de Jung tem lugar em um nível superior de reflexão ou em um *status* lógico superior de consciência. A psicologia de Jung é tanto religião *suspendida* quanto ciência *suspendida*. 'Suspensão'[*] é a tradução do termo hegeliano *Aufhebung* no triplo sentido de a) negar e cancelar, b) salvaguardar e reter, c) elevar ou erigir a um novo nível. Sua psicologia é religião suspendida (*aufgehoben*) na medida em que nega a interpretação religiosa imediata *com*

---
54. JUNG, C.G. OC 9/I § 384. *Os arquétipos e o inconsciente coletivo, OC Vol. IX/1*, § 384. Petrópolis: Vozes, 2000.
[*] Nota do tradutor: *Sublation* no original em inglês.

a qual os conteúdos da experiência interior advêm, mas também preserva os conteúdos e a atmosfera religiosa, ainda que só como um "momento" da nova Noção de realidade da Alma. De maneira semelhante é ciência suspendida porque nega o redutivismo positivista ingênuo do enfoque científico do psicológico, mas também preserva a racionalidade crítica das ciências como um "momento" de sua própria posição de *não regressar* para trás das conquistas intelectuais do projeto chamado Iluminismo. Só pode ter seu lugar no meio dessa contradição absoluta entre os opostos ao permitir que sua própria consciência sofra uma revolução lógica e seja catapultada a um nível lógico radicalmente superior ou mais profundo. A psicologia não é um campo dentro da ciência e nem é algo entre a ciência e a religião. Ela deixou a ciência e a religião por baixo de si e ao mesmo tempo as contém como momentos suspendidos dentro de si. É a sua *sucessora* (um pouco como os automóveis, os trens, os aviões são os sucessores dos cavalos [suspendidos!] e das carruagens na esfera técnica. A característica de suspensão vem claramente à tona quando falamos dos "cavalos de força" dos carros).

O fato de que a psicologia tenha que ser a suspensão da religião e da ciência também estava na apreciação consciente de Jung. Ele afirmou expressamente que a psicologia "está fadada a se cancelar como ciência e precisamente assim alcançar sua meta científica"[55]. Essa ideia sugere que a psicologia tem que ser uma disciplina que *dentro de si mesma* 1) começa com a fantasia de ser uma ciência, 2) se impulsiona mais além desta autodefinição inicial como ciência (negando-a), e 3) devido a isso não se transforma no oposto não dialético da ciência

---

55. JUNG, C.G. OC 8 § 429 "... está fadada *a se cancelar* como ciência": em alemão está, "muβ *sich* als Wissenchaft *selber aufheben*": se suspender.

(em superstição, em crenças subjetivas ou coisas afins), mas cumpre em um plano superior o que esperava alcançar com sua autointerpretação inicial em termos de ciência. Como ciência suspendida, a psicologia está de algum modo logicamente por cima e mais além de todas as ciências, em lugar de ser uma voz no concerto de todas as ciências, como se pensa convencionalmente. Todas as ciências são, em um sentido especial, "momentos suspendidos" dentro da psicologia, posto que toda investigação científica brota da atividade anímica dos humanos. Cada ciência só estuda "regiões" ou "aspectos" particulares da realidade. A psicologia, ao contrário, não tem "a vantagem de um 'campo delimitado de trabalho'", tem que "se preocupar com o que acontece no mundo mais amplo"[56]: As ideias sobre o mundo desenvolvidas pelas ciências particulares, sem mencionar o fenômeno da postura científica frente ao mundo e à vida em sua forma compartimentalizada, são agora potencialmente o *tema* ou objeto da reflexão psicológica. Isso mostra como a psicologia está em um nível logicamente superior de reflexão, assim como um organismo multicelular que se originou da 'suspensão' e integração dos organismos unicelulares que costumavam ser formas de vida que existiam separadamente, está logicamente acima dos (é mais complexo que os) organismos unicelulares que existem como 'momentos suspendidos de si mesmo' (isto é, como os próprios órgãos dos organismos multicelulares). É logicamente superior porque não tem uma existência independente dos organismos integrados, mas é o sistema lógico de sua organização. O que é novo é o sistema. De acordo com as recentes teorias biológicas, até

---

56. JUNG, C.G. *OC Vol. IX/1*, § 112. "No mundo mais amplo": potencialmente com tudo no mundo.

mesmo o tipo de célula da qual são feitas todas as células que vivem atualmente se originaram do sujeitar e incorporar alguns tipos mais primitivos de organismos celulares (tais como as mitocôndrias): os órgãos do novo tipo de organismo celular como organismos anteriormente independentes, mas mais primitivos, agora *suspendidos*.

O *insight* do compromisso teórico da psicologia de Jung traz à tona a questão tão discutida da relação entre o enfoque "clínico" contra o "simbólico" na psicologia junguiana, e a presente elucidação do contraste entre a alquimia e a química em termos da história de Útgarða-Loki lança uma luz sobre ele. Primeiro, temos que ver que os termos "clínico" e "simbólico" podem não expressar adequadamente a questão que está em jogo. Em certo sentido, a posição simbólica é sempre também clínica. E a postura especificamente clínica em psicologia não exclui de nenhuma maneira o trabalho extensivo com símbolos, mitos, pinturas etc. Teríamos que substituir estes termos por outros dois, psicologia/psicoterapia "teórica" *versus* "tecnológica". Uma psicoterapia que mereça o predicado de "teórica" está comprometida com a Serpente. Mesmo quando se assenta na atmosfera "clínica" da sala de atendimento e se concentra nesse paciente real, empírico, ela ainda assim é alcançada, e ela mesma toca, o que o paciente e a sala de atendimento *não são*: o seu "mais", a sua negatividade lógica, a serpente que circunda o mundo. A sala de atendimento nesse caso se situa em Utgard e não em Midgard; o analista aqui tem que entrar na sala *como* Thor, incapaz de levantar o gato do chão. E nesse *fracasso* de levantar o gato, ele *enraíza* a terapia, *caso* ela seja "teórica".

Falando logicamente, a terapia tem que captar o "singular" *como* o "universal", mas também o "universal" *no* "singular", assim como fez Thor (que, por certo, não se focou conscientemente no "universal", mas que de fato estava em contato com ele). A aventura de Thor é a imagem para a unidade concreta, dialética, do "singular" e do "universal", precisamente porque não se dá conta conscientemente do "universal", mas só sente a sua presença "fracassando". Se houvesse se dado conta diretamente de que estava lidando com a Serpente de Midgard, poderia ter abandonado o "singular" e tê-lo substituído diretamente pelo "universal"; poderia ter se focado exclusiva e abstratamente na Serpente e ter esquecido do "gato" (que antes de tudo tornou acessível a Serpente de Midgard na realidade empírica).

O que pode significar para a terapia "captar o singular *como* o universal" se torna manifesto no comentário que Jung fez sobre seu pai, um pastor protestante, a quem ele recordava como um sofredor. Jung escreve acerca dele em conexão com seus próprios estudos psicológicos sobre o simbolismo cristão: "Na realidade meu pai nunca se interessou pelo simbolismo teriomórfico de Cristo. Por outro lado, havia vivido literalmente até a sua morte no sofrimento prefigurado e prometido por Cristo, sem se quer se dar conta de que era uma consequência da *imitativo Christi*". (Essa falta de consciência torna sua situação diferente da de Thor, que no final se torna consciente.) Jung continua, "Considerou seu sofrimento como uma aflição pessoal [= como somente "singular"] para qual se podia pedir conselho a um médico [= em nível técnico]; não viu isso como o sofrimento do cristão em geral [= o "universal" lógico]"[57]. Jung lamenta que seu pai não pôde ver em seu sofrimento

---

57. JUNG, C.G. *Memórias*, p. 189. "O cristão em geral": "des christlichen Menschen überhaupt".

privado, singular, o problema universal, ou melhor: ver a si mesmo, indivíduo privado que era, *como* o "cristão em geral"! Com nossa imagem da parábola bíblica da festa de casamento real, poderíamos dizer que Jung percebeu penosa e criticamente que seu pai havia se recusado a pôr seu "traje de bodas" ([o sofrimento do] Homem Cristão enquanto tal) e insistiu em permanecer em suas roupas cotidianas (seu sofrimento unicamente privado e empírico). Seu pai havia consultado médicos. Se extrairmos as consequências da análise de Jung não podemos pensar que seu pai haveria feito melhor indo ver um psicoterapeuta (junguiano). O que está em jogo aqui *não é a mudança do somático (ou físico) ao psicossomático (ou psicológico)*. Não é uma mudança de perspectiva ou de paradigma ou metáfora básica, nem uma mudança de especialidade. Não é suficiente manter a *ideia* de psique ou de alma e a *imagem* de inframundo como ideias constitutivas da psicologia no lugar da "realidade de fato", nem mudar do "fora" para o "dentro". O que a afirmação de Jung demanda é algo bem diferente e ainda mais radical. É a exigência que representa a noção de, *e. g.*, seu pai *real como* "o Cristão em geral".

Mas isso não pode, de acordo com a nossa parábola bíblica, ser imaginado como uma troca de roupas; uma simples mudança ainda permanece não dialética. O que é demandado da psicologia (se há de ser uma psicologia *real*) é algo mais complexo do que simplesmente mudar *do* indivíduo privado para *o* Homem em geral; é mais propriamente a mudança *lógica* do indivíduo abstrato (*somente* privado) para o *indivíduo concreto* como o "Conceito existente" (Hegel); do indivíduo concreto que *como* indivíduo "singular" e "real" ("empírico") *é* o "universal" e "ideal" *anthropos* (aqui: Cristo ou Homem

A vida lógica da alma 125

Cristão em geral) – ou, retornando mais uma vez à parábola bíblica, daquele *que* vestido em seus trajes cotidianos *é* não obstante também vestido em seus "trajes de bodas" (aqui se vê como a imagem enquanto imagem não é capaz de fazer justiça ao que se quer realmente dizer).

O indivíduo concreto (o indivíduo verdadeiramente percebido psicologicamente) é a unidade da diferença e da unidade *do* "ser humano singular" e do "Cristo universal" – isto é o que aponta Jung sem formular expressamente dessa maneira. Algo tão complexo e autocontraditório como isso não pode mais ser imaginado. Se requer *pensamento* e *lógica dialética*. Se requer "o poder do pensamento" de Jung ou a fortaleza de um Thor para manter verdadeiramente juntos o singular (o gato de Thor) e o universal (a serpente de Midgard), isto é, para ter realmente um no outro, *sem* que percam suas diferenças. Essa unidade-e-diferença dialética é o que constitui a psicologia. Isso é o que significa "a realidade da alma". A alma não é uma "coisa" (seja em nós ou no mundo), não é uma região, não é uma perspectiva arquetípica. É a *relação* lógico abstrata[58], junto com suas contradições inerentes, entre "o singular" e "o universal", que foi descrito aqui e que só existe para o pensamento. Mas como Jung tristemente notou em relação ao seu pai, "ele detestava qualquer pensamento em assuntos religiosos", e por isso não pode *compreender consciente e conceitualmente* "as palavras de Gálatas 2,20: 'e vivo, não mais eu, mas Cristo vive em mim'"[59]. Jung fala, a respeito do seu pai, de um *sacrificium*

---

58. Poderíamos quase dizer que a alma é o "como" no "seu sofrimento como o sofrimento do Homem Cristão em geral".
59. Ibid. "E vivo, não mais eu": isso é a negação do indivíduo singular, somente privado. "Cristo vive em mim": isso mostra a presença do universal.

intellectus e, citando Mateus 19,11s., sugere que considera isso como uma autocastração (temos que acrescentar: *lógica*). Se a psicologia ou a psicoterapia quer ser realmente psicológica, tem que aprender a fazer essa mudança lógica para o "Conceito existente" e acabar desse modo com a autocastração intelectual da psicologia. A entrada na psicologia se produz através de uma revolução lógica e é a iniciação na lógica dialética.

A terapia se torna tecnológica (ainda que trabalhe com empatia, com símbolos, interpretações imaginais e técnicas imaginativas) no momento em que seu *horizonte lógico* é o paciente concebido como "*essa* pessoa", nada mais que essa pessoa logicamente singular. Como, *mutatis mutandis*, ocorre na química, se analisa então seus sentimentos pessoais, os fatos de sua infância biográfica, os mecanismos psíquicos que ocorrem internamente, as reações de transferência e contratransferência etc., *como o horizonte* que define o trabalho. O movimento aqui inevitavelmente se dá horizontalmente sobre a superfície plana da terra, ainda que se pense em termos da diferença entre consciência e inconsciente, ego e Si-Mesmo, e se use a ideia de "profundidade" e individuação no sentido de Jung. Como mostram os exemplos da anatomia, da biologia molecular ou da física nuclear, aqui também há uma "profundidade *exterior* ou superficial". Tais ciências avançam cada vez mais "profundamente" nos segredos ocultos do corpo ou da natureza, mas jamais deixam a superfície. O termo "profundo" é ambíguo. O que significa é determinado pela orientação horizontal ou vertical. Há uma versão positiva ou "Midgard"

"Eu vivo": isso é o testemunho do fato de que a personalidade empírica ainda está lá e não foi esquecida em favor do (assim *apenas* abstrato) universal (que poderia ocorrer na forma de uma psicose).

de profundidade ("meu interior", "o reino do inconsciente coletivo") e há uma versão "Utgard" de profundidade, que se refere a distância-na-unidade, dentro de um mesmo e único fenômeno, estendendo-se desde o singular ao universal. Aqui "profundidade" se refere à negatividade lógica da vida da alma (de acordo com a qual o sofrimento da pessoa empírica *é* o sofrimento do Homem Cristão enquanto tal). Os símbolos, os contos de fadas, os mitos e as imagens dos Deuses podem também desempenhar um papel em Midgard, ainda que seu lugar legítimo seja Utgard (como nome mitológico para a negatividade lógica).

Questionei os termos "clínico" *versus* "simbólico". Depois de discutir alguns aspectos do problema, poderíamos conservar esses termos desde que tomemos "clínico" como uma abreviação para um "horizonte Midgard" (para uma atitude que toma a sala de atendimento em sua positividade e o indivíduo abstrato com *seu* interior, *seu* inconsciente pessoal ou coletivo como seu horizonte) e "simbólico" como um nome abreviado para uma posição enraizada em Utgard, onde Thor é capaz de manter juntos o singular e o universal.

Eu disse acima que a psicologia de Jung é religião *suspendida* e ciência *suspendida*. Temos que adicionar aqui que também é medicina *suspendida*. Não é, pura e simplesmente, uma "profissão de ajuda", não é clínica nesse sentido. O terapeuta não é um curador, seu trabalho não é "tratamento" (em alemão: *Behandlung*, que contém "mão"). Curar e ajudar não são mais, mas também não menos do que *momentos suspendidos* dentro dessa coisa nova, completamente diferente, chamada psicologia ou psicoterapia. Pela mesma razão, a psicologia (terapia) não é "prática", mas tampouco é "mera teoria", mero intelectualismo.

É práxis *suspendida*, que é o que pensamento ou *theoria* são em um sentido mais elevado.

Do ponto de vista da orientação teórica, não se faz precisamente justiça ao paciente se se considera *ele*, em sua *positividade*, como se fosse o verdadeiro paciente da terapia. Quem é o verdadeiro paciente? É a *prima materia*, é Deus ou os Deuses, "o sofrimento do *anthropos* Cristão em geral", a "verdade da época", a lógica do nosso ser-no-mundo, do modo *como* ela atua através da vida do paciente singular na sala de atendimento assim como também em nossa real vida social no mundo. A *prima materia* é a diferença-na-unidade entre singular e universal. As pirâmides egípcias, os templos gregos, as catedrais medievais foram obras de terapia. "As religiões são sistemas psicoterapêuticos no sentido mais verdadeiro da palavra, e na mais larga escala. Expressam todo o campo do problema psíquico em poderosas imagens; são a admissão e o reconhecimento da alma, e ao mesmo tempo a revelação da natureza da alma"[60]. Construir uma casa *válida* e *obrigatória* para o Deus, para Osíris, para a alma do faraó morto, significava dar um lugar à negatividade da vida lógica da alma, enquanto os empenhos autocentrados no próprio desenvolvimento psicológico (mesmo se é o aspirado desenvolvimento *do* Self em si mesmo), na medida em que seguem sendo um empreendimento inevitavelmente subjetivo, nunca podem ter a mesma validez.

d) Encarando "a totalidade"

Kerényi disse que nenhum religioso, nem mesmo um que estudasse a fenomenologia histórica da religião, poderia con-

---

60. JUNG, C.G. *OC X/3*, § 367.

cordar com o trecho de Jung citado acerca das religiões como instituições terapêuticas. Ele pensou que Jung aqui ainda falava como o médico querendo curar a alma doente (em outras palavras, de um ponto de vista restrito)[61]. Parece-me que essa análise se deve à leitura fraca que Kerényi faz da afirmação de Jung. A fraqueza da leitura se mostra no entendimento da mensagem como trazendo a religião ao nível inferior da psicoterapia e da esfera das desordens. Jung seria culpado de ter fraternizado com o senso-comum e com a perspectiva neurótica, em vez de ter se elevado a um nível mais alto e um entendimento não neurótico. Tenho minhas dúvidas se foi isso que Jung quis dizer. Uma leitura forte entenderia o oposto: que Jung queria criticar o conceito predominante de psicoterapia como muito limitado e queria nos forçar a desenvolver uma noção mais alta e rigorosa mostrando que o verdadeiro escopo e dimensão da alma se torna visível apenas na religião ou na filosofia. Isso enfatizaria novamente o verdadeiro *status teórico* da psicologia terapêutica do modo como Jung a concebeu. Até onde a sua mais *alta* determinação se refere, ela não está preocupada com um mero trabalho de reparo, de conserto de desordens, com o que saiu errado; nem com essa ou aquela situação ou problema particular, nem com as coisas individuais do mundo. Ela é chamada, assim como a religião e a filosofia, a encarar a questão última da existência *enquanto tal*, a encarar *o significado ou falta de significado da vida, o fundamento do ser, a totalidade do mundo*. (Mas sendo, é claro, religião *suspendida*, ela não pode fazer isso na mesma forma lógica ou no mesmo nível de consciência que as religiões literais). De maneira similar, o "psicoterapeuta

---

61. KERÉNYI, Karl. "Kontakte mit C.G. Jung". In: *Wege und Weggenossen*, vol. 2, p. 348.

deve ser um filósofo no antigo sentido da palavra"[62] (não no sentido do professor universitário). Isso é porque o trabalho do psicólogo clama o homem *inteiro* ao front (*ars totum requirit hominem!*)[63]. O "homem inteiro é desafiado e entra no conflito com toda a sua realidade"[64].

A psicoterapia não deve deixar literalmente o consultório. Deve deixá-lo apenas *enquanto horizonte*. Não lhe é permitido se esconder atrás da proteção lógica de um espaço já demarcado, em uma concepção de psicologia como um compartimento no conjunto das ciências, uma especialidade dentro da medicina que lida com um aspecto positivo da vida ou região da realidade, a assim chamada "desordem psicológica". Ela tem que vir adiante para confrontar face a face sem proteções a *totalidade*[65]. Sem se esconder por trás de uma falsa modéstia, sem autocastração.

---

62. JUNG, C.G. *Cartas Vol. II*, p. 61, para o Dr. Richard Otto Preiswerk, 21 de abril de 1947.
63. Cf. JUNG, C.G. *Psicologia e alquimia,* § 6. O que eu reproduzi como "clama o homem inteiro ao front" foi traduzido por R.F.C. Hull como "engaja as energias do homem inteiro", o que enfraquece o ponto de Jung nessa passagem. É o homem inteiro enquanto tal, na sua própria "existencialidade", o ser humano em seu núcleo existencial, que vem à frente, não uma propriedade particular ou "atributo" que o sujeito possa ter (tal como suas "energias"). Ao falar das energias do homem inteiro, é precisamente a totalidade a qual essa sentença se refere que é perdida ou enfraquecida, pois foi introduzida uma divisão entre o homem inteiro e suas energias, e isso significa que enquanto o homem inteiro manda suas energias para a frente de batalha, ele mesmo pode se manter a salvo por trás.
64. JUNG, C.G. *Memories*, p. 337.
65. *A totalidade*: não um aspecto particular da vida e do mundo, não uma entidade ou região ôntica, e nem a totalidade de todos os aspectos e entidades empíricas, mas algo categoricamente diferente, além do ôntico, do empírico. O fundamental. O centro. O absoluto.

Uma real psicologia, uma real psicoterapia, não pode fazer por menos. Ela tem que alcançar o que há de mais elevado. Nós não precisamos desenvolver "nossa" totalidade. Com o "esforço em direção à totalidade" no sentido convencional dessa ideia, uma tarefa psicológica, *i. e.*, lógica, é atuada e projetada em nós enquanto pessoas. *Nós* jamais podemos ser totais e sequer devemos entreter tal ideia, nem mesmo como uma ideia admitidamente inatingível; isso apenas alimentaria um apetite por onipotência. É a *psicologia* que tem que se defrontar inexoravelmente com "a totalidade". Ou talvez o que Jung quis dizer com "totalidade" ou "tornar-se completo" de fato intencionava nada mais do que chegar ao ponto em que a mente e a psicologia estão prontas para *encarar* "o todo", tendo tenazmente se assentado no próprio centro? Isso nos permitiria reinterpretar o simbolismo da mandala. Jung tinha a estranha ideia de que a mandala era uma imagem do Si-Mesmo ("o Si-Mesmo, *i. e.*, *minha* totalidade") mesmo que histórica e fenomenologicamente falando ela foi sempre tomada como uma imagem do "mundo" (estático) ou como a roda do tempo (movimento) e mesmo que ele fosse capaz, na mesma página (!), de compreender isso com uma citação de Goethe: "Formação, Transformação, Recriação Eterna da Mente Eterna"[66]. Eu sugeriria que a aparência da mandala é para ser entendida como *um convite a ocupar o lugar lógico no centro da existência* (temporal ou espacialmente) para ser capaz de se defrontar com "a totalidade" e expor a essência do seu ser a ela (ou, talvez, em alguns casos como uma indicação de que essa ocupação já se deu psicologicamente). Poderíamos então dizer que o simbo-

---

66. JUNG, C.G. *Memórias*, p. 173.

lismo da mandala tem a ver com uma iniciação empreendida em uma posição verdadeiramente teórica.

A ideia de "tomar o seu lugar lógico no centro da existência" pode ser imaginada com a ajuda da ideia heideggeriana do "o Quádruplo" (*das Geviert*) enquanto compreensão de alguém como a intersecção das duas oposições céu-terra e imortais- -mortais, que juntas, em seu jogo recíproco, constituem o que é "o mundo" ou "o todo".

Assim como Thor não teve que se focar literalmente na serpente do mundo quando de fato estava em contato com ela, também a psicologia não tem que literalmente, diretamente, constantemente, confrontar o "todo" e esquecer todas as coisas e problemas (ônticos) que estão próximos. Em vez disso esse confronto com o "todo" tem que ser em si mesmo psicológico, não literal. Não deve ser atuado, e o "todo" não deve ser concebido como a ideia literalizante da soma de todas as coisas ônticas. Confronto com "o todo" tem que ser não mais, mas não menos do que o real *horizonte lógico* da consciência psicológica e a atitude atual com a qual ela se debruça em qualquer que seja o tópico particular, a situação concreta, ou paciente concreto. Ela tem que ter sua posição lógica em Utgard, onde tudo, mesmo uma coisa simples como um gato ordinário, *é* a presença da totalidade, da Uróboros.

A "totalidade" visualizada aqui não leva a psicologia a apoiar uma atitude totalitária. Pois não se trata de uma totalidade *positiva*. Por sua apercepção ocorrer "em Utgard" é "o todo" no *status* de negatividade lógica, como o fluxo da vida lógica da alma entre o singular e o universal, o empiricamente real e o ideal (arquetípico).

e) A questão da era, o grande enigma, e o fardo da mente

O que significa encarar "o todo"? O significado da minha existência é que a vida sustenta uma questão endereçada a mim. Ou, inversamente, eu sou uma questão que é endereçada ao mundo, e eu devo prover minha resposta, senão serei dependente da resposta do mundo"[67]. Nessa afirmação de Jung vemos que ele compreendeu a si mesmo em confronto com a vida enquanto tal, *e* sendo inversamente confrontado por ela. Não importa realmente de que modo formulamos: seja "eu *sou* uma questão" ou "a vida enquanto tal *é* a questão que tenho que responder". Em ambos os casos, há uma questão não respondida esperando, na verdade demandando ser respondida. A existência psicológica é vista linguisticamente como um relacionamento questão-resposta entre a vida e eu, face a face. A questão que a vida coloca não é uma pergunta específica sobre esse ou aquele problema ou aspecto particular da vida. A vida enquanto tal *é* a questão. Ela tem em si mesma a qualidade de questão. Logo, a questão é também a própria vida. Correspondentemente, a resposta não é para ser dada em uma afirmação ou em uma teoria. Eu tenho que ser, minha vida tem que *ser* a resposta à questão que eu fui chamado a responder. A psicologia, temos que lembrar, é ciência *suspendida* e religião *suspendida* (que em suas formas não suspendidas tentam ambas dar respostas positivas em forma de afirmações, apesar de que a resposta positiva dada pela ciência à questão do significado da existência é a factualmente negativa de que essa questão não pode ser respondida ou é sem sentido).

---

67. JUNG, C.G. *Memórias*, p. 275.

A posição que é refletida nessas formulações de Jung é claramente uma teórica no mais alto sentido da palavra, e uma teórica que mostra porque a teoria pode ser considerada a mais alta forma de práxis: não é um livro de teoria, não é intelectualismo; *enquanto* teoria é existencial: a "Noção *existente*" (Hegel).

Começamos a discussão da autointerpretação de Jung com uma metáfora naturalista sua, a imagem do fluxo de lava que endurecia em uma rocha que precisava ser trabalhada. A metáfora questão-resposta coloca basicamente a mesma situação em termos linguísticos e então imagina de um modo mais próximo à *mente*. Outra citação revela mais substancialmente a dimensão histórica e a ordem de magnitude da questão que Jung sentiu que seu pensamento psicológico era confrontado. "Meu problema é lutar com o grande monstro do passado histórico, a grande serpente dos séculos, o fardo da mente humana, o problema do cristianismo... Outras pessoas não se preocupam com isso, não pensam nos fardos históricos que o cristianismo acumulou sobre nós. Mas há aqueles que se preocupam com a grande luta entre o presente, o passado e o futuro. É um tremendo problema humano. Uns fazem a história, outros constroem uma pequena casa nos subúrbios"[68]. Em última análise, a psicologia tem que lutar com "o tremendo problema humano", com todo o "fardo da mente humana" enquanto tal, com o "grande monstro..." a "grande serpente..." Podemos nos permitir pensar aqui na grande serpente que Útgarða-Loki conjurou (mesmo que Jung certamente não estivesse pensando especificamente nisso aqui)? Em uma

---

68. JUNG, C.G. *A vida simbólica, OC Vol. XVIII/1*, § 279. Petrópolis: Vozes, 1998.

carta, Jung falou similarmente do "grande enigma"[69] que demanda nossa atenção. Todas essas expressões ou imagens não falam positivamente do que o fardo ou o enigma são, o que aponta novamente para suas negatividades lógica e para o fato de que eles se referem aos problemas no nível do "todo". Jung situa seu trabalho bem no meio, no presente, mas no presente enquanto *batalha* entre passado e futuro. Esse é o horizonte da sua psicologia.

Vendo o problema a ser confrontado em conexão com o cristianismo, ele revela mais uma vez que a questão psicológica encontra em última instância sua expressão adequada apenas na dimensão religiosa (ou, é claro, na dimensão da religião suspendida). Mas ele também mostra seu comprometimento com sua situação histórico-cultural específica. Ele não escapa para a ideia universal abstrata de "presente". Por isso o fardo da mente humana ou o grande enigma, que é basicamente um problema universal e perene, o pressiona em uma *formulação ou colorido concreto* alcançada na situação específica e determinada do presente. Sua teoria dos arquétipos universais não o seduz a uma posição de tipo estático, a-histórico de *filosofia perennis*, ignorando o fato de que o problema da existência humana recebe sua *articulação* particular da situação histórica e culturalmente concreta de cada tempo. Logo, para nós hoje, a forma do fardo da mente humana é determinada pelo estado atual que nossa tradição cristã atingiu. Até onde o grande enigma é concebido, não podemos esperar encontrar solução no budismo ou no islamismo, e nem podemos nos voltar para os Deuses egípcios ou gregos, ao catolicismo medieval ou para

---

69. JUNG, C.G. *Cartas Vol. III*, p. 206, para Werner Bruecher, 12 de abril de 1959.

o xamanismo. A alma tem que ser abordada onde realmente acontece de estar. A *prima materia* está sempre em um estado particular, em um estágio particular do processo. Na alquimia, a matéria-prima se move por estágios de, e. g., *nigredo, albedo, citrinitas, rubedo*. O movimento através desses estágios é diferente de uma jornada através de vários países coexistentes. É a passagem através de fases ou de estágios de uma só e mesma substância. Em outras palavras, tem a característica de uma transformação ou metamorfose (talvez como a de uma borboleta: ovo, larva, casulo, adulta). Quando a matéria está no estágio da *albedo*, ela deixou a nigredo para trás (porque a *albedo* é a *nigredo* plenamente *suspendida*), mas não entrou ainda no estado de amarelecimento (que *é* a *albedo* [e *nigredo*] *suspendida*). H_2O pode estar em estado sólido, líquido ou gasoso. Se está em um, não está nos outros dois. Na alquimia da história (ocidental) da alma, ela similarmente se moveu através de uma série de constituições lógicas da consciência, do estágio do xamanismo (enquanto todo um modo de estar-no-mundo) ao estágio do politeísmo mítico e ritualístico e mais além para o estágio do monoteísmo cristão (com sua trindade de metafísica, ciência e tecnologia), que *é* a suspensão dos dois estágios prévios[70]. A alma agora parece estar em um ponto no qual sua constituição cristã-tradicional nega a si mesma sem que a nova definição resultante já se mostre visível. O entendimento alquímico do processo da alma nos ajuda a ver que estamos psicologicamente "situados" (Edward

---

70. Nesse contexto eu estou omitindo a dialética reversa da descrição dada. A história, se plenamente descrita, consiste de eras ou situações na qual cada uma é a unidade de si (desse estágio exclusivo) e da totalidade de todos os outros estágios...

Casey[71]) também em um momento particular e específico do tempo. Não estamos em um tipo de "museu imaginário" (André Malraux) ou em um supermercado de arquétipos, tendo todas as imagens, Deuses e formas de pensamento de todas as eras como opções atemporais ou formas platônicas disponíveis para nós. Essa restrição e determinidade é o que torna a vida psicológica *real*. Não há escolha. Não podemos, de acordo com nossas preferências e ideias de bem e mal, correto e falso, selecionar nossas imagens e Deuses. Independentes de quais imagens e Deuses (e tempo) sejam *realmente os nossos*, estamos presos neles e com eles.

Assim como a psicologia tem que estar à altura do "estado da arte" na forma lógica da sua consciência, ela também tem que estar em contato com o estado e o nível concreto no qual o eterno dilema da alma atingiu em sua época. Ela tem que mirar nas questões (*psicológicas*) urgentes do seu tempo; entrar no diálogo da alma consigo mesma no exato ponto em que a tentativa da alma de responder suas próprias questões fundamentais acontece atualmente, assim como a entrada do cientista no debate da ciência tem que acontecer na própria *fronteira* que ela atingiu no seu tempo, *i. e.*, na borda onde o nível de conhecimento atingido até agora se encerra e as questões que estão abertas à resolução se iniciam.

Apresentando uma alternativa entre aqueles que fazem história e os que constroem uma pequena casa nos subúrbios, Jung está sugerindo que a psicologia enquanto disciplina *teórica* não deve ser confundida com uma meditação ociosa sobre o significado da vida em geral a partir da segurança de

---

71. CASEY, Edward. "Reality in Representation". In: *Spring 54* (1993), p. 32-41.

uma torre de marfim. Ela tem seu lugar na frente de batalha da vida histórica, onde o passado e o futuro se confrontam. O campo de batalha onde eles se confrontam está nos recessos remotos da alma ou na realidade intangível, fantasmática de sua vida lógica. Ele não é idêntico à arena política ou ao debate intelectual dominante.

A metáfora da questão-resposta e do estado em que *o debate da alma consigo mesma atingiu* em um dado tempo histórico nos leva a uma última autointerpretação de Jung que quero mencionar (brevemente). Jung se imagina como um novo elo na alquímica *aurea catena*, a série de alquimistas ou sábios que se iniciou com o lendário Hermes Trimegisto e, na visão de Jung, continuou por meio do *Fausto* de Goethe e do *Zarathustra* de Nietzsche até o nosso tempo. Essa fantasia ilumina seu enraizamento na tradição histórica, em uma continuidade intelectual-espiritual-psicológica. Assim como a imagem naturalista do fluxo de lava explode como se viesse de fora de sua vida consciente, aqui seu próprio projeto é um que começa muito antes dele e lhe chega por meio da história. A ideia da *aurea catena* é interessante no nosso contexto, porque nela os aspectos perenes e agudamente situacionais do Trabalho aparecem juntos. Em Homero, a *aurea catena* se estende do Céu à Terra. Ela não tem um aspecto histórico, temporal. Isso corresponde à dimensão arquetípica atemporal da alma. Mas como uma série de filósofos no sentido alquímico ela se tornou uma corrente se estendendo através das eras. A cada época é a vez de uma nova pessoa entrar no *opus*. É, de um lado, o mesmo *opus*, mas é esse *opus* sob uma nova condição histórico-psicológica e em um novo nível de consciência. A diferença entre e a progressão do *Fausto* via *Zarathustra* até

A vida lógica da alma

Jung torna isso evidente. Não é meramente a nova repetição do *opus* nas vidas individuais em todas as épocas. É também um *opus* histórico com diferentes estágios que dá ao *opus* individual de uma dada época o nível particular e a forma do problema que terá que confrontar. É por isso que falei acima da *alquimia* da história da alma.

4 Junguianos: Imunidade à noção e a herança perdida

Em suas memórias, Jung discute o profundo impacto que o encontro com o *Zarathustra* de Nietzsche exerceu nele. Havia um fascínio, assim como houve com o *Fausto* de Goethe, mas combinado com um choque, porque ele claramente sentiu um perigo relacionado a algo de errado ("mórbido") a respeito do modo como o mesmo tipo de problema com o qual ele, Jung, lutou, apareceu no trabalho de Nietzsche. Apenas dois de seus conhecidos reconheciam abertamente o mesmo fascínio por Nietzsche.

> Todos os outros não ficaram tão espantados permanecendo absolutamente imunes ao fenômeno *Zarathustra*[72].

A tradução inglesa nas *Memórias* ("O resto dos meus amigos não ficaram tão espantados permanecendo simplesmente imunes ao modo como o fenômeno *Zarathustra* apareceu"[73]) enfraquece a afirmação defletindo nossa atenção da obra em si para um efeito dela, "o modo como ela apareceu". Mas Jung quis dizer que seus conhecidos foram imunes ao fenômeno e

---

72. JUNG, C.G. *Erinnerungen*, p. 110.
73. JUNG, C.G. *Memórias*, p. 100.

substância do próprio *Zarathustra*. O que ele está falando é sobre a característica da obra que explica o porquê de ela ser considerada um dos últimos elos na *aurea catena*; além disso ele fala acerca da crise particular que sentiu ser o *opus* da alma nesse trabalho. Foi isso que o moveu e o abalou profundamente, enquanto os outros não eram capazes de ficar desconcertados, que dirá fascinados. Eles não foram tocados ou atingidos por isso, e consequentemente não esboçaram reação nenhuma, permanecendo completamente frios.

Com essa afirmação, Jung aponta o abismo que se abriu entre a *sua* experiência e a da maioria das outras pessoas. O sentimento de que havia esse abismo acompanhou Jung até sua velhice. Mesmo seus discípulos, na sua visão, não necessariamente se localizavam do seu lado do abismo. "Há tantas pessoas que... se designam como meus alunos", lemos em um relato[74]. "Já são muitos os meus alunos que fabricam todo o tipo de bobagem a partir do que outrora aprenderam. Eu nunca disse que apoiava 'irrestritamente' Neumann... Deveria ser óbvio que tenho minhas reservas". Nesses comentários, escritos ao autor da resenha do livro *Psicologia Profunda e Nova Ética* de Neumann em 1949[75], Jung claramente se distancia até mesmo de um proeminente discípulo como Erich Neumann. O que ele pensou sobre seus discípulos também pode ser percebido a partir da seguinte passagem "... sei a partir do trabalho com meus pacientes, *assim como com meus alunos*, o quanto a mente moderna precisa de orientação e *quão desamparadas*

---

74. JUNG, C.G. *Letters 2*, p. 574, para Hugh Burnett, 30 de junho de 1960. JUNG, C.G. *Cartas Vol. III*, p. 272.
75. JUNG, C.G. *Cartas Vol. II*, p. 124, para Jürg Fierz, 13 de janeiro de 1949.

estão as pessoas para enfrentar as monstruosidades que o tempo presente e o futuro próximo nos trarão"[76].

O depoimento mais marcante ocorreu em uma carta de 1960. "Ser conhecido, ou mesmo 'famoso', pouco significa quando se sabe que aqueles que têm meu nome em suas bocas não têm no fundo ideia alguma do que se trata"[77]. "Não ter ideia alguma do que se trata" é como "ser imune a ele". Lembrando da história de Thor e Útgarða-Loki, podemos facilmente identificar o abismo descrito por Jung como aquele entre Midgard e Utgard. Aqueles que não têm uma suspeita sobre o que está em jogo têm seu lugar intelectual e psicológico em Midgard; ou, inversamente, estar firmemente enraizado na perspectiva de Midgard significa ser imune à Noção de alma.

Em outra carta Jung escreveu: "Como há poucas pessoas capazes de entender as implicações mais profundas de nossa psicologia, nutri a esperança, aparentemente vã, de que o padre White levaria adiante a *opus Magnum*. Mas é curioso que a maioria das pessoas inteligentes que eu conheci e que começam a desenvolver uma compreensão incomum chegaram a um fim inesperado e antes do tempo. Parece que apenas aqueles que estão relativamente perto da morte são sérios ou maduros o suficiente para entender alguma coisa de essencial da nossa psicologia..."[78] Pode ser útil aqui nos referirmos ao que foi dito capítulo 1.a) "o psicólogo tem que falar como alguém que

---

76. JUNG, C.G. *Cartas Vol. III*, p. 206, para Werner Bruecher, 12 de abril de 1959 [Minha ênfase].
77. JUNG, C.G. *Cartas Vol. III*, p. 237, para o Prof. Eugen Böhler, 1 de janeiro de 1960.
78. JUNG, C.G. *Cartas Vol. III*, p. 242, para a Priora Madre da Ordem Contemplativa, 6 de fevereiro de 1960.

há muito morreu como personalidade egoica"; "o psicólogo é sempre uma personalidade parcial em um psicólogo. Mas essa personalidade parcial deveria ser o real autor do discurso psicológico, e deveria ser 'um falecido'". Morrer prematuramente pode se dever à falta de distinção entre a personalidade parcial e a personalidade egoica (o ser humano empírico). Se o ser humano empírico for um psicólogo com uma compreensão verdadeiramente excepcional das "profundas implicações" da psicologia, pode se tornar inevitável a proximidade com a morte literal. Apesar dos seus extraordinários *insights*, Jung, no final das contas, teve uma vida longa, mas ele começou com uma distinção entre sua personalidade No.1 e No.2 (que tinha uma conexão com o inframundo). Mas morrer de uma forma ou de outra parece ser uma precondição para fazer psicologia, porque sem isso não se é maduro ou sério o bastante para se compreender algumas das questões essenciais da nossa psicologia.

a) Polêmica contra o estado geral das questões no atual junguianismo convencional

Quando se olha ao redor do mundo junguiano atual, se tem a forte impressão de que a herança de Jung foi esquecida. Estou ciente de que com essa avaliação e com a crítica feita a seguir do estado das questões junguianas, eu provavelmente serei injusto com os vários indivíduos que não pensam, sentem e se comportam como a minha crítica pressupõe. É claro que não estou falando de todos os indivíduos junguianos aqui. Como poderia se não conheço a maioria deles? O que eu estou falando é sobre uma tendência dominante no que se pode chamar de junguianismo oficial ou geral em muitos (não em todos) países, sociedades profissionais e publicações. Estou tentando caracterizar uma posição ou estilo predominante de pensar, enquanto deixo para cada leitor decidir por si mesmo até que ponto a descrição dada aqui se aplica ao seu modo de pensar e ao do grupo ao qual pertence.

Jung merecia herdeiros melhores. Não apenas há poucos intelectuais entre eles (o que seria terrivelmente necessário para a teoria vir novamente à *vida* e ser desenvolvida), como também se posicionam do lado errado do abismo, fraternizando com a mentalidade de senso comum prevalente na sociedade. Eles voluntariamente aceitam uma concepção de psicoterapia como um empreendimento *clínico cientificamente* estabelecido, não deixando dessa forma nenhuma dúvida sobre suas imunidades à Noção de alma. Com certeza, algumas ideias e temas de Jung ainda são discutidos em alguns círculos, seu vocabulário ainda é usado, mas apenas como *conteúdos* ou *objetos* da psicologia (comumente não mais do que como um tipo de jargão), *não* como seu *horizonte* e como *núcleo organizador, formador* e *gerador*. O equivalente do que para Jung era a *arché* lógica e temporal da sua obra, a quente "matéria-prima que forçou sua vida ser como foi" e forçou seu trabalho a ser produzido, como vimos no capítulo anterior, funciona para eles, se muito, apenas como uma decoração do empreendimento pragmático da clínica ou como um tipo de superestrutura reservada para as leituras dominicais, e não como a base e estrutura lógica da prática cotidiana. A psicologia tem seu lar em Midgard, mesmo se algumas questões de Utgard podem se tornar bons entretenimentos no seu lar em Midgard, e o psicólogo deixou de lado a *opus Magnum* (ou nunca teve acesso a ela).

A vida lógica da alma 145

Isso me lembra a avaliação de alguém do estado da psicologia junguiana. Ele estava criticando o desenvolvimento em alguns países de leis estabelecidas para regular detalhadamente o treino e a prática da psicoterapia, e a inclusão do psicoterapeuta no esquema dos seguros de saúde pública, um desenvolvimento surpreendentemente apoiado de maneira voluntária por muitos junguianos mesmo que a definição legal de psicoterapia evidentemente implique sua burocratização e tecnicização.

> É preciso reconhecer que a maioria dos junguianos, senão todos, são meros burocratas com um verniz religioso de "fazer o bem". Eles não estão preocupados com a sociedade e menos ainda com o pensamento, com o poder junguiano do pensamento e o que ele requer dos sucessores de Jung.

Em vez de burocratas, se poderia falar em muitos casos de "tecnocratas", se tendo em mente de que além da tecnologia "hard" há a *soft* que utiliza ferramentas psicológicas como *empatia*, *imaginação* e *sentimento*, e se tendo em mente também que a prática dessa tecnologia *soft* é muitas vezes motivada pela busca pessoal da parte daqueles burocratas ou tecnocratas por aquilo que Garrett Hardin chamou de "refúgio emocional", refúgio na aparente solenidade religiosa de um cosmo de aconchegantes, seguras e belas, mas descompromissadas imagens e de suaves e vagas concepções psicológicas sugerindo um grande sentido da vida. A psicologia psicoterápica é de fato concebida como uma "gestão do crescimento pessoal" ou "administração das desordens". Isso a torna tecnológica, e mostra por que os psicoterapeutas geralmente sintam que são membros de uma "profissão de ajuda", e por que seu enfoque é clínico pragmático. Quase não há publicação ou conferência que não baseie suas afirmações em materiais de caso, como se os casos pudessem provar algo que já não fosse inerente à visão de terapia do analista (T. Kuhn falou da "observação científica carregada de teoria"). Por mais diferente que seja a forma particular da mente gestora operando na psicoterapia da que é necessária na indústria e na administração, ela ainda assim é tecnocrática. Não só os funcionários literais nas sociedades profissionais, mas qualquer um que trabalhe com a mentalidade de consultório clínico é, figurativamente falando, um funcionário.

Na maior parte do tempo, a psicologia e psicoterapia analítica não são psicologia profunda. Elas ocorrem em Midgard, na horizontalidade da superfície. Não nos deixemos enganar: o fato de que *instrumentos* psicológicos profundos (conceitos e métodos) sejam, de fato, utilizados, não garante a genuína existência de uma psicologia profunda. Os instrumentos com os quais se trabalha não fazem diferença nesse caso. Eles podem ser analíticos, comportamentais ou provenientes da teoria do aprendizado, tanto faz. O que conta é que em todos esses casos antes de tudo se trabalha com "*instrumentos*" para um fim prático ("cura", crescimento pessoal" etc.) e consequentemente se opera com uma estrutura mental "instrumentalista", pragmática para objetivos que estão a serviço da "sobrevivência" no sentido amplo. Além dos seus autênticos significados Utgard, também há uma forma Midgard de falar sobre "o inconsciente", até mesmo do "inconsciente coletivo", "arquétipo", e, é claro, também um sentido Midgard do "Si-Mesmo" assim como das "profundezas", do "inframundo" etc. Nenhum termo ou imagem referente a Utgard (*i. e.*, à negatividade lógica da alma) é isento de ser absorvido de volta à mentalidade Midgard, nem mesmo os próprios "Utgard" e "negatividade lógica".

Midgard é aquilo que está sempre lá; o mais natural. A perspectiva Utgard só vem à existência ao ponto em que o significado Midgard foi ativamente ultrapassado; há sempre um constante esforço de torcer a perspectiva da alma a partir da orientação de senso comum, para a qual um gato é nada mais que um gato. Os arquétipos e a imagem do inframundo são convertidos às ideias superficialmente horizontais no momento em que são instrumentalizadas para algum fim exterior, tal como cura, autodesenvolvimento, ou busca por significado. *Enquanto* ideias verticais carregadas de sabedoria, elas são traduzidas em meros conceitos funcionais dentro do esquema horizontal pragmático de relação entre meio e fim, causa e efeito, saúde e doença, bom e mal. Os termos e ideias usados não provam muita coisa. *A psicologia profunda existe apenas enquanto seu enfoque não é prático (pragmático), mas teórico (teórico mesmo enquanto é uma práxis).*

Não se pode realmente reprovar os junguianos por não se darem conta de que o melhor caminho para a práxis (o melhor caminho inclusive para precisamente atender ao paciente) é o irredutível comprometimento teórico da psicologia, de acordo com o *insight* pitagórico citado anteriormente de que "o melhor vem com um intento teórico". Como essa consciência pode ocorrer quando Utgard é desconhecida e se é imune à Noção? Pode se entender facilmente a perspectiva Midgard a partir de Utgard, mas se seu investimento é em Midgard, você não tem chances de apreciar a posição teórica, e acabará por reduzi-la à "*apenas* teórica", como se fosse uma torre de marfim psicológica e um abandono das necessidades dos pacientes.

A psicologia profunda conhece as armadilhas da atuação e a necessidade de relembrar ("*er-innern*", interiorizar). Mas não toma seu próprio remédio. A excitação quase histérica e as atividades em torno de todo o complexo de "controle de qualidade", "gestão de qualidade total", "pesquisa efetiva" mostra os psicólogos prisioneiros de (uma *fantasia* de) atuação. (Isso é, paradoxalmente, uma atuação [*acting-out*] *no* nível da teoria, no nível da disciplina). Controle de qualidade é o signo e uma cobertura para uma deficiência básica, a compensação para um profundo senso de inferioridade e insuficiência – claro que não uma insuficiência no nível pessoal, e sim no nível da psicologia, a insuficiência da disciplina. Como Jung insistiu, um complexo de inferioridade geralmente aponta para uma *real* inferioridade (mesmo quando não é uma que o complexo explicitamente circula ao redor). A real inferioridade estrutural desse tipo de psicologia é que ela não é enraizada na Noção de alma e por isso é alienada da sua verdade, do *status* de uma disciplina inflexivelmente *teórica*. Aquilo que não está apoiado nessa verdade inerente precisa ser assegurado por suportes externos e por meio de constantes esforços para provar seu valor através de toda a sorte de manobras técnicas.

Demandas por demais modestas são feitas sobre a definição de psicologia, a definição da sua tarefa, a concepção da sua mais alta destinação. Ela é terrivelmente indeterminada e subestimada. Ultimamente é reduzia à ideia de uma "oficina de reparos". A psicologia não almeja o mais alto, não encara o "todo" e nem faz a menor ideia de que é precisamente isso a sua vocação. Ela não arca com o "fardo da mente humana", e nem mesmo vê ao que essa frase pode possivelmente se referir ou significar. Ela não toma seu lugar no centro da batalha entre o passado e o futuro. Em vez de se compreender como ciência *suspensa*, religião *suspensa*, *Weltanschauung suspensa*, profissão de ajuda *suspensa*, ela tenta ser precisamente suas formas imediatas, não suspensas. Concebendo-se como um campo particular (compartimento) da ciência ou medicina e vendo sua tarefa primária como a gestão das desordens psicológicas, ela se firma dentro de um nicho de uma realidade já agradavelmente compartimentalizada e positivada. E de fato quer, meramente, "*construir uma pequena casa no subúrbio*", quando na verdade é chamada a, como Jung imaginalmente falou, "sonhar o mito [cristão] adiante", em outras palavras, a tomar sobre si a posição de real *sucessora* do cristianismo histórico, ou, mais geralmente, da religião e da metafísica e em *seu* estilo, com *seus* meios e no *seu* nível lógico realizar o que antes costumavam ser as suas tarefas, e até mesmo as tarefas do xamanismo, da mitologia e do ritual em épocas anteriores.

Assim como a forma de estar-no-mundo do xamanismo, da mitologia e do ritual foi em nossa parte do mundo superada, talvez há 2500 anos, pela religião e metafísica como os novos incumbentes no posto de "encarar 'o todo'", hoje a religião e a metafísica foram superadas, e a psicologia é a nova ocupante do posto. "Não podemos continuar a pensar de um modo antigo ou medieval..."[79]: esses tempos já se foram completamente, e junto com eles os modos do politeísmo mitológico assim com da metafísica cristã. Por se focar no ôntico ou nas condições psicológicas positivadas, a psicologia analítica está contente em construir uma pequena casa nos subúrbios quando na verdade deveria se elevar e se afirmar em um nível de consciência inteiramente novo, um *status* lógico mais alto no qual a ciência

---

79. JUNG, C.G. *Cartas Vol. III*, p. 234. para Hugh Burnett, 5 de dezembro de 1959.

e a medicina não são, é claro, totalmente ausentes, mas não são mais do que momentos suspendidos.

Provavelmente não era completamente claro para o próprio Jung o que "sonhar o mito adiante" equivaleria se entendido propriamente. Não é como chegar com uma nova sequência para uma série de TV. Desde que o mito que precisa ser sonhado adiante é o mito *particularmente* cristão, "sonhá-lo" adiante só pode significar suspender todo o modo mítico "sonhante". A razão para isso é que senão fosse de outro modo continuaríamos a pensar de um modo medieval ou antigo. Além disso, a tentativa de Jung de apresentar o novo dogma da *Assumptio Marie* como um passo no processo do desenvolvimento adiante do mito é insustentável[80]. Contudo, Jung estava certo em sugerir que o desenvolvimento adiante do mito deveria começar no ponto em que o Espírito Santo é transmitido aos apóstolos[81]. Isso aponta para a necessidade inerente do mito cristão de ser superado na direção do espírito – do pensamento. O espírito Santo é o germe não desenvolvido no mito cristão, e um germe cujo desdobramento necessariamente decomporia por dentro a estrutura mítica e a representação pictórica da sua forma de consciência.

---

80. Discuti isso em detalhes no último capítulo do meu *Animus-Psychologie* (Frankfurt et al., Peter Lang, 1994) e em uma extensiva análise dos argumentos do ensaio de Jung sobre a Trindade. "Materialistic Psychology: Jung's Essay on the Trinity". In: GIEGERICH, Wolfgang. *"Dreaming the Myth Onwards"*: C.G. Jung on Christianity and on Hegel. Coll. Engl. Papers vol. VI, New Orleans: Spring Journal Books, 2013, p. 85-163. Cf. tb. "The 'Patriarcal Neglect of the Feminine Principle': A Psychological Fallacy in Junguian Theory. In: *Harvest*, 1999, vol. 45:1, p. 7-30. Também em Wolfgang GIEGERICH., ibid, p. 47-84.
81. JUNG, C.G. *Memórias*, p. 287.

A seleção de novos candidatos para treinamento em psicologia analítica está frequentemente sintonizada com a mentalidade da "pequena casa nos subúrbios". O mero fato de que em muitos países o acesso ao treinamento é restrito a pessoas com uma formação acadêmica em *psicologia clínica* e em *medicina* transparece a lógica Midgard de senso comum: o elemento "terapêutico" na psicologia pede pela medicina, o "psico-" elemento pede pela psicologia como campo básico de estudo. Isso é um literalismo insensato. É dada prioridade a pontos de vista completamente externos. Não há espaço para o critério que realmente merece prioridade: o potencial do candidato de estar em contato com a Serpente de Midgard.

Dessa maneira, muitas pessoas entram no campo com motivos ulteriores (muitos dos quais têm a ver com o que Hardin chamou de "refúgios emocionais"):

• podem sentir uma necessidade pessoal de ajudar e curar e um desejo pessoal de facilmente atingir um sentimento de estar intimamente próximo de alguém utilizando as oportunidades dadas pelo *setting* analítico;
• têm a esperança de estarem aptos a utilizar a psicologia de Jung como um lar ideológico, uma "Weltanschauung", para estabilizá-los intelectualmente e distraí-los da profundamente sentida experiência atual de vazio espiritual;
• podem querer gratificar suas necessidades de consolação emocional para a perda do sentido, para o isolamento e desenraizamento do indivíduo moderno;
• podem querer encontrar na psicologia junguiana uma religião substituta ou um culto que lhe prometa salvação;
• podem querer desfrutar dos símbolos, contos de fada e mitos e se exaltar por meio das palavras de poder junguia-

nas ("arquétipos", "Si-Mesmo", "Individuação", "mandala", "totalidade" etc.);

• podem querer tirar vantagem do fato de que em psicologia todo mundo parece se permitir ter (e publicar) opiniões sobre toda a sorte de coisas sem nenhuma qualificação específica.

Esses são motivos *ulteriores* porque *necessidades* subjetivas tomam o lugar do ser tocado e atingido pela *substância* da herança junguiana (pela Noção e seu núcleo generativo e formativo), *e* pela obrigação que isso normalmente impõe sobre qualquer herdeiro, a obrigação de escutar a questão da era e de trabalhar em direção a uma resposta. Enquanto uma necessidade pessoal for a motivação, a psicologia será inevitavelmente niilista, na medida em que não é impulsionada pela substância plena e não é enraizada na Noção. A existência de uma necessidade pessoal como uma força impulsionante é testemunha de um vazio, de um buraco que quer ser preenchido. A psicologia se torna autocentrada, egoísta. A única necessidade pessoal que seria uma legítima motivação para se entrar no campo da psicologia é a necessidade pessoal *negada*, *suspensa*: a necessidade de *theoria*, verdade, *insight*. Essa "necessidade" conecta alguém com o nível da alma, com Utgard.

Eu disse antes que a psicologia analítica é terrivelmente subestimada. É regressiva, redutiva (apesar do seu *método* de interpretação não regressivo, simbólico[82]), estacionando a si mesma em um nível há longo obsoleto de consciência, o nível das ciências, da religião, da *Weltanschauung* e, é claro, do ho-

---

82. O fato de que o método que alguém emprega (aplica aos conteúdos individuais da consciência) não ser redutivo não impede que a psicologia como um todo (no *status* lógico da sua consciência) seja redutiva.

mem cotidiano. Mas além de ser regressiva, também é *opressiva*. Dando a impressão de que quer *merecer* o nome psicologia analítica e ser a recepção adequada da herança junguiana, ela oprime o impulso e a obrigação realmente inerente a essa herança, a aspiração de trazer à tona uma real psicologia e de "sonhar o mito adiante", e desse modo suspender a ciência e a religião avançando ao pensamento – pensamento como elemento nativo tanto da alma quanto da psicologia, e como a forma particular na qual o perene "grande enigma" tem que ser apercebido a abordado *hoje* (em contraste com as formas nas épocas anteriores: mito, religião). Ela obscurece o fato de que está faltando o essencial e oblitera o "que o poder junguiano do pensamento requer dos seus sucessores".

A mentalidade da "pequena casa nos subúrbios" mostra a característica pequeno-burguesa da psicologia atual. Também há outra característica de algumas publicações psicológicas além dessa aconchegante. Ela mostra melhor o quanto as publicações psicológicas são abertamente "pop" reduzindo as ideias psicológicas à *commodities* a serem vendidas no psicomercado, para gratificar as necessidades pessoais tanto do autor quanto do público. As necessidades por parte do autor são provavelmente o anseio por popularidade, fama e/ou dinheiro. Da parte dos consumidores, as necessidades pessoais são a avidez por significado, por refúgio emocional, estimulação intelectual, suporte ideológico, desejo por doutrinas ou ideias que prometem salvação e assim por diante. Muito da literatura psicológica e dos relatos de caso estão no nível do tratado devocional de seitas, mesmo que o conteúdo seja bem diferente. Aqui, a psicologia se tornou barata e falsa. Não há muito o que se fazer a não ser chamar esses textos de *kitsch* psicológicos. As ideias psicológicas de Jung e de outros são abusadas como *commodities* facilmente disponíveis para acalmar as pessoas deixando-as inconscientes, algo não tão diferente do uso atual de drogas. Nessa forma de psicologia, a mente cínica que está em ação chama a si mesma, de "pós-moderna", quando está consciente de si[83]. Essa mente não tem mais nenhum compromisso real com uma substância fora de si e trabalha industrialmente na sujeição de tudo no mundo à regra absoluta do, e reduzindo de tudo que pode ser expresso em termos de dinheiro.

b) A concepção sem noção da psicologia

Tomei emprestado o termo "concepção sem Noção" de Hegel, que frequentemente usa a frase derrogatória *"begrifflose Vorstellung"*. Sob esse título quero discutir alguns traços específicos da psicologia analítica que particularmente mostram que ela não é enraizada e gerada pela Noção de alma. Esses traços são 1. agregação miscelânica, 2. neutralização, 3."excentricidade" e 4. ecletismo.

1. Agregação miscelânica de observações e ideias

Adaptando uma citação de Nietzsche sobre a Filologia Clássica do seu tempo (1869)[84], pode-se dizer que (para a psicologia em geral, mas especialmente) a psicologia junguiana em particular é determinada pela "falta de unidade conceitual", pela

---

83. Na maior parte do tempo essa mente cínica é ativa inconscientemente, pois os psicólogos podem assumir estarem subjetivamente movidos por motivações de boa-fé.
84. Fr. NIETZSCHE, *Werke*, ed. SCHLECHTA, vol. 3, München (Hanser) 1958, p. 157.

"agregação inorgânica de atividades completamente diversas amarradas juntas por não mais do que o nome 'psicologia junguiana'". Essa agregação inorgânica é ainda mais notória no que diz respeito às *ideias* e observações da psicologia. A psicologia analítica parece largamente estar em um estado comparável ao da arqueologia no início do século XIX quando simplesmente se coletava artefatos individuais por curiosidade ou valor estético, ou ao estado da Botânica antes de Linné, quando as plantas eram similarmente coletadas sem nenhuma sistemática orgânica. Cada item podia ser visto apenas como algo por si, e a coleção era como uma variedade de blocos de montar, cada qual retendo sua própria separatividade. Suas duras autoidentidades separadoras umas das outras não haviam ainda sido dissolvidas para revelarem seu relacionamento, sua conexão interna e sua geração por um único princípio. Isso se devia ao que é chamado de "reflexão externa". Nela se olha os itens de fora, o que os faz aparecerem como separados, como coisas autoencapsuladas e nesse sentido "mortas".

Enquanto for esse o caso, não há acesso a elas, não se penetra nelas ao ponto de se poder vê-las por dentro ("reflexão interna ou imanente"); não se é capaz de colocar espírito e vida nas suas massas. Isso é o que Linné foi capaz de fazer a respeito das plantas. Desde então elas vieram logicamente "à vida", se tornando "animadas", pois em vez de terem suas autoidentidades *apenas* em si mesmas agora elas têm nelas uma alma comum (aqui: um princípio de organização) que as gera todas e *dá* a cada uma seus lugares e identidade no sistema como um todo.

Na psicologia analítica, o estágio "Linné" de *insight* parece não ter sido atingido. O trabalho de Jung e seus ensinamentos ainda são abordados a partir da reflexão externa. Em livros ou artigos sobre a psicologia de Jung, toda a diversidade de coisas ditas sobre diferentes tópicos, *e. g.*, sobre arquétipos, neurose, individuação e assim por diante, são colocados juntos como pedaços de informação, cada qual como um bloco de construção. O estilo de apresentação é descritivo, meramente parafraseador, citador, ou reportador sobre as diferentes opiniões que Jung expressou sobre os vários temas. É raro que uma tentativa de *reconstrução* seja feita, uma tentativa de mostrar como todas as afirmações individuais são internamente conectadas e necessitadas por um único princípio gerador. Nos casos reportados é mais frequente a tentativa de prover um amplo retrato a partir do qual todos os detalhes do caso recebem seu lugar e seu significado particular, mas fatos "individuais" ou "eventos" ainda assim frequentemente mantêm sua dura autoidentidade.

Os conteúdos da psicologia são como blocos de construir quando as ideias de, *e. g.*, Jung são tomadas como "pedaços de informação", "hipóteses", "proposições" ou "opiniões" sobre vários tópicos e quando sua *obra* é vista apenas como um *texto*. "Informações" e "opiniões" dizem, quando expressas na imagem da nossa história sobre Thor em Utgard, que o "gato" é *apenas* um "gato" e pode facilmente ser levantado. Mas essa imagem não expressa outra faceta importante do problema. Informações e opiniões existem no plural. Elas são o resultado da desintegração da unidade viva da *obra*. Mudando da imagem de Utgard para a lava de Jung, podemos dizer que o que para Jung era uma única pedra sólida, cristalizada a ser trabalhada (pois ela se mantinha conectada com o fluxo de lava de onde havia se originado e que era sua "alma") foi despedaçada em vários pedaços autoidênticos, isolados (pedaços de informação) até

A vida lógica da alma 157

restarem somente detritos sem alma. Esses pedaços separados têm que ser dissolvidos novamente para retornarem mais uma vez ao estado de basalto líquido. Apenas tal liquefação traria vida, alma e espírito novamente a eles, restaurando então sua unidade interna.

Jamais devemos esquecer que essa substância líquida era o núcleo generativo, formativo e ordenador da obra de Jung. Na medida em que foi essa matéria-prima que forçou a Obra a ser criada, resulta também para o leitor a obrigação de reconstruir o trabalho de Jung enquanto tal. Porém, essa reconstrução não é unidirecional. Temos que retraduzir o texto factual de volta à matéria-prima a partir da qual foi forjado, e então regenerar o texto literal a partir dela. Esse duplo movimento ao longo de um eixo *vertical* conectando a superfície textual inicial a sua profundidade ou centro oculto para reconstruir a superfície do texto a partir dela é indispensável. Pois isso é o que entender ("fazer justiça a") significa ou envolve. "Entender" um corpo de pensamento envolve (1) fazer uma distinção dentro do texto entre as formulações literais (o aspecto "gato") e o basalto líquido (o aspecto Serpente de Midgard) que deu luz a essas formulações, e (2) o complexo movimento lógico de retradução de um ao outro e a regeneração do primeiro a partir do último. Posto que estes dois movimentos em direções opostas têm que se realizar instantaneamente (simultaneamente) e não um depois do outro, pode se ver que exigências lógicas são feitas para aquele que quer entender. Tem que se ser capaz de pensar os estados liquefeitos e recristalizados de uma só vez. Cada afirmação individual tem que, como o gato de Thor, poder representar toda a "Serpente de Midgard". Tem que ter dentro de si a corrente original de lava.

Para a orientação horizontal, esse movimento vertical que vai à profundidade da própria superfície *e* retorna a ela, é uma permanência em um mesmo ponto. Não é necessária e nem é permitida nenhuma comparação com o que está à esquerda ou à direita.

Podemos abordar a mesma ideia a partir de um outro ponto de vista. É um *insight* da hermenêutica que para entender realmente um texto ou um corpo de ideias, tem que se percebê-lo a partir de dentro e em seus próprios termos. Isso significa que tem que se ter penetrado até o seu coração ou centro e se posicionado firmemente nesse (*seu*) centro (ainda que só "experimentalmente" e enquanto dura o empreendimento hermenêutico) a fim de interpretar todos os detalhes da doutrina em termos deste centro como o coração organizador da totalidade viva desse corpo de pensamento em questão. Isto quer dizer que em vez de olhar a partir da nossa posição (nossas próprias convicções, expectativas, preconceitos, necessidades) o que é visível do, *e. g.*, "exterior" da psicologia de Jung, da sua periferia (*i. e.*, da multitude de enunciados abordados enquanto tal), temos que guardar nossas convicções e, deixando-as de lado por um momento, nos mover ao centro do nosso objeto de estudo, *nos entregando a ele*, a fim de ver as afirmações periféricas a partir de "trás" por assim dizer, (*reflexão imanente*). Um entendimento real pressupõe um tipo de amor, o abandono da própria subjetividade; não o amor como sentimento ou emoção, mas amor lógico. Se não conseguirmos (ao menos experimentalmente) *nos entregar* ao núcleo inspirador do trabalho que estamos examinando, não seremos capazes de criticá-lo. O criticismo simplesmente passaria longe dele. Seria a crítica do nosso próprio oposto, da nossa própria contraparte rechaçada.

Há um outro modo de colocar o problema, nos termos das duas personalidades em uma pessoa. Se o que eu disse sobre Jung é verdade, então temos que penetrar através da superfície textual escrita por Jung enquanto personalidade egoica para nos relacionarmos com o verdadeiro pensador "no nível do Si-Mesmo" como o real autor da obra de Jung. Apenas desse modo podemos ver como esse centro gerou os enunciados individuais factuais e poderemos *re-generá-los* e reconstruí-los em nossa própria mente.

O que é o centro ou o coração de um corpo de pensamento? É a *Noção* a partir da qual ele vive. A Noção é a alma doadora de vida, seu núcleo organizador, generativo; é a líquida lava ardente, do mesmo modo como essa líquida lava ardente *é* a Noção, "nada mais que" a Noção (não basalto literal). Mas porque é a *alma* do corpo de pensamento, não está presente como um conceito ou enunciado literal (explícito), não é um "conteúdo". Só pode ser deduzida a partir dos seus enunciados manifestos. E o coração de uma filosofia ou de uma psicologia só pode ser deduzido a partir dos seus enunciados factuais ao ponto em que *nós* ao mesmo tempo podemos re-generar esses enunciados a partir do centro deduzido (círculo hermenêutico).

Posto que temos que chegar à sua "alma" se queremos fazer justiça à psicologia de Jung (ou a qualquer corpo de pensamento), a abordagem a ele tem que ser com alma (e inspirada por um amor [lógico]) desde o começo. Apenas a alma (enquanto órgão da nossa abordagem) pode chegar à alma de uma obra, isto é, à Noção que a inspira. E por isso mesmo, podemos dizer opostamente que uma abordagem em que o sujeito se abstenha de se entregar ao "coração do assunto" e, portanto, perceba o corpo da obra só perifericamente como uma miscelânea de opiniões, é uma abordagem sem alma. Tanto a reflexão externa quanto a apresentação sem compromisso da miscelânea de enunciados são duas faces da mesma moeda, e ambas são geradas pela autorreserva por parte do sujeito. A menos que nós, o sujeito, nos entreguemos ao objeto de estudo, esse objeto de estudo se desintegra em um escombro de abstrações isoladas. Sem o autossacrifício e o compromisso implacável no nível da própria posição metodológica como um intérprete de uma dada teoria, não há alma nessa teoria.

Mas novamente, a alma de uma teoria é a Noção ou Conceito cujo desdobramento é a teoria. A teoria psicológica é um caso peculiar. A psicologia é a única disciplina na qual a *alma* doadora de vida da teoria acontece de ser a Noção de *alma* e aquilo da qual é a Noção não é outra coisa senão a *Noção*. Pois a alma é Noção. Não é a noção de um "fator" empírico ou de um "fato" chamado "alma". A alma não existe (ali fora na "realidade"), não é uma entidade, não é nada ontológico. É só (só?) *lógica*, "tão somente" uma Noção, uma ideia, uma palavra (mas palavra não meramente como um *flatus voci*). A palavra alma não é um significante que tem um significado. Não se refere a nada fora de si mesma, só à noção ou ideia que significa *dentro* de si mesma, ou que postula em e através de si mesma. Por contraste, todas as ciências são animadas pela noção de algum Outro. Se orientam em direção a um objeto ou referente externo. Esta é a razão de sua alienação fundamental, mas também é o que proporciona ao seu conhecimento a confiabilidade e segurabilidade que a positividade pode garantir. A psicologia não está (ou não está destinada a estar) alienada de si mesma. Novamente, esta identidade inerente é algo que mostra por que a psicologia está em um *status* logicamente mais alto que as ciências.

2. Neutralização

Sob o título de "agregação miscelânica" nos referimos à relação entre os *insights* individuais ou hipóteses que constituíram a psicologia junguiana, e olhamos esse problema do ponto de vista da oposição entre a lava líquida e as pedras cristalizadas, dispersadas. A imagem de Jung do fluxo de lava endurecendo em pedra tem outro aspecto além da liquidez *versus* solidez: ela também fala do basalto (líquido), que implica como sua contraparte a pedra *esfriada*. Sob o presente título ("Neutralização") olharemos para o problema da temperatura.

Iniciarei aqui a partir de um exemplo particular. Em um artigo sobre "Psicologia Analítica na Era da Tecnologia", Umberto Galimberti[85] levantou a questão do quanto nosso entendimento tradicional da existência humana, enraizado na Antiguidade clássica, ainda consegue fazer justiça à existência humana na nossa era (pós-) industrial e tecnológica. O alto calibre das suas reflexões fundamentais mostra um real senso da dimensão histórica da alma. A análise radical de Galimberti (no melhor sentido da palavra) nos confronta com *insights* que colocam em questão os próprios fundamentos da psicoterapia. H.-J. Wilke, o editor da *Analytical Psychology* que publicou a tradução em sua revista, sentiu a necessidade de pós-escrever um artigo com uma réplica crítica. As questões particulares assim como os méritos dos argumentos individuais usados em ambos os lados não é nosso tópico aqui. Estou interessado, apenas, no

---

85. GALIMBERTI, Umberto. "Analytische Psychologie im Zeitalter der Technologie". In: *Analytische Psychologie,* 1989; 20:87-120.

contexto da minha discussão acerca da concepção sem Noção da psicologia, nos dois *estilos de pensamento* mostrados na justaposição das exposições da Galimberti e Wilke.

Após enaltecer algumas das formulações de Galimberti como apetecíveis e "poeticamente belas", Wilke se empenha consistentemente em aliviar os conflitos com os quais Galimberti confronta o leitor. Com suas referências à "situação normal" (*normale Problemage*), às "condições médias de vida" e tomando explicitamente a posição "sim, mas" enquanto princípio, ele "relativiza" ou, como eu diria, neutraliza, todas as antinomias. Por exemplo, para ele os símbolos não quebram apenas a ordem racional, como Galimberti mostrou, mas também proveem uma orientação que suplementa significativamente a ordem racional, servindo de uso prático para a sobrevivência; a ciência (em contraste com o mundo dos símbolos) não somente exclui todas as ambiguidades, mas também se expressa em uma forma cada vez mais simbólica, metafórica; em contraste com a completa funcionalização do indivíduo estabelecida por Galimberti como característico da era tecnológica, Wilke insiste que devido a interdependência do indivíduo e do coletivo nem um nem o outro tem a menor chance de se absolutizar, e assim por diante.

Como eu disse, o tema e a substância dos argumentos não estão em questão aqui, por mais importante que sejam. Estou interessado apenas nos dois níveis diferentes de argumentação, nos diferentes horizontes mostrados nos dois textos. Os dois horizontes e comprometimentos têm a ver com a diferença entre o basalto quente e a pedra esfriada.

Wilke, pode se dizer, fala como um empirista pragmático; ele se mostra comprometido com as condições normais da vida cotidiana, com a realidade de senso comum e com as preocupações práticas de sobrevivência *como o horizonte e padrão de sua experiência*. Com essa caracterização não quero dizer que em seu horizonte não haveria nenhum lugar para temas como símbolo, transcendência, divindade, o Si-Mesmo junguiano e assim por diante. De maneira alguma. Meu ponto é que a *base* (psico-) lógica, o horizonte no qual ele teoricamente aborda até mesmo esses temas é pragmático. Nesse horizonte, suas visões são provavelmente indisputáveis. Ele não está argumentando como um pensador, não está comprometido com a Noção. O seu nível é o dos pedaços de pedra já resfriados, cristalizados, *i. e.*, das coisas já formadas, do modo como as experienciamos em Midgard. Filosoficamente falando é o nível dos fenômenos ônticos, empíricos.

Com a sua abordagem "sim, mas", ele tenta extinguir *a priori* qualquer fogo possível. As perigosas observações apresentadas por Galimberti não são categoricamente negadas, mas tornadas inofensivas, por meio do lançamento de observações opostas contra elas. O grande dilema que chega a nós é "diluído". Está lá, mas não é tão mal assim. Esse contrabalanço ajuda a estabilizar por princípio o pensamento na superfície horizontal da terra. Olha-se um pouco à esquerda, um pouco à direita e pode-se sentir isento de ter que olhar para a direção vertical da profundidade. E acima disso, esquerda mais direita ou mais e menos dão em zero: o resultado é uma temperatura moderada, na qual é possível construir uma pequena casa nos subúrbios.

Quando Wilke insiste contra Galimberti que devido à interdependência entre o individual e o coletivo, nenhum dos polos desses opostos tem a menor chance de serem absolutizados, ele se move na já completamente *positivada* esfera dos "problemas" que as *pessoas*, ou a *sociedade*, têm, enquanto Galimberti tenta fazer face ao real problema da *alma* ocidental atual. Wilke tem que construir o que Galimberti disse como uma expressão do pessimismo cultural que ele, Wilke, contraria com sua insistência de que o balanço entre os opostos nunca está em *real* perigo; em larga escala tudo continua mais ou menos a mesma coisa, de modo que temos que concluir que o texto de Galimberti é aos olhos de Wilke um tipo de alarme falso. Enquanto o texto de Wilke é um tipo de *política de apaziguamento psicológica*: não temos que ir à "guerra"; claro que há problemas e conflitos, mas tudo que eles precisam de nós é um pouco de reciprocidade; a "paz" (aqui, nossa paz de espírito) pode ser mantida; nada de radical aconteceu. Nenhum conflito *real*, incontornável em um nível ontológico ou lógico se abriu, e nenhuma conclusão fundamental que nos machucaria tem que ser elaborada. Nem quente, nem frio; nem um inambíguo sim e nem um inambíguo não. A preferência aqui parece ser pela justaposição de um quente sim com um frio não de tal modo que um cancela o outro. O que se quer é equilíbrio, entropia por fim. Mas não muito de um nem do outro.

Assim não se é exposto aos ventos da história. A psicologia não tem que tomar o seu lugar no *front* do campo de batalha entre o passado e o futuro; não tem que se posicionar entre o martelo e a bigorna. Tudo o que a psicologia tem que fazer é se preocupar com as questões e desordens pessoais dos indivíduos. A grande aflição da alma humana, o fardo da história, não tem que estar nesse campo de visão e assim não pode impor uma obrigação sobre nós. Nós permanecemos "livres". Escapamos da inexorável obediência que o pensamento requereria. Empiricamente falando, os sofrimentos pessoais de um indivíduo podem ser terríveis. Mas do modo como nós humanos parecemos ter

A vida lógica da alma 165

sido feitos, podemos acolher os problemas empíricos relativamente fácil se comparados ao medo intolerável causado pela ameaça à constituição lógica da realidade e pela exposição aos ventos da história. Por mais dolorosas que as aflições pessoais possam ser no nível empírico, ontológica ou logicamente elas são problemas cômodos, porque são apenas pessoais ou empíricos (ônticos) e cabem perfeitamente na pequena casa nos subúrbios.

Galimberti, com sua tese sobre a total funcionalização na sociedade tecnológica, fala precisamente sobre essa outra dimensão, o nível de segunda-ordem, o *status (psico-)lógico* nos quais os indivíduos ônticos (empíricos, nível de primeira-ordem) estão com todos os seus sentimentos, estados e comportamentos. Galimberti, pode se dizer, fala sobre uma mudança fundamental na *constituição lógica* da verdade, da identidade, da ordem. Tudo isso não é empírico, porque não pode ser observado como fatos empíricos, pode apenas ser *pensado*. Mas tais são os objetos de estudo de uma genuína psicologia. O genuíno objeto de estudo da psicologia não é a pessoa (observável) e seus estados internos. É a *alma* intangível dessas pessoas, *i. e.*, o *status* lógico que elas, que suas fantasias e comportamentos estão, e que só é acessível à análise lógica e ao pensamento conceitual.

Eu falei de neutralização do quente e do frio por meio do contrabalanço de um pelo outro. Esse mundo *neutralizado* é a esfera da pedra resfriada que foi despedaçada. Temos que nos conscientizar de que a mentalidade de senso comum não é identificada com o polo frio na oposição entre o basalto ardente e a pedra cristalizada, porque a pedra seria sempre sujeita a ser derretida novamente pela ardente lava fresca. O que é próprio da mentalidade de senso comum é estar de uma vez por todas protegida contra essa possibilidade. E a melhor proteção é "domesticar" esse elemento ardente dando-lhe um lugar confortável em vez de evitá-lo como um todo.

O que seria necessário, ao invés disso, é reter a *tensão* dessa contradição. Assim como na seção sobre "agregação" eu não optei por um movimento unidirecional em direção às profundezas, aqui também não defendo unilateralmente o polo quente. A diferença e a distância mantida conscientemente é o que seria requerido. A psicologia seria o que mantém os opostos à parte, ao mesmo tempo em que os une se expondo a sua tensão e existindo *como* essa tensão.

Vimos na seção sobre "agregação" que o que é requerido para uma adequada recepção da psicologia junguiana é a reconstrução e regeneração, em que os contraditórios movimentos de *solutio* e *coagulatio*, de liquefação e solidificação são um só. Aqui também, no reino das questões concernentes à temperatura da matéria primeira, podemos dizer que há uma dupla tarefa. A primeira é entrar na sua questão-e-resposta. Mas isso não é suficiente: a entrada na questão que Jung lutou com e na resposta que ele deu nos levaria até o ponto em que seríamos fiéis discípulos, administrando sua doutrina e transmitindo-a aos outros. Poderíamos permanecer em um lugar morno, neutro, onde receberíamos nossa psicologia de segunda-mão, assim como as muitas opiniões expressas por Jung, e não precisaríamos nos posicionar no meio da batalha entre o passado e o futuro, no calor da questão colocada para nós. A segunda tarefa, portanto, é se mover até a resposta de Jung, aos últimos desenvolvimentos dos seus *insigths* psicológicos e ao presente estágio no qual a *aurea catena* chegou, que se tornam então a nova e quente *questão* que nós, ou melhor, a nossa psicologia tem que lutar. Apenas quando sua visão das coisas se torna o *novo grande enigma* para nós, é que sua psicologia se torna viva na nossa e pode haver uma progressão continuada do problema da alma no sentido da *aurea catena*.

Esse foi o modo como o próprio Jung se relacionou com o trabalho do psicólogo que o antecedeu e que mais o influenciou, Freud. "Em retrospecto posso dizer que somente eu persegui logicamente os dois problemas que mais interessaram a Freud: o problema dos 'vestígios arcaicos', e o da sexualidade"[86]. "Por acaso fui eu o único dos seus herdeiros que levou adiante alguma pesquisa, seguindo a linha que ele intuitivamente previu"[87]. Jung não ouviu as respostas que o mestre deu em seu texto literal e como sua doutrina explícita. Jung ouviu o que estava por trás da inspiração que impulsionou o trabalho de Freud. E o que ele realizou de acordo com sua avaliação foi *sinngemäß weiterführen* ("perseguir logicamente ou desenvolver adiante"), tornar explícito o que era apenas uma intuição oculta nos ensinamentos manifestos de Freud.

3. A "excentricidade" do ponto de vista

Nas duas seções anteriores olhamos para o estado da psicologia junguiana do ponto de vista das duas oposições conectadas com a imagem da mudança da matéria-prima do estado de ardente basalto líquido para a pedra cristalizada (líquido *versus* sólido, quente *versus* frio). Aqui chegamos a uma questão inteiramente diferente, a questão de como a psicologia recebe a

---

86. JUNG, C.G. *Memórias*, p. 150.
87. JUNG, C.G. *Cartas Vol. III*, p. 31. para o Prof. Benjamin Nelson, 17 de junho de 1956.

validação ou autoridade por suas ideias. Quais são suas origens e o que dá a elas poder de convicção? Existem duas noções fundamentalmente diferentes de como estabelecer autoridade.

O que eu disse sobre a reflexão externa na minha discussão sobre "agregação miscelânica" pode também ser subsumida sob o presente título de "excentricidade", um termo usado aqui no sentido literal de ter seu ponto de vista fora do centro. Mas o que quero discutir aqui é um tema diferente, apesar de relacionado. Para os junguianos e para a maioria dos outros psicólogos, o principal compromisso é com os fatos da observação clínica como fonte de autoridade, em vez da Noção. É evidente que isso é "excêntrico" e não psicológico no sentido dado. A grande distinção da psicologia, a de que a alma da psicologia enquanto corpo de conhecimento é a própria Noção de alma, é então abandonada. A psicologia genuína não é um mero campo de estudo que deveria, como os outros campos, ser trabalhada a partir do ponto de vista da reflexão imanente (mas *ipso facto* pode também ser trabalhada a partir da reflexão externa). A psicologia *não pode* ser abordada à maneira da reflexão externa sem de fato se autoaniquilar. Sua temática ou metáfora-raiz, a alma, é *definida* como reflexão interna. Reflexão interna é em psicologia mais do que uma opção metodológica por meio da qual *nós* abordamos o objeto de estudo. Ela já é "objetivamente" inerente ao próprio objeto de estudo. A única opção é se queremos fazer psicologia ou não, se queremos fazer justiça ao nosso objeto de estudo, a alma (ou a realidade psicológica), ou se queremos deixá-la de lado.

Com o ponto de vista excêntrico, a consciência se abandona voluntariamente ao que por definição é estranho a ela, aos fatos externos acessíveis apenas através da observação empírica, e psicologicamente isso significa materiais arbitrários, acidentais, sem nenhuma conexão intrínseca com o centro da questão. A psicologia tenta então dar o *status* de centro ao que é descentrado e isso a leva para longe de si e ao malogro de si mesma. Sentindo a necessidade de dispensar a Noção como seu único solo, ela tenta se *agarrar* a algo sólido fora de si como uma rocha sobre a qual possa construir sua casa. Ela tenta se ligar a algo confiável e positivo, tenta se basear em fatos externos que existem independentemente antes da própria psicologia, esquecendo que a psicologia é constituída pelo próprio fato de que não pode fazer isso. Em oposição a todas as ciências, a psicologia não tem e não pode ter um ponto arquimediano fora de si (que é a sua distinção singular e a razão do porquê ela estar em um *status* lógico de consciência mais alto do que as ciências). Tentando se agarrar aos fatos brutos da observação empírica, a assim chamada psicologia compete com as ciências e se pretende capaz de ter um ponto arquimediano fora de si. O sonho de um ponto arquimediano exterior é o sonho de ser capaz de se segurar na orientação horizontal e não ter que cair verticalmente no abismo *interno* da *mera* palavra alma.

Mas não há nenhuma âncora externa que possa firmar a psicologia. "Qualquer outra ciência tem, por assim dizer, um objeto exterior a si mesma, o que não acontece com a psicologia cujo objeto é o sujeito de todas as ciências"[88]. A psicologia tem apenas seu próprio interior. A psicologia só *é* psicológica ao ponto em que se autoabandona incondicionalmente ao seu oceano abismal interno. Barcos flutuam no oceano que está ao redor deles; a psicologia tem que também ser um barco e

---

88. JUNG, C.G. *A natureza da psique*, § 429.

se deixar ser levada pelo que *sabe* ser um elemento instável, frouxo como a água, e não um solo sólido sobre o qual se firmar. A diferença em relação aos barcos literais é que o barco chamado psicologia tem o oceano em que flutua *dentro* de si como a infinitude interna e a negatividade de sua própria Noção. Isso é como as coisas são "loucamente" na psicologia. Ela é o *insight* sobre algo que é a) exclusivamente baseado no *abismo* que abriga em si e b) demanda um alto grau de sofisticação lógica. Não há fundações externas, muito menos uma que tivesse a característica da pedra de toque freudiana. A alma (que é a real fundação da psicologia) não é positivamente real, é "apenas" a Noção que a psicologia tem, frouxa como a água, não a noção *de* algo real. É a Noção como realidade por si mesma – o "Conceito *existente*", que tem uma existência apenas se é persistente e verdadeiramente pensado, sem o desejo de nenhuma fundação positiva em nada factual. Ela existe ao ponto em que permite ao Conceito ou Noção ter seu único solo em si mesmo, na negatividade da sua infinitude interna.

A abordagem empírico-clínica procede exatamente do modo errado e persegue a sistemática alienação de si. Ela se vira *diretamente* para os fatos "externos" acessíveis por meio de uma observação científica e clínica. A psicologia tem que olhar, não introspectivamente para o "interior" literal, mas para os mesmos fatos externos que todas as diferentes ciências olham, mas através de *si mesma, por meio do seu próprio centro, da sua Noção interna*. Para poder ver a vida lá fora psicologicamente, ela deve *resistir* à tentação de aceitar imediatamente os fatos brutos trazidos pela observação empírica como relevantes por si mesmos. Ela deve permanecer sempre *em si*, na sua *própria* Noção. Não deve recorrer a uma atuação (*acting-out*) "teórica".

Seu movimento tem que ser o da *absolutamente negativa Er-innerung* (Hegel), do recolhimento absolutamente negativo, da reflexão, interiorização de si em si. Isso não para o propósito de uma introspecção autista ou narcísica[89], mas para o propósito de abordar o fenômeno do *mundo*, vendo-o apenas a partir da reflexão no *espelho* da negatividade da sua Noção de alma, assim como Perseu pode abordar a Medusa apenas através do seu reflexo. Sem esse reflexo a positividade dos fatos converte o observador em pedra, *i. e.*, em um cientista (assim como a visão do cientista inevitavelmente converte a realidade em fatos positivos, petrificados), tornando a psicologia impossível. O mundo exterior, os fatos ou a realidade, só interessam psicologicamente ao ponto em que podem reaparecer, em que são recriados ou reconstruídos no solo natal da psicologia e no *status* radicalmente novo da negatividade lógica da alma. Para a mente cotidiana assim como para as ciências, eles estão no *status* de positividade.

A observação empírica do mundo lá fora *versus* a introspecção em mim mesmo (no que está acontecendo em mim) não são alternativas. Ambas proveem dados igualmente externos à psicologia e igualmente insuficientes para constituí-la. A psicologia acontece quando há uma mente que enquanto olha para o mundo (externo ou interno) é capaz de permanecer *em si* (na *mente* e em sua *Noção*, não na subjetividade privada das fantasias ou imagens pessoais). Ela deve ser capaz de inexoravelmente *manter seu lugar* na infinitude abismal do buraco negro que é constitutivo da sua identidade interna (a *alma* da psicologia = a Noção *de* alma), e de ver o que quer que haja

---

89. "Interiorização" não se refere aqui à pessoa se observando, mas à autointeriorização do próprio campo da psicologia.

para ser visto (fatos externos assim como fatos conhecidos por meio da introspecção) exclusivamente através dos limites do seu espelho. A psicologia é a disciplina da interioridade. Mas essa interioridade não está em mim, nem em você nem em *ninguém*, e nem também em nada lá fora. Está na própria Noção da psicologia que, como foi dito antes, não é a noção *de* algo, mas a Noção de *si mesma*. A psicologia tem que inexoravelmente se deixar cair no *pensamento* que ela é e usar a profundidade desse pensamento como seu espelho para refletir qualquer que seja o seu tema a cada momento. A alma ou interioridade dos seus objetos não está nos objetos mesmos. Está na própria noção da psicologia, na infinitude interna de sua interiorização absolutamente negativa ou na infinitude interna do seu espelho. Mas dentro da "subjetividade" da sua própria Noção, ela tem a objetividade da realidade (no sentido de *Wiklichkeit*, não *Realität*).

Sem dúvida, esse modo dialético de olhar para fora por meio do olhar para dentro[90] pressupõe um grau de diferenciação lógica mais alto do que aquele necessário para as ciências e ao qual nós estamos acostumados.

Em um espelho vemos as coisas em reverso. O mundo visto psicologicamente é um mundo de cabeça para baixo ou ao avesso, o Mundo Invertido de Hegel.

A psicologia tem que ser especulativa nesse sentido. Ela não pode ser um estudo empírico da alma, no sentido daquilo que C.A. Meier chamou *Die Empirie des Unbewußten* (a fenomenologia empírica do inconsciente). Desse modo o inconsciente é concebido a partir de dados "externos" que podem ser

---

90. "Dentro", é claro, no sentido dado (da sua Noção interna oposta ao "*nosso* interior").

observados, como lapsos freudianos, sonhos etc. Sonhos não são materiais psicológicos por si mesmos. Eles só se tornam se vistos pelo espelho da Noção interna da psicologia. O conhecimento psicológico não pode então ser usado pragmaticamente como uma ferramenta do mesmo modo como o conhecimento científico o é. A psicologia está condenada (caso se queira dizer assim) a ser teórica.

4. A fantasia ecletista de completude

A excentricidade discutida tem a ver com a questão da ancoragem, da fundação, da fonte de validação. Agora temos que olhar para a psicologia com a questão oposta em mente, a questão do seu telos ou destinação, e mais especificamente a questão de como ela pode alcançar sua completude e perfeição. Enquanto a questão da fundação se referia à base de toda e qualquer convicção individual da psicologia analítica, aqui a relação do trabalho de Jung como um todo com as outras psicologias é o que tem que ser considerado.

Às vezes se ouve dos junguianos questões como: "O que está faltando no trabalho de Jung que necessariamente tem que ser suplementado e melhor desenvolvido?" Respostas frequentes incluem: "atenção ao desenvolvimento psicológico do ego (primeira infância até o meio da vida)" e "microanálise do processo interacional da prática analítica". Em um capítulo anterior eu mencionei as visões de Murray Stein acerca de Jung. Farei aqui outras citações do seu texto. "... Jung não é mais nossa única figura orientadora... cita-se Jung e... [elisão de Stein] Winnicott, Kohut, Jacobson, Klein e até mesmo Freud. Mas ao menos há agora a coleção de figuras seminais, e entre elas está Jung, talvez como *primus inter pares*, mas certamente rodeado por um grupo de nomes que não eram familiares até pouco tempo atrás"[91]. "O próximo estágio será mais profundo, acredito eu. Seremos diluídos: ocorrerá uma acomodação e não uma assimilação. Iremos desaparecer, e esse processo afetará nosso campo em seu próprio núcleo não deixando nada do mesmo jeito que antes. Um novo campo irá nascer das cinzas do antigo, e seu nome será... [elisão de Stein] quem sabe?"[92]

O sentimento que se expressa em tais convicções é de que a psicologia de Jung é deficiente e que se tem que recorrer a outros autores psicológicos ou outras escolas para suplementar o que está faltando. Além disso, e isso se aplica especialmente a Stein, a psicologia analítica de Jung é vista como não tendo futuro, não tendo vida em si. Seu único futuro real seria a necessidade de desaparecer para dar lugar a algo totalmente novo; novo ao ponto de não merecer sequer o mesmo nome. Essa é uma posição exatamente oposta da que eu apresentei; na qual clamei ser necessário a *reconstrução* ou regeneração da obra psicológica de Jung a partir da sua origem no fluxo ardente de lava líquida. Enquanto eu quero voltar à origem e centro, o projeto de Stein é descartar a antiga construção e começar sobre a base de um projeto inteiramente novo (ainda a ser designado), de montar algo novo a partir das diversas "pedras" distribuídas entre as diferentes escolas de psicologia.

Essa visão é um claro sintoma do que eu chamei de concepção sem Noção da psicologia. Tais autores não veem o trabalho de Jung como uma *obra*, como uma totalidade orgânica organizada e gerada pela Noção como sua alma interna, mas apenas como um texto ou até mesmo como um depósito de

---
91. STEIN, Murray. Op. cit., p. 6s.
92. Ibid. p. 9 (sentença final do texto).

uma miscelânea de opiniões. Não a vendo como uma obra, eles não podem sentir que ela contém em si tudo que precisa e que é *ipso facto* perfeita e completa no sentido de totalidade (mesmo com toda a sorte de inconsistências e insuficiências na formulação factual da sua Noção subjacente). Nada de fora é necessário. Sua vida e seu futuro estão precisamente em seu "passado" enquanto profundidade interna: na sua origem, na substância primária que a forçou a ser criada como o desdobramento da Noção e que permanece como sua alma formativa. Mas a mente eclética se exime do mergulho nas profundezas de uma teoria no sentido de uma "interiorização absolutamente negativa". Ela permanece na superfície plana e se move horizontalmente ao longo das diferentes teorias, as comparando e examinando pelos méritos ou insuficiências dos seus achados individuais.

Junguianos que querem suplementar a alegada deficiência da psicologia junguiana com elementos de outras teorias (*e. g.*, com teorias de Melanie Klein, Kohut), veem a obra de Jung como se fosse comparável a uma biblioteca (seus *insights* individuais e suas afirmações teóricas estando no lugar dos livros nas prateleiras nessa analogia). Uma biblioteca é quase uma "ideia" (assim como a *ideia* de mundo) no sentido kantiano, devido a sua incompletude básica; é sempre possível adicionar outro volume, assim como em uma contagem sempre se pode adicionar um número sem jamais se chegar a um fim. Mas essa incompletude jamais transgride além do reino empírico. A incompletude ou "infinidade" é prática e não lógica. Uma obra de arte, ao contrário, pode ser vista do modo como um *símbolo* foi definido (*e. g.*, por Goethe e similarmente por Jung). É a representação da verdadeira infinitude sendo, enquanto tal, uma Noção "viva". Por ser a Noção viva e generativa, ela jamais pode ser plenamente realizada como um conceito positivo determinado (*e. g.*, o conceito de um triciclo). Mas a contraparte disso é que cada parte da obra é inspirada e animada pela Noção. Por isso uma obra de arte fragmentada ou inacabada tem sua própria forma de perfeição, na medida em que "toda" a Noção está realmente presente não apenas na obra como um todo (assim como o conceito de triciclo está no real triciclo como um todo), mas também em cada parte (enquanto as partes de um triciclo só são o que são enquanto estiverem integradas em todo o triciclo; sozinhas elas são peças de equipamento inúteis).

Não há problemas em querer uma psicologia *diferente*. É possível submeter a psicologia de Jung a um criticismo *imanente*. Ou pode-se odiá-la e rejeitá-la. Por que não? Mas *subverter* a presente psicologia redefinindo secretamente o "gênero" ao qual ela pertence "virando-a pelo avesso" por assim dizer, mostra uma falta de sensibilidade e honestidade intelectual. Soa indelicado não honrar, na sua atitude metodológica, essa obra (assim como qualquer outra grande obra) como uma *Gestalt*, como um *opus*, em outras palavras, como um tipo de "subjetividade" ou "personalidade" cuja inteireza precisa ser respeitada assim como a de uma pessoa humana, assim como seria uma falta de tato implantar torres góticas em templos gregos (mesmo que nos templos gregos "faltem" realmente torres!). Querer "completar" a psicologia de Jung adicionando a sua teoria novas partes sobre o desenvolvimento psicológico do ego na primeira infância e sobre a microanálise do processo interacional na prática analítica é redutivo: a categoria mais alta ou logicamente mais complexa (a *obra*) é reduzida à mais simples (uma coleção de *insights* em necessidade de novas adições). E é não psicológico, na medida em que a psicologia depende do (metodológico) abandono incondicional à profundidade *interna* e à negatividade da sua própria Noção. O *status* lógico do trabalho de Jung não é certamente o de uma obra de arte. Mas assim como o trabalho de qualquer grande pensador ele tem um caráter de obra (e assim sua completude ou totalidade interna) em comum com os trabalhos de arte.

A ciência pode certamente se imaginar como o projeto de construção de um grande edifício no qual cada cientista e cada geração de cientistas adiciona uma ou várias pedras, sem a expectativa de completar a edificação. Onde temos um incontável número de pedras que juntas fazem o interminável edifício da ciência, a obra de arte é singular e *a priori* completa em si mesma. Mas a arte "paga" por essa autossuficiência de cada obra por consistir de inumeráveis obras de arte. A psicologia é diferente tanto do interminável projeto da ciência carregado pela tropa de cientistas e do incontável número de obras de arte singulares e independentes. Como a alquimia, ela tem em comum com a ciência ser um só e mesmo *opus*, um *lapis* que todos os psicólogos trabalham sobre. Mas compartilha com a arte seu aspecto não cumulativo; cada psicólogo trabalha por sua própria responsabilidade e a partir do seu acesso pessoal imediato à profundidade da Noção, que dá ao *opus* psicológico sua completude *a priori*. Assim como na doutrina cristã em que um Espírito e um Corpo é distribuído à Vários, a unidade--e-diferença do fluxo de lava e da pedra psicológica é sempre Uma, mas aparece a muitos indivíduos e em cada caso em uma forma única. A ideia da *aurea catena* é a representação dessa unidade-e-diferença. Na medida em que a arte e a ciência são opostas nesse contexto, o que a psicologia compartilha com uma a afasta da outra. Há outra característica da psicologia que a afasta de ambas. É a sua absoluta negatividade. A obra de arte, apesar da sua absoluta negatividade tem, contudo, uma presença sensual e por isso positiva. O que não acontece com o trabalho da psicologia. Enquanto *insight* vivo, ela existe apenas na mente, existe apenas enquanto processo pensante ou de entendimento. O *lapis* da alquimia, a pedra de Jung a ser trabalhada, não tem uma presença sensual, é só uma Noção, é só a forma lógica da mente. A ciência também não tem uma presença sensual, mas o conhecimento que ela obtém está no *status* de positividade de maneira que, apesar de só existir na mente também, ela é essencialmente positiva. Graças a interiorização absolutamente negativa em si mesma, a psicologia só existe em seu desaparecimento e como a fluidez do seu movimento de vai e vem entre o fluxo de lava e a pedra. A psicologia combina em si o que é negativo na arte e na ciência, deixando de lado o que é positivo em cada uma.

Mesmo se se aborda a obra de Jung como tendo em si tudo o que necessita, ainda há em um certo sentido algo que necessita ser completado. Para entender que sentido é esse é preciso retornar ao dito: "Onde estava a imagem (ou uma sentença sobre um fato positivo) é onde o pensamento deverá estar". O que estava ainda implícito tem que ser tornado explícito. Nas palavras de Jung, deve ser "completado" (*'völlig' gemacht*). Esse senso de completar não necessita de nenhum vislumbre à esquerda ou direita para ver o que está sendo ensinado e feito em outras escolas. O trabalho de completar requer nada mais do que contar com, até mesmo se abandonar à característica intrínseca da psicologia de ter em si tudo que precisa.

Somente essa "fé psicológica"[93] torna possível a interiorização absolutamente negativa na origem *interna* da psicologia, na infinitude e negatividade absoluta da Noção, a partir da qual deve ser elaborado aquilo que precisa ser explicitado. Está tudo lá. A psicologia tem em si mesma a *fonte* a partir da qual pode ser aspirada sua vitalidade e criatividade. É o nosso trabalho polir mais e mais o "espelho" da negatividade interna da psicologia para fazê-la, enquanto Conceito, compreender mais *realidade* (*Wirklichkeit*) e fazê-la compreender a realidade mais (mais intensivamente, mais almadamente).

Parece-me que no presente estado das questões no junguianismo convencional, o atual objeto da psicologia não pode sequer ser vislumbrado. A psicologia está estabelecida de uma forma incomensurável com seu próprio objeto de estudo.

---

93. A frase foi cunhada por Robert Grinnell, "Reflections on the Archetype of Consciousness: Personality and Psychological Faith". In: *Spring 1970*, p. 15-39, mas é usada aqui em um sentido diferente do dele.

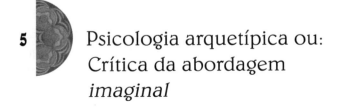

5 Psicologia arquetípica ou: Crítica da abordagem *imaginal*

A alma sempre pensa.
Berkeley[94]

Este livro é uma tentativa de trabalhar em direção a uma rigorosa noção de psicologia. Por essa razão, nosso interesse até agora tem sido o de um olhar próximo e crítico do *presente estado da psicologia* para ver o que já está disponível que pode se provar útil ao nosso projeto. Vimos primeiro que apesar dos inúmeros méritos individuais que as várias outras psicologias possam ter, especialmente as profundas, a psicologia pode usar apenas o trabalho de Jung como ponto de partida real porque apenas lá pode encontrar o que precisa como sua *base* e *centro*, a noção de Alma. Era de se esperar então que a escola de psicologia analítica na tradição de C.G. Jung seria o lugar natural para se voltar. Mas vimos que o estado das coisas nesta escola é deplorável por ter aberto mão da própria distinção que torna o trabalho de Jung singularmente importante. Agora nos voltamos à escola da "psicologia arquetípica" que é um desenvolvimento

---

94. BERKELEY, George. *A Treatise concerning the Principles of Human Knowledge*, § 98.

adicional da psicologia analítica iniciada por James Hillman. Murray Stein disse sobre essa escola separada em relação ao campo mais amplo da psicologia em geral,

> ... ela tem déficits óbvios como teoria e prática... A psicologia arquetípica fala para a alma perdida da psicologia analítica. Ela apoia o espírito do *puer*, o romance da *anima*, o animado e voluntarioso ódio do jovem rebelde pela história, estrutura, regimentação, institucionalização. É uma posição hermética no peso monolítico do junguianismo clássico, deslizando nas fissuras, espreitando e espiando pelos buracos de fechadura, narrando contos, ostentando imagens psíquicas, atacando truísmos e dogmas. Seu espírito adolescente a tornou intolerável para muito dos colegas mais velhos de convicções clássicas e desenvolvimentistas. As evidentes deficiências da psicologia arquetípica têm sido apontadas e desaprovadas em muitos artigos, e enquanto um separado ponto de vista teórico e clínico é talvez insustentável, um órfão errático[95].

Esse belo exemplo de crítica devastadora é infelizmente baseado em uma cegueira sistemática. Stein se recusa a examinar a psicologia arquetípica no nível dos seus argumentos teóricos. Ele afirma categoricamente que suas deficiências teóricas e clínicas são óbvias. Mas dessa maneira ele simplesmente varre para o lado o nível teórico e argumentativo e agora é livre para focar no que realmente o interessa, nas explicações psicológico--personalistas e emocionais da teoria, sua interpretação redutiva em termos de ódio do jovem rebelde, de espírito adolescente, sentimentos românticos da *anima* etc. Mesmo se esses aspectos possam caracterizar a psicologia arquetípica – o próprio Hillman recentemente assumiu a origem da sua teoria no *puer*

---

95. STEIN, Murray. Op. cit., p. 7.

aeternus[96] – elas por si mesmas não dizem nada sobre o valor da psicologia arquetípica como teoria. Temos que ouvir o *que* o jovem rebelde e o capricho da *anima*, se eles estão atrás da psicologia arquetípica, têm a dizer e decidir se o que é dito faz sentido ou não para a psicologia. É o argumento da psicologia arquetípica que conta, não o sabor ou o lugar de onde ela veio.

Se alguém aborda essa psicologia em um nível estritamente teórico, ela tem méritos tremendos. Talvez essa psicologia seja de fato um "órfão errante", a pedra que os construtores recusam; logicamente, porém, ela é um grande passo adiante, um real avanço da teoria psicológica além do junguianismo convencional. Não é uma escola *ao lado* das assim chamadas escolas clássicas e desenvolvimentistas, porque não está no mesmo nível delas. Com a psicologia arquetípica, a teoria psicológica superou ambas e atingiu um novo nível de reflexão. Hillman é provavelmente o único que foi sensível ao que era germinalmente inerente ao projeto junguiano. Jung disse que ele foi o único que logicamente perseguiu os dois problemas que mais interessavam a Freud. Do mesmo modo pode-se dizer que Hillman desenvolveu logicamente o que mais interessava a Jung. Assim como escolhi Jung entre todos os outros tipos de psicologia, aqui afirmo que não há caminho de volta do nível atingido na teoria da psicologia arquetípica. Ela é o caminho pelo qual o desenvolvimento futuro da psicologia tem que passar.

Quais são seus méritos? Não posso discuti-los em detalhes, mas quero ao menos mencionar os mais importantes. Antes e acima de tudo, a psicologia arquetípica é inspirada pela

---

96. HILLMAN, James. *The Souls Code*. p. 281ss. HILLMAN, J. *O código do ser*, p. 300-303.

Noção que gerou todo o projeto de "psicologia re-visionada" de Hillman. Sem ser um sistema em um sentido rígido, compulsivo, o projeto por inteiro é uma totalidade orgânica que gera todas as visões individuais a partir de dentro. Segundo, a psicologia arquetípica é uma psicologia que também aceita a responsabilidade pela sua metáfora básica, a alma. É terrível desmerecer isso como um, e. g., "romance da *anima*". Essa consciência da sua metáfora básica é um traço *teórico* que não pode, me parece, ser encontrado em lugar nenhum. É muito importante também que a posição metodológica a partir da qual os fenômenos como a psicopatologia são abordados na psicologia arquetípica seja a da reflexão interna. Também há algo de radical e livre nessa teoria, ela vibra por dentro, e todo o seu modo de responder aos fenômenos é caracterizado pelo que Jung chamou uma vez de "inteligência sutil"[97]. Novamente é preciso não desmerecer isso personalisticamente como um espírito adolescente; é também uma característica estrutural (lógica) interna da *teoria*, um sinal de que seus elementos individuais têm uma certa fluidez lógica devido ao seu enraizamento, e por ainda estarem em contato, com o centro ardente líquido. E o que não pode ser esquecido, é que a psicologia arquetípica não é imune ao *opus magnum* da alma, ela foi tocada e atingida pelo "grande enigma", pelo "fardo histórico da mente humana". Já de início, ela não esteve encapsulada nos confins estreitos da mentalidade de consultório (que é o porquê dos clínicos entre os junguianos acreditarem ser capazes de diagnosticar suas notórias deficiências clínicas); em vez disso, ela é aberta a toda a questão

---

[97]. JUNG, C.G. *Cartas Vol. III*, p. 126 para o Dr. L. Kling, 14 de janeiro de 1958.

do lugar do homem moderno, e sua atitude diante do mundo real historicamente formado[98].

Mas pela mesma razão que a psicologia arquetípica conquistou o que falta às outras escolas (tanto dentro como fora do campo junguiano) e lógica ou teoricamente representa o nível do "estado da arte" da psicologia, ela também merece a honra de ser submetida ao mais crítico escrutínio. A abordagem imaginativa da fenomenologia da alma do modo como é praticada pela psicologia arquetípica é muito mais apta a fazer justiça à alma sob as condições da Modernidade e de se tornar consciente dos dilemas da alma ocidental do que são as outras abordagens clínicas, personalistas. Imagem, eu disse antes, é "em si mesma" Noção "implícita", e inversamente Noção é imagem suspensa. Por causa disso, a imagem e o imaginal não podem ser absolutizados; a psicologia não pode ser congelada no estágio imaginal de sua realização. O trabalho é "completar" ["*völlig' machen*"] as imagens. Na medida em que na psicologia arquetípica o imaginal é geralmente tratado como o *non plus ultra*, uma crítica fundamental da abordagem imaginal se torna indispensável.

De forma a *ilustrar* a noção de Noção prevalente nas minhas discussões, irei, no próximo capítulo (capítulo 6), fazer uso do mito de Actaion. Essa história deve ser considerada o *mito da Noção*, isto é, a totalidade da sua exposição. (Claro que o mito de Actaion é essa exposição, *não* no próprio meio nativo da Noção, do pensamento, mas no meio da imaginação – como

---

98. É por isso que a fala de Stein do "ódio pela história do jovem rebelde" é injusta. A psicologia arquetípica é um raro exemplo de psicologia "*com* história". (Isso não significa que ela não possa ter um problema com a história de uma outra maneira, como ficará aparente adiante).

narrativa, como mito). Mas me voltarei para o mito de Actaion já aqui nesse presente capítulo com o propósito de fazer minha crítica à abordagem imaginal. Meu foco aqui não é o próprio mito, mas os aspectos mais fundamentais da interpretação que ele recebe do ponto de vista imaginal da psicologia arquetípica.

> Actaion é um jovem que sai para caçar e esbarra com a Deusa Ártemis (Diana) enquanto ela está se banhando com suas ninfas. Enquanto Ártemis, de acordo com Ovídio (*Metamorphoses, III*), "estava se banhando na piscina familiar, o sobrinho de Cadmus, com seu trabalho realizado, perambulando com passos incertos através da floresta desconhecida, se encontra no bosque sagrado – um ato do destino. Assim que ele aborda a gruta, umedecida pelas fontes, as ninfas balançam seus seios na sua vista já que estavam nuas, e preenchem a gruta com seus gritos. Elas formam então com seus corpos um círculo ao redor de Diana. Mas a Deusa era mais alta do que elas e mantém sua cabeça e ombros acima delas... Ela pega água, ensopa seu semblante masculino e borrifa seus cabelos com a umidade vingativa... e com a cabeça umedecida ela lhe confere os chifres de um grande cervo". Tornando-se um cervo, Actaion não é mais reconhecido pelos seus próprios cães de caça como seu mestre. Eles se voltam contra ele e o despedaçam[99].

Tom Moore deu a esse mito uma intepretação elaborada e perspicaz a partir do ponto de vista da psicologia imaginal, arquetípica. Por mais valiosa que essa interpretação seja, ela é guiada por dois (implícitos) princípios metodológicos que examinados de perto se mostram insustentáveis para uma psicologia realmente consistente em si. O que esses princípios são

---

99. MOORE, Tom. "Artemis and the Puer". In: HILLMAN, James et al. *Puer Papers*. Texas: Spring Publ., 1979, p. 169.

e por que são insustentáveis é algo que será trabalhado, e em seu lugar dois outros princípios interpretativos serão estabelecidos (aos quais serão adicionados dois princípios adicionais da interpretação de mitos que não são tão relevantes para a interpretação de Moore, mas precisam ser adicionados para tornar o método completo). Os princípios metodológicos de Moore não são pessoais; são os da própria psicologia imaginal; seu estudo é um fino exemplo da psicologia arquetípica em ação. O que direi contra sua interpretação serve ao propósito de elucidar os problemas da abordagem imaginal enquanto tal, que foi escolhida pela simples razão de ser sobre o mito de Actaion, que é essencial a este livro.

O problema é: a psicologia imaginal não pode reconhecer o mito de Actaion como o mito da Noção porque enquanto psicologia *imaginal* ela permanece presa no meio da imaginação e não pode *ver através* desse meio. Ela pode apenas ver através do *"literal"* e transformá-lo no imaginal. Assim que o entendimento imaginal é atingido, seu ver através chega a um fim. Não pode ver através do próprio imaginal. Logo, ela não pode perceber a diferença fundamental entre o *modo de apresentação* imaginal e a natureza lógica *daquilo* que é apresentado. Na psicologia imaginal, você tem o imaginal dos dois lados, no lado da "forma" assim como no da "substância" ou conteúdo. Ela clama que a alma é imagem. O imaginal é, em todas as direções, o horizonte último para essa psicologia.

O que se seguirá aqui é um exame das limitações da abordagem imaginal dos "documentos da alma" e, além disso, uma crítica da imaginação em geral. A crítica não é dirigida às imagens de fantasia ou à atividade de imaginar enquanto tal. Imagens e fantasia são indispensáveis. O que é necessário é o tornar-se consciente das deficiências sistemáticas de uma psicologia que por princípio metodológico se *estabelece* de uma vez por todas como "psicologia *imaginal*", i. e., como uma psicologia para qual o imaginar e o imaginal são ambos a base teórica e o horizonte último do seu trabalho.

Para prevenir já de início um possível mal-entendido: não estou afirmando que a alma *não* é imagem. É de grande importância o que Jung disse à mente ainda amplamente positivista do seu tempo que imagem é alma, erguendo assim a psicologia a um nível logicamente mais alto. Mas não devemos parar aqui. A alma não é apenas, ou não primariamente, imagem, e imagem não é a alma enquanto tal, mas uma das suas formas favoritas de *expressão* ou *manifestação*.

Antes de entrar na discussão eu quero apontar uma complicação referente às palavras "imaginação", "imaginar coisas", e "imaginal" do modo como é usada aqui, uma complicação que tem que ser mantida em mente ao longo do inteiro texto que se segue. Na maior parte, minha crítica é dirigida contra um estilo de pensamento imaginante ou imaginal no sentido que essas palavras têm enquanto tradução do termo alemão *vorstellen*, *Vorstellung*, ou como se referindo ao conceito filosófico de "intuição sensorial" (*sinnliche Anschauung*)[100], ambos em contraste com o pensamento. *Vorstellung* também é traduzido como "concepção pictórica", "representação pictórica", "pensamento pictórico". Às vezes também é traduzido como "ideia".

Claro que na psicologia arquetípica o termo imaginal tem um significado diferente e muito mais profundo, rico e

---

100. Apesar de haver uma significante diferença entre *Vorstellung* e *Anschauung*, essa diferença pode ser ignorada para os propósitos da nossa discussão. O imaginal pode ser ambos.

fundamental. Ele se refere a e é enraizado nos arquétipos, na *Memoria* ou no imaginal como um reino (no sentido de Corbin), enquanto o "pensamento pictórico" pode ser uma atividade meramente subjetiva realizada pelo ego ou pela mente consciente. Eu não quero *reduzir* o "imaginar" da psicologia arquetípica à "Vorstellung" ou à "intuição sensorial". Isso seria uma inadmissível subestimação. Contudo eu frequentemente uso palavras iniciadas com "imagin..." nesse sentido estreito. Sinto-me justificado a fazer isso, porque o imaginal, mesmo no alto e dignificado sentido que essa palavra admitidamente tem e é usada na psicologia arquetípica, sempre e por definição ocorre na *forma* lógica da "intuição sensorial" ou da "concepção pictórica". A dimensão arquetípica do imaginal não é um ponto de controvérsia entre mim e a psicologia arquetípica. Minha crítica concerne apenas à forma lógica da psicologia e da teorização psicológica.

a) A ideia do "ser humano que tem esse e aquele tipo consciência"

Moore vê em Actaion "uma imagem mítica da juventude cheia de inocência, audaciosa e idealista" (p. 170) e o interpreta como uma figura *puer*. "Actaion reflete o comum desejo juvenil de sair de casa e explorar as maravilhas da natureza ..." (p. 172). Em conexão com a transformação em um cervo, Moore interpreta os chifres crescendo na cabeça de Actaion como o "peso excessivo do espírito" que a consciência de Actaion está sentindo, e diz que os chifres são "também, obviamente sexuais" e que "Actaion é excessivamente masculino em sua ambição espiritual", com um "senso de impotência decorrente

A vida lógica da alma   189

da sua exagerada atenção ao espírito", "fertilidade e potência (sendo) 'deslocados para cima'" (p. 178-180). Por assistir as banhistas nuas, Actaion é, entre outras coisas, "um inocente *voyeur*" (p. 184).

De um certo modo, todas essas descrições e associações são acuradas, e o modo como Moore as discute faz muito sentido. Mas não estou interessado aqui nos detalhes da sua interpretação. O que precisa ser notado e olhado mais de perto é um traço fundamental que caracteriza a abordagem imaginal do mito. Ele se refere ao *status* básico que é implicitamente atribuído à figura do protagonista da história: Actaion é tomado literalmente, do mesmo modo como a história o apresenta – como uma pessoa real ou indivíduo empírico. Expressando de maneira mais clara: o fato de que na narrativa ele apareça como um indivíduo real é tomado como valor nominal. Actaion é narrado quase como se fosse um paciente em um consultório, um analisando com esses e aqueles traços característicos, com uma certa consciência, preferência e atitude (seu voyeurismo), seus traços particulares patológicos (sua inocente masculinidade *puer*, sua excessiva espiritualidade, seu senso de impotência) e também com um destino particular (ser "perseguido" pelos seus próprios cães).

Moore também vê Actaion como representando um estilo de consciência; ele fala da "consciência Actaion". Enquanto tal, Actaion é mais um tipo (ideal) que uma pessoa real. Ele seria então uma alegoria: a representação pictórica de um tipo de consciência. Uma pessoa real é sempre um indivíduo singular.

Mas seja como um tipo ideal seja como indivíduo singular, nos dois casos o protagonista nesse mito é visto de um modo duplo: primeiro, ele é um tipo de ser existente que, secundariamente (em adição a sua existência), é *dotado com* qualidades e características psicológicas particulares. Isso significa que Actaion em nosso mito é narrado como uma pessoa *manifestando* uma psicologia *puer*. Ele *tem* essa psicologia ou esse tipo de consciência. Mas se ele é uma pessoa que tem uma psicologia particular, ele é concebido como (ou "como se") um ser humano empírico ou uma "personalidade egoica"!

Existem muitos problemas nessa ideia de "pessoa existente que manifesta esses ou aqueles traços psicológicos ou perspectiva arquetípica". É uma ideia que é a pressuposição silenciosa, subjacente à abordagem imaginal do mito. Essa ideia será o tema das seções seguintes desse capítulo. A tarefa será discutir, uma por uma, os aspectos manifestos dos problemas inerentes à essa ideia. Na primeira seção eu me volto para a inconsistência básica nessa abordagem, para o fato de que um princípio psicológico fundamental, o da diferença entre "meio" e "mensagem", está sendo ignorado. Irei discutir isso no contexto de uma reflexão geral sobre os princípios da interpretação psicológica de mitos.

b) Quatro pressuposições de uma verdadeira interpretação psicológica de mitos

1 A pressuposição "alegórica" da interpretação do mito

As histórias que chamamos de mitos *apresentam* pessoas, coisas, eventos temporais e desenvolvimentos. É por essa razão que tomamos como valor facial as figuras e o que acontece no mito, como se eles fossem como são apresentados, como coisas e eventos reais, aderindo de uma certa forma ao *slogan*, "o meio é a mensagem". Mas Jung nos ensinou a entender que o meio *não* é a mensagem. Seu principal exemplo para isso era a imagética sexual, *e. g.*, o tema do incesto. De acordo com Jung, as imagens sexuais não devem ser tomadas literalmente; elas são metáforas; elas não necessariamente falam sobre o comportamento sexual, problemas sexuais, desejos sexuais, e fantasias reais. Para Jung, o sexual é *uma* das (talvez uma das preferidas) formas particulares de expressão ("meio") para algo categoricamente diferente; é uma imagem visual e emocionalmente carregada para uma realidade psicológica não visual, "abstrata" (em um certo sentido da palavra), invisível. A realidade psicológica é uma realidade em seus próprios termos.

Na alquimia temos a mesma diferença entre "meio" e "mensagem". Quando os alquimistas falam do ouro que procuram, eles se referem ao "seu" ouro, ouro "em um sentido outro que não o ordinário" (*aurum nostrum non est aurum vulgi*), e quando falam do vinho, eles não se referem ao vinho da realidade empírica, mas ao *vinum ardens, acetum, spiritualis sanguis* etc., ao, como Jung explica, *Mercurius non vulgi*[101]. Sobre a "pedra 'filosofal'" eles sabiam que era *líthos ou líthos*, "a pedra que não era uma pedra", ou talvez "a pedra não-pedra". E claro a psicologia arquetípica, com sua ênfase em ver através e desliteralizar, segue naturalmente Jung e a alquimia vendo os vários temas como metáforas ou imagens.

A diferença entre "meio" e "mensagem" é uma manifestação daquilo que chamo "diferença psicológica". Quero apenas mencionar essa frase aqui. Ela será formalmente introduzida e discutida em uma seção posterior.

Mas não faria qualquer sentido restringir o princípio metodológico da diferença entre meio e mensagem apenas a um

---

101. JUNG, C.G. *OC XIV/2*, § 404.

só tema da vida psicológica, a sexualidade, ou a um número de temas escolhidos. Sexualidade é meramente a área em que Jung melhor exemplificou esse princípio, por duas razões óbvias; primeiro, a imagética sexual é de importância primária para a alma; segundo, um entendimento mais literal das imagens sexuais era o centro da teoria freudiana, e Jung, tendo sido um aliado próximo de Freud, sentiu a necessidade de distanciar sua teoria antes de tudo da de Freud. Esse princípio deve ser exercido sobre todos os conteúdos e facetas dos mitos ou símbolos. Não se pode querer que um grupo de símbolos ou certos elementos dos mitos sejam tomados metaforicamente, enquanto a outros é permitido ser tomados de maneira imediata. Quando alguém se compromete com esse princípio, tem que ir até o fim.

O caráter personificado de figuras mitológica como Actaion, o fato de que elas *aparecem* no *status* de seres existentes, de pessoas reais ou como *corporificação* (de um estilo de consciência), é a imagem meramente positiva, sensual para uma "realidade" psicológica bem diferente. É "apenas" o "meio", enquanto a "mensagem" é algo outro. Assim como não devemos lidar de maneira imediata com as imagens sexuais (como se referindo ao comportamento humano literal), não devemos também tomar literalmente a descrição de Actaion em nosso mito como de uma pessoa real ou um tipo ideal. Não é suficiente desliteralizar os traços e comportamentos particulares de Actaion como expressões de um estilo arquetípico. O *status* de Actaion como entidade precisa ser também desliteralizado e visto através. Isso significa, contudo, que não devemos nos permitir a luxúria de meramente *imaginar* Actaion (o que inevitavelmente o converteria em uma entidade). Temos que *pensá-lo*. Apenas se ele é pensado é que seu *status* como uma pessoa real ou tipo ideal é visto através.

Eu chamo esse princípio em que o meio não é a mensagem de pressuposição *alegórica* da interpretação do mito, porque o mito diz ou expressa ("-egorica" de *agoreúein*, "dizer") algo outro ("al-", de *állon*, "outro") do que é realmente dito. Os alquimistas dizem "ouro" ou "vinho" ou "pedra" como se estivesse falando sobre o ouro, vinho ou pedra ordinários, mas querem dizer com essas palavras "algo outro", algo inteiramente diferente, *e. g.*, "não-pedra".

Eu uso a palavra alegórica aqui em seu sentido simplesmente literal ou etimológico. Não deve ser confundido com o significado específico e mais ou menos fixo que essa palavra adquiriu na retórica tradicional e na teoria literária (alegoria *versus* símbolo, parábola etc.), como se eu estivesse tentando sugerir que o mito é uma "alegoria" no sentido definido convencional (o mesmo sentido no qual usei o termo acima quando disse criticamente que Actaion é tomado na leitura de Moore como uma alegoria para um estilo particular de consciência). Eu conscientemente não quero usar as palavras como termos técnicos que têm sempre um só e mesmo sentido fixo. Claro que isso tornaria as coisas mais fáceis. Não se teria que ler intelectualmente, porque se confiaria no fato de que a mesma palavra significaria sempre a mesma coisa. Em vez de recorrer a essa "automação" da leitura ou do entendimento e à "tecnificação" da linguagem, eu prefiro permitir às palavras virem à vida, mesmo se isso signifique sobrecarregar (ou seria honrar?) o leitor com a tarefa de ter de a todo o tempo se perguntar em que sentido a palavra é usada em cada caso particular.

A psicologia imaginal é inconsistente com seu próprio princípio central de desliteralização quando se encontra com figuras míticas como Actaion. Não é que tome Actaion literalmente como se ele fosse um personagem empírico ou histórico, não é esse meu ponto. Claro que ela trata Actaion como uma imagem ou metáfora, tal como uma corporificação de um estilo de consciência ou de uma perspectiva arquetípica. O que ela toma literalmente e não consegue ver através é, porém, a literalidade que é inerente ao seu *status* ontológico como ser real (ou entidade) que tem tais traços, ou como uma "corporificação" que representa tal perspectiva arquetípica. A *ontologização* e a *substancialização* que ocorre na personificação é deixada tal como aparece. Em outras palavras, a psicologia não vê através da característica de *substrato* que inevitavelmente vem com as imagens devido ao modo imaginal. Não é suficiente ver através dos *conteúdos* imaginais (sejam imagens "sexuais" ou a "consciência *puer*"). O *status* das figuras – a *forma* imaginal, o próprio modo de "imaginar coisas" e suas consequências inerentes – também tem que ser visto através e suspenso. A psicologia imaginal tem que provar do seu próprio remédio. Mas se fizer isso, ela, é claro, suspenderia a si mesma e cessaria de ser psicologia imaginal. Ela tomaria consciência de que a real natureza da vida da alma é "outra que não imaginal".

Os alquimistas usavam a *via negativa* para descrever a outridade da realidade da qual falavam sobre (seu caráter de *állon*), e. g., dizendo, "não o ouro ordinário, não o vinho ordinário, a pedra não-pedra (*líthos ou líthos*)" etc. A frase sobre a pedra dos filósofos é particularmente reveladora. Ela nega categoricamente que é uma pedra (*ou líthos*), e ainda assim *retém* a expressão positiva pedra (*líthos*). O *insight* dos alqui-

A vida lógica da alma

mistas de que não é uma pedra não conduz a uma substituição da palavra "pedra" (o "meio") por outra expressão. Eles não são capazes de afirmar positivamente o que a "mensagem" é realmente. Tudo o que sabem é que é sobre algo diferente do que o "meio" implica. Eles estão presos no "meio", mas o usam em um sentido negado, suspenso.

Quando Jung disse que se poderia equacionar a noção do *Mercurius non vulgi* com a de inconsciente[102], ele de um certo modo disse o mesmo. A noção de "in-consciente" não é realmente um conceito positivo. Ele diz meramente o que *não* é. De outro modo, contudo, ao usar esse termo Jung deu a impressão de que havia finalmente encontrado a resposta positiva para o que os alquimistas ainda não tinham, a resposta para a questão do que era essa outra realidade não ordinária. Os alquimistas, Jung sugeria, projetavam inconscientemente sobre a matéria e processos químicos ou físicos o que "na verdade" era a psicologia do inconsciente, enquanto nós hoje somos finalmente conscientes o suficiente para ver através dos processos ocorrendo nas nossas psiques individuais (no inconsciente de cada indivíduo). O "inconsciente" como a "mensagem" explicada.

No nível *teórico*, Jung repetidamente declarou que nós não sabemos o que o inconsciente é; que meramente explicamos *ignotum per ignotius*, "o desconhecido pelo mais desconhecido". Ele também, é claro, redefiniu o inconsciente como não pessoal, mas como inconsciente "coletivo". Porém, sua insistência no caráter empírico científico da sua psicologia do inconsciente faz, entretanto, parecer que de fato sabemos o que é dito quando se fala do inconsciente. O modo como Jung frequentemente fala

---

102. Ibid.

(como na citação acima sobre o equacionamento do Mercurius com o inconsciente), e acima de tudo o modo insensato no qual geralmente usamos e ou ouvimos falar do termo "inconsciente", passa a impressão de que é uma realidade conhecida, positiva, empiricamente dada. Inevitavelmente, a noção de inconsciente é entendida como se fosse um fator, um "estrato", ou "região" em nós, uma "parte" ou "lado" da personalidade humana. Apesar do "inconsciente" ser definido como coletivo, ele é, contudo, o inconsciente (*coletivo*) *em mim* como pessoa individual, em outras palavras, meu "inconsciente coletivo" *pessoal*, à serviço da minha individuação ou autodesenvolvimento.

Temos que admitir que a negação expressa pelo termo "inconsciente" foi esquecida, de modo que há muito ele se tornou um termo positivo. No fim das contas esse uso positivo e personalista do termo – apesar das veementes advertências de Jung – é uma das piores deficiências da psicologia de Jung. O modo como Jung apresenta as coisas sugere um entendimento psicologista (personalista, positivo). Infelizmente, tal entendimento não é um completo desentendimento do que Jung disse (mesmo que ele tenha explicitamente se declarado contra), porque algo na forma lógica do seu pensamento e linguagem autoriza tal entendimento. Jung viu o problema que se encontra aqui, como suas *explícitas* advertências deixam claro, mas viu apenas à distância. Ele nunca esteve onde poderia realmente resolver esse problema. Faltavam a ele os meios lógicos, e ele intencionalmente se recusou a ver isso como um problema lógico. Mas apenas se Jung tivesse seriamente ido à *lógica* do problema e se aplicado a ela é que ele teria uma chance de resolvê-lo.

A vida lógica da alma

Jung quis obstinadamente fazer seu trabalho por meio apenas da observação ("empiricismo") e intuição. Ele rejeitou o pensamento rigoroso em questões psicológicas como um tipo de "especulação metafísica" que sentia ser proibido a ele enquanto kantiano. Ele então tentou, por assim dizer, falar de fora sobre como aquilo *deveria ser* entendido, mas ele não estava, lógica e linguisticamente, à altura de escrever de tal maneira que suas formulações expressariam de fato e evidentemente esse entendimento em si mesmas e por si mesmas (em sua forma lógica), não precisando então de nenhuma advertência explícita ou comentário teórico adicional sobre como elas deveriam ser entendidas. Às vezes, mesmo suas afirmações teóricas explícitas caem atrás do seu entendimento profundamente intuitivo dando origem a leituras personalistas e positivistas (como quando ele tenta falar *como* "o empirista que antes e acima de tudo" ele queria ser).

Por essa razão a linguagem alquímica é superior ao jargão da psicologia moderna. Ela claramente expressa a definitiva outridade, a *negatividade* (lógica) da realidade sobre a qual fala: *non vulgi, não* ordinária (de todos), *ou líthos*. A frase sobre a Pedra (*líthos ou líthos*) em particular torna explícito a natureza autocontraditória, dialética da matéria alquímica da qual fala. *O que* ela é positivamente é deixado em aberto. Dessa maneira a linguagem alquímica não positiviza e nem ontologiza as coisas sobre as quais se interessa. É claro que elas não "existem". A negatividade da pedra é abertamente expressada. Os alquimistas não deixam nenhuma dúvida de que ela não é, nem jamais poderia ser um objeto de observação empírica como poderia uma pedra ordinária, jamais poderia ser "um fato positivo". Mesmo que os alquimistas não expressassem isso explicitamente, nós podemos perceber que as "substâncias" e operações das quais eles falavam só podia ser de "natureza" lógica. Obviamente, sublimação, decomposição e vaporização não eram apenas operações particulares (ou o resultado de tais operações) no *opus* alquímico como um todo. Por ser em uma última instância de uma natureza lógica, negativa, todo o cosmos da alquimia era, já de início, "sublimado", "decomposto", "vaporizado", *i. e.*, *suspenso*.

A psicologia arquetípica era sensível a essa debilidade fundamental no uso convencional do "inconsciente", e, seguindo Henri Corbin, *substituiu* mais ou menos o termo "inconsciente" pelo "imaginal". Esse novo termo também deixa aberto a *qual* realidade ele realmente se refere. Contudo, em sua forma esse termo não é mais negativo (não contém explicitamente um *não-* ou um *in-*), mas também não sugere uma realidade positiva. De fato, não é mais do que uma outra maneira de dizer "não literal", que é exatamente equivalente ao *non vulgi* dos alquimistas. Obviamente, o "imaginal" é apenas aparentemente um termo positivo. Esse passo para trás em relação aos alquimistas por parte da psicologia arquetípica é claramente um passo à frente em relação à ideia de "inconsciente" do junguianismo tradicional.

Contudo, não é suficiente, a partir da utilização dos os termos "imaginal" e "metafórico", retornar (ou "regredir") ao estado da arte atingido pelos alquimistas medievais. Hoje, 180 anos ou mais após Hegel, *é* possível saber e dizer mais claramente a qual realidade nos referimos, *sem* sucumbir a uma redução positivista ou personalista que facilmente ocorreria com a ideia de "inconsciente". Em outras palavras, podemos especificar o que a realidade psicológica invisível (ou a "mensagem" enquanto oposta ao "meio") "realmente" é e ainda assim preservar a negatividade que é a sua característica indispensável e essencial. Como isso é possível? Pelo avanço à ideia da natureza *lógica* da vida da alma, à ideia da alma como autorrelação lógica, ou movimento lógico. Aqui eu tenho que imediatamente qualificar que não uso o termo "lógico" no sentido restrito, abstrato de "Lógica Formal", que pode ser visto como uma lógica que é castrada porque é posta sob princípios restritivos (mais notoriamente o da absoluta compulsão de excluir as contradições). Se essa lógica fosse deixada *livre* para seguir suas necessidades inerentes, ela inevitavelmente se desenvolveria em lógica dialética. E é essa lógica que corresponde à vida da alma.

O termo "lógica" se refere a algo que é concreto, na medida em que se refere ao real pensamento, aos conceitos que temos em nossas mentes empíricas (e por isso diz mais do que o *non vulgi* dos alquimistas), *e* é negativo (invisível, "abstrato", não tangível, não empírico), na medida em que é de uma natureza ideal. A "lógica" é autocontraditória; é, utilizando as palavras de Schelling, uma "ideal-realidade" e/ou uma "real-idealidade": psico-lógica.

A autorrelação ou movimento lógico da alma é a "mensagem" que os mitos e outras imagens de fantasia espontânea expressam. E porque é em um certo sentido da palavra abstrata (*i. e.*, estritamente lógica) e não visível, ela necessita ser expressa no meio da realidade sensual e emocional da experiência humana para se tornar acessível à consciência ordinária, que se relaciona com o mundo predominantemente por meio da imaginação, percepção, intuição sensorial e representação pictórica em vez da realidade *pensante*.

Jung distinguiu a imagem arquetípica do arquétipo-em-si "irrepresentável" (*unansaulich*)[103]. Essa distinção é muitas vezes severamente criticada porque, quando é vista em termos do pensamento kantiano (a distinção paralela de Kant entre a "coisa-em-si" e "aparência"), é de fato altamente problemática. Mas penso que Jung teve uma importante intuição quando desenvolveu a ideia dos arquétipos-em-si como irrepresentáveis ou como incapazes de ser visualizados. Com essa ideia ele restaurou ao arquétipo seu fundamental e irrevogável desconhecimento, sua negatividade. A distinção de Jung entre a imagem arquetípica e o arquétipo-em-si deve ser removida do contexto das associações kantianas e, talvez *contra* Jung, ser realocada em nosso novo contexto da distinção entre a natureza lógica em si da alma ("irrepresentabilidade", *Unansaulichkeit*, não ter a característica de uma imagem) e as imagens que são os meios de sua expressão.

É certo que Jung disse, "*Bild ist Seele*" ("Imagem é Alma"). Mas imagem é alma porque imagem é pensamento *representado* em uma forma pictórica. O dito de Jung não contradiz o dito de Berkeley de que "a alma sempre pensa". Jung não disse que a alma sempre imagina ou que a alma *é* imagem. Jung, sem o saber eu creio, estava no caminho para o entendimento da alma como vida lógica através da sua ideia da irrepresentabilidade dos arquétipos. Mas estava apenas no caminho. Ele nunca chegou lá, e devido ao seu empiricismo kantiano e seu preconceito antihegeliano, ele teria veementemente negado que essa noção teria encontrado sua realização no *insight* do caráter lógico-dialético da vida da alma.

---

103. JUNG, C.G. A *natureza da psique*, § 417.

Com a ideia da natureza lógica da vida da alma dizemos mais do que a noção de "imaginal"; ela contém mais "informação". Sabemos o que são conceitos, relações e operações lógicas. Sabemos que quando falamos deles não falamos sobre nada. Não falamos sobre entidade empíricas ou "metafísicas", e mesmo assim falamos sobre algo bem preciso e concreto. Conceitos, relações e operações lógicas em um sentido mais restrito não são expressos em um "meio" que significa "outra coisa", como o ouro alquímico que *não* significa o ouro como o conhecemos. Eles não precisam ser deliteralizados. Aqui o meio *é* a mensagem, porque a lógica é a negatividade *absoluta* (em oposição a negações simples do tipo *non vulgi*). A negatividade absoluta é em si mesma negativa e isso quer dizer que é negativa "através" de si mesma; é algo positivo que enquanto tal é sua própria autonegação, *é* em si mesma completamente negativa; *é* seu próprio outro e assim não precisa de mais nada, de algo positivamente dado para se dissociar por meio da *sua negação* (*aurum non vulgi*). Ela não precisa de nenhum Outro pera reter sua negatividade e encontrar sua própria identidade em sua própria negatividade, em sua própria outridade inerente a si mesma.

Essa é uma das razões do porquê precisamos ir além do "imaginal" e da psicologia arquetípica. O imaginal pode, é claro, ser tomado como uma realidade metafísica, sendo nesse caso uma mistificação que o reifica e o positiva. Por mais que suspeite que muito adeptos da psicologia arquetípica sucumbiram secretamente a tal entendimento do imaginal, é claro que isso vai absolutamente contra ao modo como a psicologia arquetípica é definida e como ela definiu o imaginal em seus melhores momentos. Mas se o imaginal não é tomado como uma realidade metafísica, ele então requer um constante esforço consciente de desliteralização. Isso mostra que devido a sua própria forma a noção de "imaginal" não está ainda em seu próprio lugar, por assim dizer; ela não se apoia em si mesma, não se basta. Ela requer a oposição e a demarcação do seu gêmeo literal para reter sua negatividade enquanto imagem realmente imaginal. No momento que a atenção afrouxa, a imagem cai de volta no literalismo, seja o literalismo de uma variedade empírica ou metafísica.

2 Excurso: a selva domesticada e a pré-existência

Que a alma é negatividade lógica é algo que também se pode aprender a partir de algumas imagens, ideias e concepções as quais a alma fala sobre sua própria natureza ou *status*. Mencionarei algumas delas: no reino da fé popular, a antiga visão grega de que a *psyché* (em contraste com, p. ex., o *thýmos*, o órgão emocional nas pessoas viventes) só entra em jogo após a morte e tem o seu autêntico lugar no Hades, como mostrou W.F. Otto e Onians, para mencionar apenas esses dois acadêmicos; a ideia muito disseminada, tanto mitológica/teológica quanto filosófica/metafísica da pré-existência da alma; e no reino da teoria psicológica moderna, a insistência de Hillman de que a alma e uma de suas principais formas de expressões, o sonho, pertencem ao Inframundo.

Seja como pré-existência ou como pós-morte, a alma é removida da vida. Aqui só comentarei sobre a pré-existência, visto que a relação da alma com o Inframundo já foi extensivamente elaborada, sobretudo por Hillman. Se não abordarmos a ideia da pré-existência da alma superficial e irrefletidamente, e realmente *pensarmos* o pensamento que ela contém, se torna claro que ela *nega* a existência da alma. Enquanto as pessoas têm uma existência porque nasceram neste mundo, a alma por contraste, tem uma "pré-existência". O termo pré-existência só faz sentido se é o exato oposto da existência: daquilo que precede (e enquanto tal exclui) a existência. Pré-existência é a negação da existência, e aponta para a negatividade da alma enquanto vida lógica. Ela não se refere meramente a uma distinção temporal dentro da existência. Não é como uma existência antes de uma certa data ou evento *dentro* do tempo (antes do momento empírico do nascimento), comparável à distinção entre as eras "pré-guerra" e "pós-guerra". Se fosse assim, tal pré-existência seria apenas a extensão da existência: não seria realmente "pré-". Pré-existência é "antes" da existência ou do Ser e "antes" do tempo enquanto tal, atemporal: é lógica. O que é "antes" do Ser não pode ser imaginado em termos ontológicos. Não é "algo" como um ser ou uma entidade existente, não é uma existência anterior. A ideia de "algo" antes do Ser e do tempo, contradiz a si mesmo. Seria uma mistificação, "má-metafísica". Se pré--existência tem um significado concreto em vez de se referir a uma entidade misteriosa ou a uma existência anterior, ela deve se referir à alma como vida *lógica*. Como afirmei antes: a alma não existe, não é uma entidade, um ser ou um "fator", é vida lógica, movimento lógico. É por isso que a alma não pode ser imaginada. Ela precisa ser pensada. O reino da "alma pré-existente"[104] é, lógica e psicologicamente falando, *o mundo*

---

104. Essa frase também ocorre em Jung. Em *Erinnerungen* p. 350 ele fala da "nossa ... alma pré-existente". "Pré-existente" é, contudo, modificado: o que Jung fala é "pré-existente à consciência". Devido às necessidades da gramática inglesa, os tradutores das *Memórias* interpretaram a frase inteira como "aquela parte da nossa psique que é pré-existente à consciên-

"antes" de ser ontologizado, positivado e pré-possuído pelo "ego"; e, mitologicamente falando, é o mundo durante o tempo "primordial" das "origens", do "início" (o *illud tempus* de Eliade), "antes" do "mundo da sociedade ou civilização humana"; a "fonte da vida", a esfera do mundo primevo do vir-a-ser, onde está a questão "do todo", e onde a decisão sobre o Ser e o Não-Ser tem que ser enfrentada.

A conclusão a ser tirada dessas considerações é que a alma, ou, como Jung chamou, "a realidade psicológica", não é ôntica e por isso não pode ser abordada em termos ontológicos e a partir de pressuposições ontológicas. A alma é *vida lógica*. Ela *não* é. Ou é negatividade. Logo, até onde seu horizonte e ponto de vista são levados em questão, a psicologia tem que se mover da ontologia para a lógica, daquilo que *é*, para aquilo que pode apenas ser *pensado*, e por isso também da imaginação para a lógica. Isso corresponde ao movimento de Actaion da terra habitada e cultivada para a floresta primal. Quando Actaion se move para o local ermo da floresta, ele entra no reino da "pré-existência". Aqui vemos que "pre-" não é temporal: não é de onde Actaion parte, mas aquilo ao qual ele está a caminho depois na vida.

Fazer uma distinção entre um ser (enquanto existente) e suas qualidades ou atributos (incluindo sua "psicologia") é o

---

cia" (p. 347s.), substituindo "alma" por "psique" e tomando a liberdade de introduzir a ideia "daquela parte" que não está contida e nem implicada pela sentença de Jung. Sua ideia é obviamente de que a *alma* é pré-existente à consciência e "ao ego – isto é, o homem empírico" (*Memorias*, p. 346). No momento que a afirmação de Jung é lida do modo como a versão de *Memorias* insinua, a alma é subsumida sob o próprio "homem empírico" como uma parte dele à qual Jung disse ser pré-existente: uma reversão da relação.

instrumento para remover o pensamento de seu local nativo na selva primordial, onde Actaion o está caçando, estabelecendo-o em vez disso no mundo ordinário das coisas e pessoas já positivadas (acercadas). Podemos dizer também que é o instrumento para transpor o ponto de partida da psicologia da "alma" para o "ego". O ego como posição ou mentalidade (em contraste a um "complexo") *não* é nada mais do que a *positivação* de entidades separadas das características que se diz que essas entidades têm. O ego é essa dissociação, ou o poder de produzir e mantê-la, que em virtude dessa positivação de uma entidade ou substrato gera a positividade como um *status* lógico do mundo em geral e de tudo o que há nele. Para a psicologia, isso significa que o ego gera o que eu chamo de concepção antropológica da psicologia e a abordagem administrativa e tecnológica da terapia.

No capítulo 3 cruzamos com a ideia de Jung de que o trabalho psicológico clama o homem inteiro ao front (que ele respaldou com um dito alquímico, *ars requirit totum hominen*). Eu objetei que a tradução para o inglês interpôs a palavra "energias" nessa frase interpretando-a como "engaja as energias do homem inteiro", porque ela introduz uma clivagem entre o homem inteiro enquanto tal e um dos seus atributos, suas energias, enfraquecendo assim a própria inteireza do "homem inteiro". No ponto em que chegou nossa discussão aqui, temos que entender melhor o que o "homem inteiro" significa. Ele é o "homem inteiro" na medida em que entrou na selva. O "homem inteiro" não é e não pode ser um conceito antropológico, a ideia do homem como a soma de todos os traços que o caracterizam. A inteireza que está em jogo aqui traz precisamente a ruptura com o conceito antropológico de homem, a passagem do nível no qual faz sentido falar das propriedades e características particulares de uma pessoa para o nível do sujeito enquanto sujeito: a ruptura com o nível empírico e ontológico e a passagem para o nível do homem como "*Noção* existente". Outro dito alquímico com o qual cruzamos antes é, *maior autem pars animae extra corpus est* (a maior parte da alma está fora do corpo [humano]). Essa é uma afirmação contorcida. A alma não tem partes. Não há uma parte dela que estaria dentro do corpo humano, nem outra que estaria fora no cosmos. Esse pensamento em termos de partes e de localizações físicas é incomensurável para alma. Pela mesma razão, eu critico uma ideia como a que é codificada no catecismo da Igreja, "Os três poderes da minha razão são minha memória, meu entendimento, e minha vontade"[105], ou a concepção de Agostinho da alma tripartida consistindo das faculdades da *memoria, intelligentia, voluntas* (ou *amor*)[106].

A alma é onde o "homem inteiro" passou para o front e por isso onde o umbral foi transpassado. E quando foi transpassado, tudo o que há no mundo, tanto interno quanto externo, pode ser apreciado como um lócus da alma (como nós sabemos: a psicologia não tem "um campo delimitado de trabalho"). O único acesso à alma é através do "homem inteiro", *i. e.*, através do nosso cruzar a linha do infinito, através da inexorável exposição da nossa essência (nossa "nudez" existencial, ou nossa subjetividade absoluta) ao que quer que *seja*. Sentimento, empatia, imaginação, *memoria* e desejo enquanto tais não são vias de acesso à alma. Enquanto faculdades psicológicas particulares

---
105. HILLMAN, J. *O mito da análise*: três ensaios de psicologia arquetípica, p.151. Rio de Janeiro: Paz e Terra, 1984.
106. AUGUSTINE. *De Trinitae*. Também citado e discutido em James Hillman, ibid.

que compõem a soma daquilo ao qual o "homem inteiro" foi dividido, elas estão no reino acercado. Elas não são *animadas*, não são *realmente* plenas de alma. O mesmo vale para qualquer método particular tal como a hermenêutica. Somente se for o "homem inteiro" que realiza o sentimento, o entendimento hermenêutico, a imaginação ou o desejo, é que o além é constelado. Mas se é realmente o homem inteiro que sente, imagina ou deseja então essas "funções" não são faculdades, funções, métodos ou modos de comportamentos psicológicos particulares, mas *pensamento*. O homem inteiro e o pensamento são correlatos, assim como o "homem *inteiro*" e a alma, porque o homem inteiro é o homem antes de ser positivado. Como já sabemos, "a alma sempre pensa".

Isso nos ajuda a descrever a deficiência estrutural da psicologia imaginal de outra maneira. Ao privilegiar uma faculdade particular do homem empírico (do homem positivado, concebido por um entendimento antropológico), ela se estabiliza em um nível abaixo da alma, no nível em que o homem inteiro foi partido em funções separadas, enquanto a alma é tanto anterior a qualquer compartimentalização ("pré-existente") quanto "além" dela ("além-da-vida", enquanto suspensão de todas as faculdades individuais). Uma vez que você se estabeleceu no nível empírico e ainda assim quer ter acesso à alma, é óbvio que terá que compensar sua perda estrutural do nível da alma tentando encontrar funções e métodos supostamente mais "animados" (imaginação, hermenêutica, metáfora, humor etc.) e evitando os "sem alma" (como as abordagens mecanicistas e causalistas). Mas tal compensação jamais reverte a falta estrutural. Não se pode estar no nível da pessoa empírica e afirmar que o que se faz é psicologia. O que empiricamente é mais "animado", estruturalmente continua sem alma. A constituição da psicologia não é dependente do tipo de método utilizado e nem da escolha do objeto certo a ser focado (*e. g.*, "o imaginal", em vez do "desenvolvimento infantil"). Não há atalhos para se entrar no além, no reino do infinito e da lógica além de se tornar o "homem inteiro", cuja única atividade ou práxis é pensamento, *theoria*. Pensamento nesse sentido não é uma função particular distinta do sentimento, da imaginação ou da volição. Pensamento é o modo como o homem inteiro é aberto para a alma, aberto para a verdade do que *é*. É o "órgão" com o qual podemos atingir a selva erma e intocada, além dos limites da esfera empírica domesticada. Em um capítulo anterior eu já apontei que o pensamento não pode ser reduzido à "função pensamento" de Jung. Pensamento é a *quinta essentia* além das quatro funções junguianas assim como além de qualquer função ou faculdade psicológica.

3 A pressuposição "tautológica" da interpretação do mito

A palavra "tautológica" diz literalmente o exato oposto de "alegórica": dizer (*légein*) o mesmo (*tautón*) *versus* dizer "outro". (Em vez de "tautológico" eu poderia ter seguido Coleridge e Schelling[107], que usavam o neologismo "tautegórico" para trazer à tona mais claramente o paralelismo e a oposição com o "alegórico"). Acima eu me posicionei a favor da pressuposição "alegórica" da interpretação do mito. Agora eu advogo a favor do princípio "tautológico". Para fazer justiça ao mito ou a um entendimento psicológico do mito nós precisamos de ambos os princípios de interpretação. Mas como pode ser isso, se as

---

107. COLERIDGE. *Aids to Reflection in the Formation of a Manly Character*, 1825. • SCHELLING. *Philosophy of Mythology*, 1842.

palavras se contradizem mutuamente? Pode porque os dois princípios são aplicados a diferentes aspectos do mito e complementam um ao outro. Enquanto a pressuposição alegórica se refere à diferença entre o meio ou forma de expressão *versus* a "mensagem" e assim abre, ou corresponde, à "diferença psicológica", a pressuposição tautológica afirma que a mensagem, aquilo de que o mito realmente fala, é uma só e a mesma e não o desdobramento de diferentes mensagens, diferentes verdades, diferentes realidades ou diferentes situações arquetípicas.

Aqui eu também tenho um problema com o modo como a história de Actaion é vista pela psicologia imaginal e exemplificada por Tom Moore. Para ele, parece haver diferentes situações essencialmente diferentes nessa história. Temos no começo o completamente inocente *puer* com seu idealismo juvenil, que também, como um *voyeur*, assiste a vida à distância (que é a expressão não só da sua inocência quanto tem a função de protegê-la e preservá-la). No final temos o cervo que não é mais um observador, mas uma vítima perseguida. Logo, a história inteira seria o desenvolvimento da condição inicial de curiosidade inocente que nunca deixa a posição de observador até o próprio oposto da situação final, o destino dionisíaco do "envolvimento" absoluto por meio do desmembramento.

Para mim, não há desenvolvimento, nem ação e nem mudança nessa história. O mito é sobre uma só e única situação '*atômica*', um só momento ou realidade arquetípica. Contudo, ele não mostra isso de fora, mas de dentro dessa situação, por meio do desdobramento (no meio de uma narrativa) da rica vida interna ou movimento lógico que ele contém. O momento 'atômico' do qual falo é o "ponto" concreto inextenso prenhe de vida. É a identidade-e-diferença de circunferência e centro.

Ou usando uma comparação mais empírica, eu poderia talvez dizer que o modo como Moore vê os eventos nessa história pode ser comparado a um tecido composto de várias células, cada qual vista como uma entidade separada ou bloco de construção desse tecido, e todas as células são vistas então de fora, enquanto eu vejo a história como uma única célula. Mas essa célula não é vista de fora com os olhos nus: como uma entidade ou coisa estática. Ela é descrita do modo como aparece por dentro, em sua até então insuspeitada complexidade e dinâmica interna: *como* movimento e *como* vida. Não o movimento *de* algo (de alguma "coisa"), não de "partes" moventes, mas movimento, processo ou vida enquanto tal. A célula é em si mesma viva e "contém" então, não uma parte da vida, mas a vida enquanto totalidade em si mesma. Claro que na medida em que essa analogia é tomada do reino da sensualidade, ela não é mais do que um auxílio visual para algo que precisa ser *pensado*.

O elemento temporal nessa história, com sua sucessão de eventos é meramente devido ao *meio* narrativo. Uma história não pode dizer tudo de uma só vez, ela tem que ir na direção da verdade discursivamente, um aspecto após o outro. Na "mensagem", *i. e.*, no único movimento arquetípico, lógico ou psicológico discutido aqui, tudo é "simultâneo" e todas as partes da história falam tautologicamente sobre a mesma e estrita situação, a mesma e única verdade. Não há, como o estilo narrativo poderia nos fazer acreditar, um desenvolvimento, uma corrente de eventos, primeiro uma transgressão e então uma mágica transformação e finalmente a terrível punição pela transgressão. Na verdade, a estória para o tempo por assim dizer; ela não se move uma polegada; não há um progresso. O que é descrito como um acontecimento no final ou no meio está lá desde o início, e a situação inicial não é cancelada pelos eventos aparentemente subsequentes que apenas *parecem* alterar algo. Claro que *há* movimento e que *há* diferenças mesmo no nível da "mensagem". Mas esse movimento não ocorre como uma sucessão temporal no nível da "trama" da história. Não é situado na esfera empírica, temporal, mas na lógica da alma, figurativamente falando no reino atemporal da "pré-existência". O movimento não se move daqui para ali no espaço. Ele permanece no mesmo ponto. Enquanto movimento lógico é "intensivo", e não extensivo no espaço e no tempo. E as diferenças não são indicações de um desdobramento empírico (diferentes *partes* de uma situação, diferentes pessoas interagindo umas com as outras) que então contradiria ou destruiria a unidade da posição "atômica" (assim como na física nuclear a divisibilidade do que *ainda* é chamado átomo de fato destrói a noção de que *é* um "átomo" [indivisível]). Aqui temos que nos elevar ao desafio da ideia de diferenças internas do que é *estritamente o mesmo*, no sentido contraditório, dialético da absoluta unidade *da* unidade *e* diferença. A unidade é *absoluta* precisamente porque é "absorvida" da, indiferente à, e não ameaçada pela diferença entre unidade e diferença.

Se o meio e a mensagem são um e o mesmo para você, quando você imagina tanto Actaion quanto a trama desse mito, você tem então que tomar a sucessão narrativa dos eventos literalmente, como um desenvolvimento ou mudança ou como várias situações consecutivas diferentes. Inversamente, se você, guiado pela diferença entre meio e mensagem, ou pela "diferença psicológica", começa por uma pressuposição "alegórica", então você acaba inevitavelmente sendo conduzido à pressuposição tautológica e terá que ver em todos os diversos eventos sucessivamente narrados, assim como na *narração* desses eventos *como* sendo sucessivos, o desdobramento narrativo da vida lógica (não empírica) interna de uma só e mesma (atômica ou instantânea) verdade arquetípica. Você tem mesmidade e diferença em ambos os casos; mas a sua distribuição faz toda a diferença.

O que estou afirmando com minha pressuposição "tautológica" da interpretação do mito é que como psicólogo eu tenho que ler mitos ou outras imagens de fantasia de tal modo que em todo detalhe essencial é a mesma *Noção de alma*, e somente a Noção de alma, que *se* mostra em suas diferentes determinações, com os diferentes "momentos" de sua lógica interna. O que isso significa concretamente se tornará mais claro quando chegarmos à interpretação do mito de Actaion no capítulo 6.

Para colocar os princípios "alegóricos" e "tautológicos" da intepretação de mitos em uma tradição, irei me referir à Plotino que, sem dar a eles esses nomes, fez amplo uso deles e até os formulou expressamente como uma doutrina. Por exemplo, em seu tratado sobre Eros (III 5 [50] 9, 24-29) ele afirmou, "Mitos, se são realmente mitos, são forçados a dividir aquilo de que falam de acordo com uma sequência temporal e a separar umas das outras muitas coisas que na verdade pertencem umas às outras e que só podem ser distinguidas de acordo com suas posições [*táxei*] e funções lógicas (sobretudo se até mesmo o discurso filosófico faz aparecer como tendo vindo a ser o que jamais veio a ser e divide o que está conjunto). Tornando isso claro o máximo possível, os mitos permitem àquele que entende isso reunir o que foi separado". Essa doutrina também foi utilizada por Neoplatônicos posteriores como Porfírio, Jâmblico e

Proclus, e parece haver indicações de que ela também precede Plotino[108]. Em outra passagem, e em outro contexto Plotino disse, "Somente a descrição [ou exposição] faz com que aquilo que é dado com a natureza do Todo apareça como tendo vindo a ser pela geração e criação, como se tivesse sido forçado a representar em sequência o que na verdade é a permanente simultaneidade de vir-a-ser e ser" (IV 8 [6] 4, 40-42), e outro Neoplatônico, Salustios, afirmou que "a mente enxerga tudo de uma só vez, enquanto a narração conta primeiro isso e depois aquilo"[109]. A mente que enxerga tudo de uma só vez deixa para trás aquilo que eu chamei de nível empírico e avança até o nível do pensamento, o nível do "homem inteiro" e da "pré-existência" e é capaz de enxergar tudo de uma só vez porque compreende "tudo" como determinações lógicas da alma e como suas relações ou movimentos estritamente lógicos.

A distinção entre como as coisas são representadas ou descritas e como elas são em sua verdade corresponde ao que eu chamei de princípio alegórico. O meio (a forma narrativa do mito) não é "mensagem". É por isso que um verdadeiro entendimento do mito não deve tomar a descrição literalmente; ao contrário, ele tem a tarefa de contraefetuar a exposição textual através da reconstituição em nossa *mente* (como nossa Noção das coisas) da unidade que devido às necessidades da forma narrativa (meio) aparece separadamente no mito (e até mesmo no discurso filosófico, como Plotino acrescenta). Em nossa leitura e entendimento do mito, temos que desfazer aquilo que, em virtude de ser uma exposição, o mito trouxe à tona.

---

108. Cf. BALTES, Mathias. *Dies Weltentstehung des Platonischen Timaios nach den antiken Interpreten*. Lieden (Brill) 1976, *e. g.* p. 124ss., 147, 152.
109. SALLUSTIUS. *Concerning the Gods and the Cosmos* 4,8.

As distinções neoplatônicas entre a narração (ou mito) e a mente (ou pensamento) é a distinção entre o imaginal e a lógica. E os conselhos neoplatônicos de "reunir", como Plotino disse, o que o mito divide devido a sua estrutura interior, é o *insight* sobre a necessidade de se mover da imaginação para a lógica. Essa reunião do que no imaginal são figuras, aspectos ou eventos separados (possivelmente oposicionais, até mesmo mutuamente exclusivos, *i. e.*, contraditórios), só é possível na fluidez do pensamento dialético.

Existem duas tarefas distintas e até mesmo contraditórias: a) a tarefa da representação em uma forma textual (mito, ou outros produtos de fantasia); b) a tarefa de compreensão. A primeira é o trabalho da *imaginação*, a segunda o trabalho do pensamento conceitual ou da Noção. Plotino é plenamente consciente das armadilhas da abordagem imaginal das coisas. A abordagem imaginal pode ser indispensável, mas, esse é o *insight* neoplatônico, deve ser vista através, superada, *suspensa*; não se deve ficar preso nela. Mesmo enquanto lê mitos, a consciência deve se manter no *nível* do pensamento rigoroso.

É óbvio que, nas citações de Plotino, o que eu chamei de princípio tautológico é inseparável do princípio alegórico. Porque a sucessão temporal e a separação das entidades aparentemente distintas não são mais do que o produto da forma da representação, e porque o que foi separado precisa ser reunido, resulta que o mito na forma de uma sequência temporal e de uma divisão espacial na verdade fala sobre o Mesmo: uma verdade atômica ou um momento arquetípico. Porque afinal é possível para a imaginação se apropriar dessa unidade atômica e representá-la como consistindo de inúmeras partes separadas que se desenvolvem no tempo? A resposta é que essa unidade atômica não é uma unidade *abstrata* como um ponto geométrico. É um movimento interno. Contém em si uma rica vida que, contudo, é vida lógica ("permanente simultaneidade de ser e vir-a-ser", e simultaneidade de momentos ou determinação lógicas diferentes e até mesmo contraditórias). Ou é uma unidade *absoluta*, uma unidade que é absorvida da oposição entre a unidade e a multiplicidade. E é claro que tal unidade absoluta não pode mais ser imaginada ou pictoricamente representada. Ela só pode ser concebida em pensamento.

4 Excurso: é a psicologia o relato que damos sobre a vida da alma ou o relato que damos sobre a "psicologia das pessoas"?

Não posso dizer, partindo dos princípios de interpretação alegóricos e tautológicos, que as figuras mitológicas "refletem" nossos sofrimentos e problemas pessoais. Minha posição é que o mito, enquanto dado historicamente, não é sobre as pessoas e suas aflições, mas sobre a vida lógica da alma. A alma fala sobre *si mesma*. Como Jung disse,

> Em mitos e contos de fadas, assim como nos sonhos, a alma fala sobre si mesma, e os arquétipos se revelam em seu interjogo natural, como "formação, transformação da recriação eterna da Mente eterna"[110]

(a última frase é uma formulação mitopoeticamente bela para o que em minha terminologia é a "vida lógica da alma"). É claro que não quero afirmar que o mito não é *de fato* sobre as pessoas (sejam elas indivíduos ou tipos idealizados) e que *de fato* é sobre a alma como vida lógica. Eu não tenho como saber.

---

110. JUNG, C.G. *Os arquétipos e o inconsciente coletivo*, § 400. A citação é do *Fausto II* de Goethe. Cf. tb. § 483: "...não dizemos nada *sobre* a psique, mas a psique está sempre falando sobre *si mesma*".

O modo como o mito nos chega é somente como uma história. Ele pode ser sobre qualquer coisa, sobre a vegetação, sobre fenômenos astronômicos, sobre a história das pessoas, sobre os conflitos entre as estruturas sociais patriarcais e matriarcais e houveram teorias sobre mitos que seguiram essas diversas linhas. Ele pode até ser sobre nada – puro entretenimento. Mas o que eu sei é que *se* eu quero fazer psicologia e *se* eu quero olhar para o mito do ponto de vista da alma, eu tenho que partir não do metafísico ou do científico, mas da pressuposição *metodológica* de que o mito não é sobre as pessoas vivendo em um mundo já positivado e *tendo* essa ou aquela psicologia particular. Eu tenho que presumir que no mito a alma fala estritamente sobre *si mesma*, sobre sua própria vida lógica.

Psicologia é sobre a *alma*. Se fosse sobre as *psicologias* já positivadas dos seres humanos já positivados, sobre *seus* sentimentos, ideias, aflições etc., não seria verdadeiramente psicologia. Seria antropologia ou psicologia do ego. A verdadeira psicologia depende da consciência do que eu chamo "diferença psicológica" (um tipo de analogia à "diferença ontológica" de Heidegger). É a diferença que anda junto com o sentido da própria palavra psicologia e divide a "psicologia" como relato das psicologias que as pessoas *têm* (psicologia personalista) da "psicologia" como descrição da vida da alma (a qual afirmo ser, indo além de Jung, negatividade lógica, uma vida lógica *na* qual nós, enquanto personalidades empíricas com nossas psicologias, vivemos como o elemento ou meio invisível da nossa existência). Como o genuíno estudo de uma psicologia genuína é o estudo da alma e não das psicologias, a psicologia tem que ser, em si mesma, psicologia *suspensa* ("psicologia *imediata*" suspensa). Tem que ter sua suspensão lógica em si ou *ser como* sua própria autossuspensão. Não estou falando aqui de uma psicologia que começa como psicologia imediata e *então* secundariamente se sujeita a um ato de suspensão. Refiro-me a uma psicologia que *começa* como sua própria autossuspensão, como tendo a psicologia imediata como um momento suspenso *dentro* de si. Aqui vemos novamente por que o pensamento é necessário. Algo que começa como sua própria autossuspensão não pode ser imaginado; pode apenas ser pensado. A psicologia não pode ser logicamente inocente e se relacionar meramente com o imediato, pois a alma é experiência *suspensa*. Se a partir de dentro de si mesma a psicologia não se afastar de si mesma (de si mesma enquanto psicologia imediata) se abrindo assim para a realização da "diferença psicológica" dentro de si, ela será, mesmo como uma psicologia *com* arquétipos, uma mera duplicação daquilo que deseja iluminar.

A diferença psicológica, contudo, é também a diferença entre o imaginal e o lógico. Essa diferença é uma genuinamente *psicológica*, o que significa que a psicologia existe como a distância e tensão entre eles, abarcando os dois, enquanto a psicologia arquetípica tende a identificar a psique mais ou menos exclusivamente com o imaginal e excluir o lógico ou filosófico, como algo completamente outro que não psicologia.

A máxima de Berkeley, "a alma sempre pensa", tem é claro um significado específico no contexto de sua filosofia. Aqui, porém, eu quero transplantar essa afirmação do seu contexto nativo para o contexto da presente discussão e usá-la para meus próprios propósitos. O que "alma" e o que "pensar" pode ter significado para Berkeley e para o contexto do pensamento do século XVIII não é o assunto aqui. – Olhando agora para essa máxima, devemos lê-la não como a descrição de um ato ou comportamento empírico realizado por uma coisa chamada "alma". Devemos lê-la filosoficamente, como uma "sentença especulativa" no sentido de Hegel. Se a alma *sempre* pensa, isso nos diz que sua própria *natureza* é pensar (pensamento). Pensar não é uma ocupação ocasional entre muitas. A alma *existe como* pensamento. Como de fato Berkeley indica na passagem referida, não se pode separar a existência da alma do seu pensamento, em outras palavras, não se pode começar com a ideia de uma alma que primeiro existe e então pensa ocasionalmente.

Chegamos aqui ao problema de que na psicologia o pensamento tem uma má reputação. Tanto dentro quanto fora da psicologia, o conhecimento do que o pensamento é e a experiência atual do real pensamento são muito raras no nosso tempo. Ainda assim (ou precisamente por causa disso) a maioria das pessoas sente que sabe o que o pensamento é. Elas o confundem com a ideia abstrata e morta que elas têm dele, e o julgam a partir das meras atividades do ego e dos seus raros esforços pensantes. Nesses preconceitos, o pensamento é visto como o oposto do "sentimento" e da "imaginação" assim como do "corpo" e do "instinto" e é descartado como pertencendo à "torre de marfim". Deve-se deixar esses preconceitos em seu lugar; seria uma ilusão ter a esperança de afastá-los. Seria mais difícil explicar para tais pessoas o que é o pensamento do que explicar para um cego o que é "vermelho" ou "azul" ou explicar o que é uma consciência pesada para um psicopata: eles pelos menos *sabem* que não sabem. Os junguianos têm uma dificuldade adicional. Eles estão aptos a entender o pensamento como uma das quatro "funções" no sentido positivado e cindido da tipologia de Jung – uma terrível redução ou diluição. Pode ser suficiente aqui sugerir a dimensão em que o pensamento é solicitado dizendo que é ele que dá a um templo grego, à música de Bach ou Mozart, às grandes obras de literatura e pintura a verdade que eles têm. Não podemos deixar de enfatizar que o pensamento não é uma "função", mesmo que o que Jung chamou de "função pensamento" seja, é claro, um momento do pensamento desenvolvido, explícito. O pensamento é, como eu disse antes, a quintessência das quatro funções e está além delas. É a ruptura do nível das funções psicológicas particulares em direção ao *nível* inteiramente diferente da lógica ou da Noção. É decisivo manter em mente que o pensamento é o que *requirit totum hominem* (em vez de faculdades ou funções particulares), é o que pressupõe o "homem inteiro" que não foi dividido ainda em habilidades e faculdades separadas. São as funções positivadas *suspensas* (a suspensão da imaginação, emoção, desejo, instinto etc.). Basicamente, pensamento é a abertura da alma (ou do "homem inteiro") para o que *é*, a capacidade de expressar e responder à *verdade* da época[111]. É o que permite ao ser humano entrar na selva de Actaion, no reino das origens e da pré-existência. O que nesse contexto é entendido por pensamento não é algo abstrato, mas vivo, ou melhor, é vida lógica, movimento lógico.

"A alma sempre pensa" – essa é uma das duas verdades a ser recebida na consciência, uma verdade que parece ser dura o bastante para ser compreendida em nossa era montada em emoções e sensações, *i. e.*, fundamentalmente abstrata. A outra verdade com a qual estou envolvido neste livro e que torna as

---

111. De acordo com Hegel, "A filosofia é a sua época compreendida em pensamento" (*Filosofia do Direito,* Prefácio). São Leopoldo: Editora Unisinos, 2010.

coisas ainda mais complicadas é que o pensamento da alma nem sempre se expressa no *meio (ou elemento ou forma lógica)* específico do pensamento. De fato, na maior parte das vezes ele se expressa no meio da imaginação, ou concretamente, corporalmente, por exemplo nos diversos tipos de arte e cultura que eu já apontei. A dificuldade dessa segunda verdade é que por isso temos que distinguir entre o pensamento como evento (que pode ocorrer em diferentes tipos de formas) e o **pensamento como forma lógica** na qual o pensamento pode aparecer, mas também pode ser que não e na maioria das vezes não aparece. A obra de Jung é um exemplo disso. Como expliquei no capítulo 2, ele era um real pensador, mas não era um pensador quando se olha para a forma na qual seu pensamento fez sua aparição no mundo.

5 A pressuposição da "autossuficiência" dos mitos e das imagens de fantasia

Um dos *insights* metodológicos mais importantes acerca dos produtos espontâneos da imaginação expresso por Jung era, "Acima de tudo, não deixe nada de fora que não pertença, pois a imagem de fantasia tem em si tudo o que necessita"[112]. De modo similar, Jung enfatizou repetidamente, seguindo a advertência do Talmuld, que "o sonho é a sua própria interpretação".

A pressuposição "alegórica" da interpretação dos mitos, para a qual o mito diz algo outro que não aquilo que realmente diz, pode levar ao equívoco de que a imagem mítica é pensada como apontando para um referente externo além de si, para algum Outro fora de si ("alegórico" teria então aqui o mesmo significado do termo convencional). Assim como antes

---
112. JUNG, C.G. *OC XIV/2*, § 404.

tivemos que contrabalançar a pressuposição "alegórica" com a "tautológica", aqui também temos que dissipar a possível pressuposição de que o mito aponta para algo fora da sua própria esfera claramente definida através de outra ideia, a da "autossuficiência" da imagem. Uma imagem, um mito, um sonho, tem que ser interpretado a partir da pressuposição de que é estritamente autocontido, completo em si mesmo. Ele pode ter que ser "amplificado" – desde que "amplificado" tenha o mesmo sentido usado na eletricidade, ou seja, como uma intensificação do que já está lá, em vez de uma tradução para outras imagens e noções ou de acumulações insensatas por meio de associações, de outras imagens relacionadas apenas superficialmente, abstratamente. Invocando outras imagens por meio da amplificação no sentido estrito, essas outras imagens podem sublinhar e colocar em alto relevo o que já está presente na imagem em questão, não adicionando nada de exterior a ela. Não devemos oscilar para além dos limites circunscritos pela própria imagem ou, como Lopez-Pedraza disse, "devemos permanecer na imagem". A imagem é válida para nós exatamente do jeito que ela é. Não somos livres para vaguear. "O que o sonho diz é *como ele é*, pois nós não o fabricamos"[113]. Todas as pistas para o entendimento da imagem devem vir de *dentro* do seu próprio cosmos. Em última instância isso de novo implica que temos que *pensar* a imagem, temos que desdobrar sua complexidade inerente e penetrar em sua própria lógica.

---

113. JUNG, C.G. *Cartas Vol. III*, p. 286 para Sir Hebert Read, 2 de setembro de 1960.

6 A pressuposição da diferença entre o significado "subjetivo" e "objetivo" (arquetípico) das imagens míticas

Em um texto, conto ou sonho, pode ocorrer uma diferença entre um ou vários elementos. Quando falo dos significados "subjetivo" e "objetivo" das imagens, não me refiro à diferença entre o significado do texto em si e das visões secundárias dos seus intérpretes sobre ele, nem sobre a diferença entre o que é parte do núcleo arquetípico do conto e os estabelecimentos mais superficiais, mais arbitrariamente poéticos sobrepostos pelo autor atual da versão em questão (isso seria a diferença *entre* vários elementos da história).

A diferença da qual falo aqui ocorre *dentro* de um só e mesmo tema e consiste no fato de que ele pode vir com dois significados conflitantes, um manifesto e um latente. De um lado temos o significado "subjetivo" que o narrador do conto (ou o ego onírico) tem em mente. Do outro lado temos o significado "objetivo" do próprio conto. O narrador *apresenta* o motivo de acordo com o que significa para ele e com o sentido que pode tirar dele; ele tenta dar uma motivação racional ou plausível para as coisas que o conto requer que ele narre ou para a sequência que os eventos do sonho requerem que ele experiencie. O modo como os eventos são descritos na sua narrativa reflete seu entendimento, a perspectiva a partir da qual, e o horizonte dentro do qual ele os experiencia. Logo, o que escutamos no conto, ou no relato não interpretado do sonho é sempre a unidade do que "realmente aconteceu" e de como foi percebido[114]. A experiência original dos eventos no próprio

---

114. Falo aqui da percepção primária do próprio sonho pelo ego onírico (enquanto está sonhando) e não da interpretação que o sonhador pode dar ao sonho como ele o lembra ou como o escreveu após acordar. Temos que dis-

sonho já contém uma intepretação inconsciente. Mas o modo como o tema é percebido pelo narrador ou pelo ego onírico pode ser diferente ou até ir contra o significado arquetípico intrínseco do tema, um significado que pode ainda brilhar através do modo como o texto manifestamente apresenta o tema para nós. É muito importante não se permitir ser enganado pela interpretação implícita do respectivo tema inerente ao modo como a versão do texto em mãos obviamente o *apresenta*. Claro que ser enganado é algo provável de ocorrer na medida em que nós compartilhamos com o ego onírico ou com o narrador do mito a mesma razão de senso comum, os mesmos interesses egoicos e o mesmo modo de percepção. O que está em consideração é um relato de uma verdade dialética ou um momento da vida lógica da alma (na esfera do "arquetípico" ou da "pré-existência") que é percebida como se pertencesse à esfera da nossa realidade ordinária, positivada. É por isso que é sempre necessário ler um mito ou um sonho ao contrário do sentido comum para não perder fundamentalmente o nível da alma. Lendo contra o sentido comum você não distorce o texto sobrepondo algo estranho, mas traz à luz o seu sentido oculto ("latente"), ou reprimido, ou "original" esquecido.

Eu posso ver as coisas desse modo apenas porque meu pensamento é informado por distinções fundamentais feitas na psicologia junguiana tais como aquelas entre o "ego" e "Si--Mesmo" (Jung), "imaginação verdadeira" (*vera imaginatio*)

---

tinguir duas interpretações. Uma é inerente aos próprios temas (na medida em que eles foram experienciados e percebidos pelo ego onírico), a outra é a interpretação explícita na qual o sonhador reflete os temas do sonho como objetos da sua consciência.

versus "imaginação fantástica" (*imaginatio phantastica*)[115], ideias pessoais *versus communis opinio*. O que eu chamei de pressuposição alegórica e a presente pressuposição são muito similares estruturalmente, ambas clamam que existe uma diferença interna em um tema. Mas enquanto no caso da pressuposição alegórica a diferença concerne a própria realidade a qual o tema se refere, a diferença aqui concerne à formulação ou descrição do tema.

Um exemplo para a aplicação dessa pressuposição será dado no capítulo 6 em um certo ponto da minha interpretação do mito de Actaion[116].

Em um certo sentido essa pressuposição é similar ao princípio da psicologia arquetípica chamado de "ver através" no sentido de Hillman. A única diferença é que "ver através" se refere predominantemente aos fenômenos da vida, aos sintomas, atitudes, eventos cuja descrição, originada nas pessoas com uma consciência egoica moderna, não possui geralmente nenhum indicador para o nível arquetípico. Por meio do ver através o quadro de referência para o fenômeno descrito é mudado (aprofundado) de um nível (literal ou empírico) para outro (arquetípico) *em nós*. Aqui estamos interessados na diferença

---

115. Essa distinção é feita na alquimia (*Rosarium*, in: *Artis Auriferae* vol. II, p. 214f.) e citada por Jung em OC 12 § 360 (*Psicologia e alquimia*).

116. Um exemplo ainda mais extensivo e contundente é o do conto de fadas *O noivo bandido* (AT 955, GRIMM Brother n. 40) como foi discutido no meu *Animus-Psychologie*, p. 202-213. O capítulo em que esse trecho está presente se tornou o capítulo 3 do volume III da coleção de artigos do autor em inglês reunidos pela editora Spring. "The Animus as Negation and as the Soul's Own Other: The Soul's Threefold Stance towards Its Experience of *Its* Other". In: GIEGERICH, Wolfgang. *Soul-Violence*. Collected English Papers vol. III, New Orleans: Spring Journal Books, 2008, p. 111-167.

de sentido ou de estrutura de referência que é inerente ao *texto* ou ao próprio *tema*, com o texto sendo uma versão posterior ou uma versão do ego onírico de um mito arcaico. Ambos os significados manifesto e oculto (arquetípico) são formulados, mas a formulação do significado latente (que salvo indicação em contrário é obliterado na versão manifesta) tem que ser reconstruída a partir de pequenos "restos" que apontam para ele. Em outras palavras, estamos lidando com uma situação que pode ser metaforicamente comparada a um palimpsesto.

Olhando para as quatros pressuposições podemos afirmar que juntas elas formam uma unidade, mas uma unidade que pode ser descrita mais precisamente como uma unidade da unidade e da diferença. Todas se aplicam simultaneamente. A pressuposição alegórica clama que o idêntico é, em si mesmo, diferente (diferente de si mesmo). A pressuposição tautológica afirma que todos os diferentes elementos ou temas de um conto são "idênticos", descrevendo uma única verdade ou um momento atômico na vida lógica da alma. Com a terceira pressuposição a mente interpretativa é aprisionada em uma história ou imagem dada sem permissão para recorrer a algum Outro ("identidade"), enquanto a quarta pressuposição enfatiza novamente uma diferença interna do mesmo, apontando para além de si – para algo (*internamente*) transcendente. Somente porque a mente é firmemente aprisionada sem possibilidade de escapar no conto em questão, é que ela se vê forçada a encontrar a "saída *interna*" para o nível arquetípico profundo. Se você recorre à fatores externos, tais como causas externas e significados estabelecidos fora da história, não há necessidade de se tornar consciente do plano diferente da profundidade arquetípica. Como vimos antes, apenas se a diferença entre meio e mensagem não for vista, é que se tem que construir o conto como uma sequência de diferentes eventos. Ao firmar essas quatros pressuposições, eu defendo a "reflexão interna". Aquele que se apoia metodologicamente na "reflexão externa", como nas ciências, e ainda assim fala sobre arquétipos, é culpado de mistificação metafísica.

c) Dissociação

Nós ainda estamos lidando com a análise do problema inerente à ideia do "ser humano que *tem* essa ou aquela psicologia". O primeiro problema óbvio é a separação que ocorre com essa ideia. Nós temos um ser humano de um lado, e sua psicologia de outro. A forma dessa afirmação que estamos olhando coloca aquele que tem essa psicologia à parte da psicologia que ele tem. A pessoa e sua psicologia são concebidas como duas realidades independentes. A palavra "tem" separa as duas realidades; mesmo que também as combine, ela contudo não desfaz a separação primária. Logicamente, a relação entre essas duas realidades distintas é colocada mais ou menos como a relação entre uma pessoa e suas roupas. O que na verdade é um, é dividido ou dissociado. Inadvertidamente, a psicologia imaginal, por *imaginar* Actaion (que equivale a dizer imaginá-lo *como* um ser existente que tem esses ou aqueles traços e comportamentos), inevitavelmente o imuniza contra sua própria psicologia. Ele então *não é*, e *não pode ser* sua psicologia. Colocado como uma entidade pelo modo imaginal, Actaion deve empacar diante da possibilidade de perder sua autoidentidade para se dissolver completamente na "sua psicologia". Actaion só pode *ser* sua psicologia, e sua imunização lógica contra sua psicologia só pode ser superada, se ele perder o *status* ontológico que a imaginação lhe atribuiu para ser então compreendido no pensamento.

A ideia do ser humano que tem essa psicologia particular tem como consequência que o campo da psicologia deve ser definido como o estudo da psicologia das pessoas. Na ideia da "psicologia como o estudo da psicologia das pessoas" a psicologia é duplicada. Essa duplicação reflete o fato de que a alma é autorrelação, e por isso é identidade da identidade e da diferença. É tanto sujeito quanto objeto. Na psicologia a mente explora a mente (a si mesma). Essa mesmidade de sujeito e objeto é a distinção da psicologia em contraste com as ciências naturais, nas quais por definição a mente estuda seu Outro (natureza, matéria, corpo etc.). À primeira vista a duplicação não é condenável. Mas olhando mais de perto, percebemos que a ideia da psicologia como o estudo da psicologia das pessoas não permite que a verdadeira identidade da primeira psicologia com a segunda se torne aparente e consciente. O aspecto "auto" da autorrelação é excluído. A primeira psicologia na frase acima é apenas o sujeito observador, enquanto a segunda psicologia é igualmente apenas o objeto observado. O que deveria realmente ser uma psicologia é dividida em duas de maneira que os papéis de sujeito e objeto podem ser organizadamente distribuídos e assim dissociados. A identidade do diferente só é preservada em um pequeno traço, na duplicação da *palavra* psicologia dos dois lados, mas a própria duplicação e a separatividade dos dois lados mostra que a identidade foi de fato anulada.

A psicologia genuína não é a *ciência* "psicologia", e nem a psicologia que as pessoas têm. É a *unidade contraditória* de ambas[117]. Para que essa contradição, ou *dialética* não tenha que ser sofrida e aceita como a base metodológica da psicologia, para resgatar a sanidade lógico-formal[118] da mente, foi estabelecida uma dissociação estruturalmente neurótica em uma psicologia que é apenas um observador neutro e outra psicologia que é apenas processos internos subjetivos. O preço para esse truque metodológico que permite entreter a ficção de que se pode escapar da dialética da alma é uma concepção autossabotadora de psicologia.

d) Duplicação vazia

O Actaion de Moore é imaginado como um jovem cheio de inocência e idealismo, com um desejo juvenil de explorar as maravilhas da natureza, com uma ambição espiritual excessivamente masculina e assim por diante. Essa descrição mostra que ele é interpretado nos termos de uma experiência humana ordinária, com os fenômenos da vida ordinária informando a mente do intérprete do mito. Isso não impossibilita completamente a possibilidade que os detalhes mitológicos por sua vez também possam lançar uma luz sobre os fenômenos ordinários da vida. O autor nos ensina a reconhecer alguns dos nossos comportamentos, atitudes ou problemas psicológicos *conhecidos* nos estranhos detalhes narrativos do conto mítico.

---

117. A psicologia é a *unidade* contraditória de ambas. Não é a simples soma de ambas (uma *mais* a outra, como um composto de duas metades). Por *ser* a unidade, a psicologia genuína inevitavelmente envolve a dialética.
118. Constituída pela eliminação das contradições e pela rígida insistência na inambiguidade como absoluto pré-requisito para qualquer ideia aceitável.

A vida lógica da alma

O que significa o fato de Actaion ser falado nessa descrição quase como se fosse um paciente no consultório? Paradoxalmente, nessa forma de ver o mito, as figuras míticas ou arquetípicas que se supõe estarem por "*trás*" da nossa psicologia pessoal são dotadas com a mesma psicologia pessoal. Em vez de "explicarem" ou "iluminarem" a psicologia humana, as assim chamadas figuras arquetípicas, *se* interpretadas como tendo essa ou aquela psicologia, são meramente *duplicações*. Em vez de mostrarem o pano de fundo psicológico arquetípico, elas são meramente uma segunda versão do primeiro plano empírico psicológico que era para ser iluminado por elas. O que deveria jogar uma luz na patologia do analisando no consultório não é mais do que um outro tipo de analisando.

Chegamos no mesmo tipo de problema que Aristóteles teve com a filosofia das Ideias ou Formas de Platão e que ele formulou como uma "duplicação do mundo". Enquanto uma duplicação dos seres empíricos com suas psicologias pessoais, as figuras míticas precisariam elas mesmas de um pano de fundo psicológico que pudesse iluminar suas psicologias. Notavelmente, *tais* interpretações arquetípicas, apesar do seu molde comparativamente "idealista", são de um modo estranho bastante próximos dos seus opostos declarados, das interpretações em um estilo redutivo, evemerista, tais como aquelas que veem o mundo dos Deuses Olímpicos como uma mera cópia da sociedade humana projetada nos céus (apenas, de acordo com o princípio da realização do desejo, um pouco mais perfeita e sublime). De fato, as figuras do mito na interpretação imaginal meramente "refletem" (aqui no sentido literal de um espelho secundário, duplicador) o mundo humano conhecido, mesmo que na psicologia imaginal seja oficialmente ensinado que o comportamento humano é que inversamente reflete (aqui no sentido de uma reencenação) o modelo arquetípico. Da mesma maneira, Actaion deve ser inevitavelmente lido como uma alegoria de um estilo particular de consciência, enquanto a psicologia arquetípica oficialmente insiste em uma interpretação não alegórica, imaginal do mito.

Se dizemos que as figuras imaginais "refletem" nossos sofrimentos humanos e nossos problemas, não há um real movimento nesse pensamento, pois a "explanação" ou reflexão arquetípica é mais ou menos tautológica. Nietzsche certa vez gozou de Kant dizendo que a resposta dele acerca de como julgamentos sintéticos *a priori* são possíveis era de que são possíveis "vermöge eines Vermögens", que se pode entender como "pela virtude de uma *virtus* (uma faculdade)", e então pergunta: "Mas é isso – uma resposta? Uma explanação? Ou não é mais do que uma mera repetição da questão? Como o ópio põe alguém para dormir? 'Pela virtude de uma virtude', a *virtus dormitiva*, respondeu o doutor em Moliére

> *quia est in eo virtus dormitiva*
> *cujus est natura sensos assoupire*"[119].

e) Psicologia imaginal como psicologia do ego

Construindo Actaion como uma figura que *tem* uma psicologia *puer*, a abordagem imaginal do mito chega muito tarde. A alma que ela quer realmente encontrar já foi embora. Essa abordagem toma o mundo empírico e a tendência antropológica

---

119. NIETZSCHE, Friedrich. Jenseits von Gut und Böse, # 11. In: *Werke* vol. II, ed. SCHLECHTA. München: Hanser 1958, p. 576.

como garantidos. Podemos dizer também que a abordagem imaginal não vai longe o bastante. Ela (inadvertidamente) permanece nos confins de uma psicologia do ego, jamais penetrando onde realmente quer chegar, a profundidade da alma. Mesmo que enfatize que Actaion é uma figura cuja própria psicologia é o desejo de "sair de casa e explorar as maravilhas" da floresta primal, a própria abordagem não quer mais se aventurar na selvagem floresta primal (na vida da alma), ela se contenta em descansar na terra já cultivada e repartida (com as psicologias *positivadas* dos seres humanos) – assim como Kant "proibiu" as ciências de conhecerem o mundo como ele realmente é, e as obrigou a se contentar com estudar o mundo como ele já havia sido preparado, preprocessado pela mente. Uma psicologia cujo tema de estudo é a psicologia das pessoas, estuda a vida da alma apenas até o ponto em que ela já passou pelo modo de apercepção do ego, podemos também dizer que estuda a vida da alma até o ponto em que ela já foi preprocessada pelo ego como "*sua* psicologia", a psicologia que Eu *tenho* (minha psicologia *puer*, meu complexo materno, meu masoquismo etc.), enquanto a essencial questão de *quem* é esse ao qual essa psicologia pertence, foi sistematicamente deixada de fora. Mesmo que a psicologia imaginal, enquanto estuda as diversas psicologias, não adote ela mesma o ponto de vista do ego (algo que ela certamente não o faz), *as próprias psicologias* que são seus objetos de estudo são objetos que ela inadvertidamente recebeu das mãos e pelas graças do ego. E as recebeu assim como chegaram, sem alterar e decompor sua objetiva forma lógica que trai suas origens no ego. Ela deixa essa forma intacta.

Pode ser surpreendente que eu chegue a essa conclusão. Afinal, sempre foi declarado que o propósito da psicologia arquetípica era deixar para trás o tipo de visão e teorização que começa pelo ego. Seu desejo tem sido interpretar a vida nos termos dos Deuses, em outras palavras, aprender a ver nossos sentimentos, ideias e patologias pessoais a partir dos mitos, a partir dos diversos padrões arquetípicos. A ideia de Proclo da *epistrophé* introduzida na psicologia por Hillman e seu veemente apelo por uma *re-visão* da psicologia pode servir como duas fórmulas abreviadas nas quais essa explícita reversão programática de orientação foi colocada em cena. Para fazer psicologia arquetípica, você tem que abrir mão do ponto de vista (metodológico) do ego. Da mesma forma, temos que reconhecer que a psicologia arquetípica observa a "diferença psicológica" fazendo a distinção entre o literal e o imaginal, entre o empírico e o arquetípico, e entre o humano (psicologia humanista) e os Deuses. De uma certa forma, ela *é* psicologia suspensa.

Mas a partir do que eu afirmei anteriormente, parece que a psicologia arquetípica tradicional estava enganada nessa autointerpretação. Não estava completamente errada. Mas também não realizou totalmente aquilo que clamava ter realizado. Ela não foi longe o bastante. Apesar dos seus movimentos notáveis e essenciais na direção certa, ela involuntariamente ainda carrega em si mesma a inabalável posição do ego e a reafirma nas próprias premissas do seu próprio trabalho. O ponto crucial está na sua tenaz permanência na imaginação, que tem como resultado o fracasso de todo o empreendimento. Isso precisa ser explicado.

Quero lembrar ao leitor mais uma vez que não quero de forma alguma depreciar as notáveis realizações que levaram a abordagem imaginal para além do convencional pensamento psicodinâmico personalista, ou além da convencional interpretação simbólica junguiana. Quando eu digo que a abordagem imaginal da psicologia não vai longe o bastante, isso expressa exatamente o espírito da minha crítica à psicologia arquetípica. Não estou tentando retroceder das suas convicções. Eu quero empurrar a psicologia arquetípica com sua abordagem imaginal para além do ponto no meio do caminho no qual ela parou.

Partindo da interpretação imaginal do nosso mito, podemos dizer que a *inabalável posição do ego aparece na retenção da ideia de "ser" ou "personalidade"* como ponto de referência e substrato positivo da psicologia. Isso é a expressão do que eu chamo de "falácia antropológica", a confusão da psicologia com a antropologia. A "diferença psicológica", a diferença entre o homem (ou ser humano, pessoa) e a alma, não é observada. A falácia antropológica se deve por sua vez à falácia ontológica. "Pessoa", como afirmei, tem uma existência, é um ser. "Ela" (nossa noção de "pessoa") já é positivada. Sobre uma pessoa nós podemos e devemos falar ontologicamente, em termos do seu Ser. No momento em que construímos a existência humana como a existência de um ser (pessoa), inevitavelmente também construímos a psicologia como algo que esse ser "tem", algo "nele" ou "dentro" desse ser. Usando a linguagem da metafísica clássica, a psique tem o *status* de "atributo" ou "acidente" e não é sua própria "substância". E a dissociação que ocorre através das ideias de "ser humano que tem esse tipo de psicologia" e "da psicologia como o estudo da psicologia das pessoas" tem o propósito de prevenir a psique de se tornar rigorosamente sua própria substância. Essa dissociação tem, é claro, um nobre antecessor. Foi Kant que dissociou a alma em duas almas separadas, distinguindo a alma como *"bestimmendes Selbst"* (si mesmo determinante), que jamais poderia se tornar objeto de investigação científica, da alma como *"bestimmbares Seblst"* (si mesmo determinável), que é o objeto específico da psicologia[120]. Dessa maneira, a psique é relegada a um *status* secundário. De fato, *em última instância*, apesar das expressas afirmações ao contrário, lhe é dada o *status* de não mais do que um epifenômeno (uma mera "aparência" kantiana), já que não é logicamente creditada com o *status* de substância por direito próprio. (Mas precisamente como tal epifenômeno, ela pode ser positivada. E a possibilidade de positivá-la é provavelmente o motivo por trás da dissociação, e essa motivação se deve ao ego).

A psicologia imaginal não retém deliberadamente a inabalável posição do ego. Ela é necessariamente inconsciente disso. Necessariamente, porque se você baseia seu pensamento na imaginação como horizonte último, você não pode perceber o ego no seu imaginar. Os *conteúdos* dessas imaginações são realmente imaginais e assim não determinados pelo ego. Logo, ela pode ter uma certa sensação, mesmo que limitada, de se sentir livre do ego, em contraste com a psicologia personalista, científica. Mas o ego está oculto na *forma* lógica do imaginar, e para se tornar consciente dessa forma lógica você teria que ir além da abordagem imaginal e se abrir para a lógica e para o pensamento.

A alma não existe, não tem uma existência, não é uma entidade positiva, nem um atributo positivo de uma entidade existente. É sua própria substância, mas essa substância é, ou tem a qualidade de negatividade (lógica). É impulso/emoção/imagem/ideia suspensa. Não é nada mais do que as suas suspensões. É por isso que a alma não tem uma existência. É o que

---

120. KANT. *Kritik der reinen Vernunft*, A 402.

resulta de, ou melhor, que *ocorre como* a operação lógica ou "alquímica" de negação sobre alguma *prima materia* existente.

f) Excurso: alquimia como um *opus* contra *imaginationem*

Após algumas observações apontando para a conexão entre alquimia e lógica, a justaposição de "lógico" e "alquímico", no parágrafo anterior, necessita de um comentário mais sistemático. A psicologia imaginal sente-se muito próxima da alquimia e acredita encontrar nela uma abordagem basicamente imaginal. Para ela, a alquimia pode ser colocada do mesmo lado que o mito. Mas não é tão simples assim. Mesmo que a alquimia use sem dúvida um estilo imaginal de pensamento, a própria finalidade da alquimia me parece ser o esforço para superar a imaginação.

Para Jung, a alquimia medieval era a ligação histórica entre o passado antigo (mitologia, Gnosticismo, Neoplatonismo) e o presente (a situação moderna da alma e a psicologia do inconsciente, especialmente a psicologia do próprio Jung). Mas para nós é também a ligação entre a imaginação e a lógica dialética.

1 *A imagem negada e refletida*

Todas as produções da psique são expressões da vida lógica da alma. O mito não é exceção. Mas o mito é um produto genuinamente imaginal da alma, mostrando que a lógica da alma é imaginal tanto no conteúdo quanto na forma. Primariamente, os Deuses e heróis dos mitos têm que ser *contemplados* (visionados) na imaginação; eles aparecem como *objetos* da imaginação.

A alquimia, contudo, é fundamentalmente diferente. Mesmo se a sua imediaticidade ou forma superficial é imaginal, sua forma interna é lógica, nocional. O Mercurius alquímico não é um deus autêntico como o Mercúrio romano, ou o Hermes grego, uma *Gestalt* vívida. Ele é uma noção ou conceito dialético, ainda que uma noção sob o disfarce de imagem. Ele é uma cria tanto da *reflexão* quanto da imaginação. As imagens da alquimia são fundamentalmente "adoecidas com a pálida moldura do pensamento". A reflexividade ou "ruptura" pode ser vista flagrantemente em frases tais como *"líthos ou líthos"*, que sem dúvida traz à tona a incisão ou ferida deliberadamente infligida pela reflexão sobre a integridade ingênua e espontânea da imagem (aqui a da "pedra"). Nessa frase, a reflexão se mostra no *ou* ("não"), que parte a palavra em questão, negando o seu próprio significado. A alquimia trabalha com imagens *já* suspensas.

A reflexividade (ferimento) é intrínseca à própria imagem alquímica; a imagem é autocrítica, autonegante; a incisão trazida à palavra *líthos* pela reflexão não chega como algo estranho de fora (como um ato secundário executado, *e. g.*, pelo adepto como pessoa sobre um produto imaginal inocente, como foi o caso com o criticismo redutivo e destrutivo do imaginal pelo Iluminismo, que o desmascarou como uma "superstição" etc.). Um pensamento autocontraditório tal como *líthos ou líthos* teria sido impossível em uma esfera inspirada por uma imaginação realmente mítica, assim como teria sido impossível, mas pelas razões opostas, no Iluminismo e sua positividade de pensamento.

A pedra que não é uma pedra e ideias como *aqua permanens*, *vinum ardens*, ou a Obra como *"currens sine cursu, movens sine motu"* [correndo sem corrida, movendo-se sem movimento] não podem ser objetos da intuição sensual ou da imaginação.

Eles têm que ser pensados. São *conceitos* ainda que *expressos* nos termos de um pensamento *pictórico*.

2 O artífice: reconhecimento da subjetividade e da dimensão lógica da realidade psicológica

A característica da imagem na alquimia como uma imagem fundamentalmente suspensa é apenas um aspecto. Chego agora em um segundo aspecto. O fato de que a alquimia é acima de tudo um *opus* significa que ela tem bem literalmente a característica de um projeto ou programa. Ela quer atingir algo e quer chegar em algum lugar, e seu Trabalho consiste de várias operações. Tudo isso transparece que ela deixou a posição estritamente imaginal onde estaria lidando com objetos ou conteúdos (figuras, formas, "pessoas", coisas formadas, eventos) a serem visionados face a face na imaginação. As ciências modernas, Jung disse, "tentam apresentar os resultados das suas investigações como se tivessem vindo à existência sem a intervenção humana, de tal maneira que a colaboração da psique – um fator indispensável – permanece invisível"[121]. Temos que ter consciência que ocorre a mesma coisa com os produtos do imaginal, *e. g.*, mitos. A imaginação apresenta os Deuses, os símbolos, as imagens arquetípicas como dados *a priori*, "como se tivessem vindo à existência sem a intervenção humana" e sem "a colaboração da psique". Esse é o próprio ponto do conceito de "arquétipos". A imaginação só apresenta os *resultados* "finalizados", as figuras e formas; as imagens arquetípicas só podem ser recebidas ou aceitas por nós da maneira que vieram. Do modo como são colocadas, parecem existir independentes de nós. Toda a atividade, subjetividade e personalidade é *contida* (e

---

121. JUNG, C.G. *A natureza da psique*, § 498.

então escondida) *na* imagem e na sua fundamental idealidade ("o imaginal"). É por isso que as imagens míticas primárias são as dos Deuses, e que os humanos, na posição imaginal, derivam sua própria existência e todas as suas ações dos Deuses. *Eles* são os verdadeiros sujeitos, o verdadeiro Si-Mesmo, a verdadeira fonte de toda a intencionalidade, vontade e motivação. Na ideia ou imagem dos "Deuses", a contribuição da mente humana enquanto artífice permanece invisível. Olhando a partir da alquimia é possível afirmar que no mito, a subjetividade do próprio artífice foi totalmente investida, e alienada, na ideia de deidades e outros seres numinosos.

A alquimia é diferente. Nela, a intervenção humana é explícita na figura do adepto e suas operações, e é foco de atenção junto com os outros focos nos fenômenos, nas imagens na retorta. As metamorfoses e transformações na mitologia são representadas "objetivamente" como eventos. Na alquimia elas também são um grande tema. Mas aqui elas são eventos *observados* por um sujeito reflexivo. Há uma diferença estrutural fundamental entre um relato direto sobre eventos naturais e um relato das observações de alguém sobre os mesmos eventos. A alquimia também mostra que as imagens a serem vistas na retorta foram produzidas pelas próprias operações do adepto. A sua própria maneira, a alquimia objetivamente (estruturalmente), apesar de não subjetivamente, atingiu o nível de reflexão não tão diferente do de Kant, que mostrou que a mente humana já é inerente na realidade que a consciência ordinária imagina ser independente de nós humanos.

A alquimia já havia começado a perceber a lógica da alma *como* vida ou movimento, como operações e processos real e empiricamente *performados* por um artífice humano. Enquanto processo que estruturalmente *requer* um sujeito observador e envolve essencialmente a própria atividade do sujeito, ela já era, sem seu próprio conhecimento, *pensamento* ("ansichseiendes Denken"), um pensamento que, contudo, no caso da alquimia, ainda estava imerso no meio da imaginação.

O que é o pensamento? Neste contexto podemos dizer que o pensamento é o estabelecimento da diferença entre aquele que pensa (= o artífice) e o pensado (= os processos alquímicos e seus produtos). Essa diferença corresponde à diferença entre o "real" e o "ideal". O artífice é real, empírico, uma consciência existente. O pensado é algo "ideal". Mas o pensado não é visionado como se fosse uma entidade "objetiva" (como uma Ideia platônica) a ser contemplada. Em vez disso, enquanto pensado é compreendido como também sendo inalienavelmente subjetivo, sendo realmente pensado por mim e na minha mente. É a unidade da minha atividade "subjetiva" e de um produto "objetivo". Ao *pensar um pensamento*, eu sei que eu, o sujeito, o artífice, participo no pensamento que é realizado por mim. Eu sei que os eventos objetivos naturais que estou pensando sobre são conteúdos da minha reflexão. Na alquimia, o sujeito está se tornando consciente de si *como* observador e participante ativo do processo.

Na imaginação genuína, não há espaço para um artífice como sujeito nesse sentido. Claro que é possível apontar para o fato de que nos tempos caracterizados pela tradição mítica, também haviam rituais que tinham que ser atuados. Se os mitos obscureciam a participação humana, no aspecto ritualístico das mesmas culturas era plenamente reconhecida a necessidade do humano para que o mundo permanecesse essencialmente intacto ou até mesmo para ser periodicamente restabelecido por meio de uma verdadeira nova criação do mundo pelos humanos. Mas mesmo nos rituais a característica arquetípica ou imaginal da ação absorvia em si todos os atores humanos. O dançarino enquanto personalidade humana desaparecia atrás da máscara e do papel do espírito ou divindade que ele representava. No transe, ele se abandonava ao que chamamos de arquetípico. O aspecto empiricamente humano era completamente entregue, e tinha que desaparecer quase que por completo no significado arquetípico para que o ritual fosse um ritual. Todos os rituais eram concebidos como meras repetições ou reencenações de ações primordiais originalmente realizadas por um Deus ou herói cultural. Logo a ação humana tinha a característica de ser não mais do que uma sintonização a uma forma dada, pré-existente.

A alquimia, ao contrário, é realmente experimental e inventiva. O adepto age por sua própria responsabilidade. Ele é deixado com seus próprios equipamentos. A alquimia restaura (ou pela primeira vez traz) o conhecimento acerca da subjetividade e da "real" atividade da mente humana; e traz então a consciência da participação humana até mesmo na imagem dos Deuses. Ela não faz isso subjetiva e explicitamente. Naquilo que ela faz e no modo como é estabelecida ela mostra que está ativo nela um conhecimento objetivo, factual da participação humana nas imagens. É por isso que Mercurius não pode ser mais plenamente um *Deus*; Mercurius é tanto subjetivo quanto objetivo, pois tem nele a própria subjetividade do adepto. Mercurius é um *conceito* – mesmo se a) um conceito em uma forma imaginal (ainda por demais imerso na imaginação), b) um conceito paradoxal, e c) um conceito ainda investido com uma certa autonomia e por isso com uma perplexionante e até mesmo frustrante (não compreendida completamente) atividade própria.

Logo, o "conceito do conceito" subjacente à noção de Mercurius não pode ser o "conceito do conceito" lógico-formal, caracterizado pela inambígua autoidentidade e concebido como totalmente determinado; aquele que é definido como forma nocional abstrata que tem, e *tem* que ter fundamentalmente fora de si aquilo do qual é o conceito. E é abstrato de outra maneira, porque é suposto ser "objetivo", tendo totalmente fora de si o sujeito que "tem" esse conceito. Mercurius, como "prata rápida", como *aqua permanens*, é um conceito líquido vivo. É por isso que "O maior mistério de toda a Obra é a Dissolução Física no Mercúrio"[122]. E também é o conceito *da* fluidez da vida dialética da alma. Mercurius é um conceito psico-lógico; ele contém tanto a realidade quanto a subjetividade em si.

Com o advento da alquimia começa a amanhecer para consciência que a vida da alma é vida *lógica*, é pensamento. Suas operações particulares, tais como *mortificatio, putrefactio, fermentatio, evaporatio, destillatio, sublimatio*, assim como a separação e conjunção dos opostos, são operações lógicas[123] *expressas* em um imaginário material, químico e comumente atuado como operações químicas literais. E elas são operações que têm o propósito de libertar o estofo imaginal no qual elas são performadas (a *prima materia*) das suas coagulações imaginais, libertar a vida Mercurial, *i. e.*, lógica contida nela.

---

122. FIGULUS, B. *A Golden and Blessed Casket of Nature's Marvels*. Londres (Vincent Stuart) 1963, p. 295. Citado em James Hillman. "The Yellowing of the Work", p. 94.

123. Todos esses termos designam diferentes aspectos do que Hegel denominou de *Aufhebung*, suspensão.

Com a alquimia, a história da alma entrou em um estágio no qual o estágio da mitologia foi de uma vez por todas suplantado. Isso se torna aparente em dois aspectos estruturais da alquimia, na relação observador-retorta e na relação adepto-substância arcana. Quanto à primeira relação, no estágio da mitologia o homem estava cercado por todos os lados pela realidade mitológica. O alquimista, ao contrário, colocou não eventos imaginais particulares, mas *todo o estágio* da consciência mitológica, imaginal na pequena retorta em frente tornando possível a ele observá-la de todos os lados, e *ipso facto* superando e se elevando acima desse estágio a um novo nível de consciência. Quanto à relação adepto-arcano, a ênfase na alquimia é sobre o *trabalho* do artífice, sobre o seu esforço como o zelo de um sujeito quase moderno. O artífice é exasperado pela evasividade do Mercurius, e uma das suas principais preocupações é agarrar, capturar essa substância volátil. A exasperação mostra a extensão do quanto o adepto se sente pessoalmente desafiado, do quanto é passionalmente impulsionado e *essencialmente* envolvido na produção do processo dos materiais com os quais ele está lidando. Ele não está mais no *status* de um recipiente passivo, como era o homem no estágio mitológico do desenvolvimento da alma. Para a posição mitológica, as imagens eram "fenômenos" em um sentido literal, "visitações" epifânicas, imagens que vão e vêm autonomamente, tendo apenas que ser visionadas e recebidas de modo apropriado ("religiosamente observadas"). O alquimista, ao contrário, é chamado para caçar e capturar o fugitivo Mercurius, ou apanhar *Atalanta fugiens*. Estruturalmente isso é uma constelação completamente diferente, de fato, inversa a da posição mitológica ("vindo e indo autonomamente" *versus* "fugitivo"; "recipiente" *versus* "perseguidor ardente").

O *opus* alquímico é um (ainda nascente, um tanto impotente, porém ainda assim) autêntico *trabalho do conceito* (Hegel). A mitologia é relativa ao modo da intuição sensorial e da imaginação. A alquimia está além desse estágio. É caracterizada pela necessidade do que é imaginativamente chamado "apreensão", e logicamente de compreensão. É pensamento ("implícito"), *i. e.*, estruturalmente já *é* pensamento, mesmo que um pensamento ainda por demais imerso e envelopado em uma forma imaginal de apresentação.

Enquanto tal a alquimia é de fato um "elo histórico" entre o passado e o presente, e em um sentido muito mais fundamental do que Jung disse que era para ele. Para Jung, "elo histórico" simplesmente significava um fenômeno histórico que conectava passado e presente, provendo uma continuidade ininterrupta com uma certa tradição. Mas a alquimia também é uma ponte entre o passado e o presente no sentido de um pivô ou intermediário. É um *mixtum compositum* no qual tanto a estrutura da consciência moderna – enquanto reflexiva, autoconsciente, vinculada ao *logos* – quanto a antiga forma imaginal herdada dos conteúdos de uma inocente consciência vinculada à *anima*, aparecem juntas, e enquanto tal provê uma ponte *real* na qual a alma pode passar do seu antigos *status* (mitologizante) ao *status* novo, moderno da (psico-) lógica, o *status* do Conceito[124].

---

124. É digno de nota que quando Jung fala da alquimia como elo histórico ele está pensando no Gnosticismo e no Neoplatonismo como a outra ponta em vez do mito. O Gnosticismo e o Neoplatonismo são, é claro, muito próximos da alquimia de forma que a simples continuidade sugerida pelo sentido da palavra "elo" é apropriado. Em aspectos essenciais, o Gnosticismo e o Neoplatonismo já estão do nosso lado em relação ao divisor de águas que

3 O irresistível impulso para um resultado-final

Estes últimos comentários me levam a um terceiro aspecto a ser considerado que concerne à direção e propósito da Obra alquímica, à concepção de um estado inicial a partir do qual a Obra tem que se empurrar através de vários estágios (geralmente quatro) em direção a um objetivo visionado. É essencial ter consciência que quando a alquimia concebia a si mesma como um *opus contra naturam*, "natura" não se refere à natureza no nosso sentido positivista, materialista, natureza como um mero fato e uma realidade física em geral, porque tal sentido ainda não existia. Ele se desenvolveu apenas depois do declínio da alquimia. Todas as substâncias usadas na alquimia não eram vistas como substâncias positivo-factuais, meramente químicas no nosso sentido. Elas eram tanto físicas quanto *imaginais*, até mesmo fantásticas. A imaginação era a base da alquimia, seu "elemento" natural e não um objetivo distante a ser produzido por um longo processo de laboriosas operações. A *prima materia* com a qual os alquimistas trabalhavam era já desde o início percebida de modo imaginativo. "Natura" deve ter significado a *natureza imaginal* ou a *qualidade natural de imagem* das coisas. Logo o *opus* contra *naturam* era em si mesmo um *opus* contra *imaginationem*: o objetivo do *opus* era, como eu apontei, libertar a "matéria" imaginal das suas coagulações imaginais e libertar, por meio de inúmeras operações negadoras e refinadoras, o espírito ambivalente e autocontrário

---

separa a consciência moderna, reflexiva do mito. Eles perderam a inocência da posição mitológica e são filosóficos e especulativos. É significante que Jung, quando pensou sobre a continuidade histórico-psicológica da tradição a qual seu próprio pensamento também pertence, permaneceu no lado do *logos* do divisor de águas ao pensar o Gnosticismo como ponto de partida deixando o mito para trás.

do Mercurius, *i. e.*, a vida lógica, dialética, "aprisionada" nas imagens, um objetivo alquimicamente expresso na imagem, dentre outras, da *aurora consurgens*.

O fato de que Mercurius era pensado como "aprisionado" na matéria era uma formação de compromisso. De um lado se devia ao fato de os alquimistas já sentirem que a natureza interna da realidade é uma viva e vibrante lógica dialética, e do outro a sua incapacidade de ainda não conseguirem *pensar* (e assim expressar) essa intuição, visto que suas consciências ainda estavam presas à imaginação. Eles eram forçados a abordar e explicar por meio das suas "categorias" perceptuais e imaginais aquilo que não podia ser imaginado, que tinha que ser pensado.

A imagem da *aurora consurgens* em si mesma expressa a necessidade intrínseca ao projeto da alquimia de superar ou suspender a si mesma. Não é a imagem de mais uma bela visão *na* mesma consciência antiga (no mesmo "dia"), não de outro objeto da experiência, nem mesmo de um outro amanhã como os vários que já houveram desde tempos imemoriais no mesmo fluxo contínuo de tempo. É a imagem para o nascimento de um fundamentalmente *novo* "dia" da consciência – em outras palavras para um novo *status* lógico, uma nova *constituição* lógica da consciência como uma nova estrutura na qual tudo a ser experienciado será percebido daqui para a frente.

A discussão sobre a *aurora consurgens* é o ponto no qual a posição da alquimia como suspensão da existência mítica e ritualista se torna mais uma vez clara. Nas suas *Memórias* Jung relatou que os índios Pueblo sentiam que o Sol era seu Pai e que era sua tarefa ajudá-lo, por meio de rituais, a atravessar o céu todos os dias[125]. Há uma tarefa, um propósito

---

125. *Memórias*, p. 222.

aqui também. Mas quanta diferença do objetivo intencionado pelos alquimistas! Se é possível julgar a partir desse pequeno exemplo, o propósito da existência mítico-ritualista parece ser o de se sintonizar com a vida e o mundo como eles são, aqui, *e. g.*, acompanhar espiritualmente o sol em seu curso através do céu, colar a própria força da alma no movimento do Divino Sol. É um compromisso e um suporte ao presente, ao dado. Se poderia falar aqui de um conservadorismo absoluto (metafísico). A alquimia, ao contrário, quer superar o dia presente; ela tem que trabalhar na direção de um novo nascer do sol, de um "novo" sol de um "novo dia": uma constituição fundamentalmente diferente de mundo. Ela tem um real "futuro", um futuro em um sentido radical que parece ter sido ausente na existência mítico-ritual. *Hoje* ela já está preocupada com esse "futuro". Assim como o Cristianismo, ela tem a aspiração de a partir de *dentro* do mundo natural, suplantá-lo enquanto mundo dado. Ela tem uma relação fundamentalmente reflexiva, rompida com o presente, que é visto em termos do que pode ser *feito para se tornar*, e não em termos do que imediatamente *é*. Enquanto o mito e o ritual são "conservadores", a alquimia é revolucionária.

Historicamente a alquimia parece não ter atingido seu objetivo, não ter visto na realidade a luz do novo dia a qual aspirava. A *aurora consurgens* parece ter permanecido a distante esperança por um ideal. Podemos agora ver que esse ideal provavelmente *não seria possível* de ser realizado no próprio solo da alquimia, na medida em que esse solo era a imaginação. Para liberar o caminho para a *aurora consurgens*, e para encontrar a sua própria realização, a alquimia no seu tradicional autoentendimento teve que ir abaixo. Ela teve que superar, suspender a *si mesma* como um todo. O objetivo ao qual ela aspirava atingir a partir de si, requeria (e ao longo do tempo forçou) a anulação das suas pressuposições perceptuais e imaginais que, é claro, tornou-se uma anulação da alquimia enquanto tal. Com a aurora dessa nova consciência, a situação mudaria completamente, mas não por que a coisas no mundo se tornaram diferentes. Elas poderiam ter permanecido as mesmas. Contudo, no novo *status* de consciência, todo o mesmo e velho mundo seria visto em uma luz totalmente nova, em um prístino frescor, requerendo de nós uma orientação radicalmente nova. Na verdade, toda a forma imaginal das "categorias" alquímicas, toda a estrutura da mente que a alquimia trouxe com sua bagagem, foi também suplantada.

O colapso da alquimia não se deveu a fatores históricos externos. Foi o inquieto elemento mercurial (lógico) na própria alquimia, que lentamente trabalhou na sua decomposição interna e autossuspensão. Era inevitável que os conteúdos da consciência alquímica, as realidades mercuriais que ela se focava, putrefaria com o tempo a estrutura imaginal de pensamento através da qual ela se focava neles. Você não pode imaginar comprometida e eficazmente algo como Mercurius sem que ele lentamente corroa por dentro a sua própria *abordagem* imaginal – assim como você não pode lidar com material radioativo sem se tornar você mesmo radioativo (a não ser, é claro, que se use mecanismos de defesa efetivos).

Logo a própria finalidade da alquimia era o esforço para a realização de algo que necessariamente arruinaria a própria alquimia *enquanto* fenômeno histórico-cultural que foi. A realização da alquimia pressupõe sua própria anulação, sua própria autossuspensão: a alquimia é, na sua essência mais profunda, dialética *ansichseiend* (implícita). Mas por ser apenas *ansich-*

seiend, e não dialética *fürsichseiend* (explícita ou plenamente realizada), ela aparece em uma forma paradoxal. O "paradoxal" é a dialética que já se fez sentir, já é sentida e intuída e já factualmente tomou a consciência, mas não pode ser pensada ainda. É uma dialética que ficou presa na mente imaginante e visionante e tem então que ser expressa nos próprios termos do *status* lógico que ela quer superar. Logo, a imagem da *aurora consurgens*, sendo uma imagem, tem que apresentar na forma de uma experiência particular objetiva (o nascer do sol) o que na verdade é toda uma estrutura de pensamento para *qualquer* experiência objetiva.

4 A química da matéria

O quarto ponto aponta para a natureza mais geral da alquimia *enquanto* alquimia, *i. e.*, um tipo de química. A alquimia lida não com coisas, objetos, entidades, pessoas, mas com *matérias* e *substâncias* ou, para ser mais exato, com a natureza da matéria. Ela quer mudar, transmutar a própria "química" da matéria com a qual trabalha. Desde que não tomemos a palavra "química" nessa sentença literalmente, em um sentido positivista-científico – *nem mesmo* os alquimistas o tomavam *apenas* literalmente – o que isso significa? Para nós, a "própria química" das substâncias só pode se referir a sua mais profunda composição: a sua constituição lógica, à vida lógica que as constitui. Esse era o real interesse dos alquimistas e o nível ou dimensão da Obra.

Na imaginação nós também temos transformações. Mas elas não são "químicas". Elas são metamorfoses, mudanças de *forma*, ou talvez, mudanças de classe e condição. Actaion é transformado em uma corça, Daphne em um loureiro, Zeus assume as formas de touro, de chuva de ouro, de cisne etc.; certos mortais são imortalizados ou elevados aos céus como signos do zodíaco. Todas essas transformações concernem ao mundo "macrofísico" das coisas e personagens já formados e permanecem nessa dimensão. A imaginação *jamais pode imaginar "matéria"*. Isso é um conceito muito abstrato, muito amorfo. "Matéria" não é um fato visível, empírico. Ela já é um pensamento, uma abstração. Matéria é a suspensão das coisas. Nós não vemos chumbo ou enxofre, vemos apenas coisas formadas, concretas, que podem consistir de chumbo ou enxofre (mesmo um pedaço de chumbo é uma *coisa* formada e não "matéria"). O fato de que a alquimia era capaz de conceber a "matéria" e as transformações "químicas" mostra que, *até onde concerne seu objeto ou foco,* ela já deixou para trás o plano genuinamente imaginal, tendo avançado à fundamentalmente diferente e inimaginável dimensão "microfísica" da "natureza mais profunda" daquilo que constitui as coisas enquanto novo horizonte para sua Obra. Podemos descrever essa mudança, usando uma metáfora similar, como a passagem da "física" das coisas, de seres, figuras e eventos formados, para a "química" do movimento dialético, e menos figurativamente como a passagem da "ontologia" para a "lógica". "Física" pode servir como um nome para o que é acessível através da percepção, da intuição sensorial e do pensamento pictórico, enquanto "química" em nosso contexto requer o pensamento genuíno.

As diversas operações que os alquimistas realizaram sobre a *prima materia* (calcinação, sublimação, evaporação, destilação, putrefação, fermentação, coagulação etc.) mostram que a alquimia, quando fala sobre matéria, não estava paradoxalmente interessada na matéria em sentido estrito, mas com a *forma*.

Porque a alquimia operava com a matéria, Jung achava que seu *opus* era um trabalho "inferior" de salvação, um trabalho de redenção da matéria, da *physis*, da natureza, do corpo, do "feminino", e por isso uma compensação e complementação ao trabalho de salvação "superior", exclusivamente pneumático oferecido pela doutrina cristã oficial. Cristo "escolheu a luz e negou as trevas..."[126]. A alquimia parece tentar redimir a *sombra* cristã enfatizando a parte ctônica do cristianismo. Eu não posso concordar com essa interpretação.

O primeiro problema é que Jung toma a "matéria" literalmente aqui: matéria para ele significa a natureza física, corporal da realidade. É como se disséssemos que os pacientes na terapia com caixa de areia certamente estariam interessados apenas no lado material do mundo e da vida, visto que eles lidam com areia e miniaturas concretas. Mas no material da caixa de areia é possível expressar profundas questões anímicas e até mesmo espirituais, tanto quanto com palavras "imateriais". E inversamente, palavras podem ser o meio de expressão de uma posição bastante materialista, concretista. De acordo com a nossa "pressuposição alegórica", a matéria da alquimia é apenas uma imagem; é o "meio" e não a "mensagem". Tomá-la como mensagem é errar o alvo da própria alquimia. E é claro que se a alquimia é vista como atendendo à salvação do aspecto inferior, físico do mundo e como compensação do cristianismo, é óbvio para Jung ver o cristianismo como focando apenas na salvação do lado "superior", espiritual e sentir que ele necessita

---

126. JUNG, C.G. *Cartas Vol. III*, p. 183 para o Rev. Morton T. Kelsey, 27 de dezembro de 1958.

suplementar a Trindade com um quarto elemento feminino, uma convicção que pode ser descrita como um grave mal-entendido *psicológico*[127].

O ponto da alquimia é que, enquanto "*opus contra naturam*" (!), ela precisamente superou a dimensão da *physis* como seu horizonte (a *physis* que costumava ser o horizonte da existência mítica). Como mostrei, mesmo que trabalhasse com sua imaginação ativa no *meio* das substâncias naturais literais, a alquimia suplantou o natural *por causa* do seu foco na "matéria", e assim avançou a um nível fundamentalmente mais abstrato (e nesse sentido "mais alto"), o nível da lógica. (Por que era tão difícil para Jung, que viu através das imagens sexuais da alquimia, também ver através da imagem da "matéria"? Acredito que foi porque se o tivesse feito ele teria se aberto para o nível da lógica, e isso teria derrubado algumas das suas premissas. Não ter tomado o tema do incesto e outras imagens sexuais literalmente foi inofensivo em comparação).

E – chego aqui ao segundo problema com a visão de Jung – a alquimia não se especializou em uma metade do par de opostos. Ela queria ser compreensiva. A matéria da alquimia é precisamente não um termo da oposição "matéria *versus* mente (ou espírito)". Ela se moveu para além dessa oposição a um ponto, não de indiferença, mas de dialética. *Tam ethice quam*

---

127. Cf. GIEGERICH, W. *Animus-Psychologie*, especialmente o último capítulo. Eu submeti a argumentação de Jung no seu ensaio sobre a Trindade a um detalhado e cuidadoso escrutínio, mostrando que sua defesa da quaternidade não se sustenta sobre seus próprios argumentos. "Materialistic Psychology: Jung's Essay on the Trinity". In: GIEGERICH, Wolfgang. *"Dreaming the Myth Onwards"*: C.G. Jung on Cristianity and on Hegel. Collected English Papers vol. VI. New Orleans: Spring Journal Books, 2013, p. 85-163.

physice; "*tà physikà kaì tà mystikà*"; "acima, como abaixo". No *meio* da "matéria" ela tentava trabalhar por si mesma a noção da fluidez do movimento dialético, no qual a separação dos opostos é suspensa (basta olhar para o Rebis hermafrodita). Poderíamos perguntar como a suspensão dos opostos é possível de ser atingida. A resposta está contida em afirmações como: "... a *prima materia* é encontrada na montanha que, como Abul Kasim disse, tudo está de cabeça para baixo..."[128]. A partir da ideia de que a *prima materia* tem sua origem e seu autêntico lugar em um mundo de cabeça para baixo, podemos inferir que tal mundo deve ser o lócus no qual a Obra alquímica como um todo também tem que ser realizada, e isso é uma indicação para o nível radicalmente mais alto de reflexão ao qual os alquimistas estavam orientados e com o qual eles estavam lutando. Essa inversão total das categorias constituintes do mundo dado é o pré-requisito para a suspensão fundamental, ou para a suspensão do *status* correspondente de consciência. É a pré-condição para o avanço à noção de negatividade lógica. A ideia alquímica de um mundo de cabeça para baixo como o lócus da Obra é testemunha do fato de que os alquimistas tinham uma consciência intuitiva do que Hegel mais tarde, no curso bem diferente das suas reflexões filosóficas, descobriu como o "mundo invertido" (no capítulo III da sua *Fenomenologia do Espírito*, sobre a "Força e o Entendimento: Aparência e o Mundo Suprassensível").

É claro que o próprio Jung cita tais ditos como "tam ethice quam physice". E também é claro que ele estava ciente de que os opostos da matéria e do espírito eram mediados na alquimia

---

128. JUNG, C.G. *Psicologia e alquimia*, § 516.

e que não havia "ou/ou". Mas Jung não penetrou no entendimento *lógico*. Ele, ao invés, ontologiza, literaliza, hipostasia quando diz que "Naquela época não havia a alternativa ou/ou, mas um *reino intermediário entre* a matéria e a mente, isto é, um domínio anímico de *corpos* sutis, cuja característica era se manifestar tanto sob a forma espiritual, como material. Essa é a única visão que dá sentido à maneira de pensar dos alquimistas, que de outra forma pareceria absurda"[129]. 150 anos após Hegel pode-se dizer que esse entendimento é regressivo. Jung cai concretisticamente no imaginário ("meio") em vez de perguntar qual poderia ser a "mensagem". E assim ele erige um Terceiro *entre* os opostos e imagina em termos de um *reino* ôntico, estático o que na verdade teria que ser pensado como nada mais do que um *movimento* vivo entre os próprios opostos, sem nada "entre" eles. A invenção de tal Terceiro é "má mitologia", uma mistificação. Uma crítica mais sistemática do terceiro reino (na psicologia arquetípica) será apresentada em uma seção separada (5.i) abaixo.

Eu disse que a alquimia queria ser compreensiva. Isso pode ser visto a partir dos estágios da obra. Tomo como exemplo aqui os estágios alquímicos em termos de cores. No estágio da *nigredo*, é o mundo inteiro que é escurecido. O próximo estágio, *albedo*, que resulta da "morte" (suspensão) da *nigredo*, significa a ressurreição ou nova criação do mundo inteiro como "esbranquiçado". O movimento para os próximos estágios, *citrinitas* e *rubedo*, segue o mesmo padrão. É sempre o *status* lógico no qual a vida *inteira* (ou a realidade enquanto tal) se situa; e é possível para cada um ser o *status* para a totalidade do ser,

---

129. JUNG, C.G. Op. cit., § 394, ênfase minha.

porque cada novo *status* é a *suspensão* do *status* da realidade anterior. A sucessão de estágios na alquimia é a sequência de um tipo de metamorfose (lógica) que o mundo enquanto tal passa junto com a mudança de cores da *prima materia* imediata (na qual a parte sempre vale pelo todo).

Como pode ser mais adequadamente descrita a diferença entre o trabalho de salvação da Igreja e o da alquimia? Diferente de Jung, eu não os vejo como projetos paralelos e compensatórios. Ambos são tentativas de realizar o *mesmo* trabalho de redenção. A diferença entre eles está na forma em que isso é feito. A obra de salvação da Igreja (enquanto fenômeno histórico) ocorre no nível da doutrina, da ideologia, da pregação, do discurso moralista, no nível dos conteúdos da consciência que têm que ser adotados ("acreditados") pela mente individual. Podemos dizer que a Igreja opera no nível da "física" da mente, da substituição das "coisas" (os antigos conteúdos e ideias pagãos) da mente, enquanto a alquimia tenta na verdade trabalhar a química da mente e transformá-la a partir de dentro. Mas isso não tem nada a ver com a "sombra" cristã e com a alegada negligência cristã da *physis* em nome da exclusiva concentração no *pneuma*. A diferença se reduz àquela entre obra superficial *versus* salvacional. A Igreja sobrepõe os conteúdos da sua doutrina na mente sem dar a devida atenção à constituição da sua lógica interna. Ela passa rapidamente por cima da questão da forma. Já a alquimia começa pela raiz. Ela tem o pé na realidade. A Igreja se contenta com a *promessa* de que o Espírito Santo como Paráclito irá vir, mas não quer chegar até o ponto em que ele realmente estaria presente. Ela apenas "sonha" inocentemente com o divino Espírito. Para ela, o Espírito foi confortavelmente adiado para o além, e é lá que supõe que ele deve estar, pois caso se tornasse real nesse mundo, a Igreja teria que parar de sonhar, pregar, acreditar e esperar. Ela quer *falar* sobre o cristianismo (no estado de uma doutrina congelada), mas não tem interesse em torná-lo realidade, e até mesmo previne a realização concreta nesse mundo da completude lógica da doutrina cristã. A alquimia não apenas *sonha* sobre o espírito. Ela não fala só sobre a salvação, ela põe a mão na massa. A partir de nomes não-doutrinais como o "espírito Mercurius", a "pedra filosofal" etc., ela tenta libertar o Espírito Santo na realidade, e só pode fazer isso por partir da premissa de que o espírito já está na mente e no mundo real. Ela já tem como garantida a presença real do Espírito Santo aqui e agora na nossa realidade concreta, e é por isso que o que eu disse antes sobre o aspecto *hysteron proteron* da busca é válido para a alquimia: uma busca real só pode ocorrer sobre a base de um encontro realizado.

"O que está acima, está embaixo" não é um paradoxo. A conversa sobre "paradoxos" é sempre um sinal da recusa (ou da inabilidade) de *pensar* os opostos. Um dito como "o que está acima, está embaixo" e conceitos imagéticos como o Mercurius que é *utriusque capax* ou do Rebis hermafrodita são indicações óbvias que para a alquimia tanto o *pneuma* quanto a matéria foram suspensos. A alquimia está além dos opostos, mesmo que "implicitamente" e não "explicitamente". Ela avançou a um nível completamente novo de consciência, o da alma, cuja natureza mais profunda é vida lógica. A lógica se aplica tanto ao reino físico quanto ao espiritual. E isso é possível por não ser nenhum dos dois e também não ser um terceiro entre eles. Lógica é a suspensão deles, a suspensão de qualquer coisa imaginada em termos ontológicos. Não importa mais se você trabalha no *meio* da *physis* (*terra*) ou no *meio* do espírito (*caelum*), porque "céu acima, céu abaixo"[130], isto é, quando você avançou a esse *status* de consciência, você está lidando com o "céu" (mente, lógica) em ambos os casos. A lógica não favorece um oposto sobre o outro; a alma enquanto lógica contém tanto a *physis* quanto o pneuma como momentos suspensos nela[131]. Nesse novo nível de consciência, o plano onde os opostos "ontologizados" (reificados, mitologizados) da *physis* e do pneuma, *caelum* e terra, masculino e feminino, dentro e fora, a esfera humana e o cosmos eram as categorias fundamentais e o foco real do pensamento humano, foi suplantado por um novo plano no qual agora é a diferença entre positividade e negatividade que é categoricamente significante. Positividade e negatividade não são mais "reinos" ou "regiões" ontologizadas da realidade, mas dois *status* ou formas lógicas nos quais *tudo*, do físico ao "pneumático" pode ser compreendido. Esse é o plano no qual o *nosso* trabalho nos espera. A diferença entre materialismo e idealismo se tornou mais ou

---

130. JUNG, C.G. *Ab-Reação, análise dos sonhos, transferência, OC Vol. XVI/2*, § 384.

131. Esse é um *insight* que Jung teve explicitamente, mas que parece não ter surtido efeito ao longo do seu trabalho psicológico. "Se transponho minha noção de realidade para o plano da psique, em que esta noção está em seu verdadeiro lugar, o conflito entre a natureza e o espírito como princípios explicativos antitéticos se resolve por si mesmo. A natureza e o espírito se convertem em meras designações de origem dos conteúdos psíquicos que irrompem em minha consciência". JUNG, C.G. *OC 8*, § 681. (*A natureza da psique*, § 681). A suspensão dos opostos como meros momentos em um novo nível de consciência é incontestavelmente expresso. O novo nível de consciência é um que *resulta* da transposição (suspensão) do nível em que os opostos são princípios mutuamente exclusivos para o nível caracterizado pela noção de psique.

menos sem sentido. Ambos podem ser igualmente positivistas, e logicamente falando, o materialismo é tão "idealista" quanto o próprio idealismo. Enquanto alguém achar que matéria e espírito, o cosmos e o humano, as questões da oposição de gênero etc., são as reais preocupações da psicologia, a alma permanece *fora* de si mesma, no exílio. Permanece imersa e *perdida* em um "lá fora" concretista que pode ser *observado* ou *visionado* e assim continua afastada de si como um "objeto" *dado* para um sujeito que a experiencia. Ela ainda pode evitar ter que *pensar*, isto é, ter que tomar consciência de que aquilo com o que está lidando desde o início é ela mesma (seus próprios pensamentos).

5 A procura por substâncias como a forma lógica projetada

A constante perplexidade dos alquimistas e suas queixas acerca do "fugax ille Mercurius" se deve ao fato de que eles já atingiram por si mesmos a nova e revolucionária dimensão da constituição dialética da vida, mas apenas *como intuição*, como um *conteúdo* intuído ou objeto da consciência. As suas próprias consciências, contudo, permaneceram presas na *forma* da imaginação. A alma projetou para eles no futuro, no "Espaço Exterior", um *status* totalmente novo de consciência tendo como referências os nomes da Pedra, do Mercurius, do elixir da vida, da *aqua permanens* etc., como um tipo de "nave espacial" ou um planeta diferente a ser habitado. Por meio de uma intensa fascinação os alquimistas foram fatalmente "fisgados" por ela enquanto permaneciam na antiga Terra. O encontro da real Pedra dos Filósofos pode ser entendido como a tarefa de superar a discrepância entre o estilo (ou *status* lógico) de consciência de um lado e a realidade intuída do outro; a tarefa da consciência é finalmente apreender sua própria intuição ou projeção para se tornar equivalente a ela.

Explorar o espaço exterior, embarcar em uma nave espacial, pousar em um novo planeta, significa deixar essa Terra. No mundo invertido da alma isso é diferente. Apreender o que foi projetado no espaço exterior ou no futuro não implica de modo algum uma jornada em direção a ele. Implica inversamente que a realidade intuída lhe afeta enquanto você permanece exatamente onde está; ela "amanhece" em você, "aporta" em você, reconstituindo sua própria mente. *Meu* apreendê-la significa que *ela* imperceptivelmente *me* apreendeu, mas como se por detrás ou *a partir de dentro* de mim mesmo. Significa meu ser contaminado ou infectado por ela. Isso é o que significa "interiorização absolutamente negativa". Significa ser atingido ou movido pelo *noesis noesos*[132] (como por um objeto amado), em contraste com ser fisicamente puxado, empurrado ou manipulado. É como ser atravessado por um *insight*. Não há em absoluto nenhuma violência nesse ser movido ou arrebatado pelo que é apreendido pela consciência; meu olhar atento, mas passivo sobre a imagem projetada retorna sobre mim e um dia me surpreende como o meu próprio *modo* de pensar.

Apreender a projeção do Mercurius significa para a consciência ser assimilada em sua própria constituição a constituição do objeto intuído ou projetado da consciência; em outras palavras, significa se tornar dialético como Mercurius e filosófico (lógico, nocional, pensante) como a Pedra Filosofal, a pedra que não é uma pedra. O que a alquimia, enquanto durou, estava tentando fazer pode, por meio de uma distante analogia, ser comparado

---

132. ARISTOTLE. *Metaph*, 1072b.

com a tentativa de apreender processos impessoais e "abstratos" na realidade à semelhança da "teoria da informação" e da "teoria do caos" com uma mente que ainda opera em termos de objetos pessoais, de suas intenções e atos, e de explanações lineares de causa-e-efeito.

Afirmei repetidamente que a Pedra, Mercurius, *aurora consurgens* eram objetos intuídos ou conteúdos da consciência alquímica, mas não a sua forma lógica. Quando eu também interpretei esses conteúdos intuídos, *e. g.*, Mercurius, como a intuição *da* vida lógica da alma, podemos agora entender como isso equivale a dizer que essa ideia, enquanto *objeto* da consciência, era a ideia antecipatória *de* uma nova *forma* lógica de consciência, a forma do pensamento (ao invés da forma da imaginação, do "pensamento pictórico", ou "intuição sensorial"). O que os alquimistas estavam caçando não era mais, como nos mitos e contos de fadas, o "tesouro difícil de alcançar", ou seja, um objeto preciso. Mercurius já é a "implícita" (*ansichseiend*) lógica dialética como o novo *status* da *consciência* a ser realizada. É apenas "implícita", porque ainda é hipostasiada, personificada como um objeto lá fora e por isso é imaginada, visualizada e não compreendida em pensamento. Mas enquanto objeto visualizado, já *é* em si a dialética porque é imaginada *como* o *lapis* que não é uma pedra, em outras palavras, como um solo sólido que em si não é sólido, que não é "solo" de maneira alguma, mas sim fluidez, puro movimento, e ainda precisamente por isso é solo sólido: *aqua permanens*. A imaginação (se não recorre à noção insensata de "paradoxo") teria que imaginar *aqua permanens* como um tipo de gelo. Gelo é água, mas também é fixo. Mas a "água permanente" a qual os alquimistas estavam atrás não é água congelada. Como pertencente ao mundo invertido da alma, ela é a inversão da relação entre "fixo" (ou "permanente") e "água" (ou "fluido") que a noção de "água permanente" tem. Isso é uma contradição que na estrutura da lógica formal aparece como um sinal de loucura. Por isso é necessário o *frenesi* dionisíaco da lógica dialética para fazer justiça a ela.

O problema com a posição imaginal é que ela tem que objetificar, reificar, personificar o que na realidade quer ser a forma da consciência. Ela tem que "passar ao ato" (no plano teórico) o que quer ser "rememorado", *"er-innert"*, "interiorizado", "integrado", para usar o vocabulário da psicologia.

A importante distinção alquímica entre macrocosmo e microcosmo pode ser vista em uma nova luz e liberada da sua prévia intepretação psicologista. Os próprios alquimistas identificavam o microcosmo com o ser humano. Jung seguiu alegremente junto, concebendo o microcosmo como uma imagem do Si-Mesmo humano. Mas olhemos mais de perto para alcançar um entendimento mais crítico dessa ideia alquímica.

O *Lexicon* de Ruland diz *sub voce*, "Um Mundo Pequeno e Intermediário localizado entre o Mundo do Firmamento e o dos elementos, que é apenas natural uma vez que o homem especificamente toma parte em ambos. Qualquer coisa que é real e visivelmente contida nele é dessa maneira espiritual e potencialmente depositada no homem...". Não há dúvidas que os alquimistas de fato compreendiam o microcosmo como o homem, e vice-versa. Mas a partir da definição citada, também é óbvio que aquilo que os alquimistas descreveram em uma forma concretista e ontologizada pode ser facilmente compreendido como a lógica tanto do mundo arquetípico ou ideal ("Firmamento") quanto do mundo real ou material ("Elementos"). As *noções* e a *lógica* do mundo são o microcosmo, pois elas "depositam no homem" "qualquer coisa que é contida em" ambas as esferas, mas elas depositam "espiritual e potencialmente" o que nelas é "real e visível". A psicologia não deve cair inadvertidamente na forma *metonímica* com a qual alquimia fala do "homem" quando na verdade ela se refere (mesmo que involuntariamente) às "noções (e às relações lógicas entre elas)" na mente do homem, pois isso seria uma forma de falácia antropológica. Substituir o "homem" alquímico pelo "Si-Mesmo" ou pelo "inconsciente" é uma maneira mais psicológica de falar, mas tão concretista e inadvertidamente metonímica, hipostasiante e mitologizante quanto. Temos que entender o *unus mundus* da mesma maneira. Em seu estilo imaginal os alquimistas ainda falavam de um *mundus*. Nós não podemos mais ontologizar ou objetificar o *unus mundus*. Para nós, ele não pode ser o mundo "lá fora" e nem o mundo em nós, e nem a conjunção dos dois. O *unus mundus* é o modo do pensamento pictórico falar sobre a lógica, que permanece, é claro, inimaginável.

Seria totalmente injusto reprovar a alquimia por objetificar. A primeira imediaticidade de uma nova forma de consciência sempre aparece como um objeto ou conteúdo percebido (imaginado) diante da consciência, e apenas pela devoção sem reservas ao estudo desse conteúdo é que se torna possível para ele lentamente retornar à consciência se tornando a sua própria forma lógica e *ipso facto* desaparecendo enquanto um conteúdo "lá fora"[133]. Esse processo é o que Jung tinha em mente quando falou acerca da morte dos símbolos. "O símbolo é vivo apenas enquanto está grávido de significado. Mas uma vez que

---

133. Cf. aqui a discussão no capítulo 2 sobre pensamento implícito *versus* explícito.

o significado nasceu dele, uma vez que a expressão encontrada formula melhor a coisa procurada, esperada ou pressentida do que o símbolo até então empregado, o símbolo está *morto*, isto é, só terá ainda significado histórico"[134]. (O que está distorcido nessa formulação de Jung é que ela parece sugerir que a morte dos símbolos ocorre através da substituição da formulação representada pelo símbolo por uma melhor. Mas tal formulação ou expressão "melhor" continua a ser um conteúdo da consciência, e enquanto tal jamais equivaleria ao nascimento do significado do símbolo. Seria no máximo um tipo de "amplificação" ou "maior determinação" do símbolo ainda vivo. O significado do símbolo nasce dele – e o símbolo morre – quando o que é representado em uma forma pictórica como um *objeto* da consciência se torna a *forma* lógica da própria consciência. Cabe a nós então substituir a afirmação positivista de Jung acerca da "expressão que ele formula" pela negatividade da "*forma* lógica da consciência").

Eu disse que seria injusto culpar a alquimia; seria ainda mais injusto porque a alquimia, ao desabar, *realmente* permitiu que a "morte dos símbolos" ocorresse e que as intuições retornassem ao seu lar (*i. e.*, se "integrassem" à própria *forma* da consciência). Não há razões para culpar a alquimia. *Há* razões para culpar a psicologia imaginal que mesmo depois dos

---

134. JUNG, C.G. *Tipos psicológicos, OC Vol. VI*, § 816. Petrópolis: Vozes, 1994. HEGEL disse quase a mesma coisa sobre o mito cem anos antes. "O mito tem seu lugar na educação da raça humana. Uma vez que o Conceito atingiu a maturidade, não necessita mais do mito". (*Vorlesungen über die Geschichte der Philosophie II*, Theorie Werkausgabe vol. 19, p. 30). Esse é um pequeno exemplo entre muitos da proximidade entre o pensamento de ambos, apesar da ostensiva rejeição de Jung a Hegel.

Deuses, dos mitos e dos símbolos alquímicos terem há muito morrido ainda tenta regressivamente re-erigir e defensivamente se apoiar em imagens míticas e em um estilo imaginal de consciência. Se recusando a ver nos Deuses e nos mitos um significado meramente histórico (no sentido de Jung) para a psique, e não enxergando no *opus* alquímico o problema da forma lógica da consciência, ela mostra que não sofreu a integração – ou mais precisamente: ela *finge* não ter sofrido. Pois de fato essa mudança de consciência certamente aconteceu. É uma mudança histórica, e ninguém vivendo em uma era pós-mitológica, pós-alquímica e moderna (pelo menos no Ocidente) pode *realmente* se evadir dela. Nós vivemos nela objetivamente, independente do que subjetiva e individualmente pensamos e quer gostemos ou não.

6 Psicologismo: a intepretação regressiva de Jung da alquimia

Apesar dos seus *insights* acerca da "morte dos símbolos", Jung também se evadiu, mas de outra maneira. Em vez de perceber que a alquimia era uma ingênua e implícita forma de pensamento, Jung na maior parte do tempo a confundiu com uma psicologia (no sentido personalista da "psicologia das pessoas", que lida com o autodesenvolvimento do indivíduo) implícita, se privando assim da possibilidade de se conscientizar de que o objeto de uma genuína psicologia é a vida lógica e que a redenção do projeto abortado da alquimia teve lugar, mais de um século antes de Jung, na lógica dialética de Hegel (que de um certo modo pode ser considerada nada mais do que a "alquimia redimida e *suspensa*").

Quem lê a "Psicologia da Transferência" de Jung e não fica chocado pela discrepância abismal em profundidade, escopo e substância entre as seções sobre as ideias alquímicas e as seções correspondentes nas quais Jung tenta relacionar o que ele disse sobre a alquimia e a terapia individual? O que ele disse sobre a psicoterapia moderna é uma queda de nível em relação ao que ele acabou de dizer sobre a alquimia. A realidade da terapia ou do desenvolvimento psicológico pessoal não parece estar à altura da potência das ideias apresentadas antes. Com a aplicação dos *insights* alquímicos à prática da análise individual, Jung parece ter se tornado redutivo ao seu próprio modo e trivializado seus *insights*. A prática da análise como discutida nesses comentários não parece ser capaz de servir como um vaso adequado, um vaso grande o bastante para realmente conter a dimensão dos problemas com os quais a alquimia se confrontou. Na transição da discussão das passagens alquímicas para a discussão paralela da análise, é como se Jung tivesse mudado para um programa diferente; como se tivesse saído de um mundo para entrar em outro completamente diferente, mais banal; ou, como se ele tivesse mudado repentinamente da sua "personalidade nº 2", que estava maravilhosamente à altura das profundezas especulativas dos temas alquímicos, para a sua "personalidade nº1". A riqueza e profundidade especulativa das imagens alquímicas são perdidas quando realocadas para a estreiteza do consultório. Se na prática isso é tudo a que se refere hoje os *insights* iluminadores que Jung trouxe à tona nas seções precedentes, nos perguntamos então do porquê de todo o esforço de discutir a alquimia e até o porquê tanto esforço foi necessário para os próprios alquimistas. E, inversamente, nos perguntamos se dessa maneira a esfera mais banal da terapia não é *inflada*.

Enquanto a psicologia arquetípica simplesmente nega a morte (suspensão) da antiga consciência e se apoia na ideia de uma continuidade intacta da consciência, Jung se exime de outra maneira da necessidade de pensar genuinamente e de conceber a psicologia como o estudo da lógica da alma. Nós vimos como: operando com uma dissociação, e trocando de "lado" para chegar a um resultado: entre a dimensão especulativa da alquimia e a (inadmitida) concepção personalista de desenvolvimento individual, entre a "personalidade nº 2" e a "personalidade nº 1", entre seu contato intuitivo com a profundidade e sua fachada cientificista – e, é claro, agindo como se esses dois lados fossem compatíveis e até idênticos.

A psique pessoal é, afinal, o lugar onde Jung tentou *engavetar* "os grandes problemas da mente humana", "o fardo da história". Ele comumente dava a séria impressão de que a análise individual, o autodesenvolvimento pessoal (chamado de processo de individuação), os produtos pessoais do inconsciente (tais como os sonhos, as imaginações ativas, as visões) eram de fato as continuações modernas do *opus magnum* alquímico, e isso parece ser a ideia padrão entre os junguianos ainda hoje. Mas no fundo ele sabia mais. Quando, seguindo as próprias formulações de Goethe, ele viu no *Fausto* o *opus magnum* ou *opus divinum*[135] de Goethe e também viu o *Zarathustra* de Nietzsche como o seu (de Nietzsche) *Fausto* e como um dos últimos trabalhos conectados por meio da *aurea catena* com as origens da filosofia alquímica e Gnóstica[136], ele mostrou que entendeu que a Grande Obra real é uma obra de *dimensão cultural*, pública. O *Fausto* não tem nada a ver com o desenvolvimento "interior",

---

135. *Memórias*, p. 182.
136. *Memórias*, p. 99 e 168.

"pessoal" de Goethe[137]. Com ele, Goethe não trabalhou em *seu* Si-Mesmo, em *sua* totalidade. É uma obra de arte que pertence à humanidade; ela não tem o *status* lógico de um sonho pessoal. Vamos ouvir o próprio Jung: "O que era ativo e vivo nele [Goethe] era uma substância viva, um processo suprapessoal, o grande sonho do *mundus archetypos* (mundo arquetípico)"[138]. E esse grande sonho não era um sonho literal. "É o grande sonho que sempre falou por meio do artista enquanto porta-voz"[139]. Se o *Fausto* tivesse circulado ao redor do desenvolvimento pessoal de Goethe, se tivesse sido apenas a documentação de uma série de sonhos pessoais, ele jamais seria o "grande sonho do *mundus archetypus*", nem a "Grande Obra"[140]. O mesmo pode

---

137. "Aqui novamente – como na grande poesia, nas experiências religiosas, nos sonhos proféticos e nas visões – as imagens arquetípicas são os fatores causais, e eles têm pouco a ver com a disposição individual do profeta". Jung sobre Hoseias, *Letters I*, p. 415, para o Monsieur le Pasteur Olivier VUILLE, 22 de fevereiro de 1946. *Cartas Vol. II*, p.19.
138. *Memórias*, p. 182.
139. JUNG, C.G. *Cartas Vol. III*, p. 286 para Sir Herbert READ, 2 de setembro de 1960. Na mesma carta Jung levanta a questão, "O que é o grande sonho? (Ele consiste dos vários pequenos sonhos e dos muitos atos de humildade e submissão às suas indicações. É o futuro e a imagem do novo mundo, que ainda não entendemos. Não podemos saber melhor do que o inconsciente e suas insinuações". Eu não posso concordar. O que ele diz nessa afirmação é sem dúvida de grande importância em sua própria esfera, mas é aplicado à coisa errada. Para mim, todos os pequenos sonhos juntos jamais fariam um grande Sonho. Jung infelizmente ignora aqui a diferença de categorias. Os muitos pequenos sonhos permanecem pessoais, mesmo que tenham características numinosas e conteúdos arquetípicos. "Serem pessoais" é a própria definição dos "pequenos sonhos". Eles jamais são "processos suprapessoais", "o retrato futuro de um novo mundo".)
140. E como se sabe, Goethe raramente sonhava. Assim como Jung disse que quando envelheceu não precisava mais da imaginação ativa, porque as

ser dito sobre a obra de Nietzsche, mesmo que talvez em menor grau. No *opus magnum*, a alma não está trabalhando na *minha* consciência, nos *meus* problemas, em mim enquanto um indivíduo. Ela está trabalhando *nos* "grandes problemas da mente humana", *na* individuação, na *forma* e *status* da consciência em geral, *e* está fazendo isso em uma forma culturalmente relevante ("objetiva"). É um processo que "tem lugar 'in Mercurius'"[141]. "In Mercurius": isto é, na lógica "abstrata" da alma ou, usando a forma mitológica de Jung falar, no "fundo arquetípico", "nas terras interiores da psique", e não na psique pessoal e nem no nível empírico dos eventos e das experiências vividas. *"Meu"* (italicizado!) processo de individuação e *"meus"* sonhos (apesar de todos os símbolos do inconsciente *coletivo*) são de fato não mais do que minhas questões pessoais e geralmente sem nenhuma significância coletiva. Eles pertencem ao *opus parvum*, à imitação em pequena escala ("ontogenética" por assim dizer) do antigo (por assim dizer "filogenética") *opus magnum*[142]. Ou alguém já ouviu falar de um caso em que os sonhos de um analisando podem ser por si mesmos considerados uma real contribuição aos grandes

---

imagens contidas nas suas emoções eram diretamente conscientes para ele, Goethe pode ter dito que ele não necessitava sonhar porque o "inconsciente" ou o imaginal era diretamente consciente para ele, só que na forma da arte (e não de uma experiência psicológica pessoal).

141. JUNG, C.G. *Cartas Vol. III*, p.111 para John Trinick, 15 de outubro de 1957.

142. Cf. meu artigo "The Opposition of 'Individual' and 'Collective' – Psychology's Basic Fault. Reflections On Today's *Magnum Opus* of the Soul", in: *Harvest 1996*, vol. 42, n° 2, p. 7-27. Também presente como o capítulo 8 em GIEGERICH, Wolfgang. *The Flight into the Unconscious*: An Analysis of C.G. Jung's Psychology Project. Collected English Papers vol. V. New Orleans: Spring Journal Books, 2013, p. 325-369.

problemas da mente humana, uma contribuição que realmente fez diferença por ter de fato *movido* estes problemas adiante?[143] O resultado de uma análise pessoal, não tem nenhuma influência sobre o que está acontecendo "coletivamente" em nossa época e nenhuma significância para nossa civilização em geral. Ele não nos presenteia com "o futuro e a imagem do novo mundo, que ainda não entendemos"[144]. Sendo meramente subjetivo, é separado do desenvolvimento "objetivo" da sociedade, da economia, política e das "verdades" da nossa época.

Nesse sentido nem mesmos os próprios sonhos de Jung podem ser considerados parte do *opus magnum*. Eles podem estar por trás da sua obra por inteiro. Para Jung pessoalmente eles eram importantes. Mas eles não significavam nada para e não tinham nenhuma influência real na nossa época; eles nos interessam apenas de um modo histórico e acadêmico. *O opus magnum de Jung consiste na criação de sua obra*, no desenvolvimento do que se tornou a "psicologia junguiana" que abriu "objetivamente" para nossa época novas formas de entender a nós e a vida (ela não consiste em seu desenvolvimento pessoal). É o seu trabalho publicado que dá a Jung um lugar na *aurea catena* alquímica como o último, talvez, dos seus elos. E seus sonhos e suas imaginações ativas são importantes *para o opus magnum* (*i. e.*, *além da sua* psicologia pessoal) apenas pelo que Jung enquanto grande teórico (*pensador*) da psicologia *fez*

---

143. Da maneira como grandes poetas, artistas, cientistas, políticos, filósofos e reformadores religiosos às vezes movem os grandes problemas da mente humana em suas respectivas áreas. (Essa afirmação não deve, contudo, ser lida como uma identificação de todas as suas grandes contribuições com o *opus magnum* no sentido específico dos alquimistas e de Jung).

144. Cf. a nota 139 acima.

deles, e não eles por si mesmos[145]. Como o nome sugere, o *opus magnum* é uma Obra que requer o trabalho ativo de alguém. Sonhos e visões não são trabalhos. Eles são eventos naturais, como Jung comumente insistia. Não é o inconsciente *per se* que é "criativo". Criativo é o homem *inteiro* com suas inteligências conscientes e inconscientes, *se* ele faz face à "totalidade" expondo a ela seu núcleo existencial. Criativo é o "sonho" mais a potência e profundidade do pensamento com o qual é recebido e entendido. Em nosso tempo, a ideia de criatividade foi democratizada. Pela simples razão de que todo mundo tem um inconsciente, se supõe que todo mundo é capaz de ser criativo sem mais delongas. A criatividade acontece com todo mundo o tempo inteiro nos sonhos ou quando se começa a "pintar a partir do inconsciente". Assim a criatividade foi reduzida a um evento natural. Mas *ter* sonhos não faz de ninguém criativo; e apenas aqueles que realmente confrontam a "totalidade", que realmente transgridem em direção às "regiões intransponíveis", o poeta, o artista, o pensador, o xamã, e às vezes o grande estadista, estão abertos à Verdade da vida, enquanto o indivíduo, na medida em que ele é uma pessoa individual, é aberto apenas para suas questões pessoais. Essa distinção é o que separa a *opus magnum* da *opus parvum*.

Claro que Jung era, como Mercurius, *utriusque capax*, o que nesse contexto significa que ele não *apenas* engavetou psicologicamente o grande fardo da mente humana na psique pessoal. Especialmente a respeito das suas próprias experiências

---

145. Pode-se até dizer: foi Jung que tornou seus sonhos grandes, e não os sonhos ou o seu inconsciente que fez Jung grande. Isso é ainda mais verdadeiro em relação às séries de sonhos e visões dos analisandos que Jung discutiu em vários escritos.

durante os anos de sua crise ele enfatizou a importância da dimensão pública. "... se eu for bem-sucedido em mostrar – e isso irá demandar o mais intenso esforço – que os conteúdos das experiências psíquicas são reais, e reais *não apenas como minhas experiências pessoais*, mas como experiências coletivas que outros também têm"[146]. Esse esforço intenso é testemunha do fato estabelecido agora por mim de que os sonhos e visões pessoais não chegam com significância pública, mas têm que ser traduzidos em algo que tenha essa significância pública, *i. e.*, em sua obra, em sua psicologia. Em sua forma original de sonhos e visões que ele *teve*, eles são apenas suas experiências pessoais privadas. Mas "Há coisas nas imagens que interessam não apenas a mim, mas também a muitos outros..."[147]. As coisas que estão nas imagens têm que ser extraídas para lhes ser *dadas* a forma de um trabalho relevante para a humanidade. E seriam relevantes para a humanidade apenas porque lhes foi dada essa forma. "A partir de então, minha vida pertence à generalidade"[148]. Sua vida, seu trabalho, e não os seus sonhos ou imagens visionárias, pertencem à generalidade. O que essas afirmações nos dizem é que Jung teve consciência de que não era suficiente "se submeter a uma experiência original [*Urerfahrung*]", ele também "tinha que plantar o que experienciou no solo da realidade; senão ela teria permanecido *no status de uma assunção subjetiva* sem viabilidade"[149]. Foi necessário o trabalho de uma vida para libertar as experiências do estado

---

146. JUNG, C.G. *Memórias*, p. 172, ênfase minha.
147. *Memórias*, p. 170.
148. *Memórias*, p. 170.
149. Ibid., p. 217, modificado de acordo com o *Erinnerungen*, ênfase minha.

meramente subjetivo que elas estavam por si mesmas para que pudessem adquirir o estado de significância geral.

Mas então há também o outro Jung que parece ter o projeto quase oposto. Podemos ver como ele procede redutivamente para afunilar o amplo horizonte das ideias alquímicas nos estreitos confins de uma moldura psicologista. Nós já ouvimos que Jung, após ter dito que a mandala na verdade significa "formação, transformação, eterna recriação da Mente eterna", sem muitas delongas a identifica também com "o Si-Mesmo, a totalidade da *personalidade*" ou, algumas linhas depois, até mesmo com "o Si-mesmo, *i. e.*, minha [!] totalidade"[150]. Essa identificação é arbitrária, dogmática. Não há absolutamente nada que indique que a primeira ideia ("formação, transformação...") contenha a referência à "personalidade" ou a um "eu" ("*minha* totalidade"). O "Eu" e a "personalidade" são projetados na mandala e na citação de Goethe onde eles não têm lugar legítimo. Eles forçam nosso pensamento em um confim muito mais estreito que a dimensão da infinitude, a qual as mandalas assim como a ideia de "formação, transformação" pertencem; eles tendem a positivar o que tem sua essência na negatividade lógica.

Em *Psicologia e Alquimia* temos outro exemplo. Lá Jung cita o *Rosarium Philosophorum* como dizendo, "Dirige, pois, tua mente para o sal, pois é somente nela [*i. e.*, na mente] que se esconde a ciência e o segredo mais nobre e mais oculto de todos os antigos filósofos". Jung interpreta esse e outro comentário alquímico como afirmando que "o segredo essencial da arte está oculto na mente humana – ou, colocando em termos modernos, no inconsciente"[151]. Novamente um grande salto. A

---
150. *Memórias*, p. 173, ênfase minha.
151. JUNG, C.G. *Tipos Psicológicos*, §§ 359 e 361.

"mente" alquímica é identificada com o moderno inconsciente. Mas apenas alguns parágrafos depois (§ 394), o próprio Jung cita Ruland, que em seu dicionário disse que a imaginação era "o astro no homem, o corpo celeste ou supraceleste", e para explicar ele então cita (nota 103) a definição de astro (*astrum*) de Ruland: "'virtus et potentia rerum, ex praeparationibus acquisita', (a virtude e a potência das coisas, que é adquirida através de 'preparações'). Daí também *extracto* ou Quinta Essência". Pensar aqui no inconsciente requer uma grande torção.

Por que os alquimistas usariam a palavra "astrum", por que eles falariam do "corpo celestial ou supracelestial"? É dito do "astrum" que ele está dentro do homem, mas o fato de que aquilo que é suposto estar no homem é chamado de "astrum" e é conectado aos "céus" mostra que não pode ser um "dentro" literal. Deve ser algo que é a *unidade* do "dentro de nós" e do "lá fora nos céus". Temos que lembrar aqui o que já foi dito sobre o microcosmo. "Mente", *imaginatio* ou *astrum* pode ser entendido muito mais simplesmente nessa e em outras passagens similares como a *lógica* ou a verdade interna da *realidade* (*virtus et potentia rerum*) que foi "adquirida" e "extraída" da realidade "lá fora", *i. e.*, que foi tomada e compreendida pela mente do artífice e que por isso está agora *em* sua mente. Longe de ser o inconsciente inerente (inato) em nós, o "astrum" está em nós apenas se foi adquirido por meio de algum esforço (*praeparationibus*); é o extrato e a essência das coisas reais. Em vez de ver no "corpo celestial ou supracelestial" uma tentativa dos alquimistas de formular suas intuições sobre a lógica da realidade concreta (por ser lógica ela é celestial; por ser a lógica *da* realidade ela é corporificada), Jung recorreu à noção mitológica (reificada) de um "fenômeno híbrido, metade espiritual, metade físico"[152]. Essa interpretação corresponde ao "meio" (da forma como os alquimistas *imaginavam*), mas também afirma essa forma enganosa de imaginar e sustentar nosso pensamento nela, em vez de apontar para a "mensagem". Jung também disse, "Os alquimistas se relacionavam não apenas com o inconsciente mas diretamente com a própria substância [*zum Stoffe*] que eles esperavam transformar por meio do poder da imaginação"[153]. Independente do problema do entendimento literal da "substância" (*Stoof*), por que a frase "se relacionavam com o inconsciente" (que Jung obviamente localizava no interior da pessoa)? Onde o inconsciente entra aqui? A partir das passagens citadas por Jung, me parece que a relação dos alquimistas era com a realidade, mas realidade não em sua positividade e sim em seu aspecto "celestial", sua "essência" interna, em outras palavras com sua lógica "quintessencial". Nesse contexto podemos deixar de lado toda a questão do inconsciente. Não é aquilo no qual o artífice se foca. Ele quer a essência das coisas; ele quer, poderíamos dizer, a verdade (*Quinta Essentia*). A noção reificada de inconsciente é má mitologia, pois positiviza o que inalienavelmente está no *status* de negatividade. Teve seu valor propedêutico na história da psicologia, e pode ainda ser significativo quando usado metaforicamente ou como forma de abreviação útil, ou como um tipo de ironia, mas é indigno de uma real psicologia tomar seriamente o "inconsciente" como um reino hipostasiado da realidade.

---

152. Ibid. § 394. Cf. aqui minha crítica do "intermédio" e do "Terceiro", no capítulo 5.i.
153. Ibid. § 394.

Do modo como é definido, o termo "inconsciente" inevitavelmente nos faz pensar em termos de introspecção e introversão. Mas a obra dos alquimistas não era nem extrovertida (como a ciência) e nem introspectiva (como a moderna psicologia personalista). Era muito mais como a obra dos grandes poetas, artistas, compositores e pensadores, estava orientada para verdade, para a lógica da vida e do mundo. A verdade ou a lógica não pode ser descrita nos termos da distinção entre extroversão e introversão, pois essa oposição já é uma queda da verdade. É uma dissociação neurótica, inventada para proteger alguém da verdade. Jung não poderia atribuir à mente alquímica o significado da lógica, porque ele estava preso em uma noção intelectual abstrata de lógica. Para ele, lógica significava apenas Lógica Formal. É claro, então, que ele iria aboMiná-la quando se tratasse de questões psicológicas. Ele não teve nenhuma concepção de lógica que fosse relevante para alma, porque essa lógica é a unidade dialética de sujeito e objeto, do ideal e do real, é a lógica interna da vida. Essa falha em se abrir para uma noção mais ampla, mais fundamental de lógica o levou, quando os alquimistas falavam de extrair o espírito ou a essência das coisas, a inventar o "inconsciente" como uma *região* literal separada da realidade em geral, acessível apenas por meio da introspecção ou por meio dos nossos sonhos literais, nossas visões, imaginações ativas, e sugerir que esse inconsciente era o real objeto visado de suas investigações, enquanto, como eu afirmo, os alquimistas simplesmente visavam a essência profunda ou a lógica da vida real. Em vez de avançar a uma [psico-]lógica da vida real (retendo assim a dimensão "cósmica" e realizando o projeto alquímico), Jung retrocedeu e atribuiu à psicologia a tarefa de se contentar com uma especialidade compartimentada, o interior do indivíduo, *seus* sonhos, imagens e outros produtos do inconsciente. Dessa maneira, ele preveniu a compreensão da psicologia como psicologia suspensa e ajudou a reduzi-la a sua incompreensão psicologista (personalista).

Eu penso que isso precisa ser dito com toda clareza. É uma deficiência fundamental da psicologia junguiana (sem mencionar outros ramos da psicologia que são ainda mais psicologistas). Sei que o que eu digo aqui não é completamente justo para com Jung, na medida em que há também outro lado dele, o que lutou constantemente para quebrar os grilhões da concepção personalista e da mentalidade firmemente fixada no consultório. Ele insistiu, por exemplo, que grande parte da psique está fora de nós. Mas ele nunca teve o *insight* necessário – ou juntou coragem? – para realmente romper os grilhões que acorrentavam sua abordagem a uma concepção psicologista da psicologia. Ele fez muitos comentários notáveis que apontavam para uma suspensão da psicologia e davam a alma toda a extensão da realidade enquanto tal. Mas ele não permitiu que essas ideias retroagissem de maneira fundamental e explodissem por dentro o vaso "psicologia" no qual ele as desenvolveu. Elas permaneceram conteúdos inofensivos dos seus ensinamentos.

7 Mistificação do mistério alquímico

Ao afirmar que aquilo sobre o qual os alquimistas inadvertidamente trabalhavam era na verdade aquilo que pode ser conhecido como a "psicologia do inconsciente", e ao criar também a impressão de que *o* Processo de Individuação no sentido do *opus magnum* da alma e a individuação pessoal como experienciada em certas análises individuais ordinárias eram a "mesma coisa", e ao sugerir também que a análise pessoal poderia realmente prover uma autêntica resposta ao problema da falta de significado intensamente sentida em nossa época, Jung, a mim me parece, é de fato culpado de mistificação. Ele inflou a análise pessoal. Ele borrou diferenças fundamentais. Ele usou o termo "inconsciente coletivo" equivocadamente: o fato de que as imagens arquetípicas ocorrem nos sonhos pessoais (assim como ocorrem nos mitos e nos grandes modelos do Processo de Individuação) era suficiente para ele fazer parecer que o processo analítico pessoal também tem uma significância e uma profundidade "coletiva" e transpessoal e merecia receber a mesma auréola em nossa estimativa. Há uma grande diferença entre comparabilidade em aspectos formais e comparabilidade em *status* lógico ou significância, e há uma grande diferença entre significância pessoal ou subjetiva (o "inconsciente coletivo" na pessoa individual) e significância coletiva (o "inconsciente coletivo" como *expresso* tanto *nos* mitos coletivamente aglutinantes, nos rituais, nas grandes obras da cultura quanto como *expressão da* verdade, profundidade e significado das suas vidas do modo como é realmente vivida). O processo de individuação pessoal com seus sonhos arquetípicos não expressa a verdade e o significado da vida moderna, e não provê nenhum significado real para nossa época. Ele passa ao largo da vida moderna, e assim como tantos outros fenômenos deste século (como o entretenimento, sensacionalismo, drogas), ele meramente compensa ou consola o indivíduo – e apenas no nível pessoal – pela agudamente sentida perda "objetiva" do significado. Isso não significa que o trabalho investido na análise individual seria inútil ou desimportante. Mesmo como consolo, ele tem sua própria dignidade e importância (outra que não aquela dos fenômenos mencionados anteriormente). O significado arquetípico que pode ser subjetivamente experienciado por meio do processo de individuação pessoal, enquanto significado real de épocas passadas *suspenso*, não provê nenhum significado que mereça esse nome; contudo, ele mantém o conhecimento acerca do significado (o que o significado pode ser) vivo, mesmo que apenas no nível reduzido, na pequena escala do pessoal e na esfera cercada do "nosso interior". Ele o faz assim como a instituição do "museu" preserva vivo o conhecimento acerca das relíquias culturais obsoletas ou *suspensas*. Jung estava certo quando comparou seu trabalho como psicólogo do inconsciente coletivo ao da arqueologia.

Quanto a sua crença de que com a ideia psicológica do processo pessoal de individuação ele encontrou o verdadeiro entendimento da temática do projeto alquímico (daquilo que os alquimistas "ainda projetavam" na matéria), se pode, é claro, apontar para o fato de que Jung *também* enfatizou repetidamente que ao se referir à "psicologia" ou ao "inconsciente" em vez das substâncias e processos químicos da alquimia, ele estava meramente explicando "ignotum per ignotius", o desconhecido pelo ainda mais desconhecido. Isso contradiria a outra ideia de que com a moderna psicologia o mistério da alquimia foi resolvido. Parece agora que não há realmente progresso além da alquimia. Não estamos nem um pouco mais perto da verdade. Em vez disso, nós apenas substituímos um conjunto de símbolos (que tanto expressam como ocultam a "verdade") por outro conjunto de símbolos (igualmente reveladores e ocultadores).

Contudo, a referência ao *ignotum per ignotius* é precisamente uma das maneiras por meio da qual é fomentada uma estimativa inflada do processo pessoal de individuação como um *opus magnum* de pleno direito. Pois imputa que o mistério definitivo está presente nele. Aqui, também, Jung usa o "ignotum" equivocadamente. A frase *ignotum per ignotius* me parece ser testemunha da tênue consciência que os alquimistas tinham de que estavam tateando no escuro e se movendo em círculos – por estarem tentando expressar suas intuições acerca da natureza mercurial, dialética da alma com os meios de um pensamento pictórico, não dialético que era inadequado ao seu objeto de estudo. Essa é a única razão do porquê "a Dissolução no Mercúrio" permaneceu para eles o "mais alto *mistério*". Se você tenta imaginar ou representar no pensamento pictórico o que precisa ser concebido no *pensamento*, você permanecerá em pé admirado diante do seu objeto e se sentindo constantemente perplexo pela sua incapacidade de tocá-lo. O mistério alquímico é *metodológico*, criado pela posição metodológica que de um lado o compele a se impulsionar por um objetivo e do outro não lhe provê com os meios necessários para isso. O mistério não é tanto o próprio Mercurius enquanto objeto ou realidade, mas o "caminho" (*méthodos*) para os alquimistas chegarem lá, a "*Dissolução* Física *no* (Mercúrio)", em que "física" e "dissolução" são contradições em termos. A dissolução só pode se suceder se você não almeja alcançá-la fisicamente (literalmente ou na imaginação), mas tenta *pensar* a realidade, o que requereria a lógica dialética.

A frase *ignotum per ignotius* tem um significado bastante concreto e pragmático. Ela se refere à discrepância lógica e à inadequação *linguística* que atormentavam a alquimia. Tal inadequação pode ser, deve ser, e até certo ponto realmente foi trabalhada: não é necessário permanecer nesse nível para sempre; é certamente possível chegar a um ponto no qual o *ignotum* alquímico pode ser expresso por algo *menos ignotum*. Jung, contudo, costumava se referir ao mistério último da alma como impossível de perder sua característica misteriosa. Jung seguiu Kant achando que a "coisa-em-si" não podia ser conhecida (o que podia ser conhecido era apenas as coisas já preparadas pela mente humana), logo a verdade sobre a alma não podia ser conhecida de acordo com a posição ingenuamente crítica de Jung. Podemos apenas trocar nossas metáforas.

De um lado, a respeito das metáforas usadas (matéria *versus* psique), Jung afirmava que a moderna psicologia pessoal era uma expressão para o projeto alquímico melhor do que a própria alquimia, o que pode ser contestado (eu penso ser inferior); do outro lado (a respeito do grau de conhecimento) ele queria que a frase sobre o *ignotum* significasse que a psicologia moderna não estava nem um palmo mais perto dos mistérios últimos em relação à alquimia, o que também parece errar o alvo já que o *ignotum* não se refere de modo algum aos mistérios últimos. Os dois movimentos contraditórios de Jung juntam forças para prover uma e mesma vantagem. O primeiro movimento sugere que com a moderna psicologia de alguma forma "chegamos"; sabemos um pouco mais do que os alquimistas sobre aquilo do que eles falavam. "Era *sobre* psicologia (pessoal)", logo não há nenhuma necessidade adicional de nenhum trabalho de radical suspensão da psicologia pessoal. O segundo movimento apresenta o antigo *status* imaginal de consciência como não necessitando de suspensão, e dessa maneira o legitimando, porque se o *ignotium per ignotus* se refere a uma condição eterna, à insuperável discrepância entre o conhecimento humano (ou linguagem) e os mistérios absolutos, não há nada que possamos fazer, a forma herdada de consciência parece ser a única forma possível para os humanos.

Retornando a avaliação de Jung da alquimia como o elo perdido que o conecta (e a psicologia moderna) com a tradição imaginal da antiguidade, podemos dizer que a alquimia é seriamente indefinida por essa caracterização. Primeiro, a alquimia não é apenas um elo passivo garantindo a continuação imperturbada de uma tradição. Ela também é um agente ativo, uma força dinâmica, um motor histórico, um transformador. Ela tem um trabalho a fazer. Segundo, o trabalho particular dela tem a ver com a tarefa histórica de desfazer a tradição imaginal a partir de *dentro*, e assim transportar a mente a um *status* radicalmente novo de consciência[154]. A alquimia é tanto

---

154. Essa é a diferença entre a alquimia e o Iluminismo. Ambos têm o trabalho de destruir o imaginal. Mas como a alquimia realiza esse trabalho a partir de *dentro* da tradição imaginal, ela não simplesmente o destrói, mas também o suspende. Na alquimia, a *prima materia* é firmemente enclausurada, mantida dentro do vaso alquímico e "cozinhada", "destilada", "sublimada" até ser plenamente transformada em um estado radicalmente novo. Se o *opus* da anulação da tradição imaginal não tivesse acontecido a partir de dentro dessa própria tradição enquanto vaso encerrado, o trabalho contínuo sobre ela teria um efeito meramente destrutivo, como foi o caso do trabalho do Iluminismo; mas como na alquimia a *prima materia* (o imaginal) não pode escapar, há um contínuo retorno dos resultados do *opus contra naturam* sobre ele mesmo, fazendo com que a *prima materia* seja preservada, mas forçada a um *status* mais alto, ao invés de ser *substituída* por conceitos racionalistas. – Também pode ser interessante contrastar a alquimia com o Escolasticismo. Quero aqui apenas apontar para o fato de que o Escolasticismo também pode ser visto como um *opus*, a obra de treinamento da mente, mas não dentro da esfera do imaginal e nem no trabalho com a matéria. O Escolasticismo trabalhava *diretamente* sobre a mente racional e na *forma* do pensamento. Isso o torna similar ao Iluminismo (que é um desenvolvimento posterior do Escolasticismo); con-

um elo quanto uma interrupção. A fantasia de Jung de um "elo" implica demais uma continuidade intacta da tradição imaginal na qual se pode imaginar que o pensamento psicológico tenha seu lugar. Dessa maneira, não se faz justiça à alquimia.

Para fazer justiça à alquimia é preciso incluir seu declínio na própria definição daquilo com que a alquimia trata. Seu declínio não foi, como eu disse, um desastre externo. Ele veio à tona a partir de sua própria necessidade interna. Esse declínio foi tanto a destruição da alquimia quanto sua realização final. Para entender a alquimia, você tem que ir além dela; você tem que ultrapassar sua deficiência sistemática e se tornar em sua *forma* de consciência semelhante à irrevogável reflexividade e disruptividade que é o *a priori* da alquimia (a característica essencial das imagens da qual ela parte e com as quais trabalha) assim como o resultado final intuído da sua Obra. A ideia de "elo" tende a nos acalmar com um falso senso de continuidade e seguridade, como se pudéssemos pegar o fio da tradição imaginal antiga e segui-lo initerruptamente até os dias de hoje. Não há então a menor ideia da *revolução* da consciência que objetivamente (*e. g.*, na forma lógica do objeto intuído pelos alquimistas) há muito ocorreu. Em que tipo de "psicologia" isso resultaria? Uma disciplina que delega a revolução da forma lógica aos objetos da consciência ("símbolos", "imagens", "metáforas" no lugar dos fatos literais) e esquece da constituição da sua própria consciência, merece mesmo o nome "psicologia"?

***

---

tudo, ele não teve a tarefa de atacar o imaginal. Ele simplesmente deixou a esfera do imaginal para trás.

g) A inerente duplicidade do imaginal

Eu repetidamente indiquei que temos que nos mover para além da imaginação. Mas não é a imaginação que é por definição o oposto do literal, na medida em que expressamente não insiste na existência factual dos seus conteúdos na realidade nua e crua? Não é o imaginal o próprio além, o reino da pré-existência enquanto oposto à esfera domesticada da positividade? A psicologia imaginal não se declara expressamente como uma psicologia do fazer-alma e não do ego? De fato, sim. E ainda assim:

Mesmo que a imaginação admitidamente não postule teórica e explicitamente seus conteúdos como realmente existentes e afirme não expressar verdades filosóficas, mas narrativas, fantasias, ficções, metáforas, jogos etc. – ainda assim, devido *a sua própria forma*, ela primariamente postula seres, pessoas, animais e assim por diante como positivamente existentes. Ela reafirma constantemente o preconceito "natural", ontológico, apoiando nosso senso habitual de positividade, perpetuando a *ordinária* forma perceptual e sensual de experienciar o mundo com o olho; e então, secundariamente, ela recolhe novamente essa postulação.

A imaginação é autocontraditória: ela apresenta seus conteúdos como entidades existentes se movendo em um mundo de coisas visíveis e em um espaço geométrico, enquanto ao mesmo tempo "sugere" que eles não devem ser tomados ontologicamente (como existindo literalmente, ou como verdades filosóficas) mas poeticamente, como imagens ou fantasias. Mas é exatamente esse o problema com a posição imaginal. Sugestões ou declarações abertas sobre intenções ou significados chegam atrasadas, e nunca desfazem ou compensam *aquelas* "intenções" que "objetivamente" inerem os reais atos ou palavras, assim como na análise nós não nos baseamos apenas no que uma pessoa declara ser suas reais intenções. Também levamos em consideração o testemunho incorruptível do seu real comportamento, seu estilo de falar, seus tropos e metáforas, seus gestos e tom de voz.

O *insight* ao qual temos que chegar é que é da própria natureza da fantasia *postular* suas figuras, apresentar um mundo *postulado*, uma cena visível das coisas e pessoas. É a imaginação que está por trás da ontologização, tomando figuras como seres reais, como entidades existentes. O *telos* inerente da imaginação é nos seduzir a *acreditar* em seus produtos, muitas vezes ao ponto da superstição. A imaginação quer que tomemos suas imagens literalmente. Logo, a oposição que a psicologia arquetípica criou entre o literal e o imaginal é precária, se não defeituosa. É o "imaginar" e o "ver através" que são na verdade opostos. O literalismo não é realmente o contrário da imaginação; é a sua conclusão natural, o resultado de se deixar levar fielmente pelo empuxo inerente da imagem.

É claro que quando temos que trabalhar com o imaginal na psicologia, nós não tomamos literalmente o postulado com o qual ele chega. Nós seguimos a advertência de não literalizar as produções da imaginação. Mas essa advertência é uma instrução externa (separada, adicional) de como tomar os produtos das suas postulações. Ela é externa aos próprios conteúdos do imaginal e de uma certa maneira trabalha contra sua dinâmica inerente. Isso se dá porque se abster de literalizar o imaginar é o *nosso* trabalho. *Nós* resistimos ao empuxo da imagem em direção ao entendimento literal, ontológico. *Nós* encontramos a imagem com uma *reserva mental*. A abordagem imaginal às coisas na psicologia arquetípica é uma formação de compromisso entre se deixar levar pela imagem e se refrear. A psicologia arquetípica mantém a imagem no limbo. Ela trabalha com as imagens apenas como *a priori* desativadas. A imagem, se deixada a sua própria dinâmica, imediatamente se estabeleceria como uma verdade empírica ou metafísica. A psicologia arquetípica imobiliza o movimento interno da imagem, ou a congela antes que ela se estabeleça como uma verdade absoluta a ser acreditada. Ela arranca os dentes da imagem, corta as garras com as quais a imagem arrancaria violentamente de nós a crença literal nela. A imagem é domesticada. Ela não está mais na selvagem floresta primal. Esse tipo domesticado de imagem é frequentemente chamado de (mera) fantasia, invenção da imaginação, ficção etc. A psicologia arquetípica não se fundamenta apenas no Romantismo. Há muito de Iluminismo diluído nela também. Ou talvez podemos situá-la somente na tradição Romântica, desde que tenhamos consciência de que os Românticos já despotencializaram fundamentalmente a imaginação e a abordaram e a cultivaram a partir da base de uma moderna consciência esclarecida que não acreditava mais seriamente em nada.

Eu não estou preocupado aqui com a questão da despotencialização das imagens. Estou me dirigindo a algo diferente. O fato de que *nós* abordamos a imagem com uma reserva mental e nos abstemos de tomá-la positiva e literalmente não afeta, não desfaz a postulação e a ontologização que ocorre junto com o *próprio* imaginar, a ontologização que é responsável pela ideia do "ser humano que tem essa psicologia particular". Mesmo na imagem despotencializada nós carregamos sem perceber a ontologização inerente a ela, apesar da nossa retração consciente explícita que não nos faz tomá-la literalmente. O que temos que ter consciência é que mesmo que *nós* tomemos os conteúdos da imaginação "metafórica" e "imaginativamente", a própria imaginação, devido a sua própria forma (lógica), já os positivou. As palavras "metafórico" e "imaginal", na medida em que por princípio não podem atingir a forma lógica objetiva da imagem, sendo apenas meios subjetivos de pensar, têm então o *status* de não mais do que "justificativas". Eles permanecem como esperanças.

Chego aqui a um pensamento difícil. A subjetividade do modo "subjetivo" de pensar ou interpretar não é realmente a subjetividade das pessoas enquanto indivíduos produzindo imaginações, ou desfrutando delas, ou refletindo sobre elas. Temos que conceber aqui uma "intenção subjetiva" que é inerente à forma objetiva do próprio modo da psicologia arquetípica imaginar as coisas, inerente ao seu "estilo" (se posso chamar assim). Quando eu digo que *nós* abordamos as imagens com uma reserva mental, isso não é inteiramente correto. O imaginal (ou a fantasia ou a metáfora) da psicologia se tornou o que é porque internalizou a "reserva mental subjetiva". Isso é o que separa as fantasias de outras produções, como as da filosofia e da ciência. A fantasia se torna uma (subjetiva, despontencializada) fantasia, porque, implicitamente, através da *forma* do seu gênero, diz, "não me tome literalmente, eu sou apenas um produto da imaginação poética, eu sou apenas uma imagem; e se as coisas e eventos que eu falo sobre existem realmente ou não *do jeito* que eu objetiva e explicitamente as apresento, *como* seres literais fora da imaginação no assim chamado mundo 'real', é absolutamente fora de questão para mim. Eu meramente as apresento *como se* elas de fato (positivamente, literalmente) existissem". Essa é a duplicidade do imaginal da psicologia. Ele chega com duas mensagens conflitantes que estão "incorporadas" na forma lógica do seu "estilo". Uma mensagem (objetiva) é a advertência manifesta de como a imagem deve ser tomada *subjetivamente*. A outra mensagem (igualmente objetiva) é a verdade oculta de que ela *objetivamente postulou* e ontologizou (hipostasiou) seus conteúdos.

Eu admito que na imaginação estamos lidando com a existência aparente, não-literal e não com a existência factual e literal. Mas não faz diferença se a existência é aparente ou factual no contexto da nossa questão, porque em ambos os casos a categoria da existência e a perspectiva ontológica *são* celebradas. Assim como uma pessoa com um complexo materno exalta a "mãe" independente de se tentar viver em harmonia com ela ou constantemente lutar com ela, aqui o "ser" ou "existência" é exaltado mesmo se é entendido como sendo meramente "como se". Que a existência seja apenas aparente é algo que se refere apenas à forma lógica *subjetiva* da imagem que jamais pode desfazer ou anular sua forma lógica *objetiva*. Ela nem mesmo a toca. Ao invés disso ajuda a *disfarçá-la* ou camuflá-la, estabilizando assim o literalismo ontológico inerente à imagem, porque nos faz pensar que todo o literalismo já foi superado.

O ponto decisivo acerca do literalismo é se a forma lógica da "entidade existente" e da "positividade" foi completamente, *i. e.*, logicamente, superada ou não. A retirada ao "como se" não é suficiente; é apenas uma evitação conveniente do problema. E na imaginação essa plena superação não acontece, e não pode acontecer, por princípio. A imaginação, enquanto forma simbólica (no sentido de Cassirer), ontologiza e requer uma crença literal se não é refreada. A sua variedade restrita caracterizada pelo "como se", é apenas metade do caminho do movimento para fora do literal, metade do caminho para fora da cidade do ego em direção ao mundo da alma, e metade de uma rendição às demandas (lógicas) que a noção de alma faria à psicologia. A imaginação não é realmente o que Hillman desejava que ela fosse, "o movimento unidirecional, digamos vesperal, às trevas", um "trabalho na ponte [a ponte onírica, a ponte entre o ego e o inconsciente] com uma certa singeleza de intenção", em outras palavras a disponibilidade para se jogar (à *corps perdu*, como Hegel teria dito)[155] no abismal sobre o qual a psicologia é: a "pré-existente", não-existente, *i. e.*, vida *lógica* da alma. Precisamente essa singeleza de intenção, isto é, o persistente e consistente movimento através da ponte com uma disposição determinada a suportar a decorrentes consequências, é o que está faltando.

O "como se" é o muro divisor que mantém a postulação objetiva seguramente aparte da retração subjetiva dela. Ele previne a retração de atingir o alvo daquilo que deve ser retraído garantindo assim a não-perturbada continuidade. Com a ajuda do "como se" você pode jogar uma verdade desse tipo de imaginação contra a outra verdade: se você é acusado de reduzir tudo a "nada mais" do que fantasia, você pode pular para o outro lado e apontar que é o próprio postular da fantasia que dá às coisas seu caráter de realidade em primeiro lugar. Se, por outro lado, você é acusado de ter se tornado supersticioso, você pode pular para o primeiro lado e se defender dizendo que não está tomando as imagens literalmente. Você se tornou

---

155. Cf. HEGEL, G.W.F. *Differenz des Fichteschen und Schellingschen Systems der Philosophie*. Theorie Werkausgabe, vol. 2, p. 19.

então idêntico ao *fugax ille Mercurius* (que como sabemos é *utriusque capax*), passando ao ato sua duplicidade.

O que a imaginação, *qua* (esse tipo de) imaginação dá com uma mão, preserva com a outra. A imaginação é em si dissociada. Enquanto "como se", ela *é* a divisão entre a) o que faz na verdade e b) como ela quer que suas produções sejam abordadas. E é o apego à ideia sólida, tangível de positividade (seres existentes, a abordagem ontológica da vida) sob o ponto a), enquanto simultaneamente recolhe essa positividade ou literalidade como não sendo realmente intencionada sob o ponto b) enquanto simultânea postulação dos seus conteúdos e recolhimento dessa postulação e enquanto realização dessa divisão, a imaginação *é* a sistemática hesitação ou reserva mental que é *celebrada* abertamente na psicologia arquetípica como o famoso espaço "intermediário" no sentido da tradição Platônica. Se a imaginação não continuasse a ser essa hesitação, ela imediatamente superaria (suspenderia) a si mesma se tornando pensamento.

Eu apontei que o "como se" ajuda a camuflar a postulação que vai junto com a imagem. O estilo imaginal com seu "como se" de fato provê um álibi ou um refúgio secreto para a positividade (o literal, o ontológico) do ego (abertamente rejeitado) ao declarar que a psicologia arquetípica não está interessada na verdade ou no Ser, nem no *esse in re* e nem no *esse in intellectu*, mas apenas no "como se" do *esse in anima*, nas imagens, ficções. Por trás da proteção da rejeição das questões "filosóficas" da verdade e da existência real, todo o tipo de pressuposições inconscientes literais e abstratas podem estar ativas de modo insuspeito e não detectado (*incógnito*: ocultas na forma lógica das imagens). O reconhecimento oficial mencionado equivale a dar a senha para o preconceito ontológico inerente na forma lógica da imaginação de modo que ele pode se mover livremente sem nenhum exame adicional, porque o "como se" o *definiu* de uma vez por todas como inofensivo, e assim o proveu com um certificado de não-objetável ou com uma clareira segura. É por isso que eu falo de uma justificativa. Se a ponte (entre o ego e o inconsciente) de que Hillman fala fosse atravessada com uma singeleza de intenção ou com uma implacável determinação isso implicaria, como consequência inevitável, a explosão da ponte atrás de si. A imaginação da psicologia imaginal, contudo, é em si mesma nada mais do que a fixação do momento em que o movimento atingiu o ponto central da ponte, a distância média *entre* os dois lados. Enquanto movimento congelado, ela não é mais movimento; é movimento *reificado*: a ponte *como* um objeto fixo, imóvel.

h) "Similitude": o falso senso de continuidade

Uma das minhas críticas acerca da interpretação de Actaion por parte de Moore é de que a imagem mítica foi reduzida a uma mera duplicação da psicologia e patologia familiar nas pessoas empíricas modernas, quando na verdade era suposto que ela deveria fornecer um pano de fundo arquetípico que pudesse iluminá-las. Quero agora levantar uma questão mais geral de como as relações entre as imagens arquetípicas e nossas aflições, entre a mitologia clássica e a realidade psicológica moderna são vistas pela psicologia arquetípica ou imaginal.

No *Mito da Análise* Hillman escreveu em 1972, "Os momentos de ansiedade, bestialidade e possessão da mitologia, os seus extraordinários acontecimentos imaginários não humanos podem ser iluminados de novo modo através de nossas experiências correspondentes. A mitologia pode então chegar até nós, e nós até ela, de uma maneira nova, pois ela se dirige diretamente à nossa dor. E mais: *nossa dor torna-se um caminho para penetrar a mitologia*. Nós entramos num mito e tomamos parte nele, diretamente, através de nossas aflições. As fantasias que emergem de nossos complexos se tornam a entrada para a mitologia" (p. 196). A ideia de que a dor e as aflições da nossa vida real são um acesso ao mito é de grande importância. Ela remove o mito da esfera da torre de marfim e dá o devido crédito aos aspectos sombrios da vida psicológica. Ter desenvolvido essa ideia foi um dos muitos méritos de Hillman na psicologia. Contudo, se nós *realmente* escutarmos o que está sendo dito na passagem citada, e especialmente, se a escutarmos tendo em mente o uso que a psicologia arquetípica tem realmente feito do mito – o texto citado não é uma "receita" para humanizar a mitologia, em vez de "de-humanizar a psicologia"? A psicologia arquetípica estaria inadvertidamente fazendo o exato oposto do que ela acredita e declara fazer.

A tese que está em questão aqui é que há um acesso *direto* ao mito ("se dirige diretamente à nossa dor"; nós "tomamos parte nele, diretamente, através de nossas aflições". Similarmente em *Re-Visionando a Psicologia*, mitos "são diretamente conectados aos nossos complexos...", p. 102). Há uma diferença fundamental entre dizer, de um lado, que podemos *usar* as imagens mitológicas como ferramentas hermenêuticas para nos dar algumas novas ideias ou "categorias" ("padrões") nos ajudando a ver nossas aflições em uma luz diferente e a ter delas um sentido que não conseguiríamos de outro modo; e, por outro lado, afirmar que há uma conexão direta entre nossos complexos e os mitos antigos. No primeiro caso estamos falando do processo da *nossa* tentativa de dar sentido a algo, dos nossos esforços interpretativos, nos quais nos abrimos para os mitos de épocas passadas porque eles estimulam nossa imaginação de um modo inabitual. O segundo caso se trata de uma afirmação ontológica: *existe* uma conexão imediata. Essa ideia na psicologia arquetípica se apoia na noção neoplatônica de "similitude" ou "semelhança", e é inseparavelmente conectada com a posição politeísta, que equivale ao clamor de que os Deuses antigos (Apolo, Dioniso, Zeus, Afrodite, Hestia etc.) ainda estão vivos hoje. Por mais que nossa cultura tenha mudado desde a antiguidade, no que diz respeito ao pano de fundo psicológico há, porém, uma intacta continuidade. Em termos fundamentais estamos ainda no mesmo mundo.

Iremos examinar as três determinações que compõem esse clamor: a) mito, os Deuses do panteão politeísta e outras figuras mitológicas, b) nossas aflições ou complexos, c) a ideia de uma "conexão direta" ou "similitude". A primeira determinação nos envolve na questão de se os "padrões mitológicos" conectados aos nossos complexos são realmente os próprios mitos, realmente os "mesmos" Deuses que os gregos experienciavam, enquanto a segunda determinação requer uma resposta à questão de se o que é iluminado pelos mitos toca realmente nas nossas aflições, na nossa moderna situação.

1 Mito, os Deuses ou: formas abstratas

A psicologia imaginal tanto vive como opera com a distinção entre o "literal" e o "imaginal". Essa é a distinção que trai a sua distância fundamental do mito. A mitologia (equivalente aqui ao modo mitológico de estar-no-mudo), ao contrário, é constituída pelo fato de que essa distinção não existe e *não pode* ser feita.

Ela não tem sentido na mitologia e a destruiria. A experiência mitológica é baseada na "epifania". O modo mítico ou epifânico de experiência é caracterizado pelo fato de que o imaginal ou divino brilha a partir de dentro do que hoje chamamos de literal. Como Jung disse, "a vida psíquica dos primitivos" "é inteiramente concretista e inteiramente simbólica ao mesmo tempo"[156], o que implica que a via de acesso ao imaginal é o próprio "literal". Podemos até dizer que sob as condições de uma constituição mítica da experiência que quanto mais intensamente o homem literaliza ou concretiza eventos, mais profundamente ele está em contato com sua essência imaginal. Apenas aquele que irrevogavelmente caminhou para fora do modo mítico de experiência e *refletiu* sobre ele (de fora) pode fazer uso dessa distinção e dizer que em uma epifania, o literal é, ou melhor *era*, experienciado como a manifestação do imaginal. O epifânico é o que permite a conexão direta, e mesmo a identidade, entre "fato" e significado mítico.

Para nós, o véu dessa identidade foi "rasgado em dois de cima abaixo". O signo para o fato de que isso ocorreu é a própria divisão entre o literal e o imaginal. Nós sentimos que devemos desliteralizar para ter acesso ao imaginal. Para uma mente que *conhece* explicitamente a diferença entre o imaginal e o literal, não pode haver uma participação direta no mito, nem mesmo através das nossas aflições.

A lógica do nosso mundo moderno torna tal participação imediata no mito impossível. Nossa lógica da existência passou por muitas quebras ou negações radicais (das quais a mais notável foi o "Iluminismo") e irremediavelmente perdeu

---

156. JUNG, C.G. *A natureza da psique*, § 47.

sua inocência lógica. Para as pessoas vivendo em uma época na qual o mito ainda era vivo, a lógica do mundo era tal que elas de fato participavam diretamente do mito por meio das suas aflições assim como através daquilo que acontecia no mundo, tanto na história (ou política) quanto na natureza (guerras, epidemias, a morte do rei, o nascer do sol, o fluxo do rio, raios e trovões etc.). É uma ilusão baseada em uma rejeição crucial pensar que seria suficiente estabelecer uma relação com as imagens mitológicas para nos conectar com elas e tornando-as o que já foram um dia: mitos, Deuses, heróis mitológicos. O que é negado é o hiato que nos separa do modo mitológico de estar-no-mudo, e que é preciso muito mais para revivê-lo do que as imagens míticas que chegaram até nós. Mitos reais, Deuses reais eram a unidade *das* suas imagens *e* da lógica do estar-no-mundo que as autenticavam. Mas como indiquei, não se trata apenas do fato de que não temos mais essa lógica (e de que a psicologia imaginal não pode supri-la); a lógica através da qual o nosso modo de existência é regido não permite mitos e Deuses. Permite no máximo um entendimento histórico, hermenêutico do que os mitos e Deuses foram um dia e uma apreciação estética das antigas imagens mitológicas.

Logo, aquilo ao qual nossas aflições e complexos parecem nos conectar diretamente não é aquilo que se diz ser. Em vez dos mitos, em vez dos Deuses, é o seu molde externo, suas relíquias sem vida, em outras palavras, abstrações formais do que eles um dia foram. Os Deuses gregos da psicologia imaginal são produtos do nosso aprendizado, da nossa educação superior. Para nós, eles não são o resultado de uma experiência mítica ou religiosa.

Jung viu claramente o abismo que nos separava dos velhos mitos (e até mesmo da religião cristã). Ele optou por "reconhecer abertamente nossa pobreza espiritual pela falta de símbolos, do que fingir possuir algo de que decididamente não somos os herdeiros legítimos. Certamente somos os herdeiros legítimos do simbolismo cristão, mas de alguma forma desperdiçamos essa herança"[157]. "Nossa morada espiritual caiu em degradação (§ 31); "nossa herança espiritual foi dissipada" (§ 32). E ao ver essa situação ele não tentou nostalgicamente retornar ou reviver os velhos Deuses. Em vez disso ele desacreditou tal movimento como "participar de mascaradas" (§ 27), como posar de rei [*Theaterkönig*] (§ 28), e levanta a questão de se não é indispensável para nós "talvez costurarmos nossa própria vestimenta" (§ 27). Jung até mesmo viu seus "arquétipos" como Deuses *suspensos*: "Apenas um empobrecimento sem paralelos do simbolismo pode nos tornar capazes de redescobrir os Deuses como fatores psíquicos, isto é, como arquétipos do inconsciente coletivo" (§ 50).

Que os Deuses da psicologia imaginal são abstrações formais se torna claro também a partir de outras considerações. A psicologia imaginal recusa a distinção de Jung entre o "arquétipo-em-si" e a "imagem arquetípica". Admito que há razões convincentes para que esta distinção seja deixada para trás. Essa distinção estabelece o arquétipo na linha do pensamento metafísico tradicional. Ela estabelece um cenário por definição oculto, incognoscível que é suposto estar por "trás" do primeiro plano da imagem arquetípica, privando assim a imagem de sua autossuficiente efetividade. Mas temos que ver é o curioso fato

---

157. JUNG, C.G. *Os arquétipos e o inconsciente coletivo*, § 28.

A vida lógica da alma 295

de que a eliminação do "arquétipo-em-si" atrás da imagem, que devia restaurar o pleno valor de realidade e autonomia da imagem fenomenal, produz o resultado oposto. Mesmo se o conceito de "arquétipo-em-si" era altamente especulativo e duvidoso, pelo menos era algo que, se aceito, podia realmente dar conta da potência numinosa e da autenticidade arquetípica da imagem.

Contudo, esse fator autenticador foi eliminado da teoria psicológica. Em vez de liberar a teoria, como era intencionado, do seu elemento especulativo, o movimento de eliminar o arquétipo-em-si não se livrou do seu elemento especulativo; ele apenas o arrastou para o *status* lógico da própria imagem. Agora é lá que ele reside. Que a imagem contém sua própria efetividade numinosa é algo meramente afirmado; a imagem é *suposta* para contê-lo. Mas meramente olhando para a imagem fenomenal você não é capaz de dizer que ela é equipada com tal potência. Na realidade você termina com a imagem enquanto formalidade, e *mais* a garantia anexada de que ela carrega em si mesma sua profundidade arquetípica. Mas tal garantia subjetiva, sendo totalmente dependente da nossa crença e permanecendo externa à imagem a qual se refere, não conta muito. É um acessório especulativo ou até ideológico. O fato de que a única coisa que realmente conta é meramente o aspecto formal da imagem é a razão também do porquê Actaion, do modo como foi interpretado por Tom Moore, poder ser mostrado na verdade como uma alegoria de um estilo de consciência e uma mera duplicação de atitudes e comportamentos empíricos.

Em um artigo que apareceu na *Spring 54* eu argumentei, em um contexto mais amplo, que "Não sobra muito de Zeus se ele é privado dos sacrifícios feitos a ele. Você não pode abrir mão dos sacrifícios de touro e ainda assim pensar que Zeus permanece Zeus". Hillman contestou isso afirmando, "... como se Zeus não pudesse ser de qualquer maldita maneira que ele quiser, requerendo toda sorte de atenção hoje que não lhe teria ocorrido 2500 anos atrás... Possivelmente Zeus permanece Zeus mesmo sem os touros, porque toda uma outra gama de sacrifícios e de rituais são oferecidos a ele"[158]. A primeira coisa a notar é que Hillman inadvertidamente reverte a uma distinção exatamente paralela à distinção de Jung entre "arquétipo-em-si" e "imagem arquetípica", em outras palavras, retorna à distinção que a psicologia arquetípica expressamente rejeitou de maneira sistemática. Há um tipo de "Zeus-em-si-mesmo", um Zeus que, similar a uma "essência" ou "substância" em um sentido metafísico, é no fundo indiferente às suas mudanças de formas de manifestação e da alteração das formas de atenção que ele pode requerer durante diferentes períodos da história. E existem formas particulares nas quais esse Zeus fundamentalmente a-histórico, atemporal, abstrato aparece e demanda serviços no tempo histórico, dependendo da época particular ou das pessoas para quem ele aparece. Não há mais aqui o pensamento de "permanecer na imagem" (o culto a um Deus pode também ser considerado uma imagem arquetípica no mais amplo sentido da palavra), de ficar com a imagem concreta como autossuficiente e autocontida, sem nada por "detrás" dela.

Eu não estou certo se alguém pode levar essa concepção completamente a sério como a nova posição de Hillman no lugar da sua visão anterior, ou se ele se deixou ser levado pelo calor da batalha e escorregou em um modo de pensar que

---

158. HILLMAN, James. "Once More Into the Fray – A Response to Wolfgang Giegerich's 'Killings'. *Spring 56*, 1994, p. 1-18, aqui p. 4.

em um momento mais calmo não teria chance de ser afirmado. Seja como for, mesmo se a segunda alternativa é a que se aplica, o fato de que foi possível escorregar dessa maneira deve indicar que esse tipo de pensamento ainda é de algum modo possível sobre a base da psicologia arquetípica. Ela dá espaço para ele, por isso devemos levar essa afirmação a sério.

No presente contexto a questão do "arquétipo-em-si" *versus* "imagem arquetípica" não é nosso interesse. Em vez disso, a questão é sobre a abstratividade dos Deuses e das imagens míticas na psicologia imaginal. A concepção de um Zeus que pode ser de qualquer modo, transparece essa abstratividade mais sucintamente. Esse Zeus é um *princípio* "ideal", abstrato sem nenhuma característica "real". Ele é completamente arrancado de qualquer vida real em uma realidade social e em um contexto histórico concreto. Ele flutua livremente sendo assim completamente indeterminado. Se ele pode ser de qualquer maldita maneira, podemos imaginar por que ele também não abre mão do seu nome Zeus e escolhe outro nome, de maneira que possa aparecer às vezes como Javé ou Dioniso? Do modo como Zeus é colocado aqui, não há nada que poderia estabelecer sua identidade. No fim ele é apenas um compartimento vazio. Mas se é assim, ele não é nenhum Deus afinal. Deuses não apenas possuem um "Sitz im Leben" (incorporação na vida real de uma sociedade), eles (sua própria noção e imagem) são também *saciados* com a vida concreta de um povo. Deuses reais não são abstrações. O Zeus real era a *unidade* de si (a ideia ou imagem abstrata de "Zeus") *e* da inteira vida concreta dos gregos que o cultuavam. A psicologia imaginal se sente livre para cortar fora toda essa segunda metade da noção de Deus, reduzindo-o a algo como uma Forma Platônica atemporal ou uma imagem estacionária, e ainda assim imagina (!) estar falando de um Deus real, até mesmo de um Deus que ainda é vivo hoje. Mas aquilo do que ela está falando é apenas a forma morta de um *antigo* Deus. O Zeus de Hillman é anoréxico. Mas apenas porque ele é assim, apenas porque ele foi emaciado até os ossos, ou melhor, até a sombra do seu antigo si mesmo, é que Hillman pode paradoxalmente clamar que ele ainda é vivo hoje e pode a moderna consciência "entreter" e desfrutar a ideia de Zeus; é precisamente a forma morta que, sendo atemporal, pode potencialmente ser "mantida viva" (mumificada) para sempre. A experiência do Zeus real, com tudo aquilo que acarreta, seria certamente insuportável para nós e para o modo como nossa vida é[159]; é óbvio que esse Zeus real não está presente hoje. Nós hoje usamos levianamente a palavra "Deus" ou "Deuses", mas não sabemos realmente do que estamos falando.

Os mitos em geral são concebidos na psicologia arquetípica de uma maneira similar ao que foi dito sobre Zeus. Eles não são mais mitos reais; como poderiam ser para uma consciência moderna? Eles são para nós imagens estacionárias, congeladas das figuras míticas e de suas características; uma pura estrutura ou uma forma essencial, a-histórica e atemporal. Eles são princípios abstratos com a única diferença que esses princípios estão na *complexa forma de representações pictóricas* e narrativas. O que eles eram em seu próprio tempo era algo bem diferente.

De acordo com Hillman, a psicologia arquetípica "não cultua os Deuses gregos e nem os de nenhuma outra cultura... Nós não revivemos uma fé morta. Pois nós não estamos preocupados com

---

159. Assim como seria terrível para nós modernos suportar a vida sob as condições empíricas, sociais e mentais da Grécia Homérica.

a fé"[160]. "As religiões abordam os Deuses com rituais, preces, sacrifícios, cultos, credos... Na psicologia arquetípica, os Deuses são *imaginados*... Eles são formulados ambiguamente, como metáforas para modos de experiência e como pessoas limítrofes numinosas"[161]. O que é rejeitado é o modo da fé, não o intento de um reavivamento. Deuses e venerações são simplesmente contrapartes, *relata*. Onde há um Deus não há nada a fazer a não ser venerá-lo, assim como quando se experiencia uma boa piada ou algo realmente engraçado não há nada a fazer a não ser explodir em gargalhadas. Quando ninguém ri, obviamente não houve a experiência de uma "piada", e quando não há veneração, isso prova que também não houve a experiência "Deus". (A forma particular de veneração é deixada em aberto; pode não ser a fé ou credo, que são especialidades cristãs). Imaginar e psicologizar são atividades importantes, mas não são responsáveis pela experiência "Deus", nem um meio no qual aquilo que chamamos Deuses podem aparecer ou serem adequadamente concebidos (assim como a linguagem da ciência não é um meio no qual o fenômeno do amor pode ser adequadamente descrito, ou um telescópio não é um instrumento para receber programas televisivos). Os assim chamados deuses imaginados são despontecializados, castrados, "Deuses" reduzidos à conteúdos manipuláveis da consciência; Deuses como "piadas"[162] são totalmente removidos daquilo que a *palavra* Deus significava.

---

160. HILLMAN, J. *Re-vendo a psicologia*, p. 324. Rio de Janeiro: Vozes, 2010.
161. *Re-vendo a psicologia*, p. 323.
162. Cf. HILLMAN, James. "'Psychology – Monotheistic Or Polytheistic': Twenty-Five Years Later". In: *Spring 60*, Fall 1996, p. 121: "O Paraíso perdido é a perca do senso de humor de forma que você não é mais capaz de compreender as piadas de Deus".

Jung não poderia ter dito que os Deuses são metáforas, e que são abordados por meio dos nossos métodos psicológicos, por meio do imaginar, personificar e psicologizar. Quando ele expressou sua tese de que os Deuses se tornaram doenças (uma tese que inspirou a própria tese de Hillman da conexão direta com o mito por meio dos nossos complexos), era essa característica de ritual (nesse caso involuntário e inadvertido) inerente às obsessões, compulsões, fobias, adicções etc., que o fez falar de Deuses (Jung: "*servir* uma mania é detestável e indigno, mas *servir* um deus é cheio de significado e promessas"[163]). Jung queria que o serviço inconsciente fosse transformado em um consciente, e isso mostra que o significado da palavra Deus ainda era vivo para ele. A psicologia arquetípica quer dissolver o mesmo serviço inconsciente em metáfora, humor, imaginação, privando assim a palavra Deus do seu próprio significado. O que é deixado no lugar é uma oca "palavra de poder".

Logo se deve haver uma "conexão direta", como Hillman clamou, sabemos agora que ao menos não é uma conexão *com* os mitos e *com* os deuses do panteão politeísta. Deve ser outra coisa com a qual nós estaríamos de fato conectados. E implicitamente a psicologia arquetípica admite isso quando defende a característica "como se" da sua relação com os Deuses. Isso se aproxima muito de imputar uma "lógica de faz de conta" até mesmo para os mitos e rituais como, *e. g.*, Joseph Campbell fez. Que ofensa! Quanta confusão conceptual! Mitos reais são a simples expressão *da* verdade[164]. A palavra grega *mythos* significava "palavra real" (como

---

163. JUNG, C.G. *Estudos alquímicos, OC Vol. XIII*, § 55. Petrópolis: Vozes, 2003, ênfase minha.

164. Mas para fazer justiça a essa sentença não se deve ter uma noção ingênua, simplista do que a verdade é. (Falarei mais sobre a verdade, e até sobre "Verdade absoluta" no capítulo 6c).

oposta a outras palavras gregas para a "palavra", *e. g.*, *logos*), a palavra que não necessitava ser provada na medida em que carregava sua verdade consigo; ela *vinha como uma inquestionável* verdade (W.F. Otto, com Kerényi concordando. Cf. Vico: "Similarmente, *mythos* chegou a ser definido por nós como *vera narrativo*, ou fala real..."[165]).

E não é um abuso (ou se supõe ser apenas uma piada?) depois de ter limpado a psicologia de toda veneração ainda insistir que ela é "uma atividade religiosa"[166] e clamar que a psicologia "restaura a presença [!] dos Deuses em todas as coisas"[167]?

Ainda mais revelador é que a psicologia arquetípica abertamente defende uma remitologização[168]. Mas *re*-mitologização é o oposto de si mesma, o oposto de um retorno à experiência da vida como foi vivida em um cosmos animado por Deuses e Deusas. Ela brota a partir da reflexão. Por isso, a fala psicológica de "mitos" e "Deuses" carrega a ruptura lógica consigo e constantemente a afirma. A psicologia imaginal pode ainda *clamar* que "mito" é a "palavra real", mas *seus* "mitos", por brotarem da reflexão e carregarem sua ruptura e perda da inocência consigo, não são mais mitos reais. Eles são 'alegorias' de mitos *antigos*. Seus Deuses são, no fim, não mais do que uma engrandecida *façon de parler*. Tais Deuses de fato requerem uma "lógica de faz de conta".

---

165. Giambatista VICO, *The New Science*, Ithaca (Cornell Univ. Press) 1970, capítulo "Poetic Logic", p. 85.
166. HILLMAN, J. *Re-Vendo a Psicologia*, p. 427.
167. HILLMAN, J. *Psicologia arquetípica*: um breve relato. São Paulo: Cultrix, 1995, 66.
168. *Re-Vendo a Psicologia*, p. 212.

2 Nossas aflições ou: antiguidades psicológicas

"Nossas aflições" são também abstrações. Nós pensamos que nossas aflições (por produzirem emoções e dor), nossos valores (por suscitarem uma paixão em nós), nosso senso de beleza (por poder estimular desejo), e assim por diante, são o oposto de abstrato. Mas isso apenas mostra o quanto não sabemos "Quem pensa abstratamente" (título de um curto texto de Hegel).

Nossas aflições nos chegam *como* já *psicologizadas* e *subjetivadas* para começar; elas passaram através do ego; elas foram positivadas como a "experiência de uma pessoa". Se, como Hillman clama, a mitologia é um espelho *adequado* para a patologia, o qual é em um certo sentido (mesmo que não no sentido intencionado por Hillman), então essa adequação consiste no fato de que aqui duas positividades são assemelhadas, uma realidade (logicamente) morta espelhando outra (logicamente) morta realidade (nossa psicologia pessoal). Na sua maior parte, a psicologia não se deu conta, é claro, de que aquilo que está analisando é algo logicamente morto e obsoleto; ela não viu através da nossa psicologia pessoal com todas as suas intensas emoções *como* nosso passado congelado, nossa história interiorizada e "afundada"; ela não compreendeu que todas essas emoções, valores, princípios, imagens, ideias que fazem a nossa psicologia pessoal – na medida em que são pessoais – são na verdade *antiguidades psicológicas* que carregamos conosco, bem distantes de onde a alma está hoje. Nas análises das nossas psicologias pessoais, nos esforços de autodesenvolvimento e em nossos trabalhos introspectivos nós nunca encontramos nossa verdadeira realidade. Nós apenas limpamos um pouco as relíquias do passado em nós. Nossa *realidade* está em outro lugar. Sendo irrevogavelmente positivadas, nossas aflições e complexos não podem nos conectar diretamente com o mito no real sentido da palavra. De fato, elas inevitavelmente nos colocam *desse* lado do rio, na margem oposta à qual o mito está localizado.

Em *Suicídio e Alma* assim como em *Re-visionando a psicologia*, Hillman estabeleceu determinações do que ele se refere por "alma". Uma delas pertence ao nosso contexto, e é problemática para uma psicologia que quer ser arquetípica. "... a palavra [alma] se refere ao componente desconhecido que... converte os eventos em experiências..."[169] O que converte os eventos em experiências não é a alma enquanto tal, mas aquela particular manifestação da alma que nós chamamos de ego moderno. E para ele que desejaria que mitos e Deuses tivessem uma chance, a definição acima seria o movimento errado. Ele teria que aprender o inverso: converter as experiências de volta aos eventos (considerando que tal reversão fosse possível, o que não é). "Eventos", claro, não na lógica da ciência e do positivismo, mas na lógica que garante aos eventos a capacidade de serem *em si mesmos* (*enquanto* fatos) significativos, em si mesmos eventos *falantes*. O próprio ponto do modo mitológico de estar-no-mundo é que os eventos não têm que ser *convertidos* em experiência pela alma, porque eles *eram* animados desde o início e em si mesmos. *Enquanto* eventos eles eram cheios de significado. A ideia da alma como um componente que *converte* eventos em experiências postula, e assegura, eventos

---

169. *Re-vendo a psicologia*, p. 28.

des-animados como a realidade primária. Aqui a reflexividade, o caráter de *re*-mitologização, a estrutura de "faz de conta", trai a si mesma.

Se as nossas aflições são de fato capazes de nos conectar diretamente com o mito, elas não podem ser experienciadas como *"minhas* aflições". Aflições psicológicas (aflições e emoções *como* minha experiência) inviabilizam o mito, assim como o mito inviabiliza meu "experienciar". Até mesmo para Aristóteles, que já estava separado por séculos do modo mitológico de estar-no-mundo, as emoções e aflições ainda tinham o *status* de *eventos* físicos, cosmológicos (mesmo que tivessem lugar na pessoa). Para ele, elas não haviam ainda sido "psicologizadas", subjetivadas. Apenas aquilo que 1) tem o *status* de um evento ou fato e 2) ainda assim porta um significado (seu significado) consigo pode ser um fenômeno mitológico.

O próprio fato de que Hillman escolheu nossas *aflições* como acesso privilegiado ao mito já é uma indicação de que os confins do psicologismo (personalismo psicológico) não foram realmente transcendidos. Por que nossas aflições em particular? Porque não o sol, a lua, essa árvore bem ali, a Guerra da Coreia etc., como conexões diretas com os Deuses? Na era do mito e do ritual, *tudo* que era real podia nos conectar diretamente com os Deuses. As aflições pessoais não tinham um papel privilegiado. Uma resposta pode ser dada.

A razão é que você necessita de algo como nossas aflições, complexos, sintomas para fazer com que a tese da "conexão direta com o mito" possa *parecer* ter algo para aderir. Hoje as coisas e os eventos neste mundo estão óbvios e irrevogavelmente nas mãos das ciências e da sua lógica positivista. Não funcionaria "remitologizá-los". Se alguém aponta para um raio

A vida lógica da alma 305

no céu e diz que ali Zeus está vivo, isso seria aceito no máximo como uma figura de linguagem, mas seria mais provável que fosse rejeitado como algo sem sentido. Nem mesmo a poesia, que do fim da era pagã até a era do Romantismo foi o único refúgio para um tipo de lógica mítica, não pode colocar Zeus e o céu juntos de um modo crível novamente. Apenas nossas aflições e experiências, sendo *subjetivas*, não estão ainda sob a total dominação das ciências, e assim permitem esse tipo de "remitologização".

A subjetividade das nossas aflições é um aspecto. Outro, ainda mais importante, é que "nossas aflições" complementam perfeitamente os "Deuses". Na tese da psicologia arquetípica de que nossas aflições proveem uma conexão direta com os mitos (Deuses), os dois lados desse par são abstrações formais. Assim a tese, pode se dizer, equivale ao clamor de que $0 + 0 = 1$. Dois cadáveres fazem uma pessoa viva. É por isso que é absolutamente essencial encontrar uma abstração (representando nós mesmos) que tem uma qualidade particular que a capacita complementar a outra abstração (mitos, os Deuses) de tal modo que cada lado oblitera a abstração do outro. "Nossas aflições" são a escolha perfeita. Elas vêm com um senso de realidade absolutamente convincente e nos coloca em um carregado estado de emocionalidade. Mas elas são experienciadas como sem sentido, caóticas, primitivas. Os mitos e Deuses gregos, por outro lado, são belos, têm uma forma clara e precisa, são nobres tanto por serem elementos de uma estimada tradição de longa data como por serem imagens do divino.

Pelo curto-circuito dos dois, em outras palavras, pelo clamor de que há uma conexão *direta* entre os dois, "nossas aflições" podem emprestar a emocionalidade e realidade convincente às formas mortas dos Deuses, enquanto as imagens dos antigos Deuses equipam nossas aflições com um sentido de forma e significado. Cada lado ganha o que falta ao outro e torna invisível a deficiência um do outro. Os dois lados ganham – de tal modo que não mais nos damos conta de que estamos refletindo duas abstrações uma na outra. Porque os dois "zeros" apoiam e estimulam um ao outro, parece agora que começamos com 1 + 1 (em vez de 0 + 0), com duas realidades concretas vivas; Deuses reais ali e nossa realidade concreta aqui. Mas isso é apenas uma aparência resultante de uma operação de curto-circuito.

Ao se mover para uma psicologia baseada em uma *anima mundi* e para uma cosmologia e ecologia psicológicas nos anos de 1980, e abrindo mão da sua prática psicoterápica para se devotar a grupos mais amplos e às coisas públicas, o próprio Hillman tentou superar as limitações de uma posição na qual nossas aflições e experiências nos conectariam diretamente com os Deuses ou com o mito. Esse movimento foi uma tentativa de retornar aos "eventos" no sentido mais amplo possível, incluindo as coisas. Mas isso não funciona. Ninguém é forte o bastante para arrancar o mundo natural das mãos da ciência e da tecnologia. Em nossa época o mundo natural é propriedade *legítima* da lógica do positivismo; pois é a alma atual que autoriza a ciência e a tecnologia. Você não pode retornar a uma *anima mundi* através de uma "fraude" ou "ilusão" – ou através de uma brincadeira, de um jogo ("vamos jogar 'profundidade mítica e significado da vida'", "vamos fingir que os velhos Deuses ainda estão vivos e que são *realmente* eles que estão presentes nas nossa vidas").

Nossa questão é se aquilo que é iluminado pelos mitos realmente encontra e toca nossas aflições, nossa moderna situação. A resposta segue a partir daquilo que já vimos. Na medida em que duas positividades são refletidas uma na outra, os "mitos" como formas abstratas, positivadas são de fato capazes de encontrar nossas aflições pessoais positivadas. Contudo, na medida em que aquilo que recebe o nome de mito não se refere aos mitos e Deuses reais, eles não atingem realmente nossas aflições (ao ponto em que elas não são positivas), muito menos nossa moderna situação em geral, os grandes fenômenos culturais como a ciência, a realidade virtual, as altas finanças etc. A psicologia arquetípica tenta ver Apolo por trás da ciência moderna, Hércules por trás do moderno ego ("heroico"), para dar apenas dois exemplos. Nisso ela erra o alvo em dois aspectos. Primeiro é injusto com Apolo e Hércules, na medida em que eles não são vistos a partir de si mesmos, mas são poluídos com uma realidade que é fundamentalmente diferente daquela pelas quais eles eram responsáveis. Enquanto figuras mitológicas, eles pertencem a um mundo logicamente mais inofensivo que o nosso. Eles podem ter tido seus terrores no nível do *comportamento* particular, mas comparados com a *característica geral de* absoluta crueldade, brutalidade e "totalitarismo" da ciência moderna, eles são camaradas bastante confortáveis. A outra injustiça é que a realidade da nossa situação é *indeterminada* quando interpretada nos termos de Apolo e Hércules ou de qualquer outro Deus grego. Regressando a eles nós *perdemos* a característica particular do nosso mundo. Olhando para eles nos cegamos para o que está realmente acontecendo no nosso tempo. Tornamos Hércules e Apolo responsáveis por algo que eles não poderiam ter gerado, e nos privamos da possibilidade de nos tornarmos conscientes da dimensão do dilema psicológico no qual estamos hoje.

Para fazer justiça ao nosso mundo moderno, não podemos regredir a nenhuma figura ou padrão mitológico. Eles não são suficientes. Mesmo que aparentem certas similaridades *formais*, eles são incomensuráveis. O erro é explicar o ego moderno e suas neuroses *a partir* do mito e tentar curar a patologia do ego alopaticamente através de uma troca de uma perspectiva arquetípica por outra (tal como Dioniso, Hermes, Afrodite etc.), mesmo que o próprio ponto do "ego moderno" (assim como o da ciência) é ter *rompido fundamentalmente com o mito enquanto tal*, isto é, com todo o nível de consciência no qual a real experiência mítica era viável. A ciência e o ego não romperam apenas com esse ou aquele mito, mas com o próprio *status* da alma que tornava os mitos possíveis. Logo eles significam a Queda ou a expulsão do paraíso do mito, do modo mítico e imaginal de ser no mundo. Declarar que as figuras do mito tais como Hércules e Apolo estão por trás desses fenômenos modernos como seus panos de fundo arquetípicos, como dominantes informando a consciência, é um erro categórico. Você perde a diferença fundamental de dimensão e é culpado de redução. Você reduz a uma troca intramítica uma situação que *deve a sua própria existência* e sua específica característica lógica à *sistemática negação do mito enquanto tal*.

É um tipo de política de apaziguamento: a mensagem é, nada aconteceu realmente, nenhuma fissura, nenhum tremor das fundações da existência psicológica por meio de uma ruptura dentro da própria alma *do* mito *para* o ego que catapultou o homem moderno a um nível de consciência radicalmente novo, um que é aquilo é na medida em que é a superação do anterior. A mensagem é, mesmo que a incisão psicológica trazida pelo cristianismo (a eliminação sistemática do politeísmo pagão e sua substituição pelo monoteísmo) e pela formação do ego moderno (para o qual o nome "Descartes" é suficiente como referência) sejam mudanças históricas admitidamente decisivas na consciência do homem ocidental, *psicologicamente* elas não são incisivas e podem ser registradas em termos do panteão politeísta. Em outras palavras, a boa-nova é que psicologicamente nós ainda vivemos em continuidade intacta com os gregos e seus Deuses. Hillman disse isso sucintamente: "Psicologicamente, os Deuses jamais morreram..."[170] Uma ilusão fatal. Ou uma estratégia para manter a alma em um estado virginal, como uma lunar *anima alba*, e protegê-la dos trabalhos do tempo por meio da sua estabilização na esfera da atemporalidade "platônica" ou na dos "arquétipos-em-si" junguianos. Ao dizer isso, Hillman não "permanece na imagem", não permanece atado à particularidade da sua situação (especificidade). Ele *malgré lui* estabelece um reino metafísico, um reino de uma alma que flutua livremente acima e além dos reais fenômenos anímicos, disfarçando pobremente a natureza metafísica dessa asserção por meio da palavra "psicologicamente". Especificamente e acima de tudo é *psicologicamente* que os Deuses estão mortos, enquanto que para a consciência egoica, *i. e.*, em nossa tradição literária ou intelectual, é possível, por meio de metáforas, haver algum tipo de "sobrevivência dos Deuses pagãos"[171]. É a *alma* que é sujeita às mudanças violentas na história. *Ela* sofreu a perda e a ruptura da qual estivemos falando. E, rompida em si mesma, a alma atual não pode ter mais um acesso real aos Deuses. Essa é a própria aflição com a qual a psicologia tem que lidar.

---

170. *Re-vendo a psicologia*, p. 324.
171. Esse é o título de um livro de Jean SEZNEC. Originalmente em francês: *La Survivance des dieux antiques* (London, 1940).

Hillman luta contra a ideia de *espaço* vazio, não qualificado que domina muito da nossa civilização moderna, optando em vez disso pela antiga (e certamente agradável) ideia de *locais* particulares. Mas ele não vê a contradição na qual esse movimenta o coloca. Ao rejeitar o espaço vazio abstrato e junto com ele as corporações universalmente ativas, o ciberespaço e a abstrações do governo, ele se volta contra seu próprio espaço particular (tanto geográfico quanto temporal), os Estados Unidos às vésperas do ano de 2000, que é o lugar particular, qualificado, *do universalismo* da Internet, do ciberespaço, das corporações multinacionais etc.; essa é a primeira contradição. E ao "retornar" aos antigos Deuses e a antiga estima por "locais", rejeitando assim seu local real, ele não sai fora desse local concreto com o qual ele está em guerra. Sua rejeição do universalismo é o próprio modo no qual esse local, com sua posição universalista, o captura: seus "Deuses" e a ideia de "locais" não têm que ser literalmente inseridos na internet, porque de acordo com seus *status* lógico eles *já estão* no ciberespaço. A "internet" é uma metáfora concreta, corporificada para o modo como a consciência é constituída no presente, para a sua absoluta indiferença à informação que circula nela; ela tem espaço para todos os tipos de *websites*, recebendo voluntariamente até mesmo as imagens de uma psicologia politeísta com sua visão contra seu universalismo. Toda a luta do politeísmo contra o monoteísmo acontece hoje na "internet", pois ela *é* essa luta, é o monoteísmo universalista que quer dar a todas as perspectivas possíveis o seu próprio lugar particular (*website*). O Deus real de um lugar e uma época é inescapável. Nossa escolha é unicamente entre o reconhecimento consciente, ou a recusa (que vem junto com o retorno sub-reptício do reprimido). *Vocatus atque non vocatus deus aderit* (deus nesse caso =

universalismo da realidade virtual). O politeísmo da psicologia de Hillman com seu paganismo flutuando livremente e sua *aisthesis* desenraizada coloca involuntariamente os Deuses e sua devoção a "locais particulares" como oferendas sacrificiais no altar do Único Deus universal atual, que tem muitos nomes, realidade virtual, capital, informação, niilismo... Essa é a segunda contradição.

As duas razões pelas quais Hillman fez um movimento errado em uma questão tão crucial provavelmente se deve, em um nível subjetivo, a ter se deixado levar pelos seus profundos sentimentos de apreciação da beleza e dignidade dos Deuses gregos e, em um nível teórico, ao ter operado com a equação: imagem ou metáfora = alma = "psicologia viva". Ele negligenciou assim a divisão fundamental que atravessa a noção da própria "imagem" e que divide as imagens entre aquelas que são de fato enraizadas na *minha* vida, na *nossa* sociedade, *nessa* época (pois minha vida e essa época são enraizadas nelas) e aquelas que, por mais que tenham tido seu lugar na vida de outros povos e sociedades antigas, não possuem relevância psicológica para nós. Não há apenas a diferença entre imagens arquetípicas, imagens dos Deuses e a *imaginatio vera*, de um lado e as outras imagens como mero entretenimento subjetivo, estético, literário ou educacional de outro. Também há a diferença entre as imagens arquetípicas que são realmente nossas e outras imagens arquetípicas que pertencem ao passado e a culturas exóticas. Para Jung, "A única questão é se [uma história, uma imagem] é *minha* fábula, *minha* verdade"[172]. Deuses imortais também têm a sua hora. Eles vêm a vida e morrem quando é chegada a sua hora.

---

172. *Memórias*, p. 19. (adaptado)

Em Homero, Moira ou Aisa está acima de Zeus, e o Prometeu de Goethe, se dirigindo a Zeus, clama "tempo todo poderoso / E destino eterno", "os seus e os meus senhores". Arquétipos podem ser "atemporais e sempre presentes" (como Jung disse certa vez[173]), e verdades podem ser "eternas verdades". Esse é o aspecto abstrato delas enquanto potencialidades. Contudo, a respeito da questão de serem consteladas em um dado tempo na história, é possível que elas tenham tido o seu momento e não sejam mais do que antiguidades (*psicológicas*). O tempo é o que determina se uma imagem arquetípica tem o *status* de realidade psicológica. O arquétipo não é real meramente em virtude de sua natureza arquetípica, a imagem meramente devido à sua natureza imaginal e o sentimento numinoso que possivelmente cria. É a diferença entre "nossa" e "aquelas do passado ou dos povos exóticos" que divide o que é psicologicamente relevante ("psicologicamente real") daquilo que não é. Hillman leva essa diferença em consideração no que se refere à dimensão dos limites entre as culturas, enraizando inflexivelmente nossa psicologia em *nossa* tradição imaginal ocidental e se recusando a "ir para o Oriente", como Jung fez antes dele. Mas ele não levou essa diferença em consideração no aspecto temporal, onde ela o teria ensinado a distinguir em um sentido equivalente o que é psicologicamente "obsoleto" e o que é "vivo".

---

173. JUNG, C.G. *Cartas Vol. III*, p. 111 para John Trinick, 15 de outubro de 1957. Isso precisa ser comparado, contudo, com a seguinte sentença: "Arquétipos, apesar da sua natureza conservadora, não são estáticos, mas estão *em um contínuo fluxo dramático*". *Letters 2*, p. 165, para o Padre Victor WHITE, 10 de abril de 1954. *Cartas Vol. II*, p. 335.

A vida lógica da alma 313

Uma psicologia que não conhece a ruptura na alma, que não é responsiva a isso na própria constituição das categorias do seu pensamento e não permite que ela encontre uma adequada expressão, é uma psicologia que não pode fazer justiça à ferida da alma. Ela não pode encontrar a alma onde ela está hoje. A psicologia necessita de um senso de Tempo, de História, de *Animus*. Enquanto ela se encapsular no reino platônico atemporal das imagens, ela perderá de vista a ruptura fundamental que é o tema atual da psicologia. Resta então se abrigar no reino abstrato das potencialidades, renunciando o contato com a realidade psicológica concreta. Ela então tem que cair nas mãos do mesmo ego que oficialmente tenta superar: ao agir como se a perda dos Deuses por parte do homem moderno se devesse a *sua* negligência como se *ele* precisasse apenas voltar a imaginar para experienciar uma verdadeira "Renascença". Porém, ao flertar com a ideia de "Renascença", você apenas aplica uma cola por cima da fissura. E ao colocar o fardo do renascimento dos Deuses sobre nós, você mostra que realmente não conta mais com os Deuses como a verdade mais profunda da vida concreta, por mais que *pretenda* fazer isso. Certamente os Deuses precisam de nós humanos. Mas se eles ainda estivessem vivos, todo o mundo os serviria e louvaria seus nomes. Não teríamos saída, pois isso seria o sinal de que os Deuses estão vivos (assim como qualquer prazer ou amor instintivamente respinga nos nossos comportamentos e falas). Inversamente, o sentimento disseminado de perda de sentido e da morte de Deus é a automanifestação espontânea da obsolescência *psicológica* de Deus e dos Deuses.

Tudo o que Hillman tem a oferecer como forma de resposta ao dilema da alma moderna parece se resumir ao que pode ser expresso nas linhas, "Dê-me a antiga religião [*i. e.*, pagã], é bom o suficiente para mim". Não consigo detectar nenhuma *resposta* genuína a Descartes, Kant, à globalização, ciberespaço etc., uma resposta que teria vindo de uma escuta sem reservas desses fenômenos e do levar eles a sério, isto é, como fenômenos que têm seus lugares na história da *alma*. Há apenas rejeição, um contraprograma, com o qual a real dificuldade da alma é simplesmente deixada de lado, mas também livre para se desenvolver sem um acompanhamento consciente, *anima*do.

O platonismo da psicologia imaginal é a imagem reflexa da ideia da alma como *anima alba*, pura, intacta, *apenas "anima"* (*i. e.*, intocada pelo *animus*[174]). Aqui se pode argumentar que essa designação não se aplica à psicologia imaginal, afinal não é ela que enfatiza a "patologização" e os aspectos obscuros da alma? De fato, ela o faz. Mas isso não contradiz minha avaliação. O reino mitológico do inframundo e o patologizar são partes da *inocência* da alma como *"apenas anima"*[175]. Para essa psicologia

---

174. Cf. meu *Animus-Psychologie*.
175. Inocência aqui não significa "sem dor" ou "não machucada" literalmente: a brancura da *anima* não significa ser intocada pela morte e pelas trevas do inframundo, nem implica a absoluta bondade dos anjos ou a pureza da Virgem Maria. Todas as tenebrosas imagens de horror (*e. g.*, a carnificina dos próprios filhos por Tântalo e Medeia) na mitologia e implacabilidade da natureza têm o seu lugar na inocência da *anima*. Na verdade, a abertura absolutamente sem críticas a todos os aspectos da vida demonstra *essa* inocência (Jung: "a *anima* acredita no 'belo e no bom'", conceito primitivo anterior à descoberta do conflito entre estética e moral" (OC 9/1, § 60). Ter caído nesse conflito teria significado a perca da inocência no sentido do texto presente). Inocência aqui se refere à inocência lógica, não ferida pelo *animus* e sua "reflexão", suas oposições, sua consciência da contradição, seus cortes. Nossa *noção* de inocência não deve ser ela mesma inocente e ingênua (inocência literal em vez de lógica).

inocente, aspectos essenciais da vida moderna estão totalmente excluídos da esfera da alma, a alma não está mais *ao nosso redor*. A alma nesse entendimento unilateral, literal está do lado da perspectiva politeísta, do movimento Ambientalista, dos Verdes, dos protetores da floresta tropical e das espécies ameaçadas, mas não pode ser vista trabalhando no monoteísmo, na ciência moderna e na tecnologia, na orientação exclusivamente pelo lucro das corporações multinacionais e das grandes instituições financeiras, no universalismo da Internet e assim por diante. O fazer-alma é restringido a certos tipos de comportamento, eventos e atitudes e o que é oposto a eles é imaginado como des*anima*do. Mas um entendimento *anima*do, generoso da alma compreenderia que ela é em si mesma ela mesma e seu Outro. A destruição da floresta tropical é também um trabalho da alma. Obviamente, ver as coisas dessa maneira requereria pensamento e lógica dialética, enquanto a imaginação está condenada a abordar a alma e a *anima*ção literalmente.

Se você olhar apenas para as feições mostradas por Hércules e Apolo de um lado e para o ego e a ciência moderna de outro, de fato você verá paralelos marcantes, de tal maneira que parece plausível ver um como o pano de fundo arquetípico do outro. Mas a diferença entre o mito antigo e o dilema da alma moderna não é um dos seus traços descritíveis. E o problema com a abordagem imaginal é que ela não é capaz de ver além da categoria de "feições". Não é consciente da diferença ou lacuna *entre* "feições (fenomenológicas)" *e* "elemento (*status* lógico)" em que essas feições aparecem e que atribui a elas sua significância particular. A ilusão do contínuo psicológico depende da ignorância dessa diferença, uma diferença que em si mesma já equivale à admissão da perca da inocência e da continuidade, em outras palavras, ao reconhecimento de uma fundamental ruptura. A incompatibilidade de figuras mitológicas como Hércules e Apolo com os dilemas da alma moderna se encontra na *lógica* invisível, inimaginável constituindo e permeando essas duas situações da alma, nas diferentes constituições do "mundo" na qual a alma está integrada e a partir da qual as antigas imagens assim como nossas aflições modernas recebem seu lugar, significado e *status*. Toda realidade concreta é a unidade de si mesma e de toda a lógica do estar-no-mundo de uma dada situação cultural a qual ela pertence. A imaginação não pode compreender isso, porque para começo de conversa ela não quer *compreender*. Ela quer apenas visionar. Ela olha *abstratamente* para as próprias coisas e figuras (as formas imaginais) aparte do "elemento" no qual elas têm o seu lugar. Ela vê ("visiona", "imagina") apenas o peixe, mas não a água; os pássaros, mas não o ar. Isso é o que a imaginação, como baseada estritamente na *anima*, é sobre. Ela é estruturalmente cega a algo como a lógica; o elemento, o "mundo" ao qual as formas e figuras pertencem. A imagem abstrata, ou abstraída da lógica do inteiro cosmos cultural (*i. e.*, do *status* ou nível de consciência), é o que constitui a imaginação. Se ela não fosse cega para a lógica da alma, ela não seria "imaginação". Ela seria imaginação *suspensa* ou – pensamento. Apenas uma alma que foi ferida pelo *animus* é aberta a algo "fantasmagórico" como o elemento lógico no qual tudo que pode ser visionado tem o seu lugar e pelo qual é permeado e definido[176].

---

176. A cegueira da imaginação para o *status* das imagens se deve à cegueira ao tempo histórico. Se, como Heidegger afirmou, imaginação *é* Tempo, é evidente que ela não pode ser consciente do Tempo. Ela teria que ser capaz

O que tem que ser conscientizado é que o caráter psicológico *específico* do nosso mundo não pode ser compreendido de modo algum pela imaginação – porque o mundo moderno deve sua constituição e existência precisamente à sistemática destruição, superação, suspensão de todo o mundo natural, politeísta, mitológico e seu correspondente *status* de consciência. Explicar a ciência a partir de Apolo e o ego a partir de Hércules é como explicar a guerra nuclear moderna nos termos da guerra antiga realizada com arcos, flechas e espadas; ou é como imaginar a eletricidade, dispositivos eletrônicos, ou a realidade que chamamos de "informação" (como em "sociedade da informação") nos termos da mecânica e da hidráulica. Uma marcante redução. Fenômenos modernos, como a ciência e o ego, são a *unidade* deles mesmos enquanto fenômenos *e* toda a lógica que os inspira[177].

Isso não se aplica apenas a Apolo e Hércules. Vale para todos os outros Deuses também. Quando, *e. g.*, alguns arquetipalistas tentam recuperar Afrodite em alguma experiência da vida moderna, não é um terrível abuso da pobre Afrodite que, estando morta, não pode se defender desse abuso? Se fala apenas de abuso sexual, infantil etc., esses dias. Mas na psicologia arquetípica, os Deuses antigos também são abusados. Primeiro eles são reduzidos a adereços e então arrancados do seu espaço apropriado

---

de se ver de fora. Essa é a razão do porquê o pensamento (enquanto imaginação *suspensa*) é necessário.

177. Claro que o mesmo se aplica aos fenômenos antigos ou arcaicos. Para fazer justiça a eles, é preciso considerá-los juntos com a "lógica mitológica" que os informa. É ignorando a questão da lógica que a psicologia arquetípica é capaz de simular que os antigos Deuses ainda estão ativos nos fenômenos da vida moderna.

chamado "mitologia grega" para "adornar" banalidades da vida moderna, tanto das nossas aflições pessoais quanto nossas tendências e modismos coletivos. Acreditar ser capaz de iluminar os fenômenos da vida moderna fazendo referência aos Deuses antigos mostra uma insensibilidade a sua qualidade particular e a sua lógica. Tomando Afrodite como exemplo, como alguém pode seriamente querer reconhecê-la, ou achá-la relevante no senso de beleza, fantasias eróticas e comportamentos sexuais atuais, visto que toda essa esfera não apenas perdeu sua inocência por ter sido sujeitada ao moralismo e ao puritanismo (uma incursão do *animus*!), mas também por estar solidamente nas mãos das agências de propaganda, *experts* em *marketing*, designers de moda, e editores de revistas que manipulam o próprio sentido da beleza em um nível coletivo?[178] Se requer um estranho tipo de inocência ser de fato seduzido pelas similaridades formais e abstratas dos fenômenos atuais ignorando totalmente o diferente *status* lógico que eles têm em nosso tempo e acreditar que pode haver um erotismo *não* subsumido de alguma maneira ao consumismo englobante, assim como à moderna *teorização psicológica* sobre a sexualidade (outra incursão do *animus*). O abuso do qual eu falei consiste nesse caso em nada mais do que essa ilegítima inocência, uma inocência que pode até ser chamada de "obscena" no sentido

---

178. Claro que essa manipulação não é totalmente arbitrária. É uma manipulação que também *responde* às mudanças no gosto e desejo do público e assim necessita de extensa pesquisa. Logo manipulação e reação andam lado a lado. Mas essas responsividades de maneira alguma retira a natureza manipulativa dos procedimentos de propaganda e marketing, porque a responsividade é *a priori* e sistematicamente subsumida ao propósito ulterior de maximização do lucro.

amplo no qual essa palavra tem sido frequentemente usada em tempos recentes. Um senso de beleza e fascinação sexual que atravessou processos históricos reais (séculos de moralismo, de condenação e perseguição puritana assim como de teorização psicológica) tendo perdido assim sua inocência não é o senso de beleza e erotismo de Afrodite. E uma esfera da vida que, *se* vista abstratamente, parece ser a de Afrodite, mas tem sido posta como um todo a serviço do lucro não é a de Afrodite. Uma Afrodite que foi convertida em objeto de estudo de uma "teoria sexual da neurose" e de livros de psicologia arquetípica *ipso facto* não é mais a Deusa de mesmo nome. É uma Afrodite *suspensa* e instrumentalizada, e assim o próprio oposto do que a própria Afrodite representava.

Você só respeita os Deuses *como* Deuses se os reconhece *como Deuses de tempos passados*. A lógica da nossa realidade hoje é tal que apenas um Deus morto pode ser um Deus real (pode ser reverenciado como um Deus real). No momento em que você arranca um Deus do sono dos mortos para a vida moderna, você os tornou conteúdos da consciência *moderna* (que tem uma presença concreta, "objetiva" de si mesma no ciberespaço e na Internet) e inevitavelmente os reduziu a alegorias dos Deuses e os instrumentalizou para o que chamamos de "consumismo psicológico". A consciência moderna, a alma moderna, não é capaz de se relacionar diretamente com "Deus", muito menos com os "Deuses antigos" no plural, como um Deus real. Ela pode apenas *pensar* neles como Deuses *suspensos*: Deuses que passaram pela reflexão. A alma precisa de "historicismo" (do reconhecimento da obsolescência). Os Deuses também precisam para permanecerem Deuses. Sem isso, falar sobre Deuses antigos é idolatria ou mero nominalismo, em todo caso blasfemo. O preço pelo *status* lógico da consciência moderna tem que ser pago de um jeito ou de outro. Se você apoia os Deuses como ainda vivos psicologicamente, então esses Deuses que você apoia se tornam formas ocas (mesmo se belas) que apenas ludibriam a alma. Se você retém sua característica de Deuses reais, então você paga o preço os reconhecendo como antiguidades psicológicas.

3 A relação das "similitudes" ou: "o simples ato de comparação"

Hillman estava bem ciente de que "a tarefa de referir as síndromes da alma à mitos específicos é complexa e repleta de perigos... o maior deles está em tomar os mitos literalmente, mesmo se com o propósito de tomar as síndromes miticamente. Pois se fossemos realizar a reversão como um simples ato de comparação, estabelecido com o intelecto prático do terapeuta para equacionar mitemas com síndromes, nós reduziríamos os arquétipos a alegorias da doença; nós teríamos apenas cunhado uma nova linguagem de signos, um novo nominalismo"[179]. Obviamente, Hillman já havia antecipado o próprio tipo de crítica que eu levanto aqui. Se, como eu mostrei, ambos os lados da relação, o do mito e das nossas aflições, são meramente abstrações do que supõe que deveriam ser[180], a tarefa de referir nossos complexos aos mitos de fato se reduz a não mais do que um simples ato de comparar itens formalmente similares. "Apenas na mitologia a patologia recebe um espelho adequado..."[181] De acordo com o que vimos, a adequação dos mitos gregos como espelho é de fato muito mais a adequação

---

179. *Re-vendo a psicologia*, p. 213.
180. Abstrações *da* lógica que os permeia, informa e inspira.
181. *Re-vendo a psicologia*, p. 210.

de uma "nova linguagem de signos" do que Hillman estaria ciente e admitiria.

Hillman certamente afirmou que o projeto de referir síndromes à mitos "deve lidar com os argumentos filosóficos e teológicos contra a mitologização..."[182]. Mas na psicologia arquetípica esses argumentos não foram realmente confrontados – e eles não podem ser (no sentido de "superados"). Hillman evitou a rigorosa argumentação filosófica e localizou expressamente a psicologia no *ponto médio* da imaginação entre a filosofia e a realidade factual (o domínio das ciências). Parece que ele acreditou ser suficiente ter *nomeado* os perigos (na citação acima) e ter declarado que a simples equação dos mitos com síndromes não era o tipo de remitologização *intencionado* por ele. Mas tal intenção não parece ser suficiente. O que teria sido necessário é demonstrar rigorosamente como a redução dos mitos a alegorias da doença pode realmente ser prevenida, e que é inerente na lógica da psicologia arquetípica que esse perigo é de fato evitado. Mas isso por sua vez teria requerido o dedicado trabalho sistemático de desenvolvimento de tal *lógica* – uma tarefa que a psicologia imaginal *qua* imaginal rejeita e se sente dispensada de fazer. É uma tarefa cuja solução inevitavelmente levaria à autossuspensão da psicologia imaginal.

De fato, a psicologia arquetípica regride a antiga ideia filosófica de "semelhança" ou "similitude" entre o mito e nossas síndromes. Somado ao problema da abstratividade dos dois *relata*, há vários problemas com a própria relação.

Na medida em que a mitologia se refere a um positivamente dado corpo de histórias e imagens (sobretudo mitos gregos),

---

182. *Re-vendo a psicologia*, p. 212.

podemos ver que nossas aflições são abordadas com um espelho *externo* (isso é conectado com "o simples ato de correspondência"). Estamos aqui na esfera da "reflexão externa". Duas dadas realidades separadas, os mitos gregos e nossos complexos, são colocadas juntas e na relação que é aqui chamada de "semelhança".

Claro que tal espelho não é inútil. Em muitos casos (especialmente na psicologia pessoal) pode ser altamente iluminador e assim decididamente ter efeitos terapêuticos vantajosos. Mas uma realidade positiva serve apenas como um espelho externo para outra; a relação entre ambos não é intrínseca; é contingente e arbitrária. A contingência é confirmada – e (inadvertidamente) admitida – pelo uso do termo "remitologização" por parte da psicologia arquetípica. Em cima de algo que admitidamente não é mitológico (não *chega* como mítico) uma perspectiva mitológica é secundariamente acrescentada. Esse espelho não é então o único "espelho adequado". Poder-se-ia usar qualquer outro espelho, como de fato as outras escolas de psicologia o fazem. A questão de qual espelho a ser utilizado, se a "mitologia", "desenvolvimento do ego", *Triebschicksale* freudiano (as vicissitudes instintuais, as destinações dos impulsos) ou qualquer outro, só pode ser decidida por critérios utilitários, pragmáticos ou simplesmente sobre a base das nossas predileções subjetivas ("equação pessoal").

O Mito autêntico, ao contrário, é caracterizado por uma lógica diferente. Em que a fala sobre Deuses e seres míticos era concreta e viva, ela mostrava uma "reflexão imanente (ou interna)". A realidade dada (um sintoma, um evento fatídico da vida, um fato da natureza) abriria uma distância reflexiva *a partir de dentro* de si. O espelho que viria ao jogo aqui não

A vida lógica da alma 323

seria uma segunda (outra) realidade somada ao sintoma ou fato a ser refletido, e não seria uma *já conhecida e positivamente dada* realidade, como a mitologia grega é para nós. Ela não seria trazida de fora da patologia, requerendo de nós uma operação de correspondência[183]. A imagem arquetípica servindo como espelho seria realmente desconhecida, na medida em que seria originariamente produzida pela (e de dentro) da síndrome ou do próprio evento, como o desdobramento interno de sua essência e do movimento interno da sua lógica. Logo, sem semelhança ou similitude. Identidade, ao invés (mesmo se uma identidade do diferente).

Podemos ver essa autêntica noção de mito ativa no relato de Jung em sua *Memórias*[184] sobre como ele foi atingido pela questão, "Mas então qual é o seu mito – o mito no qual você vive?" Jung tinha se conscientizado de que ele não estava mais vivendo em nenhum mito conhecido (grego ou cristão). Ao ser compelido a fazer essa pergunta, ele começou a partir do inexorável reconhecimento de que até onde sua própria vida se referia, todos os mitos que tinha chegado a nós eram obsoletos. Não há volta[185]. A questão que chegou a ele o impediu de se voltar mais uma vez paras as mitologias já conhecidas para encontrar lá uma semelhança ou similitude com sua própria vida real. Toda esperança que ele tinha já havia sido superada e vista através como uma ilusão. Nós já vimos como ele desacreditou

---

183. Cf. o que foi dito anteriormente sobre o método da psicologia personalista de corresponder um 'caso' com uma teoria.
184. JUNG, C.G. *Memórias*, p. 152.
185. Cf. acima a seção mitos, os Deuses ou: formas abstratas onde analiso o inexorável reconhecimento por parte de Jung do abismo que nos separa dos Deuses e símbolos de épocas passadas.

esse tipo de tentativa como "mascaradas". Ele se voltou para o presente da sua própria realidade, para o próprio vazio[186] *dessa* vida, como ele realmente a vivia, para receber uma resposta, se alguma, a partir da sua própria questão sobre o mito que ele estava vivendo. Ele insistiu, como sabemos, no "costurar nossos próprios trajes".

Meu ponto aqui não é que a autêntica noção de mito requer experienciar a vida como vazia. Isso é apenas a situação particular moderna[187]. O ponto é que não há evasão da vida real aqui e agora pela tentativa de corresponder uma dada realidade com qualquer imagem de *outro* contexto histórico ou cultural. Uma só e mesma realidade, sua vida atual, foi a que deu luz a essa questão *e* é a que deveria prover a resposta. Um só e mesmo fenômeno foi concebido como fato vazio necessitando de iluminação mítica *e* como aquilo que deveria revelar, de dentro de si, sua imagem arquetípica como seu próprio espelho *interno*, por meio do qual o fenômeno poderia refletir e conhecer a *si mesmo*. Essa imagem arquetípica (mesmo que *materialmente* não tivesse que ser totalmente não relacionada ou cortada da

---

186. "... onde à fria luz da consciência, o árido vazio do mundo se expande até as estrelas" (OC 9/1, § 29).

187. Não posso explorar neste contexto a importante questão da moderna experiência da vacuidade e falta de sentido da vida. Uma breve indicação sobre isso é que essa vacuidade não deve ser considerada um fato "natural" ("isso é como a vida moderna realmente é"). Em vez disso, sua *postulação* deve ser vista através. O sentimento de falta de sentido é postulado, ou produzido, precisamente pela reflexão externa que eu estou criticando aqui, *i. e.*, pela expectativa de que teríamos que olhar *para além*, como para o mito, para encontrar algo que possa equipar nossa realidade com profundidade e significado arquetípico, e que teríamos que nos conectar com isso para poder senti-lo.

história conhecida da imaginação) seria uma imagem *logicamente* (não necessária factualmente) desconhecida, um mito *novo* e fresco.

A categoria de semelhança ou similitude, ao contrário, mantém em separado a realidade e o mito, mesmo quando clama que eles são diretamente conectados. Mas a realidade só é realidade (*Wirklichkeit*, não *Realität*, no sentido de Hegel) se *for* mito, e o mito só é real, vivo se *for* a realidade e a verdade dessa vida. Identidade do diferente, não semelhança. Talvez a teoria da nossa conexão direta com o mito tenha o propósito oculto (inconsciente) de prevenir nosso mergulho no mito real, no significado real, que é inerente na nossa realidade, ao nos prover com um significado pré-fabricado que obstrui o acesso ao significado inerente. Outra forma de dizer isso seria: talvez ele tenha o propósito de proteger ou de promover o niilismo da nossa compreensão da vida e de nós mesmos. O mito autêntico era prevalente nas antigas culturas devido ao modo de experienciar a vida que poderia ser descrito como a não-hesitante disposição para mergulhar na profundidade abissal de uma dada realidade. Sem olhadelas para direita, esquerda ou para trás. Sem comparações. "É isso".

Há muitas indicações de que Hillman sabia que a reflexão interna era indispensável a um verdadeiro pensamento arquetípico e que estava efetivamente voltado para isso. A psicologia arquetípica sabe, *e. g.*, que um só e mesmo Deus é a causa e a cura de uma doença. Mas ao operar com a ideia de similitude entre nossas síndromes e certos mitos ou Deuses gregos, Hillman estruturalmente estabelece o trabalho psicológico como o "próprio ato simples de correspondência" que ele expressamente rejeitou. A noção de semelhança, do modo como funciona na psicologia arquetípica, *é* nada mais do que a fórmula abreviada para a posição metodológica da correspondência.

Temos que ter consciência aqui que a noção de semelhança na psicologia não é de maneira alguma a "mesma" noção intencionada pela tradição antiga da qual a psicologia arquetípica a retirou. Não é a mesma "semelhança" da ideia judaico-cristã do homem tendo sido criado "à Nossa imagem e semelhança" nem a ideia neoplatônica de similitude. Nesses casos, é possível talvez falar de uma conexão *direta*, na medida em que neles há um tipo de *analogia entis*, uma continuidade ontológica.

Jung, também deve ter sido capaz de utilizar justamente o termo neoplatônico de similitude. Pois ele tinha os arquétipos-em-si (por mais problemático que eles fossem) a partir do qual as imagens e as experiências vivas eram a manifestação empírica. Para ele, a "conexão direta" não teria sido entre o *mito* e nossas aflições, mas entre os arquétipos-em-si e as imagens arquetípicas inerentes às nossas aflições. Da mesma maneira a relação entre o mito e nossos complexos que Jung também afirmaria existir seria para ele uma relação indireta, mediada pelos arquétipos-em-si, na medida em que esses mesmos arquétipos-em-si eram os fatores que deram luz aos mitos de antes e às nossas síndromes de agora. Como com os neoplatônicos, essa forma de pensar opera com uma relação vertical e uma gradação ou continuidade ontológica. Isso é algo totalmente diferente da "conexão direta" horizontal entre os antigos mitos gregos (*i. e.*, contos positivamente dados como textos, que são conteúdos da nossa alta educação) e nossas síndromes. O conceito de "arquétipo-em-si" de Jung é expressamente eliminado da psicologia arquetípica, e a *metafísica* neoplatônica subjacente à sua ideia de similitude é rejeitada ou ao menos deixada em suspenso.

Com sistemática determinação, a psicologia arquetípica rejeita assumir uma posição filosófica (ontológica, metafísica) para sustentar seu uso da antiga ideia de "semelhança". Suas "similitudes" não são fundamentadas em nenhuma continuidade ontológica entre diferentes reinos de ser. Mas isso não impede a psicologia imaginal de continuar fazendo uso dessa teoria. Ela desfruta os benefícios que essa teoria fornece, como a *aura* metafísica (arquetípica) e o *tom sentimental* de dignidade e reverência aderidos a esse antigo conceito filosófico, sem subscrever a metafísica que seria capaz de autorizá-lo. Assim pode-se dizer que o uso dessa teoria pela psicologia arquetípica é lúdico, descompromissado, "pós-moderno", "um jogo de linguagem", cuja fundamentação é carente. O que uma vez foi uma concepção metafísica de realidade é de fato (mesmo que não *in mente*) reduzido a uma mera formalidade, um método a ser aplicado *ad libitum* para o propósito pragmático de dar sentido às nossas aflições. É a versão "Internet" da teoria das similitudes.

i) O "ponto médio" ou: parada-lacunar e esconderijo

É aqui que a teoria da imaginação como *ponto médio* vem ao jogo. Por insistir que a psicologia tem que estacionar a si mesma no meio entre o fato e a metafísica, a psicologia imaginal é posta em uma posição onde pode usar uma estratégia dúplice. Quando pressionada acerca do fundamento metafísico da teoria das semelhanças, a resposta deliberadamente evasiva é que psicologia imaginal não provê (e nem quer) uma metafísica. Mas quando se volta aos antigos contos e mitos para correlacioná-los com as psicopatologias modernas, ela insiste que esses contos não são apenas dados históricos empíricos, não somente textos positivamente dados, não só uma linguagem de signos, mas que proveem um fundamento arquetípico, divino à moderna alma adoecida.

O conceito de *ponto médio*, em outras palavras, é o que permite à psicologia imaginal deixar sua própria posição no limbo e que deixa sua autenticação não trabalhada logicamente. A psicologia pode fingir que já chegou a um solo firme (o ponto médio) como seu ponto de partida tendo agora somente que seguir a partir dele. Com a ideia de "ponto médio", a psicologia é *de fato* localizada na terra de ninguém, nem lá, nem cá, mas "no meio". Eu disse anteriormente que essa teoria das semelhanças não era fundamentada, e aqui tenho que me corrigir. Ela *é* fundamentada na teoria do "ponto médio" – o único problema com esse fundamento é que ele, com todo o peso metafísico que lhe pertence, não deve ser levado a sério. Não se trata realmente então de um "fundamento", pois isso implicaria um compromisso metafísico ou ontológico. Como eu disse, deve ser, por definição, uma terra de ninguém, de fato somente uma palavra ou frase, mas uma frase para qual, contudo, um poder fundante e uma dignidade ontológica é *invocada* por meio de uma sugestão.

Da mesma maneira o "esse in *anima*" de Jung e o seu "imagem *é* psique"[188] são alegremente citados, mesmo que a combinação entre "esse" e "*anima*" seja uma contradição em termos e tanto o "esse" quanto o italicizado "é", por serem termos metafísicos, sejam proibidos pela psicologia imaginal – proibidos não por mim, mas pelas suas próprias normas.

---

188. A tradução em inglês italicizou o "é", enquanto no alemão Jung italicizou toda a frase: "*Bild ist Seele*".

Eu não estou atacando o fato de que essa concepção de psicologia não esteja do lado do fato positivo e nem da metafísica. Claro que uma real psicologia não pode ser fundamentada nos fatos positivos (empiricismo, cientificismo) e nem construída como uma metafísica (filosofia). Eu concordo plenamente com Hillman que tanto as abordagens científicas quanto as teológico-filosóficas na psicologia têm que ser superadas caso a psicologia seja aquilo que o seu nome afirma, uma disciplina da alma. Mas eu insisto que não é suficiente simplesmente *colocar de lado* os problemas filosóficos envolvidos aqui e vistos pelo próprio Hillman (cf., *e. g.*, sua citação acima sobre a obrigação da psicologia imaginal de "lidar com os argumentos filosóficos e teológicos contra a remitologização") para ela se tornar capaz de sentir que os superou. Devem ser pagos os devidos tributos a esses problemas, e na mesma moeda em que eles vêm, a moeda do argumento filosófico rigoroso, antes de sermos liberados deles. É muito fácil tentar escapar por meio de algumas alusões lúdicas e fora de contexto de alguns belos conceitos tomados da tradição neoplatônica da filosofia, cujas pressuposições metafísicas são simplesmente ignoradas.

Em outras publicações[189] eu tentei mostrar que a psicologia tem que ser concebida como filosofia suspensa (assim como religião/teologia suspensa e ciência/medicina suspensa). Mas para que a filosofia seja realmente suspensa, seus argumentos devem ser *confrontados*, todo o encargo dos conflitos filosóficos tem que ser aceito e suportado como nosso próprio dilema, e a suspensão tem que vir de dentro, como o resultado natural da exposição consistente e do consequente desenvolvimento interno

---

189. Especialmente em *Animus-Psychologie*. Cf. tb. o capítulo 3. c).

de cada problema ou argumento. Assim como na alquimia não é suficiente especular sobre a *prima materia*, mas é preciso também sujar as mãos com essa matéria (na própria forma na qual ela se apresenta) retrabalhando-a nos muitos estágios de um longo processo, de modo que sua transformação final possa ser a própria redenção interna dela.

Eu estou atacando na verdade o fato de que esses problemas que estão por baixo e por trás da psicologia imaginal permaneçam *impensados*, que a *lógica* da alma não seja trabalhada e, pior, que essa lacuna ou evitação do pensamento seja convertida em uma virtude: a *indisposição* à submissão à necessidade de um rigoroso "trabalho do Conceito" é projetada fora e convertida em uma teoria ou dogma, a teoria da imaginação como o ponto médio. Como não é abordado como um conceito de fundamento no sentido *metafísico*, o dogma do ponto médio é de fato nada mais do que a ontologização da *indecisão* ou da falha da psicologia imaginal de se comprometer, ou melhor, da *decidida* recusa de entrar nos problemas lógicos existentes aqui. É a reificação da reserva mental que ela pratica. Em outras palavras, "o ponto médio" é a hipóstase da base impensada da psicologia.

Esse dogma serve como um tipo de solução provisória, como uma rolha em uma garrafa que previne que todos os "demônios", *i. e.*, as contradições e os problemas lógicos, escapem e demandem aquilo que é devido de nós. Assim como a ideia de "semelhança", o ponto médio da imaginação serve como uma fórmula conveniente que pode dar a impressão de que todos os difíceis dilemas referentes à relação entre mito e síndromes modernas, fato e metafísica foram superados e podemos então ir descansar com a consciência em paz. Enquanto a imaginação for afirmada como fundamento, e a alma como um "esse", e enquanto nós, sobre a base de um *sacrificium intellectus*, nos apoiarmos nesse credo com uma fé inabalável, a psicologia será livre para fazer suas coisas no *playground* da imaginação, imperturbada pelos seus próprios problemas lógicos.

Mas hoje a alma não pode ser mais legitimamente *imaginada* como um *esse*, nem como um "terceiro" fator "no meio" entre os opostos. Nosso tempo está além dessa ingenuidade. Em nossa época objetivamente (não só subjetivamente) "cínica", a época das armas e lixo nucleares, da manipulação genética e do ciberespaço, nós não podemos nos dar ao luxo de permanecer intelectualmente no confortável nicho chamado "ponto médio da imaginação". Não podemos ludicamente (ou seriamente) atribuir uma existência (*esse*) à alma e nos contentar em abordá-la de maneira meramente imaginal. Seria por demais inocente, sentimental e inofensivo. A alma quer ser *pensada* (concebida no pensamento), e quando pensada ela aparecerá não como algo, mas como o contraditório movimento *lógico* (não temporal ou espacial) de um oposto ao outro.

A invenção de um Terceiro tem a função de se esquivar dos dilemas filosóficos conectados com a posição materialista-positivista e a idealista, sem pagar o preço que uma real liberação da nossa submissão a elas demandaria de nós. A posição do Terceiro permite à consciência evitar as armadilhas dos outros dois, mas a *retém no mesmo velho nível de consciência* ou *status* lógico que eles estão (o Terceiro, sendo expressamente localizado no meio entre os dois, está obviamente lado a lado deles no mesmo nível). Não há superação do *nível* inteiro de consciência, não há suspensão.

A imaginação como um terceiro fundamento também serve como um lugar neutro para se esconder. A psicologia pode se esconder de pagar o tributo ao positivismo e ao idealismo metafísico, e ainda compartilhar com eles a mesma estrutura básica da mente, vivendo totalmente à sombra deles pela graça das condições de vida pacífica que o equilíbrio entre posições filosóficas conflitantes garante – assim como na história política alguns países neutros foram capazes de escapar de se comprometer com uma ou outra superpotência no mundo antes do colapso da União Soviética, e até mesmo lucraram por estarem "entre". Talvez a psicologia imaginal viva em *função* da situação política feliz, inocente, ilusória da paz pós-segunda guerra, uma paz, contudo, baseada em um não tão inocente excesso de armamentos nucleares da parte de ambas as superpotências.

O preço completo para atravessar para além dos argumentos filosóficos e do conflito entre o positivismo e o idealismo levaria a consciência primeiro a pagar tributo a ambos os opostos rendendo-se incondicionalmente a eles, e assim necessariamente, na medida em que honrar ambos ao mesmo tempo é contraditório, passar por uma *revolução* lógica fundamental e, por meio dela, ser catapultada a um *status* lógico inteiramente novo. Seria a experiência de inexoravelmente, com um total comprometimento, cair no espaço sem fundo entre os dois, um espaço que, se realmente experienciado, se converteria não em um "espaço entre" (*i. e.*, em algo, mesmo se algo com o valor de "zero" ou na forma de sua própria negação: a nadidade de uma lacuna), e sim na fluidez da *dialética*. Dialética significa não se posicionar do lado de um dos opostos *e* nem inventar um Terceiro neutro. Significa realmente superar as alternativas *e* ainda assim saber que "tertium non datur". Significa saber que o pensamento, a lógica, o Conceito são inescapáveis e que o atalho de meramente imaginar, de conceber pictoriamente a vida da alma é uma armadilha.

É a imaginação que imagina a superação dos opostos nos termos de um Terceiro entre eles. Ao se posicionar no ponto médio, ela *ipso facto* se posiciona no estacionário ou fixo enquanto tal, no ontológico. Ela se estabelece em uma reserva mental eternalizada. Ela trabalha com imagens congeladas e mantém sua própria vida paralisada. Ela evita a liquidez ou o *frenesi* dionisíaco da dialética. Recorrendo a um Terceiro, ela precisamente não *supera* as alternativas, na medida em que apenas escapa dos *conteúdos* ideacionais das alternativas, mas retém e salva o mesmo *status lógico* da consciência ao qual pertencem. O pensamento não chega com uma terceira possibilidade, nem se estabelece em um alegado "espaço entre", e ainda assim é algo radicalmente novo. Em vez de escapar para a lacuna ou Terceiro entre as duas alternativas, o pensamento meramente as *pensa*, pensa os próprios opostos como a dialética, como o movimento entre eles, como a vida lógica autocontraditória chamada de alma.

A imagem do "ponto médio" e do "terceiro" estabelece dois *reinos* positivos (matéria ou sentidos *versus* mente ou espírito), e a alma como um "entre". Mas a alma é o *próprio movimento* lógico (não temporal) de um ao outro. O 'ponto médio' e o 'entre' tende a congelar em um terceiro território o que na verdade seria puro movimento, como um tipo de ponte fixado no entre e nunca se permitindo *chegar* lá e *retornar* para cá. A alma não quer ficar presa "entre". Ela quer estar, ou melhor, ela *está* em ambas as margens ao mesmo tempo, assim como está tanto nos picos do espírito como nos vales da terra (e até mesmo no inframundo embaixo da terra), visto que é o movimento lógico (não literal, espacial ou temporal) dialético de um para o outro.

Enquanto a alma for um terceiro que *liga* os dois opostos, ela também fundamentalmente os separará, mantendo-os aparte um do outro como um muro divisor. Eles jamais podem estar juntos. Tal concepção de alma é responsável pela própria divisão entre uma espiritualidade e intelectualidade unilateral de um lado e um materialismo unilateral do outro que ela (a concepção imaginal de psicologia) tenta superar. A alma, como é certamente vista na psicologia imaginal, não é nenhum deles. Mas "nenhum" não implica um terceiro adicional aos outros e entre eles. A alma não é um e nem o outro, *porque* é em si mesma a unidade *e* diferença entre os opostos assim como a unidade *da* unidade e *da* diferença. Como Jung colocou, é a *mysterium coniunctionis* enquanto separação-e-síntese dos opostos psíquicos. Evidentemente, a alma não pode ser isso *ontologicamente*. Isso só é possível como "movimento" lógico, em outras palavras, como *pensamento* vivo, como o Conceito existente. A unidade da unidade e da diferença dos opostos não pode ser *imaginada*.

A imaginação nunca pode *realmente* deixar para trás o mundo egoico da realidade cotidiana e seus modos, mas também não abre mão do seu anseio pelo além. Enquanto ela permanece posicionada no ponto médio como uma ponte, nem de um lado e nem do outro, ela desejosamente *olha* para além. Ela até consegue ver ("visionar") o *que* está acontecendo lá (as imagens arquetípicas), mas vê *através dos velhos olhos e categorias* desse lado que trouxe consigo (pensamento pictórico, representação espacial, o preconceito ontológico).

Eu disse que a imaginação é responsável pela divisão entre o literal e o imaginal. Também podemos descrever essa divisão na qual a abordagem imaginal existe como outra bissecção de *um* movimento lógico da alma em dois aspectos separados: em uma ponte como uma coisa estacionada "entre", e um sujeito ou mente que se move nessa estável e imóvel ponte. Quando atacada por lidar com imagens estacionárias, a imaginação tem uma desculpa: ela pode dizer que de fato *há* movimento, o da mente que atravessa de cá para lá. Mas a ponte como coisa estável é a objetificada e reificada reserva mental na qual esse movimento é realizado. O atravessamento não é real por não ser um movimento sem reservas, que não se apoia em um ponto médio como um Terceiro que não é *dissolvido em movimento*. Uma "parte" essencial é deixada de fora. No Terceiro como uma ponte erigida pela imaginação, ela tem um fundamento inabalável e irrefletido no qual pode realizar seguramente todos os seus movimentos; nessa ponte imóvel a imaginação inadvertidamente se apoia nos – abertamente desprezados – princípios do literalismo, positivismo, imobilidade, identidade abstrata e assim no ego. Ela se mantém no visível, no espacial e no ontológico. Mas o fato de que faz isso é o seu segredo, pois a ponte rígida é escondida atrás do óbvio movimento que tem lugar nela (o "desliteralizar", o "ver através" da psicologia arquetípica).

j) Suspender psicologia *versus* re-visionar a psicologia

Esse se manter no visível, no espacial e no ontológico como solo firme é realmente indesculpável para um campo que quer ser uma real psicologia além da posição egoica. Não se consegue fazer uma psicologia livre do ponto de vista do ego enquanto se recebe o objeto de estudo, a vida da alma, das mãos do ego com seus modos positivados de se relacionar com os fenômenos (percepção, intuição sensorial, pensamento pictórico) e na forma da "psicologia das pessoas".

Mais do que um re-visionar da psicologia é necessária uma suspensão da psicologia: uma fundamental autonegação, autoputrefação de uma psicologia baseada na imaginação em favor de uma lógica da alma. Eu afirmei antes que uma psicologia genuína *existe* apenas ao ponto em que é também psicologia imediata *suspensa*. Com essa autossuspensão, a psicologia não colapsa e dá lugar a algum Outro, como foi o caso da alquimia. Essa autossuspensão é o *início* da psicologia, o processo da sua fundação. Nós imaginamos a suspensão como uma morte não dialética. Mas é a morte na qual aquilo que é experienciado continua a existir, mas sofre uma transformação da sua forma lógica. Suspensão é morte "rememorada", *er-innert*, interiorizada e não uma morte "atuada" ou um fim literal. A autossuspensão da psicologia significa apenas que ela chegou em casa. Seu lar é, como sabemos, o "reino da pré-existência" ou da "morte": a lógica.

Sem tal efeito que realmente faz a diferença porque decompõe as próprias pressuposições, a ponte de que Hillman falou (a ponte que vai do mundo egoico ao interior da alma) jamais é atravessada. Eu quero trabalhar com a imagem da ponte um pouco mais. Eu falei acima sobre queimar a ponte atrás de si. Mas isso não é suficiente. Esse modo de colocar as coisas ("*atrás* de si") ainda separaria em dois atos consecutivos aquilo que é um único movimento dialético, autocontraditório. O real atravessar *pre*suporia a queima da ponte. Ou melhor: a queima da ponte seria ela mesma o início de um real atravessar, e o único meio de atravessar! Você só pode atravessar *por meio* da queima daquilo que é suposto lhe servir de ponte. O próprio ato de queimar *é* o movimento de atravessá-la, pois é o movimento para além da imagem estacionária da ponte em direção ao pensamento como movimento. Isso é o quão contraditório, o quão "louco" é o caminho da alma. São essas as contradições na esfera da lógica psicológica. A alma é o Mundo Invertido. É realmente *contra naturam*, o que não significa perversa, mas inversa, de cabeça para baixo e ao avesso. Uma psicologia que seria uma psicologia da alma necessita da potência do pensamento para realizar essa inversão, ou melhor, para existir como a realização perpétua dessa inversão.

Interessantemente, Hillman também sentiu a necessidade de ir além do seu revisionar anterior da psicologia. Em seu artigo de 1989 sobre o Amarelecimento[190] ele argumenta por algo que pode ser interpretado como uma suspensão da psicologia. Ele fala de "uma morte amarela, uma *iosis* venenosa preparada pela putrefação da *unio mentalis* que é a consciência analítica" (p. 92)[191]. Ele também afirma expressamente que entende o *opus* alquímico (ou a operação particular chamada de amarelecimento e equivalente ao envenenamento ou morte) como "aplicado à própria psicologia" (p. 91). Isso é mais do que um re-visionar. Nosso trabalho "deve violar a si mesmo" (p. 94). Não se poderia chegar mais perto da noção de uma autossus-

---

190. HILLMAN, J. "O amarelecimento da obra". In: HILLMAN, J. *Psicologia alquímica* (p. 311-351). Rio de Janeiro: Vozes, 2011.
191. (Página 339 da edição brasileira) Eu tendo a pensar que a identificação da *unio mentalis* com a consciência analítica não é correta. A consciência analítica ainda está contida na *unio naturalis*, e o movimento do foco na realidade externa para a introspeção implica nada mais do que uma troca de objeto, não de *status* da mente. É a consciência da psicologia imaginal que realmente avançou da *unio naturalis* para a *unio mentalis*.

pensão da psicologia. E quando ele diz (p. 91) que "como o *opus* alquímico resgata a alma do indivíduo, esse *opus* só pode resgatar a psique da psicologia concebida apenas em termos do humano individual", ele está praticamente se empenhando pela superação da ideia da psicologia enquanto estudo da psicologia das pessoas.

Mas o que acontece depois no artigo de Hillman? O tipo de conclusão que ele tira e o entendimento que ele dá à direção e ao resultado do processo de amarelecimento basicamente mostra que ele não foi capaz de *pensar* (pensar através) uma real suspensão, e não fez justiça ao seu próprio *insight* acerca do processo de amarelecimento. A falha fica visível na seguinte sentença (p. 91): "Da perspectiva alquímica o indivíduo humano pode ser necessário mas não pode ser um foco suficiente; o resgate do cosmos é igualmente importante".

Deixando de lado os problemas do projeto *humano* chamado "resgate do cosmos", vemos que aquilo que Hillman de fato tinha em mente não era um processo de amarelecimento ou envenenamento afinal. Na verdade, era a operação de simples substituição (mesmo se ele não diz isso). E aquilo que é substituído não é a "própria psicologia", mas meramente o *objeto* ao qual a psicologia se foca. Na linguagem alquímica, Hillman substituiu a *prima materia* convencional (o indivíduo humano) no vaso alquímico por outra *prima materia* (cosmos) como novo objeto da Obra. De modo que a Obra não é a contínua operação sobre a mesma *prima materia* com o objetivo de forçá-la a estados cada vez mais sutis. Em outras palavras, é realmente um novo *opus*, um projeto diferente que toma o lugar do anterior. É como abrir um novo livro (em vez de penetrar ainda mais profundamente no mesmo livro, como antigamente as pessoas

A vida lógica da alma 339

que só possuíam a Bíblia como seu único livro tentariam aprofundar e aumentar seu entendimento dela, de si mesmas e da vida por meio de uma longa leitura deste mesmo livro).

Se o *objeto* que a psicologia se foca é substituído, a própria psicologia é salva de ter que sofrer a morte por amarelecimento. Ela pode ser, ou melhor, ela deve ser a mesma e velha psicologia, a mesma e velha consciência analítica que agora meramente se volta para um novo objeto, o "cosmos", pois a substituição da sua *prima materia previne* qualquer fermentação, envenenamento ou putrefação real da "própria psicologia". Do modo como eu entendo a alquimia, é essencial que todas as operações da Obra sejam realizadas sobre a mesma matéria. Esse é o próprio ponto do *opus* e da ideia de vaso alquímico, um ponto tornado explícito pelo tipo especial de vaso que é chamado de "pelicano" e que ressujeita o produto de uma operação à mesma operação novamente em um processo circular. O mesmo pode ser dito da suspensão. O conceito de suspensão implica um tipo de superação que ao mesmo tempo é a retenção daquilo que é superado. Não é uma troca e nem substituição. Mas Hillman quer se mover "Do Espelho para Janela", o "do-para" nessa frase implica uma escolha entre duas alternativas; ela implica um isso-ou-aquilo sendo assim evidentemente não dialética. E ao literalmente e por princípio[192] abrir mão da sua prática privada de psicanálise em favor de palestras públicas, trabalhos com grupos maiores etc., ele também praticou uma negação simples, não dialética (poderíamos quase dizer: ele "passou ao ato" a superação da psicologia personalista). Quando ele diz que "simplesmente andou para fora e trancou a porta do

---

192. Não meramente por razões pessoais, o que seria uma questão inteiramente diferente.

consultório..." (p. 95), o momento de preservação da suspensão é simplesmente faltante.

Uma morte real por meio do amarelecimento e um amarelecimento que "se aplica a própria psicologia" no meu entender se referiria ao processo através do qual, no imaginário alquímico, o próprio vaso é puxado para o processo; ele não pode mais preservar sua integridade enquanto continente face a face com a *prima materia* e o processo corruptor pelo qual ela passa. O vaso também é submetido à corrupção, e a ponte da qual falamos antes é, ela mesma, dissolvida no movimento de travessia. A distinção clara entre o vaso e a matéria que ele contém ou o processo decompositor que ocorre dentro dele, a distinção entre a própria psicologia como disciplina e as "psicologias que as pessoas *têm*", não podem mais ser mantidas.

Claro que Hillman tenta conectar esse movimento para fora da análise individual em direção ao cosmos com a ideia de amarelecimento. Mas ele não consegue mostrar por que o tipo de mudança que ele tem em mente deveria requerer o processo de amarelecimento de um lado, e, do outro, como esse processo poderia e naturalmente resultaria, como para ele resultou, exatamente na transição da terapia individual para as questões cosmológicas e ecológicas que ele descreve. O que ele diz sobre o amarelecimento da Obra é muito importante, mas permanece uma bela ideia desconectada com sua virada para o cosmos. Enquanto leitores nós não somos colocados na posição onde estaríamos aptos a reconstruir como essa virada para o cosmos é de fato o produto de um *autoenvenenamento interno* da psicologia personalista. Ele poderia ter sido o resultado de considerações crítico-psicológicas bem diferentes ou de uma mudança pessoal de interesses. E inversamente, tal envenenamento poderia ter resultado em vários tipos de disposições, atitudes ou movimentos, em uma simples frustração, em cinismo, em uma virada para uma posição Marxista, ou simplesmente em uma retirada da psicologia e do mundo para cultivar jardins à maneira do *Cândido* de Voltaire.

É meramente postulado que seu novo interesse no cosmos é o resultado de um real processo de amarelecimento, mas essa postulação parece mais um tipo de racionalização após o fato, e seu novo foco no "cosmos" soa mais como um programa egoico do que o resultado de um desenvolvimento intrínseco da Obra. Se houvesse uma real confiança na dinâmica interna do *opus*, a virada para o "cosmos" não precisaria ser antecipada como um programa explícito. Ela ocorreria por si só a sua própria maneira. Teríamos que esperar e ver. No curso da autocorrupção da mente branca, a psicologia se "avermelharia no mundo lá fora" a *partir de dentro de si mesma*.

Hillman mostra que *na alquimia* a ideia de amarelecimento é conectada com a ideia sobre a *anima mundi* e o cosmos e, se baseando nos *insights* alquímicos, ele afirma que "o amarelo vira para *fora*". Certo. Mas fora o nosso desconhecimento de se a mudança de interesses de Hillman realmente resulta de um processo de amarelecimento, essa virada para fora que os alquimistas conectaram com o amarelecimento tem que "passar ao ato"? Tem que ser entendida literalmente, nos termos de uma simples oposição não dialética entre interior e exterior, nos termos do espaço da percepção? Ela se refere ao literal "mundo lá fora... de onde vem hoje nossas reais desordens psicológicas" (p. 91)? Essa mudança literal de foco do indivíduo para o "cosmos" é realmente a mesma coisa que o intrínseco "*avermelhamento* para o mundo lá fora" da *prima materia*?

Tal "passagem ao ato" não seria a própria prevenção da intenção interna ao processo de amarelecimento, que necessitaria da negatividade da "rememoração", da *Er-innerung* (interiorização), no sentido de uma completa e química (interna, intrínseca) "dissolução no Mercúrio"? O positivo e literal movimento para fora através da janela para o "cosmos", um movimento que reafirma a percepção e suas visualizações espaciais, é uma fuga do real "exterior".

O real "exterior" não pode ser um que tem seu Outro (o dentro) fora de si como seu oposto não dialético. Não pode ser um que é atingido pelo simples andar para fora e fechar a porta do consultório onde se esteve, ou pelo olhar através da janela. Isso é muito simples, superficial. Tem que ser o movimento para um nível inteiramente diferente, para além do dentro e do fora literal no mesmo e velho nível. Ao mudar da psicologia personalista para o cosmo você na verdade permanece dentro, porque ambos compartilham o mesmo espaço, o espaço da imaginação e da percepção. Ambos estão no *status* da positividade. Trocar o interior literal da introspecção pelo exterior literal do mundo lá fora, é trocar seis por meia dúzia. Um é a mera contraparte do outro, duas metades de um mesmo todo. Eles pressupõem a mesma estrutura ou forma de consciência. O movimento da psicologia introspectiva para a cosmologia é o movimento da cela para o pátio da prisão. A única maneira de ir para o real fora dessa prisão é pela superação da divisão entre dentro e fora; não é trocando um pelo outro. Em outras palavras, o fora real só pode ser aberto pela autocorrupção e aprofundamento da psicologia de tal modo que, de *dentro de si*, ela se abra para um novo nível ou *status* fundamental, o da lógica dialética.

Irei elucidar o que isso significa através da analogia com a mudança evolucionária do animal para o humano. Os primeiros seres humanos não deixaram a existência para trás simplesmente andando para fora do organismo animal em direção ao mundo exterior. A existência animal é deixada para trás por meio da abertura, de *dentro* do organismo animal (que é conservado), e através de uma "*Er-innerung* absolutamente negativa", de uma dimensão inteiramente nova de consciência. A dimensão mais alta não é literalmente superior. Ao contrário, ela é atingida apenas pela *corrupção cada vez mais aprofundada de si* (que é a tradução imaginal da "*Er-innerung* absolutamente negativa") da *prima materia*. O real exterior é igualmente o interior mais profundo, tão profundo (isto é, tão *fundamental* ou *categoricamente* profundo) que não pode ser encontrado pela introspecção porque explode a noção literal de um interior, e a oposição não dialética de interior e exterior.

A consciência é um exterior que é interior, e um interior que é exterior. Normalmente, a consciência está "no" do mundo e "com" as coisas do mundo. Não está "em" mim. Ou mais precisamente está "em" mim quando está "lá fora". Ela nunca sai de si literalmente. Apenas quando está em si é que está lá fora no mundo real. Não há outro caminho para nós em direção ao mundo lá fora. A consciência é essa instituição contraditória, dialética que somente ao ponto em que está "com" as coisas e pessoas reais lá fora é que está dentro de si, e que nunca está mais dentro de si do que quando se abandona a algum projeto ou pessoa lá fora (como quando se está amando).

Mutatis mutandis o mesmo se aplica quando é uma questão de se mover de uma consciência psicologista (poderíamos quase dizer consciência "neurótica", na medida em que sendo psicologista ela é constituída pela dissociação entre interior e exterior no sentido do espaço como a percepção o concebe) para uma real consciência psicológica, que é uma consciência no espírito da dialética, uma consciência caracterizada pela autossuspensão da psicologia imediata em uma psicologia como lógica da alma.

O movimento para o "cosmos" é fundamentalmente errado. Devido à sua forma lógica, a noção de "cosmos" *não pode* expressar e fazer justiça à dialética. É antes de tudo a noção do mundo imaginado como um objeto, e assim tem o sujeito (*e. g.*, a noção de consciência) externa a si: é um objeto para ser imaginado, um objeto que nós supomos nos relacionar de uma maneira *anima*da. Em si mesmo ele é então o oposto não dialético da ideia de interioridade. É assim que ele é colocado por Hillman, como uma alternativa à interioridade do consultório ou do indivíduo humano. O movimento para o cosmos é (não a mesma coisa, mas) equivalente à rejeição esquerdista da psicologia individual "burguesa" durante os anos de 1960 e 1970 e a sua substituição pela luta por mudar a sociedade. Eles diziam que nossos problemas vinham de um sistema social injusto, assim como Hillman clamou que é do cosmos que "hoje vêm nossas reais desordens psicológicas". Uma explicação é tão míope quanto a outra. Nossos problemas podem *se mostrar* em grande parte no mundo lá fora, assim como comumente se mostra em sintomas corporais, mas eles *vêm* da *lógica* não dialética, positivista investida neles e que permeia todos os três, nossa consciência (e experiência vivida), a estrutura da sociedade e o mundo das coisas "lá fora" (ao ponto em que esse mundo é o resultado da manipulação e produção humana).

A vida lógica da alma 345

Aparte o "cosmos" não ser uma resposta ao problema que Hillman certamente sentiu e descreveu, eu também nego que é realmente o cosmos que é atingido pela virada de Hillman. "Do espelho para a janela": esse é o movimento de Hillman. Mas quando você olha através da janela, o que você consegue ver não é o cosmos (no sentido de um mundo animado pela *anima mundi* intencionado por Hillman). A ideia de que o que você vê é o "cosmos" é uma bela ilusão. Na realidade é outra coisa. De fato, você consegue ver a "porção", o "aspecto" do mundo que pode ser manipulado e que é uma positividade, em outras palavras, o que Hillman chama, em outro artigo, de "universo" em oposição ao cosmos (mesmo se você declara ser o "cosmos" e o infla subjetivamente com um significado de *anima*). É tão positivo quanto a psicologia personalista cuja positividade ele queria superar ao deixá-la para trás. Ao rejeitar o espelho optando pela janela, ele perde precisamente aquilo que espera encontrar com essa mudança.

Se fosse realmente uma questão de se relacionar com o "cosmos" no sentido de Hillman, você necessitaria do espelho. Apenas no espelho, e não imediatamente por meio da janela, apenas especulativamente, apenas na Noção, você pode *realmente* ver o mundo *real* (*Wirklichkeit*, não *Realität*) em primeiro lugar. Historicamente falando, nós estamos, e há muito estivemos, além da situação ingênua de ser capaz de olhar para o mundo de uma maneira não mediada[193]. O "cosmos" e

---

193. Essa afirmação precisa ser qualificada. Nunca houve para os humanos um acesso imediato ao mundo real. Quando eu falo aqui de "situação ingênua" na qual, aparentemente, uma maneira não mediada de olhar para o mundo era possível, temos que entender que essa formulação é relativa à nossa situação. *Comparada à* revolução lógica que a nossa consciência

a "*anima mundi*" estiveram "fora" por pelo menos 2000 anos e não há caminho de volta[194].

Hillman repetiu as advertências dos alquimistas acerca de "evitar a morte pelo amarelecimento, ao ir direto do branco para o vermelho, da alma para o mundo..." (p. 92). Mas a troca de *objeto* da psicologia é, como mostrei, a substituição de um lento processo de amarelecimento (que eventualmente iria, por meio de uma corrupção fermentante, trazer a *rubedo* a *partir de dentro* de si mesma) pela transição não mediada ("direta") ou positiva e programática da alma para o mundo. A suspensão da psicologia imediata em uma verdadeira (suspensa) psicologia enquanto o estudo da vida lógica da alma, ao contrário, pode trazer aquilo que Hillman estava buscando, um "avermelhamento no mundo lá fora". Ela pode trazer isso porque precisamente o mundo não é apontado diretamente. Assim como a consciência em geral permanece em si mesma quando está "lá fora", assim também é a psicologia suspensa, enquanto lógica da alma, absolvida da oposição positiva entre interior e exterior. E parece não haver nenhum outro caminho para realmente realizar esse encontro do mundo lá fora.

Há um problema adicional. Ao substituir o indivíduo humano tendo o mundo como foco, a *noção* de indivíduo humano é deixar para trás não modificada, não transformada, estando

---

atravessou e ainda atravessa, a consciência durante a situação arcaica (os tempos da relação mítica e ritualista com o mundo) era ingênua. Mas em seus próprios termos era longe de ser ingênua. A consciência enquanto tal é negatividade lógica e mediação desde o início. É constituída pelo ato lógico da "matança".

194. Eu discuti esse ponto em meu artigo já mencionado, "The Opposition of 'Individual' and 'Collective'...".

A vida lógica da alma 347

fora de alcance a partir de então. Logo é precisamente aquilo que mais necessita ser submetido ao processo de corrupção que é deixado intacto pelo movimento de Hillman. Ao desertar do consultório *ele* vai para outro lugar. Mas sua *prima materia* não entra em um novo estado. Seu movimento *não é* em si mesmo a transmutação *do* "consultório" em cosmos. Ele deixa o indivíduo e o consultório intacto nas mãos daqueles que podem nem mesmo ver a necessidade de um "re-visionar" da psicologia, que dirá a necessidade de uma putrefação da psicologia personalista. Isso mostra que seu movimento é unicamente pessoal, subjetivo e literal, quase "físico", e não, como seria requerido no contexto da *opus* alquímica, uma transmutação intrínseca, química, "objetiva" da própria "matéria" (indivíduo humano).

A rejeição da terapia individual também parece ser um empreendimento bem fútil, na medida em que a análise individual vai continuar simplesmente por causa da demanda por ajuda das pessoas com desordens pessoais. A virada de Hillman para o cosmos não mudou essa demanda. Isso provavelmente também mostra que esse movimento para o cosmos não tem verdade em si. É mais idiossincrático do que verdadeiramente teórico, mesmo que, é claro, seja apresentado como uma virada teórica. E em vez de mudar a demanda por análise individual, a "virada cosmológica" protege, imuniza, congela a mesma e velha *noção* de indivíduo, e assim também o sofrimento das "desordens pessoais" como "meus problemas pessoais". Em seu mover-se para fora da análise pessoal, sua própria consciência permanece vinculada à oposição entre "indivíduo" e "cosmos".

O real problema com a abordagem personalista na psicologia não é que ela se foca apenas no indivíduo *em vez* do mundo em geral. O problema é o *status lógico da consciência* que estabelece essa oposição, e em particular a lógica operativa na *noção* de indivíduo como uma pessoa que "tem" essa ou aquela consciência, essa ou aquela psicologia. A psicologia não amarela ou se autossuspende voltando factualmente suas costas para os indivíduos (plural!) como seu foco, pois isso seria apenas um movimento dentro do mesmo velho *status* de consciência. A psicologia só amareleceria se suas crenças inconscientes e (até agora) inabaláveis na "pessoa como substância ou substrato" fosse completamente decomposta e dissolvida "no Mercúrio", na fluidez da noção de vida lógica da alma. Isso seria o único caminho real para a superação da armadilha personalista.

Em seu artigo sobre "Amarelecimento" Hillman escreve, "Poderíamos reconhecer que as questões que assombram a psicologia profissional – mau comportamento sexual, regras éticas, processos, pagamentos de seguro, leis de licenciamento e regulação, regulamentos das sociedades de formação, organizações regionais e internacionais – expõem a corrupção que fermenta quebrando a psique branca para fora da sua autorreclusão... As corrupções que fermentam, que parecem desvios no trabalho da psicoterapia, podem, na verdade, serem o modo da psique se amarelar rumo ao cosmos" (p. 94). Essa citação transparece o entendimento bastante inofensivo do processo de corrupção. Sem dúvidas, todas as coisas mencionadas são signos de uma corrupção em larga escala. Mas toda corrupção é o tipo de corrupção referida na fala dos alquimistas no contexto do "amarelecimento"? Os problemas que Hillman cita são problemas triviais que assombram, de diferentes formas de acordo com diferentes circunstâncias, todos os tipos de instituições e organizações. Eles parecem ser um simples tributo ao humano-demasiado-humano. Atribuir a eles o *status* dignificado de uma fase do *opus magnum* seria honra demais. Eles poderiam ser interpretados mais apropriadamente como fenômenos ordinários de sombra.

Claro que a fase do amarelecimento, enquanto uma fase do *opus magnum*, deve significar algo mais do que um deplorável estado externo de coisas, mais do que "desvios do principal trabalho da terapia", mais do que "analisandos que se voltam contra nós, contra a análise, que condenam, processam, expõe, violam a confiança" (p. 95). Tudo isso, escândalos externos referentes à profissão, permanece muito "na superfície". O amarelecimento deve ser a real decomposição *interna*, a decomposição do coração da matéria, a corrupção fermentante da própria "química", da sua lógica, e no mesmo *estado* de lógica mercurial da matéria (no estado no qual sua característica lógica finalmente se tornou evidente). O processo de amarelecimento não é como o apodrecimento de uma maçã que será então descartada e possivelmente substituída por uma fruta não apodrecida. É como a fermentação das uvas que a convertem em vinho. As uvas apodrecidas são as preciosas substâncias a serem assistidas. A mudança das uvas para o vinho é a imagem da transformação da "física" das coisas discretas na "química" da lógica das coisas e na fluidez e espiritualidade da lógica. Apenas se isso é realizado pode o amarelecimento, de si e a partir de si, finalmente mudar em um avermelhamento: quando se torna aparente que a alma é vida lógica, ela *ipso facto* será compreendida como a característica de toda a realidade.

Por que Hillman cairia no "cosmos" mesmo com todos os seus *insights* anteriores acerca do ver através e, acima de tudo, do seu maravilhoso novo *insight* acerca do Amarelecimento da Obra? Isso provavelmente se deve ao fato de que o nível lógico, aqui no sentido de "nível *da* lógica", não foi alcançado por ele, ou melhor, da sua determinação sistemática de não o alcançar. Ele insiste em se estabelecer e permanecer no nível (lógico) *da* imaginação e percepção, em vez de se permitir, através de um lento processo fermentador e autocorruptor de amarelecimento realizado sobre a posição imaginal, ser forçado ao caminho do pensamento dedicado e rigoroso sendo jogado no nível da lógica dialética. E tudo isso mesmo com ele insistindo que o amarelecimento é "particularmente intelectual" e citando Dorneus como dizendo que "A forma que é o intelecto, é o começo, o meio e o fim do procedimento; e essa forma se torna clara pela cor do açafrão" (p. 85). É a imaginação que seduz alguém a acreditar que o "resgate" da interioridade da psicologia personalista é o simples se virar para o "mundo lá fora", em vez de consistir em uma sublimação da *"forma*, que é o intelecto". É a imaginação que lhe faz ver o problema como estando na concretude dos *objetos* ou *tópicos* ("individual" *versus* "cosmos"), em vez de na constituição lógica na qual todo e qualquer objeto pode estar.

No trecho acima sobre "Alquimia como *opus contra imaginationem*" eu tentei mostrar o que foi a notável proeza da concepção de "matéria" e "substância" dos alquimistas, o grau de abstração necessário para pensá-la. Eles avançaram sem o saber a uma dimensão que era fundamentalmente inacessível à abordagem imaginal da vida, o nível da forma intelectual, *i. e.*, da constituição lógica (dialética) da realidade. Podemos ver agora que Hillman, preocupando-se principalmente com a oposição entre o "indivíduo humano" e o "cosmos" parece regredir novamente abaixo desse nível "químico" da "matéria" à dimensão "física" das entidades já formadas (*vide* apenas sua insistência na *aiesthesis*, beleza, os sentidos – que são psicologicamente há muito antiquados). Isso, também, é inevitável se o imaginal é o horizonte último de concepção. Em vez de finalmente apreender o Mercurius projetado, a mente é sistematicamente posicionada embaixo (ou antes) dele.

A suspensão não pode ser imaginada. Ela não pode realmente ocorrer no contexto da psicologia imaginal. Suspensão não é um ato positivo de negação. É "(al)química": lógica, absolutamente negativa[195], "intensiva", intrínseca. É muito mais silenciosa, muito menos espetacular (mesmo que muito mais potente) que uma negação positiva (simples). A "suspensão da psicologia" não requer finalizar a prática analítica e ir para *outro* campo (ecologia ou sociologia psicologicamente enriquecidas). Seria mais como ter ganho uma noção *real* da psicologia *como* sua própria autossuspensão (que acarreta a suspensão da noção de pessoa como substrato).

Para resumir, a abordagem imaginal do mito já chega tarde para encontrar a alma. Quando ela quer trancar o estábulo, o cavalo já escapou: quando ela olha no mito a *alma* (infinita), ela encontra apenas *psicologias* (já "finalizadas", "positivas", claramente compartimentadas) e opera principalmente com uma faculdade psicológica particular, positivada ("imaginação"): ela vê apenas "pessoas" ou "figuras arquetípicas" que *têm* esse ou aquele tipo de psicologia e que é exemplificada nessas imagens míticas. A psicologia imaginal inevitavelmente começa com, e nunca transcende, o que já é comportamento, experiência ou fantasia psicológica positiva. Ela é, *qua* empreendimento imaginal, situada de uma vez por todas na esfera empírica da vida vivida ou experienciada em um mundo

---

[195]. Negação da negação.

visual de coisas existentes, em vez de realmente transgredir à esfera abstrata da "pré-existência" ou do "além-vida", da vida da alma e de sua negatividade lógica – por mais que espere e clame ter encontrado a alma.

6 Actaion e Ártemis: a representação *pictórica* da noção e da interpretação (psico-)*lógica* do mito

Um rápido resumo do mito de Actaion já foi dado no capítulo anterior. Agora nos devotaremos à interpretação desse mito, que eu afirmei ser o mito da noção. É o mito da Noção e enquanto tal o da noção de Verdade – e da noção de uma verdadeira psicologia. O porquê ficará claro, espero, na subsequente discussão. A noção de Verdade e de verdadeira psicologia é apresentada nas imagens da caçada e da selva. Como "interpretar" uma história significa "dar a noção da história", a interpretação desse mito equivale a dar a noção de caça, e pela mesma razão a noção de Noção.

Como resultado da crítica anterior à psicologia imaginal e aos seus princípios interpretativos, podemos entrar em nossa interpretação equipados com a intuição de que o que aparece narrativamente como diversos estágios ou acontecimentos em um desenvolvimento, (psico-)logicamente teria que ser considerado como *diferentes determinações ou diferentes "momentos"* de uma e mesma "verdade", e no caso especial do mito de Actaion esta "verdade" que narrativamente foi traduzida em uma história dramática, é a verdade ou noção particular da

Noção, o Conceito – a noção da Verdade mesma. Assim se pode distinguir seis "momentos" que requerem atenção nessa história:

1) A caça. O caçador.
2) O ingresso na floresta desconhecida. A selva.
3) (O terceiro momento tem que permanecer por hora um mistério; ele virá à luz ao longo da discussão).
4) A contemplação da Deusa Ártemis nua.
5) A transformação em cervo, e finalmente.
6) Ser desmembrado pelos próprios cães de caça.

No que se segue, quero *pensar* esse mito, habitar em suas imagens e seguir fielmente o movimento e a interconexão dos seus diferentes momentos. Pensar o mito, habitar em suas imagens – o que isso significa poderia ser elucidado tomando uma metáfora da esfera do consumo oral (se tal analogia me é permitida) e dizendo que isso é como deixar que cada determinação do mito se dissolva na própria boca. Com essa metáfora quero principalmente acentuar dois aspectos. Primeiro, pensar e compreender não é como quebrar violentamente cada motivo mastigando com os dentes. É mais como permitir que se dissolva por si mesmo, e que entregue ele mesmo seu significado interior. Segundo, em contraste com engolir os alimentos, "deixar que se dissolva na própria boca" implica um processo lento. Não há pressa, não há um correr de um tema para o outro, nem um se deixar levar pela dinâmica da trama até o seu desenlace final. Cada tema ou determinação é apreciado por si mesmo. Tem a sua vida (lógica) e seu próprio "fim" (*finis*, *télos*) em si mesmo. Se há de haver uma transição para o próximo tema, isso deve ocorrer como o resultado do esgotamento do tema anterior, de modo que a determinação presente se abra naturalmente à seguinte a partir do seu próprio interior.

O que estudaremos agora é um pequeno mito, e teremos que permanecer estritamente dentro dos seus estreitos confins. Mas de nossa parte não falaremos com uma estreiteza mental. Ao nos concentrarmos exclusivamente nas complexidades internas do nosso conto, traremos conosco um interesse teórico muito mais amplo. Uma das questões que nos guiará, como deveria guiar qualquer trabalho psicológico e psicoterapêutico, é a pergunta fundamental, o que é a psicologia, o que é a alma?

Primeira determinação. O caçador ou: a intencionalidade em direção ao outro

A Noção é a alma *como* (desejo por) cognição, a alma nesse momento "arquetípico" de sua autorrelação no qual ela se conhece, compreende a si mesma. A Noção ou Conceito não deve ser confundido com o conceito abstrato da lógica formal, que é estático e comparável a um mero rótulo que pregamos sobre as coisas, porque tem seu referente fora de si. A Noção tal como aqui a compreendemos, por contraste, é em si mesma movimento, o movimento ou caminho da alma de se encontrar e conhecer a si mesma. Porque a alma está a caminho de si mesma, ela não está lá ainda. Por essa razão não pode entender ainda que aquilo ao qual está a caminho é "ela mesma", seu próprio ser; é imaginada (ainda) como uma meta distante, separada dela. Aparece como um outro, como o Outro, um, contudo, em direção ao qual a alma se sente apaixonadamente atraída ou impulsionada – necessariamente, na medida em que, inadvertidamente, este (aparente) Outro é *ela mesma* ou o seu verdadeiro si mesmo[196], seu próprio

---

196. Si mesmo não é usado aqui no sentido terminológico específico de C.G. Jung.

ser. É por isso que Actaion é apresentado como um caçador. A primeira determinação da Noção é: a resoluta intencionalidade, o desejo apaixonado de encontrar o Outro[197] desconhecido (a presa), de apreendê-lo e compreendê-lo, a vontade de apontar e disparar implacavelmente, de acertar e penetrar: de matar. A vontade de "matar" é aqui a primeira imediação do compromisso *absoluto* com o Outro, do anseio de se transmitir (com todo o seu ser) ao outro em um momento de contato *último*.

Segunda determinação. A floresta primordial ou: a autoexposição à outridade

Mas Actaion caminha sem rumo fixo (Ovídio disse, "com passos incertos") através da "floresta desconhecida". Não começa levando nenhuma ideia preconcebida sobre a caça em sua bagagem (como teria que ser e onde deveria ser encontrada). O caçador ainda não fechou seu foco em nada particular. Ainda que haja um compromisso apaixonado e um firme foco no Outro (primeira determinação), *o que* esse Outro é e onde e como se manifestará não está definido positivamente. É verdadeiramente

---

197. Na forma de algum outro, de alguma presa. – A ideia de uma caça (não psicológica, mas) filosófica, a "caça pelo (verdadeiro) Ser" ocorre em Platão, e. g., *Fédon* 66 c 2. Ela se refere ao intento de alcançar pensativamente a Ideia. Cf. C.J. CLASSEN, *Untersuchungen zu Platons Jagdbildern*, Berlin 1960. Cusanus falou da *venatio sapientiae* (a caça por sabedoria), e Giordano Bruno, que deu uma importante interpretação filosófica do mito de Actaion em seu *Eroici furori*, está nessa tradição quando ele vê em Actaion o intelecto como a mais alta capacidade racional caçando por Ártemis/Diana como a imagem da *nuda veritas*. Sobre a interpretação de Actaion por Bruno cf. BEIERWALTES, Werner. "Acteon. Zu einem mythologischen Symbol Giordano Bruno". In: Idem. *Denken des Einen*. Frankfurt/Main: Klostermann 1985, p. 424-435.

desconhecido. Há uma completa abertura e receptividade de sua parte a respeito de que presa (se é que alguma) se apresentará. E a ideia em questão é que deveria se apresentar *por si mesma*, ao seu próprio modo. De outra forma, se Actaion antecipasse o que deveria ocorrer, seu movimento em direção à *floresta primordial* trairia a si mesmo: mesmo que estivesse literalmente lá, ele contudo acabaria (ou permaneceria) no reino domesticado, civilizado, pois controle e predicabilidade é sobre o que esse reino é. "A Noção" não significa a "carnificina" de um "animal" que já está (de fato ou imaginalmente) cercado ou domesticado, não significa a compreensão conceptual de um objeto "pre-parado". Para Actaion, a caça não é meramente um interesse prático a fim de encontrar comida, de ter êxito, é também a aventura (de "advento") de um verdadeiro encontro, o encontro com um Outro que seja livre, que seja uma subjetividade por si mesma, e que disponha de uma verdadeira oportunidade. Só então pode haver um encontro com *a verdade* imprevisível e particular desta ou daquela presa.

Nesse contexto, o que escutamos sobre as grandes expedições de grande caça em estilo de batida na antiga China é notável. Um comentador em uma passagem do *I Ching* diz sobre essas caças, "Quando as batidas se completam e os atiradores estão preparados para começar, um lado da cercadura onde a presa foi conduzida é deixado aberto e desguardado"[198]. Como nos informa o mesmo texto do *I Ching*, o rei fez seus servos realizarem a batida apenas em três lados, permitindo que a presa se virasse para o lado desguardado a fim de escapar. Os antigos reis obviamente sentiam a necessidade de não en-

---

198. LEGGE, James. In: *I Ching Book of Changes* [notas sobre o hexagrama 8, linha 5].

cerrarem *inescapavelmente* a presa, e isso mesmo com um tipo de caça que utilizava batedores e cercamento! Era suposto que o animal tivesse uma chance real. Algum tipo de abertura devia ser preservada. A total eficiência não era aspirada. Esta magnanimidade verdadeiramente real dos antigos reis chineses lança luz sobre a "barbaridade" da nossa cultura tecnológica com seu implacável culto à eficiência (a exploração das florestas tropicais, a pesca industrializada em grande escala nos oceanos, a mineração de uma tonelada de montanha para obter três gramas de ouro, para mencionar somente três exemplos evidentes, ao quais é claro, em um livro de psicologia, o novo culto à "eficiência" em psicoterapia tem que ser adicionado).

Não há uma situação de laboratório em nosso mito, na qual uma matéria teria que ser inescapavelmente preservada em um tubo de ensaio ou na qual se testam animais especialmente criados e preservados para responder a um conjunto de questões previamente formuladas. Não há "hipóteses" a serem validadas. Tampouco há uma caça na qual a presa se veja conduzida a um recinto e encerrada por todos os lados. Ao contrário, há um se aventurar na extensão infinita da floresta primordial, um sair para "terra de ninguém"[199]. Usando as formulações de Jung podemos dizer que Actaion é o "homem... que, conduzido por seu *daimon*, caminhou para além dos limites da" esfera do familiar e assim "verdadeiramente entra nas 'regiões inexploradas e inexploráveis', onde não há caminhos mapeados e nem refúgio que ofereça um trecho protetor sobre sua cabeça. Não há preceitos que o guiem quando se encontra em uma situação imprevista..."[200] Tal se aventurar equivale a uma ousada

---

199. JUNG, C.G. *Memórias*, p. 297.
200. *Memórias*, p. 297.

autoexposição ao desconhecido e aos seus perigos. Por conta desse autorrisco, Actaion não só está de fato e literalmente, mas *essencialmente (logicamente)* na selva primal, na infinitude, no mundo anterior a sua positivação, definição e compartimentalização. A selva primal não é um mundo particular. É um modo psicológico de ser-no-mundo ou um *status* lógico no qual a vida e o mundo são vistos. É qualquer lugar onde a implacável autoexposição ao desconhecido em sua infinitude e imprevisibilidade *tenha* lugar. "Selva primal" é uma metáfora para a negatividade lógica da alma. Actaion entra no reino da "pré-existência" no sentido elucidado no capítulo anterior.

Como tal, Actaion é a contraparte exata da imagem do jovem acomodado da saga islandesa com qual começamos. É da natureza de Actaion entrar na selva primal. Não há necessidade de ele ser estimulado pelos comentários mordazes da sua mãe.

O que é isso que Actaion caça quando sai para pegar alguma presa? Ele está à caça da vida lógica da alma e da negatividade da lógica. Isso é o que dá a caça o poder de uma paixão que o compele. (Para algumas pessoas, a caça no sentido literal ainda tem hoje esse poder irresistível, ainda que se perguntados acerca daquilo o que caçam não responderiam "o reino da negatividade lógica"). Se Actaion *só* fosse algo positivo[201], não precisaria penetrar na *selva primal*. Poderia simplesmente matar uma vaca ou uma cabra. A selva primal é o reino da negatividade lógica, assim como todas as coisas positivamente

---

201. Ele é isso também. A "presa" (seja literal ou metafórica) é positiva. Mas não é restrita e nem confinada a sua positividade. É sempre mais. Tem também uma qualidade "numinosa", que é o que antes de tudo faz com que a caça valha a pena.

dadas pertencem opostamente à esfera "domesticada", que é a esfera da positividade (a realidade positiva, *Realität*).

As duas primeiras determinações da Noção que encontramos nesse mito são contraditórias: de um lado, absoluta direção e vontade de mirar e matar; do outro lado, receptividade, falta de direção e autoexposição. Mas essas determinações são ambas intrínsecas a essa *única* noção: a caça. A posição representada pela imagem de Actaion, o caçador, não é de *ou* "cercar o Outro" *ou* "se expor a ele" como algo que poderia aparecer de qualquer lugar da selva ao redor. É a unidade contraditória de cercar o outro e de estar rodeado de todos os lados por ele. É um apontar, até mesmo matar, o Outro que ainda assim deixa o Outro completamente livre e intacto (como se tornará claro adiante). *Pensar* essa contradição absoluta é a tarefa que o início desse mito estabelece para nós.

Agora seria a vez de discutir a terceira determinação. Mas por razões que mais tarde se tornarão evidentes, a terceira determinação terá que ser discutida somente *depois* da quarta.

Quarta determinação. A epifania de Ártemis nua ou: a revelação da verdade mais íntima do outro

A Noção não é só aspiração, intenção e desejo de conhecimento, é também a *realização* dessa intenção: o conhecimento *efetivo* ou o conhecimento da Verdade. Em outras palavras, a Noção é a unidade contraditória de um anseio e da sua realização, da busca ainda não consumada e do encontro consumado. Actaion em seu caminhar sem rumo pela floresta infinita se encontra com a Deusa nua.

Este é um ponto crucial. Desde o começo temos que nos dar conta que nosso mito contradiz posições tão diversas como as de Lacan, que ensinava que há desejo, mas que o desejo é fundamental e necessariamente irrealizável, e as ideias de Jung e Hillman, que afirmavam que a meta só é importante como ideia, enquanto o que realmente conta é o caminho. Nosso mito documenta que pode haver, que *há* realização. Esticando esse ponto, podemos até dizer que a meta só é importante na medida em que é efetivamente alcançada.

A primeira questão para uma leitura psicológica dessa história é: "quem" é Actaion, "quem" é a Deusa? Quem encontra quem? A questão de quem seria Actaion deveria ter sido discutida acima sob o título da primeira determinação. Mas simplesmente tomamos Actaion por garantido. A razão para responder essa questão só agora é que Actaion não pode ser separado de quem Ártemis é. Eles se definem mutuamente. Quem encontra quem então? A resposta é: Aqui a alma encontra a si mesma, como a buscada pelo Outro. *Como caçador* ela encontra e compreende a si mesma *como verdade nua* (Ártemis em sua virgindade), como a imagem sem véu de Saïs, como verdade absoluta, como a "coisa-em-si" kantiana (em contradição com a "aparência").

Para nós, Actaion e Ártemis não são *realmente* dois seres separados e diferentes (de fato opostos), masculino *versus* feminino, humano *versus* Divindade. Ambos *juntos* são a alma, uma e mesma alma[202], que aqui, contudo, *se desdobra* como uma *sizígia* de opostos para tomar consciência de si mesma como a Noção. A alma não é Una da mesma maneira como imaginamos que uma coisa é Una. Não é dupla e nem tampouco múltipla.

---

202. É estranho falar de uma mesma alma como se houvesse ou pudesse haver várias almas. A alma é por definição singular. (Quando falamos de almas no plural, é a algo diferente que nos referimos).

Ela é pura e simplesmente autorrelação[203]. E por isso, tal como enfatizei antes, é a unidade *da* unidade *e* diferença, ou vida (lógica). Nosso mito é um momento arquetípico da vida lógica da alma, um momento da "formação, transformação, recriação eterna da Mente eterna" da alma (como disse Jung em muitas ocasiões usando a formulação do Goethe[204]) que se poderia chamar de "momento da Verdade". Em todos os diferentes mitos e imagens arquetípicas a alma fala sobre *si mesma*, como também disse Jung no mesmo lugar. Todos mostram a mesma coisa: a natureza da alma. Os mitos nos falam acerca de áreas da vida humana já positivadas e compartimentalizadas, acerca da nossa sexualidade, do complexo de poder, das relações humanas etc. A alma fala tautologicamente de si mesma, de sua própria (e mesma) natureza. Ela mostra a lógica da sua natureza enquanto alma – ou: *psicologia*.

Mas na medida em que a alma não é um tipo de "coisa", não é positiva, mas *é vida lógica*, ela tem que mostrar sua plena natureza em muitos mitos e imagens, cada um apresentando a mesma natureza da alma *tal como* ela aparece *em* um ou outro dos momentos de sua vida lógica e *a partir* da perspectiva de cada um desses momentos. Qualquer "momento arquetípico" da vida da alma mostra *toda* a verdade acerca da natureza dela, mas apenas a partir daquilo que se destaca desde o ponto de

---

203. Pura e simplesmente "autorrelação" sugere que estamos falando aqui de uma "estrutura" lógica e não sobre um *comportamento* empírico-psicológico, nem sobre *minha* relação comigo mesmo. Autorrelação não significa que aqui há primeiro alguém ou algo (um eu ou uma entidade chamada "alma") que então se relaciona consigo mesmo. É o inverso: a alma *é* autorrelação. É uma relação lógica e não uma entidade.

204. JUNG, C.G. *e. g.*, *Os arquétipos e o inconsciente coletivo*, § 400.

vista desse momento particular. O "momento da Verdade" é esse momento arquetípico que (além de mostrar toda a verdade sobre a alma) *também* mostra essa verdade a partir do ponto de vista particular da alma *como* Verdade absoluta ou conhecimento real, realizado, como Noção. A alma tem muitos outros momentos a partir dos quais a verdade acerca da sua natureza pode ser retratada. Além de

- descobrir a si mesma como verdade absoluta (Actaion e Ártemis);
- ela também viola a si mesma em direção à profundidade do inframundo (Hades e Kore);
- persegue a si mesma até a autorreflexão da sua natureza instintiva (Pan e suas ninfas);
- seduz a si mesma para dentro da sua profundidade (pescador e a sereia);
- voluntariamente se ata no mastro de um barco para se experimentar como um charme absolutamente fascinante, irresistível (Odisseu e as sereias);
- mostra-se como um monstro que deve ser vencido, a fim de desafiar a si mesma a desenvolver uma vontade heroica e conquistar a si mesma (as tarefas de Hércules);
- desfruta de um eterno *hieros gamos* consigo mesma (Urano e Gaia);
- interrompe cruelmente seu próprio *hieros gamos* (Kronos usando sua afiada lâmina contra Urano);
- celebra sua própria autoperfeição (o casal divino, *e. g.*, Zeus e Hera);
- deleita-se em seu próprio complemento (beleza e guerra, Afrodite e Ares);

- entra em uma relação incestuosa, proibida consigo mesma e assim abre para si a dimensão da transcendência (*mysterium coniunctionis*; o nascimento da alma-criança no *Rosarium*);
- impregna-se, concebe-se e reproduz a si mesma (*e. g.*, Zeus e Sêmele/ Dânae/ Alcmene);
- agita-se violentamente e se penetra (Poseídon e Gaia);
- perde-se e se reconquista, mas apenas como *inevitavelmente perdida para si*, em outras palavras, como suspensa (Orfeu, o poeta, e Eurídice);
- confronta a si mesma como sua própria suspensão e choca a si mesma para fora da sua autocontenção inocente (Barba Azul e sua esposa);

e assim por diante.

Dissemos que o mito de Actaion é o mito do "momento da Verdade". Em ambos os lados temos a alma. A alma sob a aparência de caçador humano encontra a *si mesma*, a alma como divina verdade nua. Enquanto tal, esse é o mito que estabelece a noção de uma *verdadeira* psicologia. Aqui finalmente chegamos ao ponto que acima era uma mera afirmação acerca do mito de Actaion. A psicologia é a alma conhecendo a si mesma. É, mais especificamente, o encontro da alma consigo, ou o conhecimento da alma de si mesma como verdade nua, em sua "virgindade" (*i. e.*, antes de qualquer envolvimento ou enredo com qualquer outra coisa e aparte de qualquer preconceito ou prejuízo). É inerente à noção de virgindade estar "nua" (assim como na vida no paraíso ou no reino da "pré-existência"). Adão e Eva só precisaram de roupas após a Queda. Actaion é a imagem da *alma como psicologia humana*[205], como o desejo *empírico* de conhecer a verdade

---

205. Como eu apontei em uma nota de rodapé anterior, Giordano Bruno via Actaion como o intelecto, como a mais alta capacidade racional humana.

sobre si e como teoria que factualmente foi capaz de desenvolver acerca de si até agora na vida real. Contudo, Actaion, o caçador, é a imagem da alma não só como qualquer teoria psicológica. É o tipo de *theoria* que sem reservas e sem restrições sistemáticas (tais como as restrições que garantem o "objetivismo cientificista") se expõe *à corps perdu* à selvageria implacável do seu próprio objeto de estudo (*i. e.*, qualquer que seja a manifestação concreta que a alma possa ter em cada caso particular acerca do qual a teoria é). É a alma como *theoria* acerca de si mesma que graças a essa implacável autoexposição e à entrada na floresta virginal, se torna realmente capaz de ver a si mesma em sua pureza e divindade, e desse modo torna-se *completa, torna-se verdadeira psicologia* ou realiza sua noção. Na medida em que a alma é autorrelação, é em si mesma a unidade de si mesma e da *theoria* (psicológica) sobre si mesma. A alma não é só objeto de investigação psicológica! Não é só sua própria metade. É ambas de só uma vez: aquele que conhece (ou que quer conhecer) e aquele que há de ser conhecido. Seu conhecimento de si não é uma adição secundária, quem vem depois do fato, depois da sua existência e da sua essência. Ela só existe *como* seu autoconhecimento ("a alma sempre pensa"). No reino da alma o que vem mais tarde (*hysteron*) vem primeiro (*proteron*): é só o conhecimento que a alma tem de si que produz sua existência como a existência daquilo que há de ser conhecido.

Por que a psicologia humana se apresenta na imagem da caça? Porque a psicologia está em busca da alma e vai a caça da verdade da alma. Inicialmente ainda não chegou lá. A psicologia começa sem conhecer o que se supõe que conhece. Parte da positividade da vida cotidiana preocupada principalmente com questões pragmáticas e de sobrevivência no sentido mais amplo da palavra, daquilo que a alquimia chama de *unio naturalis*, e tem que elaborar o seu caminho a partir daí, a partir de um enfoque empírico e causal e através do imaginal (estágio da *albedo*) até uma psicologia que conhece a alma. A psicologia tem que abandonar a esfera "civilizada" do positivo e do "natural" (no sentido psicológico, alquímico da palavra) e tem que adentrar na selvagem vida lógica da alma.

Um corolário dessa afirmação é que a psicologia humana não é uma atividade do ego. Nem tampouco é psicologia do ego. É a obra da alma mesma, da alma em busca de si mesma e se descobrindo em sua implacável verdade[206]. Como disse Jung, "em qualquer discussão psicológica não estamos dizendo nada *acerca* da psique... a psique sempre [em alemão Jung utiliza *'unvermeidlicherweise'* = 'inevitavelmente', 'forçosamente'] fala sobe si mesma"[207]. De acordo com essa afirmação, inclusive a psicologia do ego e a psicologia cientificista são "inevitavelmente" o falar da alma consigo mesma. No primeiro caso, o ego, que é só uma estação no caminho da autorreflexão urobórica da alma ou o porta-voz para o seu solilóquio, para o *logos tês psychês pròs hautén* (Platão[208]), enganosamente[209] se toma

---

206. Onde há algo que ocorre sob o nome da psicologia enquanto atividade do ego, ou não é realmente uma psicologia, *ou* é a alma inconscientemente trabalhando através do ego.

207. JUNG, C.G. Op. cit., § 483.

208. "O falar (*logos*: fala, conversação) da alma consigo mesma". Cf. *Theaitetos* 189e e *Sophistes* 263e.

209. Claro que esse engano é produzido pela alma para os seus próprios objetivos. Um dos "mitos" ou ficções que a alma cria em seu solilóquio é o do ego, do sujeito autorial. E por ser a alma que cria essa fantasia, a fantasia do "ego" vem com uma total convicção, com um forte sentido de realidade. A questão do porquê e do para quê a alma criaria tal ilusão para si

A vida lógica da alma

como um término autônomo em uma suposta "relação entre sujeito e objeto" imaginada como uma dualidade literal. A última forma de psicologia, a busca da alma por si mesma que se descobre em sua implacável verdade, só pode ocorrer se e quando nossos esforços psicológicos humanos sejam tais que se aventurem verdadeiramente na selva primordial. Na própria constituição da sua lógica, a psicologia tem que ser "psicanálise *selvagem*". Não pode se construir como uma ciência, *i. e.*, domada, civilizada – mirando de fora da cerca (da segurança e imunidade que esse ponto de vista garante) o reino cercado de uma realidade finita e pré-possuída, chamada de "psique humana". Seu lugar é o reino da pré-existência, não a esfera do tempo empírico.

Quando é que a psicologia se move na selva e que tipo de selva é essa? Tenho que dar duas respostas a esta pergunta.

A primeira é: Quando não quer ser uma teoria "objetiva" "acerca da" realidade psicológica, e sim uma teoria que se expõe *ela mesma* incondicionalmente a sua matéria, ao seu tema, a alma (tal como aparece, seja nos grandes documentos arquetípicos da alma em nossa tradição, ou em qualquer situação vital concreta); quando, renunciando a sua posição de autor, ela se sujeita incondicionalmente ao seu objeto (seu tema) *como* verdadeiramente desconhecido e com todos os dilemas e contradições que a noção desse tema pode nos envolver, com sua dimensão embaraçosamente "metafísica", sua perigosa proximidade com a superstição e com o "ocultismo", com sua "insana" dialética – *i. e.*, quando se submete à absoluta negatividade do seu próprio tema. No caso do mito

---

não pode ser um tópico em nosso contexto aqui. (Eu discuti essa questão no meu *Animus-Psychologie*).

de Actaion, a psicologia está na selva quando permite Actaion ser a (imagem para) *psicologia* (em vez da *pessoa*) que se move na floresta.

Se Actaion não for a própria alma *como* psicologia humana abordando a *si mesma como* Verdade (ou se expondo como verdade imprevisível a sua noção), então seria óbvio que não é a psicologia que está se movendo na selva, e então não haveria nenhuma selva para se aventurar. Pois se Actaion é visto como uma mera pessoa, ele poderia, é claro, se aventurar na selva; mas *essa* "selva" não é a selva real. Seria apenas aquele tipo de "selva" para o qual ele poderia ser usado como um boneco de imitação que se aventura, enquanto a psicologia poderia seguramente permanecer resguardada por trás meramente observando e registrando o que *ele* experiencia lá. A selva não é um lugar dado. Ela só *existe* apenas e quando *se* sujeita totalmente (com *todas* as suas suposições subjacentes ocultas, com sua autodefinição implícita e com sua própria noção de alma etc.) ao processo de uma radical autoexperiência, a qual em princípio, deve se permitir desmontar alguns ou todas as suposições. Nada deve ficar isento. Não há selva primal, se a própria ideia de alma e psicologia não é também constantemente colocada em cada questão psicológica concreta que é trazida à discussão. Enquanto a psicologia (em sua constituição lógica) é mantida de fora (como ocorre quando ela é concebida como uma ciência antropológica), ela *ipso facto* permanece na (ou melhor: se estabelece como) esfera domesticada, como uma psicologia já acercada, o que é uma contradição em termos. Como Jung sabia, ela não pode ter um "campo delimitado de trabalho"[210].

---

210. JUNG, C.G. Op. cit., § 112.

A vida lógica da alma

A selva primal implica: sem reservas e com cães sem coleiras que poderiam até mesmo avançar sobre seu próprio dono. Nos parques da cidade, os cães devem ser mantidos na coleira.

Uma psicologia que mantém os fenômenos psicológicos *atados* ao ser humano como "*sua* psicologia" está presa na coleira desta pessoa enquanto *pessoa*. Por mais patológico e destrutivo que esses fenômenos psicológicos possam ser para essa pessoa empírica, não obstante jamais é permitido que eles se voltem contra seu *status* ontológico como pessoa (como entidade) e o despedace, porque esse *status* de ser pessoa serve, por definição, como o vaso continente inafetado para um processo que de outro modo seria possivelmente turbulento e até mesmo desastroso. A própria psicologia é dessa forma protegida de ser despedaçada pelo seu próprio tema, de ser decomposta (suspensa) pela alma como negatividade lógica ou "pré-existência", por ser concebida como o vaso continente inafetado pela "realidade psicológica". Pela mesma razão, a psicologia que quer ser ciência tem que se estabelecer como imune em seu *status* lógico fundamental, apesar de toda a sua abertura à novos dados experimentais quando exerce seu método científico.

Se tivéssemos que descrever em termos alquímicos o que significa a selva primal, teríamos que dizer que é quando o próprio artífice entra no vaso. A separação entre o vaso (psicologicamente falando: ele mesmo como vaso e o campo da psicologia como vaso), de um lado, e o que está dentro do vaso de outro, é superado. A *prima materia* puxa o vaso mesmo para dentro do processo de decomposição e vaporização, o qual originalmente se pensava que teria que *conter* tudo a todo custo. O vaso se vai. A distinção entre *eu* e "*meu* processo", "*meu* desenvolvimento", "*meus* problemas pessoais" é cancelada. A dissociação entre a psicologia como um campo e a "psicologia das pessoas" a ser estudada nesse campo é removida. A psicologia se suspende como "psicologia imediata" (como o estudo da "psicologia das pessoas") e assim se estabelece em sua *arché*. Pois a *arché*, o começo da psicologia é sua autossuspensão, a suspensão da ideia de "ser existente", em outras palavras, do "preconceito antropológico".

A noção de psicologia como o estudo do que se passa nas pessoas previne a psicologia de ser psicanálise "selvagem". É por isso que eu tenho que atacar a intepretação personalista de Actaion. Ela apequena e reduz esse mito. Frustra seu próprio propósito. Ela *ainda* fala sobre a selva, mas apenas do mesmo modo que nós podemos assistir filmes sobre a natureza selvagem e sobre animais predadores na segurança do sofá da sala. Isso não é a real presença da selva, é nada mais do que um fantasma, ou uma versão em miniatura dela. A selva primal só é presente quando nós, os sujeitos experienciantes, somos totalmente expostos a sua realidade. Ou melhor, não nós enquanto pessoas, mas nossa própria psicologia, nossa *noção* de psicologia.

Não funciona de outro modo. O mito de Actaion não admite uma interpretação personalista de Actaion. A "selva primal", a "Deusa nua", os "cães sem coleiras" requerem que não haja contenção. Eles requerem que o se dar conta de que aquilo que entra na floresta primal é a psicologia como totalidade, não meramente a *pessoa* abstrata que *tem* a psicologia ou que "faz" psicologia (seja como *hobby* seja como profissão). Se assim não fosse chegaríamos à ideia de uma "selva primal domesticada ou controlada" – uma ideia que, se tomada seriamente, necessariamente se autodestruiria.

A vida lógica da alma 371

A segunda resposta, tão importante quanto a primeira, ou até mais, à questão sobre a imagem da selva primal, é que a psicologia transpassa à selva no momento em que aceita sem reservas *a questão da verdade*. O mesmo momento em que está disposta a enfrentar honestamente essa questão, ela abandonou os confins seguros do mundo civilizado e violou a lei não escrita da modernidade que proíbe a questão da verdade sob o disfarce de todo o tipo de precauções metodológicas e advertências contra a *hybris* humana. Mas o que se apresenta como a *humilde* intuição das nossas "limitações humanas" e da "natureza finita da existência humana" é na verdade um mandamento. É a proibição de abandonar o reino acercado do humano-demasiado-humano. Aventurar-se na selvageria primal significa precisamente deixar para trás o humano-demasiado-humano e o *dogma* da *mera* natureza finita humana. Significa nada mais do que transgredir na "infinitude", na "eternidade", na esfera do absoluto. Significa encarar o "todo" ou olhar para a vida e vivê-la *como* o "homem inteiro". Que outro significado o termo selvageria primal teria? Ficar bêbado? Tomar drogas? Explodir sem controle ou qualquer outro significado *literal*?

Qualquer outro movimento que não cruze efetivamente até a *infinidade* não abandona realmente o mundo domesticado. O dogma da natureza *meramente* finita da nossa existência *é* a cerca que pomos ao redor de nós mesmos, nós criamos a esfera logicamente (não necessária factualmente) segura e confortável da vida ordinária que é por definição protegida da selvageria. A verdade, o absoluto, a infinitude: isso é onde o cru, o não cozido se inicia. Nisso é onde nossa fronteira está. Para se aventurar no selvagem, eu não tenho que ir para as florestas tropicais brasileiras, escalar as mais altas montanhas ou praticar *bungee jumping*. Eu não preciso me juntar ao esoterismo da Nova Era ou tomar drogas psicodélicas. Eu posso ficar exatamente onde estou, na minha real situação. Todas as coisas mencionadas que eu posso fazer jamais me moveriam para fora do mundo o qual foi adequadamente dito que está com suas fronteiras cercadas. Elas se tornam mais e mais estreitas a cada dia. E tais experiências extremas, sensacionais, apenas contribuem para o seu maior fechamento. Mas enquanto a fronteira está fechada, uma nova fronteira, a *nossa* fronteira de hoje está se abrindo.

Eu disse que haviam duas respostas para a pergunta de como e quando a psicologia avança à selvageria primal. Talvez só haja uma, já que a segunda resposta inclui a primeira em seu interior. No momento em que nos permitimos ser confrontados pela questão da verdade, já não há mais lugar para o psicologismo, para esse tipo de "psicologia" redutiva, domesticada, que estuda os sentimentos, as ideias, as imagens das *pessoas*. No momento em que nos preocupamos com a *verdade* desses sentimentos, ideias, fantasias, imagens (tais como a imagem de Deus), não é só Actaion (ou você ou eu) *como um indivíduo* que entra na floresta. É a nossa psicologia enquanto tal, sua lógica, que se sujeita a suas necessidades inerentes e às complexidades da sua essência interna. O correlato da verdade absoluta só pode ser algo que desde o início é em si mesmo noético: a própria psicologia, e não a pessoa humana.

Na natureza selvagem é onde alguém se encontra com a Verdade absoluta, mas também é só a Verdade que inversamente converte em primeiro lugar a esfera onde alguém entra na selva virginal. A *absoluticidade* da verdade ou a *totalidade* do "todo" é o que torna algo selvagem. Pois a verdade não é relativa, não há suporte, nada positivo ao qual se agarrar, ao qual se possa referir. É pura negatividade. Como já assinalei, essa natureza selvagem não é um lugar geográfico particular existente por aí. É *qualquer* lugar se, e apenas se, é abordado no espírito de um compromisso incondicional com a busca pela Verdade. É o reino da "pré-existência". A selva primal é onde eu como adepto, como consciência, como teoria psicológica, entro *à corps perdu* dentro da retorta.

Essa imagem é útil. Ela mostra que a selva não é literal, não é literalmente "externa" à cerca, não é uma expansão infinita lá fora. Eu não tenho que deixar o consultório e atravessar a porta em direção ao espaço público. Não há necessidade de uma ruptura juvenil dos vasos. A selva (a esfera do que *não* é acercado) só pode ser encontrada no interior da cerca, dentro do vaso, mas somente se eu submeter implacavelmente minha *autodefinição ontológica* e a *própria noção de mim mesmo* como pessoa existente a esse "interior". A infinitude só pode ser encontrada dentro dos confins do vaso. Essa contradição reflete a negatividade lógica da selva, a característica de Mundo Invertido da dimensão a qual chamamos de alma. A selva é específica, determinada, aqui e agora, esse momento, essa situação (palavra-chave: especificidade). Não é a vaga generalidade e a abstração não comprometida de uma vastidão inacabável ao redor do vaso ou ao redor de nós enquanto olhamos para o vaso. A característica "ao redor de nós" que é de fato essencial à selva primal é o resultado do nosso ativo movimento lógico de nos submetermos, *i. e.*, de submetermos a própria noção de nós mesmos, incondicionalmente à situação em questão. Não é a descrição de uma condição espacial. A natureza selvagem só *é* ao ponto e enquanto é gerada. Seu Ser tem a natureza de um vir-a-Ser[211]. Desde o início ela é psicológica ou lógica. A natureza selvagem deve ser pensada. Não pode ser "percebida" ou "imaginada".

Qual é a relação entre a Verdade e a natureza selvagem? É a Verdade algo mais em adição à natureza selvagem, mas que se encontra nela, como se encontram árvores, cervos e fontes? Não, a Verdade é sinônima da natureza selvagem. *É* a natureza selvagem, mas não como vazia, potencial, não realizada, e sim como alcançada, realizada, atingida. Temos que pensar a identidade da identidade e da diferença da floresta primordial e Ártemis. A Verdade ou a natureza selvagem é a unidade de si como expansão infinita rodeando Actaion por todos os lados (*Outridade*) e de si como *a* Outra, como definida claramente frente a frente ("objeto" de experiência). Ártemis é a própria natureza amorfa, mas *condensada* em uma forma ou rosto concreto. Ela é a sua corporificação, a realização do interior oculto, da verdade intrínseca da natureza selvagem, a revelação (*para* Actaion, *para* ele que realmente se aventurou) do que a natureza selvagem é em sua verdade quando vista por dentro. Para ver qualquer realidade ou fenômeno por dentro e na sua mais íntima verdade, você tem que ter se aventurado logicamente dentro dele sem reservas, permitindo que assim ele se torne natureza selvagem.

A diferença entre a natureza selvagem como expansão e Ártemis nua pode ser descrita assim: enquanto a natureza selvagem aparece apenas como uma expansão infinita ao redor da qual você está exposto, você ainda a vê de algum modo de

---

211. Isso também é verdade para a arte. Uma obra de arte não "existe", ela existe apenas ao ponto em que há alguém (um leitor, um ouvinte, um expectador) que a cria em si mesmo. É por isso que a verdadeira arte pertence e é aberta à selva primal.

A vida lógica da alma 375

fora! Paradoxalmente, você ainda não está realmente lá, apesar de ter (aparentemente) se aventurado para dentro dela e estar cercada por ela de todos os lados. A natureza selvagem como vastidão, como parede sem contornos da Outridade, ainda é uma abstração. É a simples negação (não dialética) da esfera positiva, domesticada. Não é ainda a *negação determinada* (Hegel) do reino acercado (negação da negação). Você abandonou positivamente o reino da positividade e positivamente (física ou imaginalmente) entrou na natureza selvagem, mas você ainda a comtempla do *ponto de vista* da positividade que você trouxe consigo ao alegadamente selvagem. Quando se está *realmente* no selvagem, ele também se mostra como Ártemis. Ártemis não é nada mais do que a determinação ulterior da noção de "natureza selvagem", a revelação da sua imagem ou mistério interior. Ártemis é a) caçadora assassina, "natureza" implacável, b) virgem intacta, prístina, absoluta e c) sem véus. A alma se mostra como natureza selvagem (extensão aberta) quando é uma questão de se submeter incondicionalmente a ela. A natureza selvagem é a imagem que enfatiza que a alma é infinitude e que nos cerca por todos os lados. E que é abismalmente desconhecida e uma realidade implacável. Enquanto a alma se mostra dessa forma, ela requer que nos exponhamos ainda mais absolutamente, ainda mais negativamente a ela. Certamente, Ártemis é tão selvagem, implacável e virginal como a floresta primordial. Enquanto Deusa ela possui a mesma infinitude. Mas ela é a imagem da alma como cognoscível e conhecida, como revelada, com contornos precisos, e com um rosto e um nome; ela é a imagem tal como se apresenta em sua verdade, com a mesma falta de reservas (*i. e.*, exatamente correspondente) que deve ter tido aquele que transgrediu as cercas para entrar na selva.

Pelo grau que eu consegui ver a Verdade sem véus, eu posso dizer o grau de incondicionalidade com o qual eu me expus (a *noção* de "mim mesmo") à natureza selvagem[212].

A natureza selvagem que tudo rodeia, que por isso é vasta e sem contornos, ainda é uma imagem positiva da negatividade lógica da alma. Ou é a negatividade lógica ainda imaginada positivamente. Ártemis, ao contrário, é o segredo interior dessa negatividade, um segredo através do qual a negatividade é absoluta e não só uma negação comum, simples: não é algo como o Nada do pensamento existencialista (o oposto não-dialético do Ser). Ártemis é o rosto positivo *dessa* negatividade. Mas esse rosto positivo não é o "outro lado da mesma moeda" nem é o oposto da negatividade. É, como eu disse, seu segredo *interior*, a profundidade oculta ou o *núcleo* da própria negatividade lógica que se mostra quando (e só quando) a negatividade se tornou absoluta: quando não está mais "projetada" "ali fora" no objeto como *sua* vastidão sem rosto, *sua* envolvente Outridade, mas também quando retornou ao lar no sujeito como a *negação* do seu modo de perceber ou imaginar o negativo. Ártemis é a experiência *negativa* do negativo, a *Er-innerung* (interiorização[213])

---

212. Como sempre, tem-se que resistir à tentação natural de ler tais afirmações ("o grau de incondicionalidade ao qual me expus à natureza selvagem") como se referindo ao "comportamento humano", comportamento que eu enquanto personalidade egoica poderia escolher ou deixar de lado. Não há nenhuma decisão do ego capaz de me levar para a natureza selvagem. É de um ato lógico que eu estou falando, e a questão de até que ponto eu tenho uma escolha e até que ponto eu tenho alguma responsabilidade no se aventurar pela natureza selvagem ou em desistir, e até que ponto é algo como destino, é uma questão que eu não sou capaz de responder.
213. Interiorização é uma noção lógica, não deve ser entendida personalisticamente como introjeção, ou algo do tipo. A natureza selvagem que até ago-

absolutamente negativa da natureza selvagem. Em Ártemis, a negatividade, *se* foi penetrada com suficiente profundidade (*i. e.*, absolutamente), se revela como sendo *em si mesma* não apenas nada, um vazio, uma carência de contornos. Isso é o que a faz absoluta (negatividade *absoluta*) – absorvida da oposição entre negatividade e positividade. O fato de que Ártemis seja a profundidade *positiva* da negatividade absoluta não implica que seja menos "negativa" que a natureza selvagem, ou que *não* seria negatividade.

Por isso mesmo, a entrada na natureza selvagem não pode ser simples, positiva. Também tem que ser uma entrada *suspensa*, uma autoexposição absolutamente negativa ao selvagem, pois se não fosse assim para começar ela não conduziria à selva. Em outras palavras, tem que ser um transgredir os limites até a natureza selvagem que em si mesmo, como transgressão, está por sua vez exposto ao selvagem (a sua própria infinitude abismal, a sua própria negatividade).

Para Kant, não se pode conhecer a coisa-em-si. Ele limitou o conceito de conhecimento somente ao mundo *enquanto aparência*, com a consequência que o conceito de conhecimento já não significa verdadeiro conhecimento, ou conhecimento da verdade. A noção kantiana de noção não pode assim ser a noção psicológica de Noção. A psicologia não pode abrir mão da noção de verdade nua. E não pode reduzir a Verdade a um mero ideal pelo qual lutar, mas que nunca pode ser alcançado, como Jung aludiu quando disse que a meta é importante apenas *como*

---

ra esteve ao redor da pessoa, não está subitamente dentro dela como sujeito. A interiorização negativa absoluta é uma operação alquímica realizada sobre o "objeto" (natureza selvagem) "lá fora", por assim dizer; é uma operação como a vaporização, calcinação ou sublimação.

ideia, e que é o caminho que realmente conta, o que Hillman confirmou. Tal visão quase popperiana significa a alienação da psicologia e a traição da alma. Eu insisto que a alma quer conhecer a si mesma e que ela não se satisfaz com o anseio por esse autoconhecimento, mas precisa de um encontro real, realizado com a verdade nua.

Nossa psicologia está tão degenerada que substituiu o conhecimento acerca dessa necessidade por parte da alma pela ideia equivocada, e ao mesmo tempo inflada, de que *nós* devemos conhecer a *nós mesmos*[214]. Conhecer a nós como pessoas positivadas, domesticadas: auto-observação narcísica e introspecção. Esse é um modo de fugir da alma, de enganá-la apresentando algo que só *parece* ser o que ela na verdade necessita, "autocognição", mas na realidade provê outra coisa, porque o ego usurpa o lugar que efetivamente deveria ser o da alma (tanto como sujeito quanto como objeto do autoconhecimento), assim a alma é deixada de fora. É um truque astuto: se retém a ideia de autoconhecimento, mas se faz com que o "auto" se refira a "mim mesmo" em vez de se referir à alma (conhecendo a si) *mesma*. Não *liberamos* o "auto" na palavra "autoconhecimento", mas a atamos ao ego. Nós a mantemos encoleirada. O tipo de "conhecimento" do qual estamos agora falando não tem mais nada a ver com um encontro com a verdade nua. É tanto um empreendimento sensato e útil, mas também banal, ou é o narcísico e inflado autoemaranhamento ao qual me referi.

---

214. Essa crítica não deve ser lida como se eu fosse totalmente contra o nosso autoconhecimento. De forma alguma. Autoconhecimento é extremamente importante. Mas é algo que tem a ver com, digamos, maturidade, civilização e diferenciação. Pode ser uma pré-condição pedagógica para a psicologia, mas não é em si uma tarefa psicológica.

Nos dois casos, ele tem seu lugar fora da natureza selvagem infinita da floresta primal.

A verdade é o reprimido definitivo.

A psicologia tem que ser **psicologia cognitiva** em um sentido desconhecido até agora. Podemos também dizer que ela tem que ser psicologia *teórica*. Eu insisto: a psicologia é uma disciplina da verdade – apesar de Jung frequentemente, não sempre, se sentir orgulhoso da sua kantianamente inspirada autorrestrição (autocastração?) empírico-cientificista da psicologia a respeito da verdade "metafísica" (mesmo quando, no que dizia respeito a Deus, ele pessoalmente sentia, e raramente admitia que não acreditava, mas *sabia*); e apesar de Hillman, que explicitamente declarou que a psicologia "não é uma disciplina da verdade"[215].

Só como uma psicologia *"com* verdade" pode a psicologia obter o *status* de uma disciplina *teórica*. E apenas como teórica ela pode estar na natureza selvagem. Sem isso, ela inevitavelmente é uma mera técnica, algo que alguém faz (ação!) para atingir resultados práticos, apesar de todas as advertências ao seu redor. No capítulo 4, eu citei a frase:

> É preciso reconhecer que a maioria dos junguianos, senão todos, são meros burocratas com um verniz religioso de "fazer o bem". Eles não estão preocupados com a sociedade e menos ainda com o pensamento, com o poder junguiano do pensamento e o que ele requer dos sucessores de Jung.

Sem a questão da verdade, a psicologia junguiana *teria* que se corromper até chegar a ser o parque da mente administrativa, dos pragmáticos, dos meros administradores de desordens psíquicas ou do "crescimento" psíquico (mesmo se

---

215. *Re-vendo a psicologia*, p. 311.

com um disfarce religioso ou humanitário ou até mesmo com um disfarce "poético"). Sem um compromisso com a ideia de verdade como um critério, "o poder do pensamento" se torna uma frase sem sentido. E sem ele, a psicologia não tem chance. Hillman tem razão quando diz que a psicologia não é uma disciplina da verdade *do mesmo modo* que a ciência e a teologia ou a filosofia metafísica. Isso é especialmente certo considerando que a ciência realmente não busca a verdade, nem sequer a correção, mas apenas a confiabilidade e a previsibilidade (a qual é algo muito diferente)[216] e considerando que a teologia, mesmo quando se orienta em direção à verdade, não quer realmente se relacionar com ela através do conhecimento, mas meramente através da fé, o que significa que ela não quer entrar na natureza selvagem. Assim uma disciplina abandonou a noção de verdade, a outra abandonou o único *modo* no qual a verdade pode aparecer. E o Jung oficial, não o privado, também operou timidamente com uma reserva mental. Disse que a psicologia devia se ocupar só com a *imagem* de Deus na alma, não com o Deus real. Isso é uma fuga. Mais privada ou indiretamente, contudo, Jung sabia acerca da *gnôsis toû tehoû*, o *conhecimento* de Deus. Qual poderia ser o *status* da "Individuação" caso fosse privada da noção de verdade? Só poderia ser uma individuação em miniatura ou de brinquedo, no parque de diversões do "nosso interior", da nossa subjetividade, e isso apesar de todas as imagens surgidas do inconsciente *coletivo* durante o processo de individuação.

---

216. PIETSCHMANN, Herbert. *Phänomenologie der Naturwissenschaft. Wissenstheoretische und philosophische Probleme der Physik*. Berlin et al. (Springer) 1996, capítulo 8.3 "Die Sicherheit der Naturgesetze". Anteriormente em *Eranos 55-1986*, Frankfurt/M. (Insel) 1988, p. 85s. ("Die Sicherheit der Naturgesetze – Polarität von Mensch und Kosmos").

A psicologia arquetípica tem sido muito crítica acerca da posição de Kant. Mas o seu próprio rechaço da verdade enquanto tal mostra que ela ainda está no mesmo solo que Kant e compartilha suas premissas. Só inverte as conclusões a serem tiradas dessas premissas. O nível kantiano de reflexão permanece assim válido também para a psicologia arquetípica. Kant mostrou que em seu nível de reflexão e com sua noção de verdade não pode haver *conhecimento* das questões essenciais (para Kant: Deus, a liberdade e a imortalidade). A psicologia imaginal está de acordo, só que em vez de rechaçar todas as imaginações acerca de Deus como "arrebatamentos" (*Schwärmerei*) e de se disciplinar para se limitar a um conhecimento empírico, como fez Kant, ela simplesmente *elimina a ideia de conhecimento*[217] *junto com a de verdade como um critério* e é novamente livre para falar sobre Deus. Não fala só acerca do Deus Único da nossa tradição (monoteisticamente), ele se sente livre para falar até mesmo de todos os Deuses de uma "psicologia politeísta". Só que agora esses Deuses são só "imaginais", "ficções", "como-se", "Deuses" do tipo Realidade Virtual, visto que a noção de verdade foi eliminada com uma intenção sistemática.

---

217. Eu afirmo isso apesar de Hillman muitas vezes expressar seu interesse no conhecimento, nas ideias como caminhos para o conhecimento psicológico, o interesse em uma *"epistéme* arquetípica", e isso ao ponto que Robert AVENS deu a Hillman um lugar proeminente no que ele chamou de *The New Gnosis* (Dallas, Spring Publ., 1984). Hillman também enfatizou o *pensamento* do coração e trabalhou sobre a "anatomia" da *anima* como "uma *noção* personificada". Ele também objetou uma posição agnóstica. Mas é claro que no momento em que a ideia de verdade é expelida da psicologia, a palavra conhecimento perde seu sentido. E assim a rejeição explícita de uma psicologia agnóstica não é realmente seguida no caráter dos seus escritos.

Mas o que são os Deuses se são privados da verdade? Em *Re-Visionar* Hillman disse, "A teologia aborda os Deuses literalmente e nós [psicólogos arquetípicos] não". Na teologia "se crê" nos Deuses, na psicologia arquetípica "os Deuses são imaginados", são "metáforas para modos de experiência"[218], como já vimos no capítulo 5. Certamente, tomar qualquer coisa literalmente é um pecado contra o espírito, e abordar Deus, em particular, literalmente bordeja a blasfêmia. Deus não é uma positividade. Mas é uma evolução "imaginar os Deuses"? Ou é muito mais inferior do que tomar Deus literalmente crendo nele? Não é preciso defender o modo de *crer* em Deus para pensar que os Deuses como "metáforas para modos de experiência" é a ideia *descompromissada* acerca dos Deuses, a ideia que corresponde à mentalidade "pós-moderna" da era da TV, à mentalidade do piscar de olhos *último homem* de Nietzsche. Na crença tradicional literal, por defeituosa que possa ser, havia ao menos um resto preservado da realidade e Verdade de Deus. Quando se quer meramente "imaginar" os Deuses, você pode ter um rico imaginário, mas perdeu os últimos resíduos da noção de Deuses *reais*. Agora se utiliza a *palavra* "Deuses" e, é claro, a aura que ela provê. (Jung, por outro lado, parece haver dado o passo mais crucial além da teologia naquela única vez que me disse a respeito da sua atitude acerca de Deus que "eu não acredito, eu sei").

A psicologia arquetípica estava certa em querer superar a positividade (o literal). Mas ao eliminar totalmente a questão da verdade, ela meramente *evitou* o conceito de verdade positiva (literal). Isso é muito fácil, muito barato. E sobretudo,

---

218. *Re-vendo a psicologia*, p. 323.

não realiza aquilo que supõe realizar. Em vez de superar a positividade do conceito de verdade ela a estabiliza, porque ao descartar simplesmente a verdade ele mantém intacto o *status* lógico deficiente no qual se encontra a ideia popular de verdade. A mente não usa mais o conceito de verdade, mas inadvertidamente continua conformada pela sua "definição" antiga, defeituosa. O que seria necessário no lugar de uma *eliminação* positiva da *verdade* enquanto tal (*i. e.*, sua negação simples, não dialética) é a (muito mais difícil e sutil) *corrupção* alquímica (*i. e.*, a negação *negativa*[219]) da sua antiga *noção* caracterizada pela positividade, e *ipso facto* o desenvolvimento de uma noção negativa, não-positiva de verdade. O problema não é que a verdade figure na psicologia. O problema é a insensata ideia positivista que ordinariamente temos acerca da verdade ("verdade científica", "dogma" etc.).

Quando Gotthold Ephraim uma vez afirmou[220] que se lhe fosse oferecida a escolha entre possuir toda a verdade ou ser infundido com uma *aspiração* infinita para a verdade, ainda que fundamentalmente propensa ao erro, escolheria a última,

---

219. *Corruptio* é uma forma de suspensão lógica (*Aufhebung*). Enquanto a negação simples ou positiva inambiguamente destrói, elimina ou ignora aquilo que é negado, a *corruptio* alquímica preserva a matéria mesma enquanto a corrompe. É por isso que a negação que ocorre na alquimia é ela mesma negada. É uma negação dialética. E a corrupção não se dirige à substância mesma, mas apenas ao seu estado químico (ou, psicologicamente falando, seu *status* lógico). A corrupção alquímica e a suspensão lógica visam a transformação no sentido de elevar a mesma substância a um *status* mais alto. Mas o *status* mais alto não pode ser atingido através de uma simples promoção externa. Ela requer a completa decomposição *interna* do antigo *status* da substância. Na alquimia e na lógica dialética, o caminho para cima *é* o caminho para baixo.
220. Em seu *Eine Duplik* (1778).

ele rechaçou, sem dúvida, uma opção fixa e fechada em nome de uma aberta. Contudo, *ambas* as opções de sua *alternativa* já estão do lado positivo da alternativa real entre positividade ou negatividade do conceito de verdade. A busca interminável da verdade é tão positiva quanto a ideia de possuir a verdade sobre a vida. Ao nos apresentar a ideia dessa escolha, Lessing nos faz acreditar que a sua segunda opção é uma verdadeira abertura, uma real ruptura com a esfera cercada (o dogmatismo da Igreja de seu tempo), se bem que, não sendo mais do que a simples negação do dogmatismo, é a instalação final da existência psicológica no reino acercado. Em vez de abrir realmente o caminho para a natureza selvagem, ela encerra a mente na ideia mesma da possibilidade de entrar lá, precisamente por que seu *substituto* positivista e niilista de uma ruptura da cerca dá a ilusória impressão de oferecer uma verdadeira abertura. Para ser exato, não é correto dizer que dá a impressão de oferecer uma verdadeira abertura. A impressão que dá é não mais do que a de oferecer a ideia de trabalhar por uma abertura que por definição jamais pode ser alcançada. A ideia de uma busca infinita da verdade é como tantalizar um prisioneiro com a ideia de liberdade dizendo para ele começar a raspar a parede da prisão que a) meramente leva ao pátio interior da prisão e assim ao próprio centro do aprisionamento em vez da liberdade e b) é uma parede tão grossa que o trabalho de conseguir atravessá-la possivelmente jamais pode ser completado.

Minha resposta à rejeição generalizada da verdade na psicologia arquetípica é clamar que ninguém está isento de ter que dar sua resposta à questão da *verdade* das ideias e imagens da alma. Não é suficiente ter, entreter e trabalhar nas ideias e imagens. A questão da verdade não é acadêmica. Não tem nada a ver com dogmas e doutrinas (que são defesas contra a verdade, instituições feitas para tornar desnecessário o movimento para a natureza selvagem); não tem nada a ver com as assim chamadas proposições de "verdade". Toda a ideia da "verdade *dos*" conteúdos da consciência deve ser descartada. A verdade em nosso contexto não é nada positivo, nem sequer algo como as chamadas "verdades eternas" (que na verdade são as antigas verdades de estados anteriores do mundo *congeladas*). A verdade é *negativamente* uma forma de ser-no-mundo, um estado da existência. Não é nada que tenha que ser "aceito" ou que pode ser colocado em "dúvida". Porque se sentimos que temos que aceitar (concordar) ou podemos duvidar, nós obviamente estamos no espaço acercado da esfera domesticada e ainda estamos preocupados com "conteúdos" positivos.

Nem mesmo a Deusa nua em nosso mito é ela mesma a imagem da verdade. Isso seria por demais positivo. Em vez disso, a verdade é o *evento* de ver Ártemis desvelada em sua selvageria, é a *unidade de* si mesma *e* da minha exposição a ela, o encontro entre mim e a própria Verdade. Em outras palavras, a verdade não é apenas si mesma![221] Sua "estrutura" lógica é mais complexa. A verdade não existe "lá fora" como um objeto a ser descoberto, nem está "subjetivamente" "em mim", nem é minha relação formal (adequação) entre meu pensamento e a realidade objetiva; a verdade só *existe no* meu entrar na natureza selvagem, no reino da pré-existência e dos começos primordiais, ou dentro do meu enfrentar incondicionalmente a "totalidade".

---

221. Rilke disse (como Hegel há muito sabia), "Tudo não é si mesmo".

A verdade tem que ser *gerada* e reafirmada sempre de novo! Ela não está ali em algum lugar para ser encontrada por alguém que tropece nela. Ela é essencialmente psicológica. Propriamente entendida, ela não é nada mais do que o ponto indispensável onde *nós* somos *chamados a dar um passo adiante*, onde *nós* temos que fazer nosso *investimento* (real, *i. e.*, lógico) e comprometimento, e o único ponto em que a alma quer e pode se tornar *real*. A verdade é crucial. *"Die Geisterwelt ist nicht verschlossen; / Dein Sinn ist zu, dein Herz ist tot! / Auf, bade, Schüler, unverdrossen/ die ird'sche Brust im Morgenrot.* (O mundo do espírito não está fechado; / Tua mente está fechada, teu coração está morto! / Levanta-te adepto, banha sem reservas/ Teu peito terreno no rubor da aurora)"[222]. É precisamente o *finito* e o *terreno* que tem que submergir implacavelmente na *infinitude* da *aurora consurgens* celestial. Essa é a impertinência, o escândalo que o projeto (*opus*) psicológico de uma conjunção dos opostos implica. Qualquer um com um pouco de senso comum dirá que isso é loucura.

O comprometimento de que falei não deve ser confundido com o tipo de comprometimento ou decisão que os existencialistas demandam. É um comprometimento *lógico*, e não um ato (ou atitude) "psicológico", empírico ou emocional. Falando alquimicamente poderia se dizer que se trata de um compromisso "in Mercurius", ou com Jung, "nas regiões ermas da psique". Por isso mesmo não é uma questão de vontade. É questão de verdade, de cognição da verdade, e de se permitir ser definir por ela como seu próprio *telos* (no sentido de Onian: um "círculo", uma "banda" colocada sobre uma pessoa, como a

---

222. GOETHE. *Faust I*. Linhas 443-446.

coroa de um rei, a banda na cabeça de um escravo, a grinalda do vencedor ou de um poeta, que é vinculada com a Necessidade do seu *status*[223]).

A esquiva da questão da verdade pode ser vista como uma defesa, como um intento de permanecer à distância da alma, de permanecer fora dela enquanto natureza implacável, e em vez disso se restringir a meramente *imaginar* coisas e *visionar* todo o amplo pandemônio politeísta de imagens. Certamente esse tipo de contemplação pode ser avaliado como um tipo de espiar *dentro* do reino da "pré-existência", mas apenas *a partir* do lado seguro do ego. A psicologia então se junta à corrente principal de nossa civilização que se encaminha ao ciberespaço e ao mundo multimídia. Mas eu espero que a alma não nos deixe escapar. Se não estamos dispostos a pagar todo o preço que ela nos demanda respondendo pela *verdade* do nosso imaginar, elevando-a assim ao nível do conhecimento da Noção, a realidade nos demandará poderosamente um preço muito mais alto. Ela nos ensinará (e já está nos ensinando) qual é o preço por eliminar a questão da verdade!

Nietzsche nos aconselhou a "viver perigosamente" e a "ter o caos dentro de nós". Mas ao ser um dos grandes destruidores da noção de verdade, ele falhou em ver e dizer que precisamente o que ele demanda depende do nosso pleno compromisso com a verdade. Aqui é onde está o perigo real e o verdadeiro "caos" (o selvagem).

Se não se encontrou a verdade, isso significa que ainda não se entrou verdadeiramente na natureza selvagem. Não significa que se estava lá e ela simplesmente não se mostrou.

---

223. ONIANS, Richard. *The Origins of European Thought*. New York: Arno Press, 1973 (reprint edition), especialmente p. 426-466.

O primeiro astronauta soviético que foi ao espaço contou ao voltar para a terra que não pôde em lugar algum descobrir um sinal da existência de Deus lá em cima. Ele pensou que havia estado onde Deus seria visível caso existisse: no céu. Mas apesar de ter entrado no espaço exterior, ele ainda estava na terra, na realidade positiva. Nenhuma espaçonave pode levá-lo aos céus, ao reino da pré-existência, à natureza selvagem. E isso porque a espaçonave o transporta positivamente, enquanto Deus tem que ser experienciado negativamente. Como disse acima, a entrada na natureza selvagem deve ser em si mesma uma entrada absolutamente negativa, suspensa. Deus não pode ser percebido ou imaginado. Mesmo *visões* genuínas de Deus não são visões ou imaginações positivas. Elas são negações de tal visão (percepções *suspensas*).

Jung detectou o problema. Por isso advertiu contra uma reação puramente estética diante das imagens. Mas seu erro foi que em resposta a esse problema exigiu uma resposta *ética* às imagens. Essa solução *tinha* que falhar. É um erro categórico confundir a dimensão da vida e da conduta humana (onde a ética tem o seu lugar legítimo) com a dimensão da "pré-existência", a vida lógica da alma, a qual exige uma resposta (psico-)lógica e "metafísica" a questão da verdade. A "ética da imagem", se é que essa frase tem algum sentido, só consistiria em um simples imperativo legítimo: "supra a imagem (e a alma em geral) com sua resposta convincente à questão da sua verdade" (*não* nossa "ética").

Mesmo que eu não possa aceitar a solução de Jung, ele merece pleno crédito por manter vivo o conhecimento acerca desse problema essencial ao proporcionar sua solução (equivocada). O profundo temor de Jung de parecer um "metafísico" e

A vida lógica da alma 389

seu desejo de ser reconhecido como um empirista o impediram que se desse conta de que sua opção pela ética, quando deveria ter enfrentado a questão da verdade, era "antiética" do ponto de vista da alma, por violar seu próprio *insight* de que a imagem tem em si tudo o que necessita. O próprio ponto da resposta ética de Jung às imagens é que ela visa a uma aplicação *externa* da "mensagem" (do modo como o ego a entende) da imagem ao comportamento, privando assim a imagem mesma de sua autossuficiência e de sua autocontenção, que inclui também seu *intrínseco* poder motivador.

Eu disse que a verdade é o ponto ao qual somos chamados a dar um passo adiante e nos alistarmos – para a profundidade de cada situação real particular que ocorre de estarmos, para a alma, para a imagem na qual a alma se manifesta. Cada situação real, cada sonho, cada imagem, vem com o convite para nós dizermos a ela, "É isso!", "*hic Rhodus, hic salta*"[224]. "É isso!" implica uma dupla presença: 1) "Estou aqui", reportando-me ao serviço, por assim dizer, e me colocando em jogo incondicionalmente. 2) *Essa* situação em que estou tem, apesar do que parece, tudo o que necessita (e assim também o potencial da sua realização) *dentro* de si mesma[225]. Aqui e agora, nessa minha vida, nesse mundo, deve ser o lugar da realização final. Esse presente real meu é a minha única porta de entrada real

---

224. "Não importa quão absorvido ou insuflado eu estava, eu sempre sabia que tudo o que eu estava experienciando estava em última instância dirigido a essa minha vida real. Eu pretendi cumprir suas obrigações e realizar o seu significado. Meu lema sempre foi: *Hic Rhodus, hic salta!*". JUNG, *Memories*, p. 189.

225. Isso corresponde à "terceira pressuposição" da intepretação psicológica do mito, acima.

ao meu paraíso e ao meu inferno. Não há alternativas, não há saída. É essa atitude que abre a natureza selvagem para mim e que abre *até* o "homem inteiro" e *para* o encontro com a Verdade como a essência interior da selva.

Na psicologia de Jung há um lugar onde a ideia de ter que dar um passo à frente e entrar ativamente na imagem está expressa. Esse lugar é a Imaginação Ativa. Com sua Imaginação Ativa Jung novamente manteve vivo o conhecimento acerca de uma necessidade importante para a alma vivente, mesmo quando ele desfez novamente pela mesma maneira com que a construiu. Nossa entrada na imagem na Imaginação Ativa é uma entrada empírica. É uma técnica psicológica. A necessidade da nossa entrada é assim ainda *atuada* por meio de um comportamento literal (literal mesmo que seja um comportamento no reino da imaginação). Não é "rememorado" (*er-innert*, recordado no fundamento nativo da alma e nesse sentido "interiorizado"). No Jung oficial, *geralmente* não ocorre um modo verdadeiramente psicológico de entrar, que só poderia ser o modo lógico de fazer nosso investimento na questão da verdade da imagem (e sobretudo na imagem de Deus). O mesmo Jung se esforçou para assegurar que seu falar sobre a imagem de Deus na alma *não* fosse tomada como um intento de demonstrar a existência de Deus.

Nessa era é precisamente a tarefa da psicologia oferecer um asilo para a presença real da noção de verdade. Tudo o mais parece ter abandonado a verdade: as ciências de maneira previsível e por definição, mas também a teologia, a psicologia personalista, o esoterismo Nova Era, o pós-modernismo, o fundamentalismo, inclusive a arte e a filosofia, cada um de maneiras e aspectos diferentes. Devido à desintegração de todos os valores e a diminuição da coesão social ser dolorosamente sentidos em nosso mundo moderno, parece não haver melhor resposta a esta desintegração do que fazer uma dessas duas coisas. Ou se procura refúgio em posições fundamentalistas reacionárias, tratando de ancorar esses ou aqueles dogmas sem vida no fanatismo subjetivo que substituiu as antigas verdades vivas, ou se tenta revitalizar a disciplina filosófica da ética e criar todo o tipo de novos institutos para a investigação ética, sem se dar conta de que a ética de nada serve se não está respaldada e autorizada por uma resposta *real* à questão da verdade, e finalmente por uma prova da existência de Deus (considerando que "prova" aqui não seja tomada no sentido de um argumento lógico-formal, o que seria incomensurável). Mas essa era não *quer* a verdade. Além do lucro rápido, ela quer uma avalanche de informações, imagens, estímulos, sentimentos, acontecimentos e, é claro, processos automatizados. Nossa era desfruta "desconstruir" sistematicamente toda a tradição metafísica ("logocêntrica") e nossa herança cultural enquanto rapidamente se move para a "realidade virtual", que é uma realidade *absolutamente* acercada, porque é *absolutamente livre da verdade*.

Jung reporta[226] que Freud temia a "lama negra do ocultismo" e queria fazer um dogma a partir da sua teoria sexual como uma "barricada inamovível" contra essa lama. Hoje, quando a "lama negra" não é mais a do ocultismo, mas a da sociedade da informação que se encaminha para a Realidade Virtual, experimentamos exatamente o oposto: a "lama negra" *como* a própria barricada contra aquilo que é mais detestado hoje em dia, a Verdade.

---

226. *Memórias*, p. 136.

A ausência da Verdade no mundo moderno é a indicação de que o homem se escondeu desse mundo (mesmo que de fato ainda esteja aqui). Não quer mostrar nenhuma presença. Permanece de fora dele. Quer viver a vida *como se* não estivesse realmente aqui[227]. Ele se definiu como ausente e quer adquirir um conhecimento *como* ausente (o objetivismo das ciências e o ontologismo em filosofia são signos do absenteísmo de nós humanos). O homem se subtraiu da sua noção de vida e realidade. Quando a vida ou o destino bate na sua porta, ele diz, "Não tem ninguém em casa". Hoje, não há mais ninguém que possa dizer a sua (ou a nossa coletiva) situação, "É isso!", "É aqui onde a Verdade, onde Deus se mostra". Em vez disso se sonha com alternativas melhores ao que é real e se anseia por utopias, ou se desacredita como ilusões ingênuas ou mistificações nada que não seja uma posição niilista ou agonista. O homem moderno até mesmo elevou a autossubtração da sua noção de vida e realidade ao *status* de uma teoria, no seu rechaço ideológico ao que se chama "etnocentrismo" ou "eurocentrismo", ao qual é a admissão explícita de sua decisão de se estabelecer por princípio na "excentricidade".

Esse absenteísmo se mostra inclusive no nível empírico--factual, na conduta coletiva, tal como no colapso da educação devido aos adultos se esquivarem de sustentar qualquer princípio diante dos seus filhos, ou nas reações evasivas do Ocidente às

---

227. É precisamente porque quer viver *como se* não estivesse realmente aqui que, inversamente, ele às vezes age *como se* nada tivesse mudado e o mito, o significado arquetípico, os Deuses estivessem ainda vimos. Para ser capaz de viver o primeiro "como se" sem ter que lidar com suas *consequências*, ele gosta de buscar refúgio no segundo "como se", na metáfora, na ironia, piadas, paródias – ou na "desconstrução".

atrocidades da antiga Iugoslávia, na óbvia descrença do Ocidente em seus próprios valores professados, como documentado na sua posição em relação à China, que pode ser resumido pelo novo lema ocidental, "a economia vem primeiro". Esse lema é a única crença efetiva hoje.

A verdade, por contraste, é o mundo da vida tal como realmente ocorre ser, *mais* a presença determinada do homem, sua entrada comprometida e sua autoexposição lógica à vida. Nos velhos tempos, esse ingresso e esse compromisso último com a vida tomava lugar especialmente através das instituições das matanças sacrificiais e dos ritos de iniciação (assim como em atos rituais em geral). Esses eram os modos primordiais de se comprometer verdadeiramente (não subjetiva e emocionalmente, e sim "objetivamente", *i. e.*, *logicamente*) com a vida, e assim gerar e reafirmar a verdade. A "realidade virtual", por outro lado, é a declaração de independência a respeito da necessidade de dar um passo adiante, da necessidade de gerar a verdade. Nossa era exonerou Actaion. Agora pode regressar à posição daquele que permanece em casa na antiga saga Islandesa com a qual iniciamos o livro, andando pela casa e se dedicando a imaginar, sem se aventurar na expansão infinita da natureza selvagem. Mas considerando que isso era a sua única *raison d'être*, seu não ser capaz de realizar mais sua eterna tarefa equivale a sua total abolição e, junto com ela, a abolição de Ártemis e, de fato, também a de todo o mito. Contudo, se um mito, especialmente um mito como aquele acerca do encontro da alma com sua Verdade, é *sistematicamente* abortado, a mitologia enquanto tal é também abortada. É por isso que hoje temos uma "realidade virtual". É por isso também que o uso que a psicologia arquetípica faz dos mitos e dos Deuses é em grande medida falso. Não se pode despachar a noção da verdade da psicologia, interrompendo assim o eterno movimento da alma em direção à natureza selvagem para se encontrar consigo mesma como verdade absoluta – e seguir falando legitimamente de Deus e dos Deuses. *Ipso facto* se renunciou a esse privilégio. Sem a noção de verdade, as imagens são inevitavelmente "nada mais do que" imagens – apesar de todas as advertências conscientes.

"O imaginal" é uma formação de compromisso. Ao tomar as imagens e as ficções seriamente, a psicologia imaginal faz algo que transcende os limites normais de nosso entendimento científico e positivista de mundo. Mas ao se abster de levantar a questão da verdade, no final ela mostra que aceita as mesmas premissas desse entendimento. Não é suficientemente séria acerca das suas próprias intenções e não percorre todo o caminho até às últimas consequências do seu enfoque. Parece agora que de fato nunca intencionou uma verdadeira revolução, mas só uma pequena irritação da lógica que determina nosso modo moderno de ser-no-mundo. Certamente, o imaginal *é* a natureza selvagem, mas só *como visionada a partir* do lado seguro da cerca. *É* o negativo, mas projetado "lá fora", como objetos (imagens a serem contempladas); não é negatividade absoluta. A psicologia arquetípica avançou só até a negação simples da positividade. Mas a negação sempre permanece vinculada ao que nega. Inadvertidamente, apesar ou mais propriamente através da sua guerra contra a positividade (que é atacada sob o rótulo de "literalismo"), ela retém e inclusive a protege. Ao insistir no metafórico e no imaginal, a psicologia arquetípica *promete* vencer a positividade e *sugere* ou *pretende sugerir* a negatividade lógica, mas não a realiza. A negatividade que atinge é confinada à própria retórica e ao

A vida lógica da alma 395

próprio modo subjetivo de entender. Não chega até a *forma* lógica objetiva da própria relação com a realidade. É preciso fazer continuamente um esforço pessoal para não sucumbir ao literalismo (positividade), porque a suspensão fundamental do *status* de consciência (a negação da negação) foi evitada. Se tal transmutação de consciência, de uma que imagina a uma que é pensamento, tivesse lugar, esse esforço pessoal não seria necessário. As coisas e os acontecimentos tal como a consciência os experiencia *viriam* como aqueles que estão no *status* de negatividade lógica, independentemente de como *eu* subjetivamente os veja.

O homem se escondeu desse mundo. Que isso significa? Enquanto depreciava toda a metafísica e, tal como ele chama, o "logocentrismo" da nossa tradição e se orgulhando do seu realismo sensato e da natureza meramente finita da sua existência, na verdade ele está vivendo *acima* desse mundo, no mesmo "Além metafísico" que enganosamente deprecia. Ele não *acredita* mais no além. Mas o além (ou a metafísica) *é* onde ele efetivamente reside. De fato, ao *negar* o além, ele *ipso facto* foi assimilado a ele (junto com seu mundo), sem nenhuma oportunidade de se distinguir dele. E todos os seus esforços parecem se dirigir ao objetivo de avançar mais e mais a um Além literal e se estabelecer nele, em uma "realidade" absolutamente abstrata, virtual, "como-se", desprovida de toda verdade, mas *ipso facto* desprovida também de toda "terra" e de toda temporalidade. Mesmo que de fato ainda esteja vivendo nesse mundo, psicológica ou logicamente o homem tenta solidamente e talvez irreversivelmente se encerrar nesse além (*nesse* mundo *como* mais além). Todo o desenvolvimento técnico parece *finalmente* servir ao propósito de ampliar e fortalecer *objetivamente* as paredes desse mais além no qual o homem se estabeleceu e se encapsulou.

Na teologia e na filosofia (especialmente nesse século) muito foi dito sobre o *deus absconditus*, o Deus oculto como oposto ao Deus revelado. A forma *última* do *deus absconditus*, poderíamos dizer, é o Deus que se disse estar morto. Mas talvez o *deus absconditus* seja mais um artefato que uma autêntica experiência. Talvez a ideia de *deus absconditus* não seja mais do que a imagem especular do *homo absconditus*. Talvez essa imagem de Deus seja a imagem na qual o homem moderno pode conhecer a si mesmo, pode conhecer sua própria autodefinição, o *status* lógico no qual ele se estabeleceu, como estando na profundidade do seu ser escondido do mundo, mesmo que *aparentemente* ainda viva nesse mundo. Poderia ser que a frase "Deus está morto" não fale em absoluto acerca de Deus, e sim acerca do homem? Que fale acerca do *homem* está "morto" (Günther Anders falou do *Antiquiertheit des Menschen*), porque deixou para trás sua humanidade e em vez disso se definiu como um "funcionário" no sentido literal, como uma máquina funcionante (mesmo se uma bastante complexa) e porque ele parece ver seu propósito mais alto em ser mais e mais assimilado às máquinas, robôs e autômatos que o circundam? E poderia ser que "Deus está morto" não seja um *insight* teórico ou tese, mas uma involuntária autoexpressão?

Heráclito disse, *phýsis krýptesthai phileî* (fr. 123 Diels), "a natureza ama se esconder". Houve muitas interpretações do que Heráclito poderia ter intencionado dizer[228]. Mas se esse

---

228. Uma interpretação muito plausível foi dada por KERÉNYI, Karl. "Die Göttin Natur". In: *Apollon und Niobe* (Werke in Einzelausgaben, vol. IV), München, Wien (Langen Müller) 1980, esp. p. 326 f. (A *phýsis*, *i. e.*, o modo

fragmento é tomado no sentido da ideia de Heidegger de ocultamento, em nosso contexto teríamos que perguntar: a natureza realmente ama se ocultar? A *phýsis* (que Heidegger traduz como: emergência autoflorescente, desabrochante) realmente *na* e *por* sua própria emergência também se oculta? Se escutamos nosso mito, não parece que ela ao invés quer se mostrar absolutamente sem véus?[229] A teoria do seu ocultamento não é também talvez meramente um reflexo da posição do *homo absconditus* (que pode é claro ser datada tão antigamente quanto a filosofia grega inicial, *i. e.*, quando o modo-de-ser-no-mundo ritualista, que era caracterizado pelas iniciações e pelas matanças sacrificiais, foi substituído por um fundamentalmente novo[230])?

O mito de Actaion mostra a relação imediata (e a imediatez da relação) da alma com a verdade. Alma e verdade são correlatas.

---

como as coisas realmente *são* porque elas sempre *foram* desse modo, ama se esconder no sentido de que se requer um sábio especial para conhecê-las e revelá-las para os mortais ordinários. Kerényi aponta para o fragmento 1 como mostrando o orgulho de Heráclito da sua capacidade de distinguir tudo de acordo com sua physis e dizer o que é).

229. É muito interessante notar que Heráclito depositou sua obra no templo de Ártemis! – A respeito do desejo da natureza de se mostrar absolutamente sem véus, temos, é claro, que nos libertar de um entendimento positivo desta ideia. A natureza desvelada nunca é um fato positivo. Ela ocorre em um *status* de negatividade lógica. Talvez você tenha que operar com o par de opostos de emergência *e* ocultamento se o seu pensamento permanece ontológico e a sua noção de emergência não é logicamente negativa desde o começo.

230. As diferenças fundamentais entre os quatro grande estágios da cultura e a significância das mudanças revolucionárias de um para outro foram elucidadas perspicazmente por Heino Gehrts em vários dos seus escritos, *e. g.*, no primeiro capítulo ("Die Perle Märchen auf dem Faden der Zeit") do seu *Von der Wirklichkeit der Märchen,* Regensburg (Röth) 1992.

A verdade é o elemento nativo para a alma assim como a água é o do peixe. Nosso mito (que afinal é um documento da alma, a autoexpressão de um dos seus "momentos" arquetípicos) insiste no anseio da alma pela Verdade absoluta e na realização efetiva desse anseio, isso é, no encontro *efetivo* com a Verdade *absoluta*. Ártemis em nosso mito é, por assim dizer, o *noumenon* kantiano *como* fenômeno, a coisa-em-si-mesma como aparição (Claro que ela pode ser essa revelação sem obstáculos da *nuda veritas* somente porque é absoluta negatividade, e porque a revelação também é negativa, ou revelação suspensa).

Do ponto de vista desse mito, qualquer psicologia que caia por baixo ou, com consciência sistemática, se estabeleça abaixo desse (da própria alma[231]) nível não é verdadeiramente uma psicologia "com alma" e, portanto, não é uma verdadeira psicologia. E nossas psicologias, junto com nossa cultura em geral, *têm* se estabelecido abaixo desse nível. Para elas não a verdade, mas o ser humano é suposto ser o "elemento" no qual a alma vive. O homem como ego, como personalidade, sua consciência (e seu inconsciente), é o continente no qual a alma tem sido seguramente aprisionada. Dentro dessa prisão ela pode às vezes ficar selvagem, até louca: pode causar todos os tipos de dolorosas desordens e até mesmo levar uma pessoa ao suicídio, mas (psico-)logicamente ela *é* contida na medida em que está *dentro* da pessoa. A noção de pessoa é a cerca que tem que manter fora a selva e sua Verdade. A vastidão aberta da natureza selvagem não deve ser. A Verdade não pode acontecer. A verdade absoluta é temida como o diabo, tanto que nós sequer sabemos que a tememos. E que a alma é *logicamente* contida

---

231. Porque o mito de Actaion e Ártemis é um documento da alma no qual ela fala sobre ela mesma.

é obviamente a única coisa que conta hoje. Que não esteja de nenhuma maneira contida *empiricamente*, não significa tanto em comparação. Sempre estamos dispostos a suportar grandes infortúnios e dores no nível empírico se nosso propósito lógico é atingido, se nossos princípios são preservados[232]. Mas "nós" e "nossos" na frase anterior não se refere a nós como personalidades egoicas. Nossos propósitos últimos não são realmente "nossos". A real decisão e a real ação ocorrem no nível da lógica da alma "atrás de nós", não no nível empírico do nosso comportamento e sentimento. E os interesses perseguidos não são os interesses da nossa vida pessoal e prática, como ilusoriamente tendemos a pensar. Nós somos o lugar da ação ou da manifestação de interesses que não necessariamente tem o *nosso* melhor em mente.

O *homo absconditus* pode é claro argumentar que a "Verdade nua" é o que é do outro lado da "barreira do mundo mental", de modo que é "impossível, inclusive para o voo mais ousado da especulação"[233] chegar a atingi-la. O mero fato de se entreter com a ideia de "Verdade nua" seria presunçoso. Mas a "Verdade nua" não está mais além de nenhuma barreira, a Verdade de que estivemos falando estaria desse lado, do nosso lado da barreira. É a profundidade imanente da experiência humana. Em vez de viajar para algum lugar distante impossível, temos que penetrar profundamente na realidade em mãos. Na ideia da barreira intransponível além da qual a Verdade pode estar, o *homo abs-*

---

232. Isso é uma formulação para a neurose coletiva da nossa cultura. Como Jung disse, a neurose é um substituto para sofrimentos legítimos. O neurótico prefere um infindável sofrimento ilegítimo do que passar pelo doloroso conflito real com o qual ele é confrontado.
233. (*OC XVIII/2*, § 1734).

conditus pode conhecer a si mesmo, conhecer sua própria luta para escapar epistemologicamente da profundidade do aqui e agora e conhecer sua orientação em direção a um mais além.

Minha crítica não é que a psicologia falhou em contemplar a Verdade absoluta do modo como Actaion o fez. *Como* ela poderia fazer isso efetivamente sob as condições dessa época "metafisicamente" anoréxica[234] é uma questão aberta. Minha crítica é que a psicologia *de maneira voluntária e com plena consciência metodológica* em vez de manter viva a questão da verdade, ou ao menos preservar um lugar aberto para ela, se livrou dessa dimensão inteira e transformou em um dogma a expulsão da Verdade da teoria. Não é preciso dizer que isso se aplica a psicologia moderna em geral, não apena à psicologia junguiana e arquetípica. (Também não é preciso dizer que isso se aplica também à modernidade enquanto tal). A psicologia moderna (em toda a sua variedade) é o estudo das ideias, sentimentos, experiências e imagens, expressamente separadas da questão de se são verdade ou não. O colocar entre parênteses a questão da verdade é constitutivo da psicologia moderna. Por exemplo, Zeus se torna um fenômeno psicológico se ele é tomado como uma mera ideia ou sentimento religioso, uma crença na psique *das pessoas*, um complexo, *a margem* de onde ele é verdadeiro.

A total abstração da questão da verdade é o *instrumento* com o qual Zeus pode ser desprovido do seu *status* como *Deus real* e ser transferido ao seu novo *status* de representação egoica, uma mera ideia ou imagem de Deus *na* "psique" (o "na" trai

---

234. A conexão entre a anorexia como desordem pessoal dos indivíduos e muitos fenômenos culturais da nossa era tem sido inteligentemente trabalhada por Doris Lier.

o fato de que agora Zeus foi cercado, encapsulado, desprovido da sua força, e já não é mais um Deus na natureza selvagem ou no absoluto, nas "regiões inexploradas e não trilhadas" onde não há caminhos mapeados e onde nenhum refúgio se estende como um teto protetor sobre nossas cabeças). Do mesmo modo, toda a realidade é redutivamente traduzida em "conteúdos da consciência". Esse tipo de psicologia é assim a castração do fenômeno real. Se poderia então pensar que a psicologia arquetípica está em uma posição diferente, precisamente porque não vê em Zeus e em nenhum dos outros Deuses um mero conteúdo da consciência. Eles são imagens que transcendem a consciência e, como pertencentes ao "imaginal", possuem um *status* ontológico. Contudo, ao insistir, *depois do fato*, na imagem (e no imaginal em grande escala no sentido de Corbin) como uma *realidade* psicológica (*não* uma "mera" imagem "em" nós) e ao declarar que a realidade psicológica é *primária*, não pode desfazer essa castração, porque ela ocorreu antes dessa declaração e permanece como sua base. Essa declaração chega demasiado tarde; o que intenta evitar já é há muito um fato. A definição específica como "*realidade psicológica*" só reconfirma a castração. O imaginal não pode abalar sua origem a partir da "representação" psicologista (a qual o ego apresenta para si mesmo) – *a não ser* que admita a questão da verdade novamente. (E para deixar claro que não tenho o projeto nostálgico de retornar ou reviver os antigos Deuses no sentido de uma "renascença", quero enfatizar que esses antigos Deuses jamais podem se tornar novamente um ponto de concentração da Verdade absoluta, e como tal jamais podem se tornar novamente para nós uma abertura para a natureza selvagem. Não temos que depreciá-los como superstições de "gente ignorante". Podemos honrá-los como a Verdade absoluta tal como se manifestou em uma era anterior para o nível de consciência correspondente, a Verdade absoluta da vida tal como ela era vivida efetivamente durante aqueles tempos sob suas reais condições sociais, políticas, culturais, viventes. Mas temos que saber que para nós eles são formas *históricas* da Verdade e que nosso horizonte está em algum outro lugar).

Também poderíamos dizer que a eliminação da questão da verdade é o instrumento que permite à psicologia se estabelecer como o estudo das psicologias das pessoas. Essa expressão nos permite ver que a psicologia como o estudo das psicologias (das pessoas) permanece dentro dos confins do já domesticado, "cozinhado", processado, cercado, nos confins do passado histórico coagulado da alma. O estudo das psicologias (das pessoas) é sempre historicismo na medida em que enquanto psicologias *das pessoas* elas são o passado congelado e coagulado da *alma*. Qualquer tópico liberado da pergunta pela verdade é *ipso facto* só histórico, comparável ao que em arte é o neogótico (ou qualquer outra imitação de estilos de arte antigo). O presente psicológico ("o lugar onde está a ação") pode definir-se como qualquer questão ou situação dada que vem a nós com a imperiosa necessidade de chegar a um compromisso vinculante com respeito a sua verdade. Assim como Actaion se encontrou com a verdade nua ao se aventurar na selva prístina e infinita, inversamente nosso admitir e confrontar honestamente a questão da verdade reinstala imediatamente a psicologia dentro da selva infinita e nos coloca no presente. Ali ela não encontraria as psicologias das pessoas (a alma já vestida), mas a vida nua e crua da própria alma, sua lógica.

A vida lógica da alma

O campo da psicologia como um todo pode ser considerado como um enorme mecanismo de defesa. Ao encerrar os fenômenos dentro das pessoas, em suas consciências ou em seus inconscientes, a psicologia nos protege da dinamite que poderia ser os fenômenos se os liberasse e os permitisse se desdobrarem na expansão infinita da natureza selvagem.

A alegação de que alguém tem que escolher entre a plenitude da alma *ou* a verdade (e lógica) é uma falsa alternativa. O fato de que a psicologia imaginal parece se estabelecer nessa escolha mostra que ela permanece ligada e informada pela noção ou pelo conceito (*e. g.*, kantiano) *abstrato* (no sentido da Lógica Formal), mesmo como seu inimigo e ao modo de uma formação reativa contra ele. Estabelecer a alma e a verdade como alternativas excludentes nos libera da tarefa de perguntar e responder a pergunta indispensável de como a *noção* de lógica, a *noção* de verdade, pode se tornar plena de alma. A verdade é simplesmente deixada fora da psicologia. A psicologia não tem que dar conta dela. É assim que é permitida à noção comum, não refletida, não psicológica de verdade permanecer no poder. E isso significa que uma ideia de verdade não questionada, não psicológica, rege inadvertidamente a psicologia, a qual por sua vez implica que a psicologia (uma psicologia inconscientemente governada por uma noção não psicológica de verdade) não pode ser uma verdadeira psicologia. A psicologia deve aceitar a responsabilidade pela noção de verdade.

Mas o mito de Actaion também nos mostra que a noção de verdade não pode ser ingênua (não reflexiva, *i. e.*, somente imaginada), em que a verdade é, como na ciência, na religião, no pensamento popular, o simples oposto, não dialético, das meras aparências, mentiras ou ficções – enquanto que para a alma as aparências, ficções, erros e mentiras podem ser uma forma na qual a verdade se manifesta. É Verdade absoluta (verdade absolvida da diferença entre verdade e ficção). Posto que Ártemis é a corporificação da natureza selvagem e que permanece virginalmente intacta, a Verdade que ela representa não pode ser definida fixamente como essa ou aquela "verdade positiva". *Que* verdade ela representa é categoricamente deixado em aberto. Pode ser conhecido, mas apenas por aquele que efetivamente entra incondicionalmente na selva. Mas mesmo onde se adquiriu esse conhecimento, a característica essencial de *mistério* da Verdade é preservada. O mito nos mostra, portanto, que a noção de verdade da alma não é equivalente à verdade não refletida *abstrata* das proposições, julgamentos ou hipóteses científicas, não a verdade dos dogmas e doutrinas ou qualquer outra forma de entendimento positivista, fundamentalista da verdade. Ela não tem um plural (como em "eternas verdades). Novamente, é verdade *absoluta*, mas agora no sentido da verdade *do* Absoluto (onde novamente o "absoluto" não deve ser tomado abstrata ou positivamente). É a verdade como negatividade absoluta e como um encontro ou acontecimento efetivo vivido intimamente. É insuspeita, "fresca", virginal, prístina. Uma revelação.

Eu disse que alma e verdade são correlatas. Para nós isso significa (além da necessidade teórica do reconhecimento da Verdade como o elemento da alma) que estar na alma ou conseguir percebê-la verdadeiramente de maneira psicológica é equivalente a caminhar no tapete da verdade (cf. Hölderlin) ou se "banhar" no *elemento* chamado Verdade como o elixir da vida tão buscado pelos alquimistas, a *aqua permanens*.

Retornando a recusa de Hillman de ver a psicologia como uma disciplina da verdade, podemos supor que isto se devia ao fato dele não ter uma noção de verdade como negatividade lógica (negatividade *absoluta*). Se a verdade significa verdades positivas, dogmáticas, científicas, então ele está certo em dispensar a noção de verdade da psicologia. Ainda que sua ênfase no imaginal pudesse ser visto como um intento de superar a positividade (que entra na sua teoria sob a etiqueta de "literalismo"), ele parece ter se mantido em uma noção positiva ("literal") de verdade. Isso provavelmente foi necessário para ele basear sua psicologia no imaginal. A psicologia imaginal admite, como apontei, uma desliteralização de todos os conteúdos particulares, mas não da sua própria lógica, a qual pertence a noção de verdade. Acima, no capítulo 5, vimos que a abordagem imaginal inevitavelmente, mesmo se *malgré lui*, postula o que quer que imagine.

Nesse aspecto Hillman segue o espírito da época. A filosofia pós-moderna também rejeita a metafísica e as noções de verdade, infinitude, eternidade, absoluto pela mesma razão: primeiro, a verdade foi positivada e imaginada (*vorgestellt*) como "algo" que pode ser encontrada em algum lugar (um *insight*, um resultado), e então se ataca a verdade, sem perceber que ao atacá-la é essa falsa noção que é afirmada. O ataque é na verdade dirigido contra si mesmo, contra a própria concepção equivocada.

Agora segue a discussão da "terceira determinação" acima adiada.

Terceira determinação. A identidade entre matança e epifania ou: compreendendo o outro

Actaion havia saído para caçar. *Em vez* de encontrar alguma presa, ele encontrou as ninfas se banhando nuas? Distraiu-se do seu propósito original? Se em vez da Deusa ele tivesse encontrado alguma presa, teria tido um destino diferente? Assim é como nossa história parece apresentá-lo. Mas não é assim que ela deveria ser entendida.

Actaion como um personagem no mito *é* o Caçador, é a corporificação da noção de caçador. Afinal, ele foi ensinado na arte da caça por um professor arquetípico, Quíron. Temos que lembrar que naqueles tempos (*illud tempus*) ou em contextos míticos, ser "ensinado" não se refere, como hoje, a um "treino técnico"; significa iniciação. Actaion não é, como ele seria em nossa realidade ordinária, antes de tudo um ser humano, que então entre muitas outras coisas também gosta de sair para caçar de vez em quando. Se pensarmos assim, ainda estaríamos *imaginando* Actaion em vez de pensá-lo. Os personagens no mito vivem no reino da "pré-existência". Portanto, a separação entre existência e essência que caracteriza nossa realidade ordinária não se aplica. A realidade ordinária positiva é constituída pela dissociação de um ser existente (entidade) da sua essência ou atributos. O "sujeito" como "substância" ou "substrato" é imunizado *a priori* contra seus atributos, contra a dinâmica, o movimento, o telos interior da sua essência. O reino do mito e da "pré-existência", o reino da Noção, é determinado pela identidade de ambos. As figuras do mito são totalmente sujeitadas às suas essências, e seus comportamentos como descritos nos mitos são sua única *raison d'être*. Como alguém cuja essência é *ser* um caçador, Actaion não tem escolha, não há alternativas para ele. Ele *não pode* se desviar e, *e. g.*, se entreter em voyeurismos, esquecendo seu propósito original. Se ele tivesse se desviado do seu propósito, ele não seria o Caçador, não seria mais Actaion. Em outras palavras, ele teria imediatamente cessado de existir (assim como se destrói a noção de um triângulo se ele

A vida lógica da alma

é imaginado sem seu terceiro ângulo: ele instantaneamente colapsa em uma simples linha). Em conexão com nosso princípio tautológico de interpretação, o voyeurismo de Actaion e sua caça não podem ser considerados duas alternativas separadas. Eles são um só. Como isso deve ser entendido? Como deve ser entendido seu encontro com Ártemis?

Se o assim chamado voyeurismo e a atividade de caça são um só, a caça bem-sucedida é, por assim dizer, a versão empírica ou externa do que, visto por dentro, visto a partir da sua essência, do seu significado e da sua imagem interior, a contemplação de Ártemis nua. Logo devemos assumir que Actaion, empiricamente falando, encontrou-se com um cervo e conseguiu caçá-lo. Nosso mito, contudo, *apresenta* apenas a visão interior ou a verdade do acontecimento da caça, deixando para nós *entender* que essa visão interior *é* a visão do que, visto por fora, é o evento da matança. O momento da matança *é* o momento da revelação da Deusa se banhando[235]. De que outra maneira se poderia contemplar Ártemis, a caçadora, senão através da matança de um cervo caçado? Jamais se poderia contemplar a Deusa nua simplesmente dando voltas pela floresta como alguém que *não é* um caçador e por isso não é afim a Ela como sua contraparte ou complemento. O semelhante só é visto exclusivamente pelo semelhante.

---

235. Todo esse aspecto da matança está ausente na interpretação apaixonada e inteligente de Giordano Bruno. Ele está interessado apenas no desmembramento de Actaion pelos seus próprios cães, em outras palavras, ele vê unilateralmente apenas o aspecto *passivo* da união realizada com o Outro por parte da alma, a dissolução extática, mas não o outro lado do comprometimento ativo (que é requerido se se supõe que o momento da determinação deva ser incluído na verdade sobre a qual esse mito é).

Tampouco devemos imaginar que Ártemis e suas ninfas teriam se banhado no "lago familiar" de qualquer maneira (mesmo se Actaion não as tivesse encontrado), como nosso narrador, Ovídio, sugere. Ártemis não é uma positividade, não é uma realidade empírico-factual. A Verdade e os Deuses não são entidades "existentes", ou fatores independentes do mundo, e Ártemis também não pode ser descoberta por qualquer um que casualmente a encontre. Ártemis a caçadora, se banhado sem véus, *não existe* a não ser no momento da matança por parte do caçador e através dessa matança. Entidades ônticas e pessoas reais existem e fazem suas coisas independentes de estarem ou não sendo observadas. Ártemis nesse mito só *existe* até o ponto, e durante o tempo, em que Actaion a contempla (e Actaion só *existe como* aquele que contempla a Deusa nua; ambos são dois lados de uma mesma realidade arquetípica. Assim como não se pode remover o polo negativo da eletricidade e ainda esperar ter uma "eletricidade positiva", tampouco se pode remover Actaion do mito e esperar ter Ártemis, e vice-versa). O banho de Ártemis é constituído pela contemplação de Actaion, e sua contemplação é constituída pelo seu banho. Posto que nos mitos estamos na esfera da "pré-existência", todos os seus enunciados têm que ser lidos como "enunciados especulativos" no sentido de Hegel, em que o sujeito e o predicado da sentença refletem um ao outro perfeitamente.

Aqui temos que nos ocupar da ideia da participação humana na verdade, no Deus(es). Deus é não uma "coisa-em-si", não é nada *per se*. Ele é a unidade da "coisa-em-si" e do nosso ato gerador. (Cf. a ideia de Jung de que Deus necessita da humanidade para Seu próprio conscientizar-se).

Contudo, a contemplação de Actaion não é a de alguém que vai ao cinema ou ao *peep-show*, nem tampouco é como a dos anciãos do Velho Testamento que contemplam Susana se banhando. Sua contemplação não é de forma alguma um ver literal (com os olhos). É um ver *por meio do e no* golpe mortal. É no clímax da caça que o caçador contempla a essência interior desse momento arquetípico. Nesse clímax, a divindade a que pertence esse momento, a Deusa da caça, se revela plenamente. Por isso, a idílica "lagoa familiar" de Ovídio não tem que ser imaginada como um lago literal situado em algum lugar da selva, separado da presa assassinada; ela *é* a ferida mortal. No que é representado pictoricamente em nossa história como um banhar-se nua em uma lagoa, é a ferida ensanguentada onde a alta Deusa e suas ninfas têm a sua revelação ou sua epifania.

Assim, aqui não há nenhum voyeurismo pueril distanciado da vida. O tema do voyeurismo pueril não está na história. A interpretação de Actaion como um *voyeur puer* é uma reflexão da posição da psicologia arquetípica. Na atitude de Actaion, ao contrário, nós temos a forma final da penetração ativa no Outro: a matança. A matança de Actaion é só a conclusão lógica e a culminação do movimento que começou com sua intrusão na floresta primordial. É a determinação ulterior do que já estava inerente na noção de haver transgredido e entrado no desconhecido. E por isso mesmo, a posição mostrada por Actaion não pode ser comparada à da ciência ("ciência pura")[236]. O que a ciência faz é qualquer coisa menos entrar na "natureza virginal". Isso significaria que ela investiga a "coisa-em-si" kantiana. Não. Por definição a ciência permanece dentro da cerca, é disso

---

236. MOORE. Op. cit., p. 177 vê um paralelo entre Actaion e a ciência.

que ela trata: Certeza, prova, fiabilidade, validez. A ciência é o projeto gigantesco de lentamente colocar *toda* a realidade dentro da cerca. Sua tarefa é desfazer radicalmente toda a natureza selvagem. A famosa meta da "fórmula universal" é só uma indicação evidente desse propósito. A matança de Actaion é exatamente o oposto da abordagem científica.

Essa matança, contudo, é *em si mesma* e assim dialeticamente também seu próprio oposto, a visão passiva, completamente receptiva da verdade nua e a distância respeitosa da visão esmagadora da Deusa virginal. Na vida empírica (no reino da "existência" e da positividade), a penetração (sexual) significa o final da virgindade; e o "ato" (!) sexual significa o oposto do "voyeurismo" *passivo* e distanciado. Aqui, no Mundo Invertido da alma "pré-existente", a penetração com a arma fálica *é* a *liberação* ou revelação do Virginal e do Intocável como a própria verdade interior da penetração. O ato de matar, é em primeiro lugar, o que gera a Deusa Virgem. Aqui a penetração ativa é a experiência visionária puramente receptiva. Temos que nos elevar ao desfio de pensar os opostos como idênticos (ao qual só podem ser se os *pensarmos* em vez de imaginá--los). Cognição é acertar o alvo, "ferir", "matar": é a vontade de transmitir e infligir implacavelmente a própria essência no Outro; é penetração. E penetração *real* (*i. e.*, final) é penetrar até a revelação da verdade nua, até a Deusa virgem intocável.

Sabemos que a Deusa também foi chamada de "Ártemis Elaphia", Ártemis do cervo (ou cerva)[237]. Ela *é* o cervo. Ártemis e o cervo que Actaion deve ter matado não são dois seres ou fenô-

---

237. NILSSON, Martin P. *Geschichte der grischischen Religion,* vol. 1, = Handbuch der Altertumswissenschaft V.2.1, München (Beck) 3 1967, p. 491 com referência a Strabon (VIII, p. 343).

menos separados. Acima, eu disse que Ártemis é a própria selva, mas condensada em uma forma ou face e dotada de um nome. O mesmo pode ser dito acerca do cervo. No cervo a natureza selvagem se concretiza, a expansão infinita converge a um ponto focal e se torna visível como algo face a face claramente definido. A infinidade e a incompreensibilidade da natureza selvagem se tornam assim compreensíveis. Esse momento de concentração é o momento do nascimento do que chamamos mundo ou cosmos a partir do caos sem nome do selvagem. "No momento em que a presa aparece, a natureza selvagem obtém sentido e direção. A ferida infligida pela lança atirada estabelece temporariamente um centro doador de vida"[238]. O momento do golpe que alcança sua meta é um *kairós*. Na seção anterior deste capítulo eu disse, "enquanto a natureza selvagem aparecer apenas como uma expansão infinita a qual se está exposto, você ainda a vê de fora. Paradoxalmente, você ainda não está realmente nela, apesar de aparentemente ter se aventurado nela. Quando você está realmente nela, ela também se mostra como Ártemis". O momento em que a presa aparece e a arma é lançada é o momento da peripécia, quando a visão exterior subitamente muda para a visão interior do selvagem. Somente através dessa matança é que Actaion chega realmente na natureza selvagem, visto que chegar nela equivale a encontrar seu mistério mais íntimo.

Actaion como o verdadeiro caçador tem a capacidade de "ver através" do cervo empírico e através da ferida factual até a Deusa da Caça, a Deusa da selva intocada, como a imagem interior do cervo assassinado.

---

238. GEHRTS, Heino. "Vom Wesen des Speeres". In: *Hestia* 1984/85. Bonn: Bouvier Verlag Herbert Grundmann, 1985, p. 95s.

O Intocado foi tocado. A Deusa virgem foi vista sem véus pelos olhos humanos de Actaion. Isso é o que o "momento da Verdade" significa. Mas a verdade também significa que o Intocado foi tocado *como* Intocado; ela não perdeu sua intocabilidade por ter sido tocada; a virgem não foi maculada ao ser vista por um homem, o Divino não é arrastado ao contexto do humano-demasiado-humano pela intrusão de um humano. Isso é uma contradição, mas é a contradição como a qual a Verdade unicamente *é*. Desde o início da nossa discussão desse mito, insistimos na dialética de "cercar" e "deixar completamente livre". Para fazer justiça a essa história e à realidade que ela está descrevendo, temos que ser capazes de, por um lado, *pensar* a matança, e por outro, de "deixar a Deusa Virgem intocada", como idênticos. O mito de Actaion não mostra como a alma pode ser atraída da esfera ideal da "pré-existência" e transformada em alguma "realidade" pragmática, ordinária no contexto das nossas emoções e interesses humanos, uma realidade que poderia então ser *administrada* "eficientemente". Ele não apoia tal movimento redutivo e banalizador que, contudo, parece ser a meta apaixonada e exclusiva da psicologia atual. Nosso mito força essa consciência que faria justiça a ele e que segue Actaion na selva ao deixar para trás o nível cotidiano e se *eleva* ao nível da alma e da Verdade absoluta – sem retorno! Actaion, como sabemos, não retorna[239]. Esse é o ponto chave desse mito.

O próprio fato de que Actaion contempla a verdade nua mostra que ele deve ter realizado a matança. De que outro modo ele *efetivamente*, e em verdade, poderia ver a coisa-em-si,

---

239. A relatividade dessa afirmação e como o fim da nossa história será entendido e virá à tona quando, na última das seis determinações, o desmembramento de Actaion será discutido.

o absoluto, sem véu? Você não pode "ver através" da Verdade absoluta somente olhando e contemplando. "Ver através" não é mera percepção, não é contemplação ou imaginação passiva. Se pensarmos assim, *nós* seriamos o *puer* inocente com sua distância da vida. O absoluto só é acessível a uma determinação absoluta, ao pleno investimento ou comprometimento, à implacável penetração. Realmente "ver através" até a Deusa, requer algo incisivo. Ártemis não é um espetáculo, um *show*. Sua revelação é o resultado da imprudência de uma intrusão, de uma cruel e ativa transmissão de si àquilo que *é*. A alma quer ser *feita*. "A intervenção do homem", como Jung a chamou[240], a indispensável "colaboração da psique", *i. e.*, da própria subjetividade, tem que ocorrer efetivamente. Para que ocorra o acontecimento da Verdade absoluta, se requer um momento de certa violência. A Verdade não se mostra à pura fenomenologia e a sua *Wesensschau*, sua redução eidética, sua receptividade passiva. Ela precisa do espírito da matança. Precisa da capacidade de conceber um fenômeno concreto ou uma dada situação a qual se está como "a presa" ("É isso!") que requer ser caçada por mim, pelo meu levar-me violentamente a enfrentá-la (que por sua vez significa minha exposição implacável e o meu se pôr em jogo). Sem essa "violência" não haveria penetração bem-sucedida no coração da natureza selvagem, no Intocado e nem confronto com a "totalidade". A crueldade da natureza intocada de Ártemis e a crueldade do instinto do caçador são equivalentes perfeitos.

Mas a Verdade tampouco é o resultado da pura violência de uma penetração/intrusão ativa e sem ambiguidades. O intocado

---

[240]. JUNG, C.G. *Presente e Futuro*, OC Vol. X/1, § 498. Petrópolis: Vozes, 2013.

de Ártemis também reflete uma receptividade não mitigada por parte de Actaion. É por isso que Moore pode interpretar a conduta de Actaion como *"voyeurismo"*. O acontecimento da Verdade, ou da Noção, é a união desses opostos. Actaion, temos que supor, usou uma lança ou uma flecha. Mas no reino da negatividade, essas armas não são unidirecionais como as armas positivas, e não separam o perpetrador aqui e a vítima ali. Elas são mais como um arpão: "com fios atados". O golpe fatal ata fatidicamente juntos o caçador e sua presa. Estabelece uma conexão íntima e definitiva. E é por isso que no *kairós* (o momento arquetípico) de um encontro no limite entre a vida e a morte ocorre a ruptura através da esfera empírica até o arquetípico, até à eternidade, à infinitude, à pré-existência.

A matança de que estamos falando nesse contexto é uma dedicação absoluta e uma absoluta autoexposição, absoluto autorrisco, à *corps perdu*, porque é sempre a ruptura de um tabu absoluto. É o único modo de querer um contato *real* e o único modo de mostrar verdadeira presença. Com uma distância *puer*, Actaion não teria tido oportunidade. Inversamente, há de se supor que todas aquelas teorias que declaram que a verdade é inacessível, que *só* é importante *como um ideal*, ou que a própria noção de Verdade como ideia "logocêntrica" deve ser abandonada, são o reflexo da falta dessa determinação absoluta, da falta de uma determinação que inclua a própria autoexposição e autoabandono (*lógico*, não compulsivo) àquilo pelo qual se está determinado. A ideia da inacessibilidade da verdade, mais do que um *insight* acerca de "como as coisas realmente são", é o resultado de uma (consciente ou inconsciente) *decisão* de permanecer à distância por princípio (seja a uma distância *puer* ou de outro tipo). Ela trai a determinação de evitar a todo custo um *real* contato, ou de ter "contato" *apenas com contraceptivos*. E logo, secundariamente, é também um "mito" moderno no qual vivemos.

Tal é a Noção, e tal é a vida lógica da alma. A Noção é captação ativa, penetração que mata, e é respeito pelo *intocado* e *intocável*, inclusive a liberação primária dele. Mas é ambos não como dois atos separados mediados por alguma forma de compromisso, ou através de uma distribuição sistemática (agora isso, depois aquilo). Nem é uma atitude acompanhada de alguma maneira por outra. Na verdade, é um único ato ou atitude que em si mesmo se move em direções opostas sendo assim autocontraditório. Poderíamos falar da matança do caçador *como* "voyeurismo" e desse "voyeurismo" *como* matança, ou poderíamos falar da identidade da matança e do intocado.

Essa contradição entre a quarta e a terceira determinação é simplesmente a reaparição que encontramos entre a primeira e a segunda (o propósito determinado de matar e a falta de meta no caminhar de Actaion através da expansão aberta da natureza selvagem, entre as batidas dos reis da China antiga e seu deixar aberto o quarto lado do cercamento).

Este é um ponto onde se torna evidente as limitações da abordagem imaginal. Porque o homem moderno (quando não é um cientista) está mais ou menos completamente sob a fascinação da imaginação, da percepção e do pensamento pictórico, ele tem que separar o que na realidade está junto. Matar é *só* um ato (ativo). Ter visões é *só* receptividade. Que uma coisa seja em si mesma o oposto *dela mesma* não pode ser entendido pelo homem moderno, já que não pode ser imaginado. (O melhor que se pode fazer é dizer que é "um paradoxo"). Matar é só mal, só destruição, extermínio do outro; o momento de uma matança não pode, e *não deve*, ser o momento da epifania de uma verdade absoluta – não seria politicamente correto. O fato de que o homem moderno seja incapaz de juntar essas duas ideias é provavelmente a razão para os dois outros fatos de que (1) haja hoje tanta matança literal que permanece absolutamente insensata (sem epifania), e de que (2) haja tanta meditação e busca de significado que nunca encontra a Verdade absoluta.

Há outra limitação da posição imaginal em particular. Como a fenomenologia, ela sistematicamente evita o momento da "violência" e da intrusão ativa. Favorece uma atitude puramente receptiva em relação às imagens e tem que ficar presa na sua admiração. Ela é cega a respeito do aspecto violento do *fazer*-alma, um aspecto tão evidente na alquimia. Para ela, o "ver através" é só uma contemplação depois do fato, algo como uma interpretação. A psicologia arquetípica crê que os Deuses podem ser *imaginados*, e que o que ela imagina como sendo realmente os Deuses. Ela não se dá conta de que os Deuses reais só se mostram eles mesmos a uma mente implacável que tenha a impertinência de transgredir a natureza selvagem e de matar a presa que se apresenta. Porque os Deuses não estão simplesmente ali (*vorhanden*) como "objetos", não podem ser simplesmente imaginados nem tampouco contemplados. Você só pode *imaginar* as abstrações congeladas do que uma vez foram os Deuses. Agora sabemos que isso implica uma violência (não empírica, e sim lógica), que realmente faz uma diferença no impactar de alguém em um fenômeno ou situação. Enquanto faltar a ideia de "matança", a psicologia arquetípica manterá a separação entre sujeito e objeto. A matança é o que rompe e atravessa de um ao outro e conjuga esses opostos. Também é o que rompe e atravessa a visão superficial ou positiva de ambos e libera sua verdade interior desde dentro deles, e assim a conjunção ocorre no nível da sua verdade última, da sua divina imagem interior. Apenas quando o sujeito cessa de imaginar os Deuses como seus objetos (um objeto que pode nos afetar, mas não nós a ele), apenas quando a pura objetividade, que bem se poderia chamar pura subjetividade (posto que são dois lados da mesma moeda), é superada, é que a psicologia começa. Um puro "*ver* através" não é ainda um "psicologizar". Com ele eu ainda me reservo. Eu permaneço do lado seguro da cerca. E assim eu também não vejo realmente *através* até o Deus ou à Deusa no sentido de uma real ruptura do nível empírico dos fatos positivos ao nível arquetípico ou divino, mas vejo só através de um acessório que eu trouxe do armazém chamado "mitologia grega" e que no sentido de uma semelhança formal parece proporcionar um fundo adequado para o fenômeno empírico. Em outras palavras, em vez de realmente ver através, eu meramente realizo o ato externo de correspondência ao qual critiquei no capítulo 5.

Na presa a extensão infinita da natureza selvagem se condensa em um ponto focal. No ato de matar, Actaion responde e corresponde a esse foco. Com a aparição do cervo, só há o aqui e agora para ele, enquanto antes a infinitude da selva lhe rodeava por todos os lados – uma absoluta "confusão" de impressões difusas, sem formas e contornos. A presa é "objetiva" (enquanto concentrado da selva) e "subjetivamente" (enquanto concentração total de Actaion nesse único foco) o centro absoluto e a presença absoluta. Esse centro se tornou em si mesmo um ou o "mundo" inteiro, uma *totalidade*. Agora predomina o todo. O presente está completamente encerrado em si mesmo e é autossuficiente; não há lugar para nada fora dele, não há passado e nem futuro que nos distraia da sua presença. Actaion não se dá o luxo de ter algum arrependimento que seja acerca da sua vida anterior, nem esperança pelo que possa vir amanhã, e ele não lança olhares para o que possa estar à direita ou à esquerda do seu animal. Ao atirar a lança ou flecha ele diz sem reservas, "É isso!" Nesse momento (singular!) ele confronta o "todo". Ao colocar tudo em um lançamento, ele força essa situação a lhe revelar sua essência mais íntima. Ele está totalmente "nesse" presente, e tendo, através desse ato escandaloso, se estabelecido logicamente sem reservas no seu centro, ele agora o vê a *partir de dentro*. Lembremos aqui o que foi apresentado acima como a terceira pressuposição da interpretação de mitos: "Acima de tudo, não deixe nada de fora que não pertença, entre nela, pois a imagem de fantasia tem em si 'tudo o que necessita'". A matança de Actaion é o ato de *verdadeiramente*, ou seja, "existencialmente" (*i. e.*, [psico-]*logicamente*, não apenas intelectualmente) *ler* a situação (aquela em que realmente se está) de acordo com esse princípio *tornando-a* assim uma imagem arquetípica, uma imagem *real* da Deusa, e não apenas uma deusa imaginada!

Mas o ato da matança não é apenas um comprometimento absoluto com esse presente. É também o absoluto autoinvestimento de Actaion nesse momento, no Outro. Ele concentra todo o seu ser, sua máxima essência, nesse lançamento, colocando-o, por assim dizer, na lança ou flecha que ele atira no coração do animal, gerando assim originalmente a identidade (tanto a noção de identidade enquanto tal quanto sua própria identidade com seu "objeto" ou com esse presente). Ao lançar a arma que atravessou e penetrou o cervo, Actaion também transmitiu sua própria essência ao animal e agora tem seu si-mesmo nele. A

A vida lógica da alma 419

lança ou flecha era a portadora da sua alma, sua identidade: O ato de matar é a "transferência" *real*, a união *real* dos opostos.

A matança como um autoinvestimento absoluto, até mesmo como um autoabandono ao Outro é uma ideia totalmente estranha ao nosso pensamento positivista. Mas é da maior importância recuperar tal noção negativa de matança. Enquanto não houver lugar para ela em nossa consciência, e enquanto nós entendermos a matança apenas como uma ação positivamente inambígua com a intenção de exterminar o Outro, a necessidade da alma pela matança será provavelmente expressa em matanças literais, positivas, que abundam em nosso tempo. Apenas se nossa noção de matança tolera a matança como absoluta negatividade, pode se tornar evidente que o matar não tem que ocorrer em atos literais de matanças.

Mas a noção de um autoinvestimento ou autoabandono que é suposto se manifestar na forma de um matar é igualmente estranho a nossa consciência. Geralmente temos uma noção exclusivamente positiva do autorrisco, de autoinvestimento ou autoabandono. Para nós, eles teriam que tomar a forma de uma submissão no amor, de altruísmo, de dedicação desinteressada a alguma tarefa, esvaziamento da mente como na meditação, um se humilhar, uma total abertura e receptividade etc. Em tais formas, o autoabandono é obviamente positivo. Essas formas são opostos não dialéticos do egoísmo e da autoafirmação e como tal são modos deficientes de autoabandono. Só quando o próprio autoinvestir se tornou absolutamente negativo é que ele atinge sua realização e se torna absoluto. Esse é o caso da matança de Actaion. Nessa matança, Actaion não se submete literalmente, não dá a si mesmo literalmente, não renuncia positivamente a sua própria vontade em favor da vontade ou interesse do Outro. Ele se abandona *negativamente* ao Outro infligindo-se (seu próprio si mesmo) precisamente sobre ele no ato decididamente assertivo de matar: Ele se submete absolutamente ao Outro "perfurando-se", por assim dizer, junto com sua lança ou flecha dentro do cervo, de modo que se encontra totalmente "dentro" dele e agora está sujeito à natureza *dele*. A extensão a qual a matança de Actaion é de fato um absoluto autoabandono e não uma destruição positiva do Outro se tornará aparente na quinta determinação.

Acima, eu disse que há hoje muita meditação que não parece levar a um encontro com a Verdade absoluta, e sugeri que isso se deve à cisão em nossa sociedade entre a violência literal e a meditação. Aqui podemos entender um pouco melhor por que a meditação é "estruturalmente" (logicamente) deficiente: ela pratica uma inambígua receptividade *positiva*. Sua negatividade não é lógica, mas um método positivo (o de esvaziamento da mente). Ela não avança a uma *noção* absolutamente negativa de receptividade, e por essa razão ela tem (e precisa constantemente manter) o oposto de si mesma (ativa autoasserção, violência), fora de si forçando-o assim ao modo da positividade.

Várias vezes eu mencionei a frase de Jung acerca de Deus, "Não creio, eu sei". Ao menos com essa frase, Jung transpareceu que havia realmente estado na natureza selvagem, que ele matou o cervo e viu a Verdade nua. E quando em uma carta referente à ideia do mundo como "uma mera máquina sem sentido e a existência do homem como a de um louco inútil" por parte do Criador, ele afirma que "Meu intelecto pode imaginar essa última possibilidade, mas todo o meu ser diz 'Não' a ela"[241], temos

---

241. JUNG, C.G. *Cartas Vol. III*, p. 292.

um exemplo discreto mas inequívoco de um caso de "mostrar presença". Jung respalda a ideia de significado com a totalidade do seu ser. Confrontado com possibilidades intelectuais, põe em jogo, não mais, mas também não menos do que o pleno peso da *sua* reação instintiva que "diz 'Não' a isso" e se põe em jogo ele mesmo, gerando assim verdade e realidade. *Quod natura relinquit imperfectum, ars* [a contribuição humana] *perficit*. Em outro momento Jung escreveu, "Fazer afirmações absolutas está mais além do alcance do homem, ainda que seja eticamente indispensável que dê pleno crédito a sua verdade subjetiva ..."[242]

"Centro", "presença", "identidade", "totalidade", "concentração" – obviamente, essas palavras são um anátema absoluto para os pensadores pós-modernos como Derrida que, poderíamos dizer, em vez de atirar no cervo que aparece no momento presente, ataca fundamentalmente as *noções* de "presença", e de "centro" *enquanto tais*. Sem foco, sem concentração, sem autoabandono à *corps perdu* ao momento, sem *fazer*-alma. No lugar disso: "disseminação" e "postergação". O que ele disse equivale a *"Não* é isso". "É apenas o 'traço de um traço' ou o 'traço de um traço de uma rasura de um traço'". A posição de Derrida desfaz, por assim dizer, o mito de Actaion. Inverte o seu movimento. Enquanto Actaion ao matar o cervo chegou verdadeiramente *dentro* da natureza

---

242. (JUNG, C.G. *OC XVIII/2*, § 1584). Uma falha dessa afirmação de que é preciso se pôr de pé pela sua verdade é que Jung opera nessa sentença, como é comum, com uma lógica inadequada (uma noção ingênua, não dialética de "absoluto [afirmação]" e de "subjetivo [verdade]", como se eles fossem simples opostos e como se o absoluto não fosse sempre *também* subjetivo ...). Outro problema, que já foi discutido, é que ele reduz a uma indispensabilidade *ética* algo muito mais fundamental, uma indispensabilidade lógica.

selvagem (ao seu centro, ao seu coração, sendo assim capaz de vê-la *a partir de* dentro) e assim deu à extensão informe o *rosto* de uma Deusa, o movimento de Derrida é de rasurar o rosto, a sistemática despotencialização da imagem interna, o constante deslocamento (que de acordo com a psicanálise é, como sabemos, um mecanismo de defesa). Seu interesse parece ser o de devolver qualquer coisa que se mostre como uma presença concreta (que poderia nos fazer exigências e clamar nosso compromisso) ao estado de difusão, se dispersando então junto. Disseminação também significa uma diluição e um se reservar, um manter o fenômeno à distância. Significa se espargir, mudando constantemente as perspectivas: evasão.

Derrida perde a autoridade absolutamente fundadora das diversas ideias de "centro" que teve que constituir significado no curso da história do pensamento. Mas ele está olhando para o lugar errado, para aqueles "centros" como princípios abstratos em si mesmos. A autoridade ou verdade, contudo, deriva de um encontro e requer, como vimos, que mostremos *nossa presença*. Referindo-se novamente à citação de Jung acima, poderíamos dizer que Derrida se conforma em sua análise com as possibilidades intelectuais que podem ser imaginadas e ignora sistematicamente toda a outra metade da realidade, o se colocar em jogo com o pleno peso de todo o seu ser. Este se colocar em jogo não é um ato irracional. É fazer uso do que se chama *razão* no sentido mais elevado da palavra. É como a arte. O texto impresso de um poema, uma estátua, uma pintura, uma partitura de uma sinfonia, não são por si mesmos obras de arte. Necessitam de alguém que se entregue a elas e criativamente as olhe, leia, performe e escute para que elas se *tornem* obras de arte para começar.

A vida lógica da alma

O *dictum* de Derrida de que "não há nada fora do texto" parece expressar mais ou menos a mesma ideia que formulei na minha terceira pressuposição interpretativa do mito ("a imagem tem tudo o que necessita dentro de si..."). Mas apesar dessa aparência ele formula a posição oposta. A palavra crucial é "texto". O compromisso de Derrida é com o texto, com o escrito, com a *grammé*. Esse é o seu ponto de partida. Mas a "escritura" ou o "texto escrito" é, em nossa metáfora, o que já está cercado, é só a metade positiva do fenômeno inteiro. Já não há mais uma transgressão dos limites em direção ao selvagem. Ao dizer que não há nada fora do texto, Derrida se assenta nesse lado da cerca, no já fixado, na certeza do que está dado positivamente (*"literalmente"*, no sentido literal da palavra). E porque o positivo é seu ponto de referência, ele deve, sendo um pensador e enquanto tal incapaz de se contentar com o positivo, superá-lo. Ele o faz, *no nível do texto*, com a desconstrução, uma infinita postergação do significado e com sua disseminação, a qual se supõe trazer uma abertura equivalente ao que eu chamei de "natureza selvagem". Com essas técnicas ele tenta, ao seu próprio modo, ir para fora do texto afinal. Mas ao operar com *substituições* infinitas, ele mostra que o *nível* ou o *horizonte* do texto nunca é deixado para trás. No lugar da experiência do selvagem e da infinitude (que só podem ser alcançadas através de um entrar nela e se expor a ela), ele coloca algo positivo, seu exercício de uma conduta ou de uma estratégia técnica: as operações (expressamente subversivas) de desconstruir, substituir e postergar, as quais se pode repetir *ad infinitum*. *Uma repetibilidade infinita de operações estratégicas* realizadas sobre o texto (o qual nunca é realmente transcendido) é o seu tipo de equivalente da infinitude. Desse modo nunca se alcança o selvagem e sua infinitude – porque você sistematicamente se estabeleceu desse lado da cerca, com a *grammé*, os signos, os textos e você decidiu com consciência metódica diferir continuamente o selvagem, diferir o "significado", a "presença", a "verdade" e desse modo excluir do seu enfoque a transgressão mais além da cerca em direção à natureza selvagem. Todo o esforço da desconstrução só pode ter sentido se você a) decidiu que não deve haver verdade e b) *mesmo assim* retém um interesse filosófico.

A abordagem ao mito apresentada nesse livro, ao contrário, não começa com o *texto* "literal" como sua base. Ela se foca desde o início no mito, na imagem, na Noção *como* a *unidade* e diferença deles como "texto" *e* deles como sua profundidade interior. O mito pretende ser a "palavra verdadeira", e é abordado com a questão da Verdade em mente. A transgressão ou o transpassar os limites mais além da "esfera domesticada" teve lugar antes da discussão do mito começar. Onde Derrida sente a necessidade de iniciar por meio da "disseminação" e das infinitas "substituições", minha abordagem procede da ideia de que você tem que se confinar absolutamente na imagem (ou na presente situação) sem saída para nada exterior. Onde Derrida insiste que não há nada fora do texto, eu mantenho que pode haver uma verdadeira ruptura em direção a um verdadeiro "fora" (a infinutude, a eternidade, a Verdade absoluta), se você penetrar fundo o bastante na situação em mãos. Mas esse verdadeiro *fora* é um que só pode ser encontrado *dentro* da presente situação e que permanece nela. Somente transgredindo os limites e permanecendo *dentro* de uma situação (minha real situação) posso dar um passo em direção à eternidade, e somente *dentro* da Noção eu posso encontrar atualidade (*Wirklichkeit*, não *Realität* positiva), e esta é uma das razões pela qual é indispensável a interiorização (*Er-innerung*) absolutamente negativa dentro do que quer que seja presente.

Que o ponto de partida de Derrida seja o "texto" equivale a se estabelecer desse lado da cerca e operar só com uma abstração (o aspecto do "texto") do fenômeno completo (os documentos da mente e da alma) se torna evidente quando contemplamos a ideia de que do ponto de vista do nosso mito, Derrida pensa que, *e. g.*, o signo e o significado jamais podem se tornar autoindênticos, na medida em que para ele o "Signo sempre leva a outro signo, um substituindo outro"[243]. Por mais que você possa se mover de palavra por palavra, você sempre permanece do lado do signo e nunca *realmente* atinge o "significado". Quanto mais você tenta entender, mais você apenas se encapsula no campo do *"jogo livre,* do campo de substituições infinitas no limite de um conjunto finito"[244]. (Outra vez vemos: não há infinidade, apenas infinitas substituições). Nosso mito ensina que o "signo" (Actaion o caçador) e o "significado" (Ártemis, a Deusa Caçadora) certamente podem se tornar idênticos (um tema sobre o qual nós diremos mais na próxima seção); *pode* haver Verdade absoluta para o homem (enquanto Derrida fala da "não-verdade da verdade"); *é* possível chegar ao centro. Mas é claro, isso não acontece no campo do jogo livre, mas como um destino ao qual se compromete. E isso só é possível pagando-se o preço de uma transgressão fundamental, de uma "matança", *e* do que essa matança implica (*ao qual* se mostrará no resto da história).

---

243. SPIVAK. Gayatri Chakravorty. "Translator's Preface". In: DERRIDA, Jacques. *Of Grammatology*. Baltimore: Johns Hopkins Paperback, 1976, p. XIX.
244. A citação é de DERRIDA, citado por Spivak, ibid.

A frase "documentos da alma" me traz outro problema. Derrida também desconstrói o sujeito, o autor. O autor se dissolve em um fino ar em suas mãos. Mas se o mito é um documento da alma ou da mente, *há* um autor. O mito ou qualquer livro ou afirmação é a unidade de uma expressão do sujeito humano e da autoexpressão da alma. Novamente temos que notar que Derrida se estabeleceu desse lado da cerca, do lado do sujeito humano (como personalidade egoica, diríamos). Para ele, isso tem que se evaporar no que ele chama de mera "assinatura", porque ele não cruzou a linha e, portanto, não *conhece* e não leva em conta na sua interpretação a alma como autor, a "alma" como um nome positivo para a negatividade absoluta.

Poderia ser que a "desconstrução" use uma estratégia (uma técnica, uma formalidade) desse lado da cerca para substituir a verdadeira matança intencional que já não é mais possível depois da exclusão radical de uma transgressão até o outro lado da cerca? E que seja a substituição da verdadeira infinidade pela infindável (infinitamente) atividade humana repetível?

Derrida não está, por assim dizer, "*esperando* por Godot", como Heidegger ainda estava acreditando que "somente um Deus pode nos salvar" e pondo sua esperança em um futuro advento da Divindade. Em vez disso, Derrida fez de uma virtude o que para Heidegger ainda era uma dolorosa necessidade: ele recorreu, se poderia dizer, ao postergar ativa e continuamente a vinda de "Godot", e tudo isso para salvar seu preconceito ontológico e não ter que transpassar em direção ao lógico. O preconceito ontológico é na esfera do pensamento, o que a posição imaginal é na psicologia. Ambos são passos importantes mais além da positividade, mas ambos se abstêm do passo essencial de ir mais além da cerca.

A vida lógica da alma

Sem dúvida, a questão da diferença entre a posição do nosso mito e esta posição pós-moderna é imediatamente relevante na questão do que constitui uma psicologia real. Derrida pode estar certo quando diz que o abandono de todo o significado é uma necessidade histórica. Esse abandono é, e eu estaria de acordo, de fato o caminho por onde nossa civilização anda. Não importa se gostamos ou não ou do que pensamos a respeito, nós podemos ver que *estamos* nessa jornada, e que ela tem uma incrível dinâmica. Não há caminho de volta. Também estou de acordo com seu rechaço de qualquer nostalgia. Mas isso significa que temos que simplesmente nos acomodar ao *Zeitgeist*? Ou não teríamos ao invés que acompanhar conscientemente, com alma esse processo para que ele se eleve à *Noção* de si mesmo? – Mas seja como for, as necessidades da psicologia/ psicoterapia exigem uma noção de Verdade, de centro[245], de significado, de sujeito (como a unidade e diferença da pessoa e da alma), ou a necessidade da nossa *inire* (iniciação) – e, portanto, de um certo grau de coragem. E talvez tenhos que nos dar conta de que as questões que aqui estão em jogo entre o pensamento pós-moderno e, digamos, a metafísica clássica, não são tanto questões *teóricas*, mas questões que primariamente concernem à antiga questão da ética: *pōs biōteúein*? Como viver? Mais especificamente, elas se reduzem à questão, podemos prescindir do *nosso* dar um passo adiante?

---

245. Sem "centro" não há *circuambulação*, não há Si-Mesmo no sentido de Jung e não há conhecimento de que a imagem ou fenômeno contém tudo o que precisa *dentro* de si mesma. Também, olhando para o passado, podemos dizer que sem centro os mitos, rituais e templos não teriam sido possíveis. Cada ritual estabelece o centro do cosmos, cada templo *é* o *omphalos*, o umbigo do mundo. "É isso!"

Psicologicamente não podemos nos dar ao luxo de cairmos no medo da "metafísica", da verdade, do absoluto e da identidade. Certamente, as críticas trazidas à metafísica clássica por Nietzsche, Heidegger, Derrida e vários outros pensadores são válidas em muitos aspectos. E ainda assim, com todas as suas limitações insustentáveis, a metafísica clássica preservou algumas posições indispensáveis sob condições adversas. Temos que ver através das questões últimas da alma que estão em jogo na metafísica, e nos dar conta das necessidades psicológicas subjacentes que foram preservadas e formuladas na tradição metafísica, ainda que com meios inadequados, são ecos de muito mais atrás da era da metafísica, de antes da filosofia enquanto tal: ecoa a era dos primeiros caçadores, a era do xamanismo e das culturas ritualistas – tal como é refletido no mito de Actaion.

O significado do pensamento pós-moderno como o de Derrida não é tanto o de nosso entendimento de como as coisas *são* realmente. Ao invés, ele provê algo como um programa para o futuro, ou uma fundação filosófica e uma justificação para o mundo que virá, um mundo em que o "computador" tomou o lugar do que antes era o sujeito e o centro. O computador sintetiza a redução de toda a realidade às diferenças digitalizadas e ao livre-jogo autônomo de infinitas substituições, sem nenhuma conexão com um centro que poderia constituir seu significado.

A questão da diferença entre o monoteísmo e o politeísmo, que tem um papel tão proeminente na psicologia arquetípica, não é de nenhum interesse se não olhamos as coisas do ponto de vista da matança. A matança, pela qual eu digo ao momento, a essa vida minha, a essa condição sobre a qual eu vivo, a esse corpo meu, ao meu país e ao meu século etc., "É isso!", "essa é *minha* entrada no céu ou no inferno, *meu* acesso à Verdade última, o único acesso que há para mim", é indiferente à questão do mono- *versus* poli-. A matança é relativa ao que Heidegger chamou de *Jeweiligkeit* e *Jemeinigkeit* (singularidade e mimdade). Pois o compromisso absoluto com *essa* situação concreta aqui e agora, é também o compromisso exclusivo com o absoluto que se mostra como a imagem interior ou Noção dessa situação. Em princípio, essa (exclusiva) experiência do absoluto pode ser a experiência de qualquer um dos Deuses politeístas, assim como poderia também ser a experiência do Deus monoteísta da nossa tradição. Na realidade, é claro, os Deuses politeístas são *psicologicamente* obsoletos. Eles têm sido obsoletos por 2000 anos ou mais.

Nosso mito não menciona a matança; eu tenho que inferi-la, o que não significa que eu a projetei na história. Ela está lá, inerente em sua lógica (a lógica do caçador e da Deusa Caçadora). O fato de que não pode ser percebida na história como uma ação que nós testemunhamos pode se dever ao fato de que não pode ser percebida ou imaginada afinal, mas que tem que ser *pensada*; pode ser uma indicação que a matança não é (ou não é apenas) uma matança literal, não é (ou não é apenas) um comportamento positivo, nem mesmo emoção agressiva. Ela é mais, é algo diferente. De fato, está muito afastada dos sentimentos agressivos no nosso moderno sentido da palavra. Como tem sido dito, a virgem intocada *é* o cervo morto (o cervo *como* morto). O ato de matar não (ou não apenas) matou literalmente o cervo como criatura existente, mas (também) "matou" logicamente o que era meramente natural, positivo nele. Ele "matou" o *status* positivo no qual o fenômeno natural do cervo era inicialmente percebido, e assim o liberou para que ele se revele *como* a Verdade nua ou *no status* lógico mais alto no qual ele aparece como Verdade. A matança significa assim suspensão. Ela significa produzir a morte "violenta" do *status* lógico que obriga as coisas a aparecerem como meramente naturais (*i. e.*, positivistas). Inversamente, contudo, temos que inferir a partir disso que essa suspensão só é *real* ao ponto que envolve uma matança efetiva (ainda que não literal).

Quinta determinação. A transformação ou: compreendendo a própria identidade com o outro (= haver sido compreendido pelo outro)

Ártemis transforma Actaion em um cervo. Comentando essa cena, Kerényi disse que o cervo é usualmente o animal favorito de Ártemis, mas nesse caso é sua vítima[246]. Essa é uma formulação altamente problemática. Certamente, o cervo *é* o animal favorito de Ártemis. Mais ainda, *é* a própria Ártemis, uma forma (teriomórfica) da sua manifestação[247]. Só necessitamos recordar como Ártemis enganou os Aloads ao aparecer entre eles como um cervo, ou que era conhecida como Ártemis Elaphia, "Ártemis do Cervo". E certamente, na história de Actaion o cervo era sua vítima. Até esse ponto o que Kerényi disse está correto. O que está equivocado nessa formulação de Kerényi é a sugestão de que tem que haver um isso-ou-aquilo entre "favorito" e "vítima". O cervo como vítima não deixa de ser o animal favorito de Ártemis, o que significa: sua forma favorita

---

246. KERÉNYI. *Die Mythologie der Griechen*, vol. 1, München (dtv) (4) 1979, p. 116.
247. *Der kleine Pauly*, vol. 1, col. 621. *Lexikon der Alten Welt* (Ártemis-Verlag, 1965), s.v. "Hirsch".

de manifestação. Se Ártemis é o cervo, ela é também a presa. A própria natureza ou significado do "cervo" é ser a presa primordial da caça; a relação básica, senão a única, com o cervo em tempos arcaicos era a do caçador, não a do turista que faz safári fotográfico observando os animais em uma reserva natural, nem tampouco a dos que apoiam o Fundo de Preservação da Vida Natural. Na esfera de Ártemis, que é ela mesma a Deusa da caça e a selva prístina, tal visão domada ou domesticada do cervo não teria o menor sentido. Como o animal favorito de uma caçadora, é claro que ele é também sua matança favorita; a *Odisseia* (6, 102ff) descreve como Ártemis ama perseguir cervos. E para os humanos caçar e matar cervos é assim umas das formas mais válidas de honrá-la e servi-la, assim como é documentado que o *sacrifício* de cervos ocorria como parte do *culto* de Ártemis[248].

A questão essencial dessa história é a identidade de agente e vítima, da Grande Caçadora e do animal caçado. Em Ártemis, a alma (como autorrelação) se apresenta contraditoriamente como a caçadora de *si mesma* (primeira autocontradição) *e* como a primeira emergência da caçadora a partir da sua presa caçada (segunda contradição: o resultado provoca a causa!). Comparemos isso com a ideia de vitimização em todos os tipos de grupos de recuperação e nas teorias psicológicas de hoje, em que a diferença abstrata (*i. e.*, dissociadora, não dialética) entre vítima e agente é insistida e até mesmo celebrada, e em que se faz um intento ritual de estabelecer essa cisão na consciência e estabelecer a consciência *nessa* cisão e *como* essa cisão – em outras palavras: *como* uma consciência neurótica. Assim como

---

248. *Lexikon der Alten Welt*. Op. cit., s.v. "Hirsch".

com o arquétipo do Curador Ferido, não temos aqui um paradoxo, e nem como se diz frequentemente, dois lados de um arquétipo, mas uma identidade estrita. Que a ideia do curador ferido apareça para nós como um paradoxo e que gostemos de manter os opostos ordenadamente separados, um de cada lado, só mostra que não estamos realmente a altura da verdade arquetípica. Não a pensamos, só a imaginamos. (Isso é uma coisa. Outra coisa é que como humanos temos que pagar tributo a nossa finitude e assim permanecer, ao menos na vida prática, no nível empírico-factual, e não podemos nos elevar completamente ao nível arquetípico. Se pudéssemos, se fossemos *realmente* capazes de pensar conceptualmente a verdade arquetípica, então a ferida ou enfermidade e a cura não seriam para nós acontecimentos consecutivos, nem sequer na vida real. Não iríamos primeiro adoecer e mais tarde nos recuperar da doença. Adoecimento e cura seriam uma única verdade simultânea. Mas se não podemos *ser* a Noção existente da identidade de doença e cura, deveríamos ao menos fazer justiça à noção dessa identidade e da identidade de agente e vítima em nosso *pensamento*).

Se agora Actaion é transformado em um cervo, isso de maneira alguma é um castigo por um crime (por um alegado insulto à Deusa), como Ovídio e a maior parte dos narradores dessa história na antiguidade a apresentaram e como também repetem seus intérpretes modernos. Ao invés disso, Ártemis outorga a mais alta honra a ele o elevando ao seu próprio nível e natureza: à manifestação dela como um cervo. Ela não o expõe a um destino que não seria também o seu próprio.

Tom Moore também vê que o ato de Ártemis não deve ser interpretado moralmente como uma punição (p. 178). Mas quando ele diz, "não se vagueia demasiado longe na selva indômita... sem riscos" (p. 174), ou, "à medida que Actaion vagueia até muito próximo da Ártemis nua, ele é como uma mariposa atraída à luz e extinguida pelo calor da lâmpada" (p. 183) e quando fala de Ártemis como "embaraçada e enfurecida pela intrusão dos olhos humanos no momento em que ela está mais pura e mais nua" (p. 180), vemos que mesmo se o padrão moralista de crime e punição não está ativo, ao menos o de causa e efeito está nessa interpretação.

Nós gostamos de cindir. Queremos manter os opostos ordenadamente separados. Porque Ártemis é a intocada e intocável e porque ela é a Deusa, pensamos que ela e sua manifestação como cervo deve ser mantida intocada, não vista, e que aquele que se intromete e que chega até a matar o cervo comete um terrível crime contra ela, o qual requer algum tipo de expiação. Isso está completamente errado. Confunde o mito, que como a "palavra verdadeira" ou *vera narratio* apresenta *toda* a verdade (*i. e.*, a dialética inteira) de uma realidade arquetípica, com histórias ou narrativas baseadas em nossa razão ou imaginação ordinária, em preocupações do ego dentro do contexto da realidade social, em que se evitam as contradições mantendo os opostos seguramente a salvo um de cada lado.

Aqui é necessário relembrar a quarta pressuposição da interpretação do mito que descrevemos mais acima. Em um determinado texto de um conto ou sonho, pode haver uma fundamental diferença entre um ou vários elementos do conto. Não estamos falando sobre uma diferença entre o significado do texto e as visões secundárias dos seus intérpretes sobre ele, nem sobre a diferença entre o núcleo arquetípico do conto e as ornamentações mais superficiais, mais arbitrárias, poéticas, sobrepostas pelo autor real da versão que temos (isso seria uma diferença *entre* vários elementos da história). A diferença de que falo está *dentro* de um e mesmo tema e consiste no fato de que ele pode aparecer com dois significados conflitantes, um manifesto outro latente. De um lado temos o significado "subjetivo" do narrador do conto. Ovídio apresenta o tema da transformação em cervo de acordo com o que significa para ele e de acordo com o sentido que ele pode fazer disso. Mas esse sentido é muito diferente do significado arquetípico objetivo que, todavia, pode brilhar através do modo em que o texto manifestamente apresenta o antigo motivo mítico para nós. É muito importante não nos deixarmos enganar pela interpretação implícita ou explícita do respectivo tema inerente no modo em que a versão textual à mão obviamente o *apresenta*.

Certamente, contemplar a verdade nua é uma "transgressão". Temos que nos dar conta que a natureza mesma da cognição consiste em ser uma transgressão e uma violação. Mas essa transgressão não é uma ofensa em nosso sentido moral ou judicial. A palavra "transgressão" expressa só a chocante e surpreendente característica desse momento arquetípico da alma conhecendo a si mesma na "matança". Falando de modo estrito, a transgressão já começa quando Actaion abandona o reino da civilização e se aventura (transgredindo!) na selva primordial. O que ocorre mais tarde não é mais do que uma elaboração de um só e mesmo ato de transgredir. Essa intrusão é do que trata o mito; é *intencionada* que aconteça. A alma *quer* ser reconhecida, e é por seu próprio feito que esse encontro acontece em primeiro lugar. Assim a transgressão não é, *moralmente*, "o que não pode acontecer". Não é a violação de um "Tu não deves...". Ao invés disso, a transgressão é, *logicamente*, simplesmente a natureza interna do que chamamos recognição. A diferença da qual estamos falando é, por um lado, entre rotular de fora ou avaliar (moralmente), e por outro, descrever a *lógica intrínseca* de um tema ou de uma realidade arquetípica. Se alguém quer usar o termo transgressão com seus matizes morais, há que se dizer que a "transgressão" é *suposta* que aconteça, mas o fato de que deve acontecer não lhe tira a impressionante característica de "violação". Para por isso nos termos do mito de Actaion, matar o cervo é um modo válido de honrar e servir Ártemis, mas essa mesma conduta de servir realmente a uma Deusa (ou a um Deus) é *em si mesmo* um ultraje, uma transgressão, uma violação. Não estamos aqui na Escola Dominical Religiosa, onde servir a Deus é inequívoca e ingenuamente "bom".

Os termos crime e castigo são os instrumentos para reduzir esse "tremendo" acontecimento à esfera do humano-demasiado-humano e para manter separado segura e ordenadamente o que é inseparavelmente Uno: Deusa e humano, caçador e presa, assassino e vítima, contemplar a Deusa como verdade nua e se ver caçado como um cervo. Esses termos permitem que a consciência permaneça inócua, que evite a transgressão, que permaneça inocente da violência *dessa "matança" que consiste em permitir que os opostos se unam*. Crime e castigo introduzem a clara bissecção ou dissociação de uma só verdade arquetípica em duas metades, um antes e um depois, uma causa e um efeito consecutivo ou consequência e assim empurra esse momento da esfera da "pré-existente" ou arquetípica para a dimensão do temporal, para o esquema do tempo linear. Isso também a remove do reino do pensamento e a coloca na esfera das nossas imaginações (o pensamento pictórico). Essas categorias nos dissociam do que está ocorrendo aqui, e de maneira bem-sucedida criam a impressão de que a virgindade e a intocabilidade da Deusa foram de alguma maneira *restauradas*, porque o violador foi punido (assim como dizemos que através da punição de um criminoso a ordem moral do mundo que foi violada pelo crime é restaurada). Em última instância, nada teria acontecido realmente, teria sido apenas uma história para se entreter.

Mas na realidade a metamorfose de Actaion em cervo é a *afirmação* e o reconhecimento, por meio de Ártemis, da verdadeira cognição que ocorreu entre eles. Não é como se tivesse ocorrido uma punição, uma tentativa de restaurar a ordem anterior e colocar Actaion em seu devido lugar. Ao contrário, é a continuação consistente e o coroamento do ato de transpassar que Actaion iniciou. Não punição, mas realização (*teleté*). Ártemis não é insultada, ela não o rejeita e o repudia, ela não nega ou condena o que ele fez. Ela o premia com uma distinção. Ela se une a ele. O que à primeira vista parece ser um mero voyeurismo é agora completado, poderia se dizer, como um tipo de "casamento" em um estilo Artemisiano, ao garantir a ele a participação em seu próprio destino. (Aspergindo-o com a água com a qual ela está se banhando, ela transmite a ele um pouco da sua frescura e pureza). Se isso não fosse uma real união, como esse mito poderia ser o mito do "momento de Verdade", o mito da verdadeira cognição?

Mais uma vez: As categorias de "crime e castigo" necessariamente estabelecem o evento *único* dessa história como uma *sequência* de dois eventos, porque o ato e a retribuição são postos como dois eventos fundamentalmente separados. Estamos então no reino da reflexão externa. Em contraste, eu disse que há apenas um único evento aqui, um único evento caminhando, a partir de *dentro* de si mesmo, em direção a sua intrínseca culminação. Contemplar Ártemis se banhando *é* ser assimilado a ela, *é* ser transformado no que ela é[249]. Actaion se torna o que ele vê. Ver aqui não é uma mera observação neutra em acordo com a teoria "contraceptiva" do conhecimento, não é meramente um tipo de replicação (uma imagem reflexa na mente) *de* alguma realidade externa. "Ambos" os "eventos" são idênticos, são apenas um, mostrando o mesmo momento a partir de dois lados diferentes. Até mesmo as palavras "transformado" e "se tornado" nas sentenças anteriores já são erradas, porque elas implicam um antes e um depois, enquanto o próprio ponto aqui é que não há antes e depois. Há apenas um (atemporal) Agora de um único momento singular atômico ou de uma verdade arquetípica, *junto*, porém, com o desdobramento da sua complexidade lógica, da sua vida (não temporal e sim) lógica interna. Não há desenvolvimento, transição, iniciação literal ou transformação como um processo no tempo. Sob a perspectiva desse momento particular na vida lógica da alma, o momento de "cognição", nosso mito mostra a identidade do diferente e a diferença do idêntico. Ele mostra a alma como a identidade da identidade e da diferença e assim como *vida* lógica.

---

249. Isso é visto de maneira clara por Bruno: *"lo amoro transforma e converte nella cosa amada"* (*Eroici furori*, op. cit. 1008, 1124). Como muitos outros filósofos renascentistas (*e. g.*, Pico, Ficino) Bruno, também, expressa a ideia básica subjacente com uma citação de Hermes Trimegisto (*Asclepius* 6): "Hinc miraculum magnum a Trismegisto appellabitur homo, qui in deum transita quasi pise sit deus..." (*De immeso et innumerabilibus,* in: *Opera latinee conscripto,* ed. Francesco Fiorentino et al., reprinted 1962, I 1, 206). Cf. o próprio início de PICO DELLA MIRANDOLLA. *On the Dignity of Man.* Op. cit., p. 3, and FICINO. *Theologia Platonica* XIV 3 (Marcel edition vol. II, p. 257).

Mantendo organizadamente aparte os dois "aspectos" contraditórios de um único e mesmo evento e estabelecendo-os como dois acontecimentos consecutivos, a reflexão externa conduz o vento para longe das velas desse único evento. Psicologicamente, mesmo se não literalmente, o segundo "evento" (a punição) tem a função de contrabalançar, ou melhor, de *desfazer* o primeiro evento (a ofensa). A cisão desse único e mesmo evento emperra e frustra toda a dinâmica inerente ao próprio evento, seu telos, ao jogar a punição contra o crime. A tensão dialética se vai. Logicamente, a inofensividade do senso comum é resgatada.

A identidade da identidade e da diferença em nosso mito pode ser descrita como se segue

• Como o Caçador, Actaion já *conhece* Ártemis, a Deusa da caça. Se não conhecesse, ele não *seria* um caçador. Concebida a partir de dentro, a caça é a caça pela verdade nua revelada sem reservas e pela capacidade de efetivamente experienciar a revelação da verdade absoluta. Logo o evento que parece acontecer depois, o seu surpreender as ninfas se banhando, meramente traz à tona o que é inerente na sua natureza como caçador;

• Mas conhecer ou reconhecer Ártemis significa ter a implacável determinação de matar o cervo, porque é o único modo de penetrar até à imagem arquetípica ou até à verdade, de liberar a epifania de Ártemis;

• E verdadeiramente *conhecer* Ártemis significa conhecer que a Caçadora *é* o cervo, que o cervo mortalmente ferido como ser positivo *é* a manifestação da Deusa desvelada. Também significa a capacidade de ver *na* positividade do animal mortalmente ferido a Deusa desvelada. Conhecer realmente a verdade significa que Ártemis não é o simples oposto não dialético do cervo caçado, ambos ordenadamente em frente um ao outro, mas que ela é a unidade de si mesma e do seu Outro, a unidade da caçadora assassina e da sua vítima. Ela é tanto o cervo morto quanto a Grande Caçadora;

• Contudo, conhecer verdadeiramente que Ártemis é a unidade dela mesma, a caçadora, e seu Outro, o cervo como presa, implica imediatamente também o conhecimento de que até mesmo eu, Actaion o caçador, sou idêntico com meu Outro, minha presa, o cervo, a Deusa: que eu sou o cervo que matei. Significa que o momento em que vejo Ártemis nua não a tenho meramente diante de mim como algo completamente outro, mas que ao invés eu sou unido com ela como meu próprio Outro, minha própria verdade. Logo, ao vê-la, eu *sou* o cervo, sua epifania. "Torno-me" o que vejo (se não sou artificialmente impedido por meio de separações abstratas ou cisões). A Verdade é mais do que pode ser *visto* de uma distância lógica. Ela quer retornar ao lar em mim, porque só então *é* Verdade ou conhecimento. Falando estritamente, contudo, eu como Actaion tenho que me mover a ela e *dessa forma* eu retorno ao lar. *O Outro se revela como um Si Mesmo*, não por seu retorno a mim, mas porque eu o alcanço. Ao me abandonar sem reservas a minha experiência, a outridade do Outro é suspensa. Na medida em que Actaion é a alma, podemos também dizer que a alma chegou ao que estava caçando.

A possibilidade de continuar acreditando que a pessoa e a psicologia que a pessoa "tem" podem ser mantidas apartadas agora se foi.

Do modo como a história é contada e do modo como nós gostaríamos de lê-la a princípio, a transformação em cervo parece ser um milagre absoluto. Mas a metamorfose é apenas a visualização expressa do fato de que a matança de Actaion não é uma destruição positiva do Outro, mas um absolutamente negativo autoabandono. Ao atirar sua lança no animal, ele incondicionalmente investe seu Si Mesmo, sua identidade nele – e ao estar totalmente "no" cervo ou ao ter "se interiorizado" totalmente no cervo, ele imediatamente *se tornou* o cervo. O fato de que ele foi "transformado" no cervo meramente *nos* mostra em retrospectiva o que o *status* lógico do seu ato de matar havia sido desde o início.

Por isso, a transformação é apenas a imagem da compreensão de Actaion ou a realização do que ele tem sido todo o tempo. Seu *status* efetivo foi elevado à consciência por ele. Não é um novo desenvolvimento depois de "ver a Deusa nua". É nada mais do que a visualização expressa do que já é inerente à noção de conhecê-la e de ter que vê-la. Novamente, o que parece ser um novo acontecimento não é mais do que a determinação ulterior, mais explícita, da mesma noção. Como eu disse, nós gostamos de dissociar. Nós gostamos de pensar que ter um *insight* ou um conhecimento é uma coisa, e que a questão de se "aceitamos" essa compreensão e a "colocamos ou não em prática", é uma segunda coisa. Separamos "teoria" e "prática", "cabeça" e "estômago". Podemos acreditar que o que é verdade na teoria poderia não ser adequado na prática. Como paciente podemos argumentar que compreendemos uma interpretação na teoria, mas "por alguma razão" não faz diferença nenhuma na nossa vida concreta. Isso só mostra até que ponto estamos situados em uma armadilha neurótica. Mantemos a ilusão de que poderia haver *liberdade* diante da verdade, na liberdade da nossa *escolha* entre aceitação e recusa. Essa ilusão é possível por meio de uma noção neurótica, cindida de conhecimento. E por sua vez isso inaugura ou confirma essa noção castrada, uma que em si mesma nega o que ostensivamente clama ser. Se quer conhecimento, mas só "com contraceptivos". O nome para esse tipo de conhecimento é "informação".

Atua-se como se conhecer não fosse mais do que uma forma de entreter uma ideia. Mas conhecer é, figurativamente falando, um evento "físico", "brutal", uma mudança decisiva real. Assim quando alguém fala dessa forma, trai que isso não é *conhecimento* de forma alguma. Vemos que recebemos nossa noção de "conhecimento" da situação de assistir à TV como modelo e padrão. A TV é de fato sem compromisso e efetivamente somos livres para aceitar ou rejeitar o que vemos (o que se torna objetivamente visível no botão de ligar/desligar). Ali existe essa liberdade, porque o que vemos na TV não é verdade, e sim um *espetáculo*, que pode ser real ou não. Mas o que pode ser ou um ou o outro *não* é a verdade. Nosso assistir à TV é muito mais do que uma mera conduta particular realizada cotidianamente, e a invenção da TV é muito mais do que um mero fenômeno na história da tecnologia. A televisão é a imagem simbólica na qual o homem moderno inadvertida, mas abertamente mostra sua posição essencial, que é em um plano metafísico ou psicológico o que a posição do comodismo na saga islandesa introduzida no prefácio é no plano do comportamento; o ato de assistir TV é o ritual no qual o homem moderno celebra e constantemente reassegura a si o seu *status* de *homo absconditus*. O artifício técnico e a instituição social da televisão provavelmente só poderia ter sido inventado em nossa era e por essa sociedade em que o homem se *define* como estando metafisicamente fora do que quer que ocorra, em outras palavras, como *tendo* que permanecer fora da natureza selvagem, do reino da infinidade e da "pré-existência"[250]. Só é permitido espiar, imaginar, visionar.

Se Actaion não tivesse se "tornado" instantaneamente o que viu, seu ver Ártemis não teria sido um verdadeiro ver, um verdadeiro conhecimento (e tampouco teria sido um ver *Ártemis*). O verdadeiro conhecimento *imediata* e inevitavelmente faz a diferença. Ele é *imediatamente* premente, nos coloca sob uma obrigação ou destino. Você obtete verdadeiro conhecimento, apenas se efetivamente fez uma diferença e se a cisão entre teoria e prática é ignorada ou mesmo abolida. Isso é o que se expressa por meio da transformação de Actaion em um cervo. "Tornar-se" um cervo é o que o conhecer Ártemis de fato implica.

Eu falei sobre a teoria "contraceptiva" do conhecimento, um conhecimento ou anseio por conhecimento que permite o contato com o que deve ser conhecido apenas se "contraceptivos" são utilizados. Inversamente, essa concepção contraceptiva de conhecimento tem como resultado esse conhecimento de tipo

---

250. Se poderia querer acrescentar aqui: "contanto que o conhecimento científico e os meios tecnológicos para tal invenção estejam disponíveis". Mas estou sugerindo que ocorre o inverso. Porque a definição psicológica, metafísica de homem era como a descrita, todas as pré-condições científicas e tecnológicas para a invenção da televisão tiveram que ser estabelecidas em primeiro lugar. Toda história da ciência é o resultado dessa definição de homem, e a televisão não é só um resultado ou um produto secundário da história da ciência e da tecnologia.

A vida lógica da alma

positivista que bota o fenômeno abaixo e em caixas (fórmulas, diagnósticos etc.), preparando-o assim para a manipulação humana. É o uso de "contraceptivos" que permite esse tipo de manipulação. Em nosso mito, não se usa nenhum contraceptivo e por isso Actaion se torna um cervo: se "infecta" ele mesmo, e *há* uma "concepção" real. Mas interessantemente, não é a parte feminina, Ártemis, que concebe. A "concepção" ocorre do outro lado, com Actaion, com o macho penetrador; *ele* se torna o "Conceito existente".

Falei também acima da metamorfose como um tipo de "matrimônio" ao estilo Artemisiano. Se considerarmos o momento em que ela o salpica com sua água, poderíamos também dizer que ela o "impregna". Ela lhe transmite sua própria essência. Essa inversão do modo natural de concepção é outra indicação de que estamos aqui desde o início no "mundo invertido" (Hegel) da Noção ou da vida lógica da alma. O que está em jogo não é uma concepção física, e sim a Concepção lógica. Não se trata de uma gravidez que conduz ao nascimento de um novo ser vivente, e sim da transformação interna de um mesmo ser. Não se trata de um contato sexual natural, nem tampouco de um contato sexual com contraceptivos, e sim da cognição como contato sexual *suspenso*. Acation não é um amante, nem um gerador. *Aqui,* o *opus* da alma não aspira uma *coniunctio* incestuosa de si mesma com seu próprio Outro (Rex e Regina na alquimia) a fim de se re-generar como alma-filho em um nível mais alto (ou mais profundo). Ela não busca perder a *anima* e reencontrá-la *como* perdida para sempre a fim de criar *obras* de poesia, música ou arte ao estilo de Orfeu. Aqui, o que se quer é conhecimento, cognição, consciência. A alma quer se conhecer verdadeiramente.

Verdadeira cognição não implica abstenção, voyeurismo, "objetividade". Implica concepção invertida: interiorização absolutamente negativa. A negatividade absoluta consiste no fato de que o movimento progressivo sem compromisso (uma intrusão não mitigada até o ponto da matança) é em si mesmo seu próprio oposto: ser infectado e impregnado pela vítima assassinada, a qual imperceptivelmente se interioriza nele adequando-o assim a ela. *Sua* penetração cada vez mais intensa *é sua* assimilação cada vez mais profunda a ela.

Isso explica por que Ártemis permanece a virgem, a intocada. A intrusão do macho aqui não é natural, intrusão positiva, que atingiria sua completude na impregnação da virgem. Desde o começo é uma intrusão lógica e, portanto, autocontraditória, dialética, na qual o intruso tem que sofrer *contra naturam* a "concepção" ou tornar-se o "Conceito" existente. Isso também explica outro fato assombroso de que a virginal Deusa Ártemis seja associada ao cervo[251], um animal tão visivelmente *macho*, fálico, assertivo. Já sabemos: No mundo invertido do conhecimento, o cercar a presa no espírito da matança deixa a verdade mais íntima (da presa) em sua intocabilidade virginal. Ártemis como virgem permanece intacta apesar do verdadeiro contato ocorrido, e toda a ação (ou sofrimento) que ocorre dentro da sua esfera arquetípica ocorre no lado masculino, no lado dela *como* cervo e não *como* virgem.

Estas relações internas as quais o mito narra se veem obscurecidas pelas interpretações que são dadas ao mito, não só pelos estudiosos modernos, mas também pelo próprio

---

251. Não só com a cerva.

Ovídio e outros autores da antiguidade que narram a história de Actaion. Conceitos como culpa e castigo, transformação e mudança, teoria e prática, são maneiras de manter as coisas "corretas", separando organizadamente os lados de uma verdade autocontraditória e sujeitando inequivocamente cada um de um lado: sujeito e objeto, humano e Deusa, assassino e vítima, causa e efeito. Esses conceitos protegem a consciência da dialética, da contradição. A imaginação é bem-sucedida em dar conta de todos os aspectos das complexas relações lógicas que predominam nesse mito retratando-as de maneira plástica e vívida. Parece assim que ela deu conta de toda a verdade; ela não suprime nem deixa de fora nenhuma de suas facetas. Mas a imaginação media entre essas facetas de tal maneira que todos esses aspectos de uma só verdade se veem imunizados ou insulados um do outro através da separação entre um antes e um depois, um sujeito e um objeto, um agente e uma vítima, uma ofensa e um castigo, como duas situações, seres ou acontecimentos respectivamente separados.

Assim, *psicologicamente*, nada realmente aconteceu – *apenas* um milagre, *apenas* uma transformação, *apenas* um novo *evento* espetacular para se maravilhar ou se surpreender, mas nenhum curto-circuito (o qual só poderia ser lógico). Se preserva a sanidade da mente e a revolução da consciência não tem lugar. Houve uma ofensa, e ela é devidamente castigada. A ordem cotidiana das coisas foi restabelecida: o que mais podemos pedir? Podemos relaxar novamente. A mente contempla algo como um filme com um final cruel, mas pode permanecer segura em sua poltrona em frente à TV. Essa é a conclusão da abordagem imaginal às coisas. Faz justiça a todos os aspectos de uma verdade arquetípica no nível do conteúdo, mas neutraliza sua verdade ao manter esses aspectos separados no nível das suas relações lógicas internas. Não é Actaion como o protagonista de uma história que transparece uma distância *puer*. É o *modo imaginal* de ler essa história que o faz. A distância "*puer*" é inerente à sua própria "estrutura" (*i. e.*, sua lógica).

Eu disse que psicologicamente nada aconteceu realmente. Mas isso equivale a dizer que a *psicologia* não acontece e que o nível da alma não é alcançado. Ao imaginar as coisas permanecemos na antessala da psicologia, permanecemos na realidade comum, no nível das histórias de interesse humano e no melhor dos casos apenas *sonhando* com a terra da alma – como Moisés que nunca alcançou *realmente* a Terra Prometida: a vida da própria alma, que é vida lógica.

Sexta determinação. O desmembramento ou: a dissolução do sujeito (caçador) e do outro (presa) na outridade enquanto tal (na *noção* de caça/psicologia)

A última determinação da Noção tal como é exemplificada em nosso mito é a experiência dionisíaca do final. Actaion é caçado e desmembrado por seus próprios cães.

Actaion contemplou a verdade absoluta. É neste desmembramento dionisíaco que a Verdade é totalmente um lar para ele. Eu já afirmei que não é suficiente observar a verdade "lá fora". Enquanto ela for meramente um princípio "superior", um ideal ou uma Deusa em frente a um espectador que a adora, não é absoluta e nem tampouco verdade. O espectador, que pode até subjetiva e emocionalmente receber um "coice" no "peep show", se é que posso me expressar de maneira tão impertinente, permanece, contudo, efetivamente (logicamente) inafetado. Que o fato de se ver realmente afetado signifique estar *logicamente* afetado é, claramente, difícil de entender em uma era para qual "ser afetado" é exclusivamente identificado com ser emocionalmente movido. Até a palavra "afeto" é sinônimo hoje de "emoção". Mas os sentimentos que nós temos apontam apenas para a condição ou estado que nós estamos. Eles afirmam a "diferença antropológica" (a diferença ou cisão entre o ser humano como substância e suas várias condições ou características como atributos). A mudança dos estados de alguém garante precisamente a estabilidade imutável, isto é, a imunidade da pessoa como substância. Uma real transformação, um real ser afetado, não pode assim ser emocional. Não pode se referir meramente aos estados ou atributos de alguém. Ela implica a mudança da "substância" ou identidade de alguém, ou a revolução da sua *lógica* (e posto que a lógica é indivisível, significa também a mudança da lógica do mundo e da vida)[252]. Esse tem sido o problema com a maioria das revoluções na história: elas se conformaram em mudar as estruturas empíricas e as organizações da sociedade, ou tão só com a mudança dos ocupantes dos cargos da classe dominantes, mas não revolucionaram a lógica, e assim fracassaram.

É inerente à *Verdade* desde o início, ser uma plena *adequação* ou *assimilação* da mente ao "objeto". A verdade não quer ser deixada em um além, e nem ser empurrada para fora. Não quer ser uma mera experiência emocional ou sentimento no sujeito, e nem apenas um "conteúdo" da sua consciência. Ela quer retornar ao lar no sujeito e residir efetivamente *nessa*

---

252. Utilizando uma formulação anterior, podemos também dizer que se refere à ruptura em direção ao "homem inteiro".

vida. Em nossa história ela quer habitar a vida de Actaion (o que para nós significa: em nossa psicologia). Enquanto tal, não pode ser uma crença, ou *insight* que ele *tem*: "ser e viver nela" não significa que a verdade poderia estar "nele" do mesmo modo que um anel de diamantes estaria dentro de uma caixa de joias, ou um pedaço de informação dentro da mente. Em vez disso, ela tem que permear e determinar seu ser inteiro: a lógica da sua existência.

E isso é do que trata a experiência dionisíaca ou o desmembramento. O próprio ser inteiro (*homo totus*) deve ser dissolvido e reconstituído pela Verdade por dentro ou assimilado a ela. Essa experiência dionisíaca é o modo em que a Verdade pode retornar do seu exílio "lá fora", em frente ao sujeito. O mesmo sujeito deve ele mesmo *se tornar* a Verdade: a Noção *existente*.

É claro que a adequação de Actaion à Verdade não deve ser pensada como uma assimilação dele como sujeito ao que chamamos, em termos científicos, o "objeto" ("realidade objetiva", que é realidade positiva). De maneira nenhuma. Actaion avançou em direção à natureza selvagem, o topos da negatividade, de modo que aquilo ao qual ele se assimila é também a Verdade *como* negatividade.

Na sessão anterior advertimos que a intrusão masculina representada pelo movimento de Actaion na selva virginal não era uma intrusão positiva. Assim, aqui também temos que dizer que a adequação de Actaion à Verdade não é uma adequação positiva. A cognição da Verdade não é uma captação (conquista) progressiva, ativa, mas tampouco é uma retirada regressiva ou uma percepção passiva, ambos ainda positivos. Ela procede ao modo de uma "*Er-innerung* (rememoração/ interiorização) absolutamente negativa". É um processo no qual aquilo que foi buscado, ou temido, ou combatido lá fora, em frente a si, inesperadamente lhe alcança por "trás", ou melhor dizendo, alcança a partir de dentro de si mesmo. Você subitamente descobre que ela imperceptível e silenciosamente chega sobre você a partir da sua própria profundidade. Ou melhor ainda: é o processo no qual você é elevado ao nível de consciência em que o *insight* amanhece em você que ele esteve ali o tempo todo. A experiência dionisíaca não torna Actaion uma vítima, da mesma maneira em que Ártemis não foi vitimizada por Actaion. O desmembramento dionisíaco é a imagem do se ver permeado por uma verdade, um conhecimento, uma compreensão que revoluciona minha consciência, meu ser inteiro. Não há violência. Visto exteriormente, o que parece que os cães me fizeram é a ação da minha própria verdade atuando sobre mim mesmo (os cães são meus cães!). Ao ocorrer no "mundo invertido" da alma, o desmembramento não é uma experiência extrovertida e nem introvertida, e sim "intensiva": um refinamento interior, uma sublimação, uma mudança de estado lógico no qual você e o mundo estavam.

Devido ao sujeito ter que se tornar, *ser*, a Verdade, as questões levantadas pelas teorias do conhecimento por princípio renunciam o conhecimento verdadeiro e o conhecimento da verdade. Todas elas esperam chegar à verdade sem ter que incluir as ideias de que o sujeito tem que transgredir, romper os limites e se autoexpor implacavelmente até o ponto do desmembramento como um requisito indispensável da Verdade. A ciência e o aprendizado não são caminhos para a verdade. Não se pode ter a verdade a não ser pelo preço de nossa *inire* (iniciação) nela e nossa implacável assimilação a ela.

Porque a autoexposição sem reservas por parte do sujeito ao efeito da dissolução daquilo que seria conhecido é um constituinte indispensável da Verdade, é óbvio que as teorias do conhecimento das ciências operam com uma noção pela metade, sistematicamente castrada de verdade. Sem o sujeito e seu desmembramento, não há Verdade. É por isso que é tão alarmante ter que testemunhar nesse século tantas tentativas de encontrar "caminhos para *fora* da filosofia do sujeito". Psicologicamente, isso parece ser o movimento errado. Como todos os "caminhos para fora...", eles são provavelmente tentativas de estar cada vez mais *fora* da verdade e cada vez mais profundamente *dentro* da neurose. Os múltiplos empreendimentos de superar a filosofia do sujeito parece, falando psicologicamente, servir ao propósito de oferecer uma justificativa filosófica para o desenvolvimento do que eu descrevi acima como "o homem ter se escondido desse mundo". Precisamos do sujeito e da filosofia do sujeito – não para "fortalecer o ego", não para promover o subjetivismo e a cisão entre sujeito e objeto, mas para que haja alguém que possa desempenhar aquele cargo cuja tarefa é ser *sujeito* à dissolução dionisíaca a fim de provocar o acontecimento da Verdade.

Há outro aspecto que também se torna aparente a partir de alguns traços do nosso mito. Actaion é a imagem primal do caçador. Ele é *o* caçador porque é capaz de contemplar, e de fato contempla, a verdade absoluta da caça: Ártemis. Mas a verdade da caça não é só a *metade cindida, abstrata*, da caça: a caça vista apenas do ponto de vista do caçador. A verdade da caça é também a experiência da presa caçada. É ambos os lados ao mesmo tempo: é *toda* a verdade. A verdade não pode ser apenas sua própria metade. Assim *o* Caçador, para ser o que

A vida lógica da alma 451

ele é, deve ele mesmo experienciar o destino da presa sobre si. Pode ser de ajuda aqui lembrar que outro nome comumente dado a Dioniso, *Zagreus*, significava literalmente "o Grande Caçador"[253] (conectando mais uma vez o desmembramento dionisíaco com a caça). Actaion tem que ser a unidade de si mesmo como caçador e do seu Outro, a presa, assim como aprendemos que Ártemis era os dois de uma só vez. Depois de ter se tornado o cervo que caçava, Actaion também sofre o destino do cervo. E só com esse desenvolvimento a noção de entrada na natureza selvagem foi determinada completamente. Se ele não tivesse experienciado o desmembramento, ele não teria *realmente* estado *na* natureza selvagem. Ele poderia ter sido um turista que visitava os bosques e que mudou sua forma externa (condição), mas que retornou intacto. De modo que aqui, no final, o mito finalmente se põe de acordo com seu começo. O desmembramento dionisíaco não é mais do que a determinação final da natureza selvagem (não é um novo acontecimento): estar *na* natureza selvagem enquanto tal significa experienciar a dissolução do próprio ser "um ser", a dissolução da ontologia em lógica e da antropologia em psico-lógica[254].

---

253. Cf. Liddel-Scott sub voce.
254. Aqui novamente eu tenho um problema com a interpretação deste mito por Bruno, que é admirável em outros sentidos. Eu me pergunto se ele realmente escapou da "falácia antropológica". De acordo com o espírito entusiasta de Bruno, a realização da união com o divino que ele corretamente entendeu ser inerente ao desmembramento de Actaion por seus próprios cães, parece se referir no seu pensamento à alma do filósofo *como pessoa* (ao *homo* como o *miraculum magnum* no sentido de Hermes Trismegisto) e não à filosofia ou psicologia, *i. e.*, a nossa lógica. O desmembramento dionisíaco é visto como uma experiência mística extasiante, a qual é apenas um lado da sua realidade. Eu percebo que falta o outro lado igualmente

O último tema do nosso mito também traz ao lar em Actaion a epifania que ocorreu ao matar o cervo. A transformação que ocorreu a ele não seria completa sem que seus cães o desmembrassem, e assim a divinização que era o significado da sua metamorfose (identificação com Ártemis), teria também permanecido incompleta e até irreal. Agora Ártemis realmente se transmitiu a ele, ele *é* a sua corporificação e não mais um ser existente frente a frente com ela. Isso provavelmente também significa que a própria Ártemis também desapareceu nele.

(Somos rápidos em usar diagnósticos tais como "psicose" e "inflação" quando ouvimos tal descrição. Isso erra completamente o alvo. Tal modo de olhar as coisas só significaria apenas que não seguimos até o fim da história, que não *pensamos* o desmembramento dionisíaco. Durante a quinta determinação (a metamorfose), tal diagnóstico talvez pudesse ter feito sentido, precisamente porque não havia ocorrido ainda o desmembramento. Só pode haver inflação onde a lógica da pessoa como ser existente é mantida enquanto a assimilação a um conteúdo arquetípico ocorre. Mas aqui, essa "identidade" que poderia se inflar, foi dissolvida. Nada foi mantido. Tudo está sendo dissolvido no movimento lógico, na fluidez. A psicose implica uma dissolução da personalidade. O desmembramento dionisíaco que discutimos aqui implica a dissolução da *definição* ou da *noção* de "personalidade").

Mas quem ou o quê são os cães? Até agora nós consideramos apenas Actaion e Ártemis como protagonistas. Os cães são o

---

importante, o fato de que o *frenesi* desse êxtase é de uma natureza sóbria e lógica, e não psicológica (emocional, pessoal). O que está faltando, portanto, é a dialética, a natureza inerentemente contraditória da verdade retratada no mito de Actaion.

próprio impulso de caça, *sem coleiras*, de Actaion (da psicologia), com o qual ele se aventurou na selva desde o início e que, enquanto sem coleiras, vai persistente e consistentemente até a conclusão lógica da caça, vai sem reservas até onde a noção de caça se realiza plenamente. Em termos alquímicos poderíamos dizer que os cães de Actaion são o elemento mercurial propelindo o processo até sua realização final. Os cães mostram o próprio impulso de caça de Actaion como um instinto objetivo, objetivado da caça, e não meramente como seu desejo ou intenção subjetiva. Esse impulso de caça não se detém nem diante do caçador, que enquanto sujeito e mestre da caça poderia ter acreditado que estava isento de ser caçado. O impulso não se conforma até que *tudo* tenha se sujeitado a ele e reste apenas o próprio (Jung talvez dissesse: "autônomo") instinto caçador (*fiat venatio sed pereat venator*, que haja caça, o puro movimento da caça, e que o caçador como entidade existente exercendo essa atividade pereça). Podemos também dizer: até que a lógica ou a noção de caça não tenha se *mostrado* ser ela mesma a mestra absoluta da caçada, até mesmo com respeito à pessoa que originalmente se imagina estar no controle dela. O que seria uma atividade ou intenção egoica no início foi agora sujeitada aos seus próprios propósitos: ela provou do próprio remédio; o vaso (a personalidade) foi puxado para dentro do processo alquímico que começou como tendo lugar e sendo contido por ele. O processo retrocede sobre seu originador e o subsume totalmente. Estamos agora no ponto da história em que Actaion, a alma como psicologia humana, *se conscientiza* que seu objeto, a alma, é autorrelação, ("se conscientiza" nos dois sentidos: "apreende" e "traz à existência concreta [nele, na sua própria vida]").

Eu falei da experiência dionisíaca de desmembramento a qual Actaion é submetido. Mas o que é certamente *representado* como uma experiência Dionisíaca, é na verdade uma *experiência*? É, como Kerényi disse, a *Leidensgeschichte* (seu sofrimento e morte, sua Paixão)[255]? Isso é como a imaginação gosta de vê-la. Mas seria um mal-entendido.

Se o que se descreve no mito é imaginado como uma "experiência", então isso tem o efeito aliviante de *nos* manter fora do drama. Enquanto for um sofrimento, a pessoa que o sofre pode ser inambiguamente identificada: é Actaion. *Ele* está passando por essa Paixão, *não* nós. Ou, se não queremos cair nesse emocionalismo sendo engolfados nos "sofrimentos" de Actaion, poderíamos dizer que a sua história é não apenas a de um caçador, mas também a de um *xamã* que passa através de um desmembramento *qua iniciação*, a caça experienciada sem reservas aparecendo como um modo de iniciação xamânica; o verdadeiro caçador como um xamã. Novamente, *ele* seria o iniciado, não nós. Claro que como leitores nós podemos ser emocionalmente *movidos* pelo seu destino e *sentir* compaixão por ele em sua miséria. Mas a nossa própria compaixão apenas confirmaria a clara distinção entre ele como o que realmente padece e nós como espectadores.

Desse modo, a compreensão imaginal da cena final nos ajuda a abstrair do fato de que na realidade o final do mito antes de tudo faz algo a *nós*, ao *nosso* pensamento. Antes, tivemos que nos dar conta de que o próprio Actaion se tornou o que ele viu. A separação inambígua entre sujeito e objeto, agente e vítima, e a distância do espectador em relação ao que ele contempla não

---

255. KERÉNYI, K. *Die Mythologie der Griechen,* vol, I, op. cit., p. 116.

A vida lógica da alma 455

pode ser mais mantida. Assim nos damos conta de que se tornar o que ele viu implica uma permeabilidade absoluta através de um desmembramento ou de uma dissolução do seu ser inteiro. Mas isso não é tudo. De maneira similar devemos nos dar conta de que o que ocorre com Actaion não ocorre só "ali fora" nessa história. Afeta fundamentalmente também a nós.

Nosso perceber a imagem do seu desmembramento nos tira o chão onde pisamos. Ela *nos* priva de Actaion *como* imagem, como figura, como forma visual, como um corpo tangível, como uma pessoa existente. A figura imaginal como forma e ser existente é destroçada, desmembrada. E porque esse acontecimento não pode ser restringido ao protagonista da nossa história, ele não pode ser contido seguramente dentro desse conto, ele imediatamente tem consequências para o *nosso* modo de pensar. O que aqui é destroçado não pode ser só a forma dessa única figura, e sim a "forma" enquanto tal, a noção de forma. O que se decompõe nessa história é o modo inteiro de imaginar as coisas. O final do mito é um ataque radical à imagem, ou melhor dizendo: ao modo imaginal.

Seria bonito se a "experiência" dionisíaca do desmembramento pudesse ser imaginada como, e reduzida a uma tragédia humana, um terrível destino que atinge certos indivíduos, ou como algo que todos poderíamos ter que atravessar em certo momento do nosso "processo". Mas, em primeiro lugar e antes de mais nada, é a dissolução da *imagem* e da *noção* de um ser, a noção mesma de pessoa. O "alvo" da "experiência" dionisíaca não é a pessoa (que já está na esfera do tempo, da existência). É a lógica da nossa psicologia! Através da aparente aniquilação de *um* ser (Actaion) nós testemunhamos algo ainda mais *radical* – desde que sigamos o movimento da história sem reservas e sem defesas: *nós* (Actaion) sofremos o desmembramento ou a decomposição do nosso preconceito ontológico e antropológico e do nosso enfoque imaginal das coisas. Nós gostaríamos de pensar que o final do mito é um evento isolado *dentro* do mundo, *dentro* da vida. Mas é o movimento revolucionário em direção a uma radicalmente nova *lógica* do mundo e da vida em geral.

Sendo esse movimento revolucionário, o final do mito é a instrução para que retiremos o inteiro modo imaginal no qual o mito é apresentado: a instrução para *des-imaginar* a separatividade das duas figuras principais, *des-imaginar* suas aparências como seres existentes, *des-imaginar* a sucessão de eventos, o "caçador", "o banho nua", a "transformação" e a "punição" – até mesmo o próprio "desmembramento"! É a instrução retornar ao mito mais uma vez decompondo agora sua forma narrativa "ontologizadora" de apresentação – não com o fim de descartá-la, mas para adquirir uma compreensão "sublimada", "fermentada", *suspensa* dela como um pensamento conceitual, como nosso pensamento, como a Noção. Tendemos a pensar em um conceito ou noção como algo semelhante a uma ideia, um conteúdo, uma temática. Mas a Noção (*Begriff*) é compreensiva (*begreifen*), como uma atividade ou processo, *e* é um compreender que, como nosso mito mostra, *resulta* de *ser* compreendido ou desmembrado.

Acima eu disse, "Seu ser inteiro deve ser dissolvido e reconstituído por dentro pela Verdade ou assimilado a ela". Agora temos que afiar essa afirmação e dizer: não é só uma reconstituição *do* seu ser, mas também uma reconstituição do seu "ser" em "Verdade", reconstituição da ontologia em lógica. A Noção existente não é um ser que tem uma noção, mas uma noção que tem efetivamente uma existência concreta na vida como eu ou você (como somos em uma real situação e no mundo).

Actaion só poderia contemplar a Verdade absoluta porque entrou na selva não como um *expert* ou um *técnico* (na caça), e sim *como* um caçador iniciado. O desmembramento *relatado* no final é o que em primeiro lugar torna possível sua profunda experiência, assim como disse antes que um *real* cruzar em direção ao outro *pres*supõe a queima (anterior) da ponte através da qual o cruzamento teve lugar. Isso é uma óbvia contradição. Mas essa contradição, esse *hysteron proteron*, é ele mesmo a própria "ponte", a única e efetiva "ponte" que pode realmente transportar a alma até o outro lado (e de volta) e, ao realmente transportar, *fazer a alma* em primeiro lugar. Afinal, a alma não é algo no mundo das entidades, *é* o efetivo cruzamento em direção ao outro lado, a efetiva capacidade de se *estender* de cá para lá, ou da ontologia para a lógica.

O desmembramento dionisíaco, como a dissolução de um ser existente, é a representação pictórica da mudança revolucionária do reino da "existência" ou da realidade comum a "pré--existência": o transporte da mente ao *status* de movimento lógico da alma, ao *status* da Verdade. Nosso mito (enquanto mito da *Verdade* das imaginações da alma enquanto tal) mostra que a imaginação de um momento arquetípico, se for levado até a sua conclusão, inevitavelmente se dirige até a sua decomposição. Os *próprios* cães de Actaion o destroçam. Seu destino não lhe cai de fora. A própria lógica do impulso caçador se atualiza no caçador. Já não há mais caçador como um ser existente que *tem* cães caçadores, *tem* um impulso de caçar (ou que *tem* a psicologia ou consciência de um caçador). A própria caça desfaz seu próprio substrato, até que apenas o *movimento* caçante implacável enquanto tal ou sua Noção permaneça. O mito recolhe ou destrói suas próprias premissas a partir de si. Isso não implica, é claro, uma retração abstrata da sua mensagem. Implica uma sublimação ou *suspensão* da forma lógica ou do *status* no qual a mensagem ocorreu primeiro. "Suspensão" aqui deve ser tomada no triplo sentido hegeliano de *Aufhebung* (que se traduz): 1) Como o reter de tudo o que foi dito, 2) Mas não no *modo* (narrativo, imaginal) em que foi dito e entendido, mas em vez disso como imaginação *decomposta* ou como *pensamento*, 3) A elevação da mensagem da história ao nível da "pré-existência" ou da vida lógica e do nível do conceito abstrato ainda secretamente operativo na imaginação (operativo por baixo do escudo da sua pretensão de que ela só se refere aos seus conteúdos imaginativamente, não literalmente) ao nível da Noção.

"A caça mesma desfaz seu próprio substrato" – este é também o caminho que a psicologia tem que seguir. Ela também começa com informes sobre "fatos" positivos ou empíricos ou a partir do material imaginal e tem que se submeter a um longo processo de decompor os substratos sólidos que foram postulados pela mente empírica ou pela imaginação, a fim de poder realizar a Noção. Mas isso não é tanto uma atividade. Você começa com as imaginações: se você faz justiça a elas, elas mesmas avançarão até sua última conclusão. A imagem destrói a si mesma *dentro de si mesma*. Suspende a si mesma. Nós não temos que fazer nada às imagens. Assim como no mito de Actaion: ele primeiro estabelece (postula) pessoas imaginais, e então mostra como no curso de suas próprias vidas internas suas "existências" são recolhidas, desfeitas, *de dentro* do mito. A imagem tem seu próprio destino interior.

A psicologia arquetípica tentou superar o ego como uma expressão do arquétipo do herói, mas não viu a necessidade de superá-lo enquanto substrato. E tinha que lutar com o ego, porque não permitiu à imagem do ego ter seu próprio destino interno ou não confiou nesse destino: não confiou que o ego suspenderia a si mesmo se fosse deixado a sua própria dinâmica.

A Noção é noção *existente*. É vida lógica "pré-existente" ou não existente havendo encontrado uma existência real nessa vida, em nós, como nós. A autocontradição de uma "pré-existência" ou não-existência *existente*: isso seria uma real psicologia. A vida lógica não-existente só pode encontrar uma existência desfazendo as entidades existentes (ou aquela posição que constrói a realidade em termos de entidades existentes). As ideias, os princípios, os dogmas, as visões podem ser "mantidos" ou "tidos" por alguém, eles podem ser possessões de um ser ou sujeito. São vida reificada, congelada, e assim é a noção de um ente ou entidade. A vida lógica da alma, a Verdade, a Noção, não teriam uma existência nessa vida, se ainda estivéssemos lidando com princípios ou dogmas. A vida lógica da alma não é a vida *de* um ser, é movimento, fluidez enquanto tal, sem um ser que realize este movimento ou esteja em movimento. É a dissolução da ponte da qual falávamos acima em nome de um movimento de cruzamento que não "tem" uma ponte como fundação sobre a qual se apoiar e avançar. *É* sua própria ponte, o que é uma ideia totalmente autocontraditória.

Actaion como pessoa literal é dissolvido, mas também Ártemis, que, como temos visto, havia se unido com Actaion. Sujeito e objeto, ser humano e Deusa primeiro se tornam um e agora se evaporam. O que permanece é a vida lógica da alma enquanto tal, na qual as figuras foram suspensas.

O mito de Actaion, dissemos, insiste que o encontro efetivo com a verdade absoluta é possível. (E *mythos*, afinal, significa "palavra verdadeira"). Mas nosso mito também mostra qual o preço a pagar por um encontro efetivo com a verdade: o desmembramento. É a suspensão implacável da posição imaginal em favor da loucura dionisíaca ou do *frenesi* da lógica, da psico-lógica. Você não pode mais meramente "imaginar coisas", meramente visionar, contemplar, entreter imagens. Isso é muito barato. Você tem que pagar o preço completo que o literal e a categoria de Ser e seres demandam: a inexorável decomposição no sentido de uma *fermentatio* dionisíaca e alquímica. A imaginação (*Vorstellung*) do mundo, assim como de mim mesmo, em analogia com as coisas deve ser completamente dissolvida. Abandonar simplesmente a ideia de verdade ou tomar partido por um "como se" é uma saída demasiado fácil. Significa se esquivar do desmembramento dionisíaco e o consequente *frenesi*: se esquivar da loucura (desliteralizada ou suspensa) que consiste em a) ter que superar a ontologia em favor da lógica e b) ter que estabelecer o próprio pensamento dentro da completa contradição de uma identidade da identidade e da diferença, ou de um movimento de atravessamento sem uma ponte. O *frenesi* dionisíaco é a pura fluidez na qual os opostos já não podem ser mantidos um em frente ao outro na medida em que eles permeiam completamente um ao outro. A crença que a psicologia poderia prescindir da noção de verdade significa se aferrar à sensatez do conceito abstrato no sentido da Lógica Formal que secretamente informa a imaginação.

Na psicologia imaginal é moda *falar* sobre o dionisíaco e sua importância exemplar para a alma. Porém, prestar muita atenção a algo pode ter o propósito de evitar ser submetido ao que se fala, como, *e. g.*, as igrejas falam muito de Deus, mas com frequência a fim de evitar cair – assim parece – nas mãos de um Deus real, vivo. Em um sentido amplo isso também se aplica ao dionisíaco na psicologia imaginal. A abordagem imaginal ao dionisíaco *apequena e reduz* o dionisíaco de várias maneiras e, portanto, se imuniza contra ele.

• Nós já indicamos um modo principal de defesa. Ao ler um mito como o de Actaion, a interpretação imaginal relega a experiência dionisíaca ao protagonista da história e assim se libera de ter que se dar conta de que eu como leitor sou o verdadeiro destinatário ou "alvo" do desmembramento dionisíaco. Desse modo, o dionisíaco é mantido "ali fora" em algum objeto, enquanto o sujeito pode continuar sendo o que era.

Essa defesa poderia ser chamada deserção do pensamento. *Se você mantém seu lugar no pensamento* enquanto escuta ou lê o mito de Actaion, e se você acompanha fielmente Actaion no pensamento e como um trem de ideias até o final, esse final naturalmente trabalha sobre *você*; ele afeta você do modo indicado acima, puxando o chão debaixo de você, destruindo a noção de "entidade existente" para você. O momento que você deixa o pensamento e passa a *imaginar* os eventos narrados, você parece ser nada mais do que o espectador do destino de outra pessoa.

• Mas quem é efetivamente o sujeito? Não sou eu, o leitor, *como pessoa*. É a minha própria abordagem imaginal. O segundo tipo de defesa consiste em construir o dionisíaco como uma experiência para *nós* atravessarmos como pessoas. A experiência dionisíaca hoje significaria o desmembramento ou a desliteralização do estilo imaginal de pensamento. O imaginal é experiência (evento, tema, fenômeno, conteúdo da consciência) desliteralizada ou suspensa, e o pensamento é imaginação desliteralizada ou suspensa. Apesar da psicologia imaginal desliteralizar os *conteúdos* da imaginação, ela não desliteraliza a imaginação como *modo de pensamento*. E talvez se concentrou passionalmente na desliteralização dos conteúdos para não ter ela mesma, enquanto modo de pensamento, ser sujeitada à dissolução dionisíaca. A psicologia imaginal ainda toma a *forma* da imaginação (seu próprio imaginar) *literalmente*;

• A imaginação tende a objetivar o dionisíaco o construindo como um fenômeno ou experiência *particular* que pode recair sobre nós. É, portanto, um acontecimento especial na vida de alguém. Não é, como deveria ser, o *status* lógico ou a *forma* da vida psicológica enquanto tal. Ele é reservado para momentos particulares da vida. Logo, nós nos movemos aqui em uma concepção de vida já compartimentalizada, com tudo em sua própria caixa. E enquanto o dionisíaco for algo que nós (ou quem quer que seja) temos que *experienciar*, aquilo sobre o que efetivamente o dionisíaco é, jamais poderá *acontecer*: a dissolução do sujeito enquanto entidade existente. Enquanto eu me segurar na noção de "experienciar", eu *retenho* o sujeito (que "tem" tais experiências) como uma substância ou substrato. Eu retenho a *noção* de sujeito existente, a *forma* dessa noção. O sujeito pode então passar pela experiência de desmembramento, mas *ipso facto* permanece imune a ela. O sujeito meramente a "assiste" e empiricamente "sofre por meio dela" emocionalmente – e *psi-*

cologicamente (logicamente) nada realmente acontece. O desmembramento dionisíaco só pode *acontecer* quando não é experienciado. Ele tem que ser um acontecimento lógico, e não emocional;
• De maneira mais particular, a psicologia imaginal tende a perceber o dionisíaco em termos de patologização. E conecta o dionisíaco acima de tudo com a histeria, com um tipo de efeminação psicológica, com as "mulheres" e o corpo. Mesmo quando declara que deseja encontrar o Deus na enfermidade, na verdade repete e reafirma o movimento oposto que Jung descreveu como os Deuses tendo se tornado doenças, na medida em que o dionisíaco é delegado a estados emocionais e patologia particulares. Dioniso não mais revoluciona o *mundo* em geral, *i. e.*, sua lógica; ele meramente faz algo às pessoas, aos indivíduos. Logo, ele vive no pessoal, da mesma maneira que, de acordo com Jung, Zeus não governa mais no Monte Olimpo, e sim no plexo solar. Ao mesmo tempo esse movimento estabelece barreiras inultrapassáveis a uma iniciação dionisíaca, porque o desmembramento como algo que eu (enquanto pessoa) tenho que passar através é uma ideia intolerável. Ela automaticamente se torna emocionalizada, e como tal é demasiado cruel e assustador não se defender contra ela.

Claro que a psicologia arquetípica tem sempre insistido que os arquétipos são perspectivas ou estilos de pensamento. Enquanto tal eles seriam universais, não pessoais. Esse é um movimento decisivo na direção certa além da psicologia personalista. Contudo, ao proteger o estilo imaginal de pensamento de ser desmembrado ou putrefato, a psicologia arquetípica mostra que não é suficientemente séria a respeito das suas próprias declarações. Ela só permite um Dioniso *cercado, miniaturizado* que se manifesta através da patologia pessoal e no melhor dos casos produz uma pessoal e ocasional, não lógica, mudança de consciência, não uma mudança da lógica do nosso mundo. Enquanto o dionisíaco romperia todo o psicologismo da psicologia e se abriria para a lógica (que é *logicamente* universal), a abordagem imaginal, ao contrário do seu próprio autoentendimento, força o pensamento psicológico dentro da armadilha psicologista e o mantém lá.

Se o dionisíaco é construído como um fenômeno ou evento particular, ele já foi positivado e a psicologia deixou a natureza selvagem em favor da esfera domesticada (a terra do ego); se o dionisíaco é visto como um estilo de consciência, que é a posição no meio do caminho entre "evento" e "lógica", a psicologia ainda é "psicologia do ego" e permanece sob a falácia antropológica. Os estilos de consciência estão inevitavelmente atados a uma pessoa enquanto sujeito, deixando o mundo "objetivo" de fora. Assim nós temos que ir além do "evento" e além do "estilo de consciência" – à noção do dionisíaco como "lógica". Como lógica ele é compreensivo. É a unidade do modo de ver (estilo de consciência, subjetivo, em nossa mente) *e* a constituição lógica intrínseca ao mundo real.

É um erro conectar fundamentalmente o dionisíaco com a patologização (e ver a doença ou o sintoma como a principal via de acesso aos Deuses). Isso é por demais emocional, por demais psicologista (ôntico-empírico), por demais referente aos estados particulares que as pessoas podem estar. Mas o *frenesi* dionisíaco é desliteralizado, não-emocional ou *frenesi sóbrio*, o *frenesi* do psicológico, da lógica dialética. Não nego que se possa ver o Deus na doença. O que eu nego é que o Deus visto assim seja mais do que um mini-Deus, a distorção de um Deus ou a relíquia de um *antigo* Deus. E eu clamo que desse modo a psicologia nostalgicamente reedita ("re-atua") as batalhas de tempos passados, enquanto evita mostrar presença no campo de batalha psicológico atual. A fronteira atual está em outro lugar.

O "xamanismo" de hoje toma lugar no nível da Noção. Esse nível requer retorno à esfera anterior ao Ser, onde as decisões finais acerca do mundo e nossa existência são tomadas e onde unicamente o *opus magnum* pode ser levado à cabo. Não estamos mais no *status* de consciência no qual a penetração no reino da pré-existência pode acontecer na forma da *Urerfahrung* (*experiência* original ou primordial). Mesmo que tal experiência ainda ocorra, ela não mais atinge a dimensão em que o "grande enigma" está hoje situado. E o "homem inteiro" que de acordo com Jung e os alquimistas é requerido para a Obra, existe hoje apenas ao ponto em que ocorreu a ruptura em direção ao nível da Noção.

O dionisíaco tem que fazer sua entrada – *não* em mim como minha condição pessoal, meu estilo de consciência, *não* em nossas concepções e visões de mundo, mas na *forma lógica* dos próprios conceitos e categorias através das quais nós de fato compreendemos o mundo e a vida: a Noção.

• A psicologia imaginal gosta de manter separadas as várias estruturas arquetípicas. Por isso, o dionisíaco é uma estrutura particular ou experiência separada e em alguns casos (como no caso de Apolo) em oposição direta a outras estruturas arquetípicas. Em nosso mito, a psicologia imaginal interpretaria a sucessão de acontecimentos como um movimento, por parte da consciência, de Ártemis como dominante arquetípico a Dioniso como o novo dominante. Através dessa separação o dionisíaco novamente é cercado e metido em uma caixa. É uma experiência autocontida entre muitas outras. Outra vez nos movemos em uma psicologia já cuidadosamente compartimentalizada. Desta forma o núcleo mesmo do dionisíaco é perdido, o fato de que a experiência profunda, implacável de *qualquer* verdade arquetípica e de *qualquer* imagem inclui *sua* própria (e não nossa) dissolução dionisíaca ou suspensão. Em nosso caso, Dioniso é necessário para levar a verdade artemisiana da alma a sua conclusão lógica, a sua realização. Dioniso traz a autorrealização de qualquer situação arquetípica. É por isso que ele não é (ou não *apenas*) uma nova experiência separada em adição à, em nosso mito, "Ártemis". Na medida em que o mito de Actaion é o mito no qual a alma mostra, na imagem do caçador, sua própria noção de verdade psicológica enquanto tal, nós devemos concluir que qualquer verdade arquetípica precisa do *seu* próprio desmembramento ou autossuspensão para também atingir a *forma* da verdade, a *forma* da negatividade lógica, e assim se tornar realmente psicológica. Devemos concluir também que esse *telos* dionisíaco é *inerente* em qualquer situação ou imagem arquetípica: o "destino" dionisíaco não vem de fora. Sem essa autossuspensão a verdade arquetípica continuaria a ter a forma lógica de um mero conteúdo da consciência, de alguma mensagem, ideia ou ideal "lá fora". Ainda seria algo de alguma maneira literal, "concretista", abstrato – "positivo". Não seria a Noção existente, que pode *existir* apenas porque o conteúdo foi dissolvido (des-ontologizado, des-imaginado, *i. e.*, transportado da esfera da existência para a da "pré-existência", "não-existência").

Actaion não se foi literalmente. Ele se foi apenas para a mente imaginante, mas não se Actaion, se o "caçador", se o mito inteiro é *pensado* (recebido de maneira pensante). A dissolução não significa aniquilação abstrata. Ela significa dar existência à esfera da não-existência (a qual só pode ocorrer dialeticamente através de uma putrefação da *noção* de "entidade existente"). Significa a mudança *real* (não meramente intelectual) do "meu conceito de realidade para o plano da psique"[256]. A "esfera (ou reino) da não-existência" é um modo mitológico de falar sobre a *forma lógica* da negatividade. E isso é o que eu quero dizer por alma, que é outra expressão mitológica. O que nós estamos preocupados não é com uma esfera ou reino em si (ambos são termos ontológicos!). Em nosso tempo, no *status* lógico que nós e nosso mundo estamos, o dionisíaco, longe de se referir à emoção, impulso, corpo, feminino, é iniciação em um pensamento rigoroso e na noção de "forma lógica".

É inerente à verdade suspender a si mesma. Ou mais precisamente: a verdade, na medida em que é verdade, *já se inicia* como suspensa. Se assim não fosse ela não seria verdade. É por isso que o final da história de Actaion não traz um novo desenvolvimento. O fim da narrativa meramente traz à superfície a verdade última que era verdadeira desde o começo. Ela revela sua *arché*, sua origem. Para ilustrar isso por meio do imaginário do nosso mito: Não é realmente no final que Actaion é desmembrado. Na medida em que ser caçado e desmembrado completa *toda* a verdade acerca da caça e na medida em que Actaion é a imagem primordial, ou melhor: a noção *do* caçador, ele se aventurou na floresta *como* desmembrado desde o início. Acima eu afirmei que Actaion viu a verdade nua *por meio* e *no* golpe mortal. Agora eu tenho que ir além disso e dizer que ser

---

256. JUNG, C.G. *Um mito moderno sobre as coisas vistas no céu*, OC Vol. X/4, § 498. Petrópolis: Vozes, 1991.

desmembrado é o único modo efetivo de ser capaz de contemplar a Deusa desvelada. Não há um caminho secundário para chegar a essa revelação. O desmembramento é o Alfa e o Ômega da caça, e a matança assim como a revelação da verdade nua acontece *nele*, como o coração ou alma do próprio desmembramento, ou como o seu desabrochar. Assim a matança não é um evento anterior conduzindo a cena final do desmembramento, nem é sua precondição.

É por isso que temos que olhar esse mito como o desdobramento (nos termos do tempo narrativo) dos "momentos" (lógicos, não temporais) inerentes a uma única situação arquetípica chamada de Noção (a Noção como vista na luz da *imagem* da caçada). O mito é circular, urobórico. Nós já aprendemos isso a partir da discussão sobre a pressuposição tautológica da interpretação do mito. Apenas sua forma narrativa e nosso entendimento imaginal dele o faz aparecer como um movimento linear daqui para lá, como uma sequência de eventos, como nós já ouvimos de Plotino. Ao seguir a sequência narrativa em nossa discussão do mito de Actaion, nós reforçamos o sentimento de um movimento unidirecional de um estado inicial para um resultado final. Contudo, se *pensamos* nosso mito e o concebemos como a Noção, ele cessa de ser um conteúdo ou objeto da consciência, e todos os "eventos" narrados nele, juntos se revelam como a imagem para a complexidade vibrante, autocontraditória de muitos *momentos* do movimento lógico *interior* da Noção. Os movimentos internos da alma para frente e para trás dessa verdade arquetípica "ocorrem" todos de "uma só vez". Mozart disse que era capaz de escutar uma sinfonia ou ópera instantaneamente, sincronicamente, assim como *nós* podemos apreender de uma só vez o plano de uma casa, sem ter que passar imaginalmente por cada quarto e por cada piso um depois do outro. Mozart não tinha que ir discursivamente através dos pedaços da música como uma sequência de movimentos e notas. Seu escutar era um escutar suspenso – ou: pensamento. Ele podia *pensar*, ou apreender conceitualmente uma peça de música. Diferente de nós humanos ordinários, ele não tinha que *escutá-la* (seja na imaginação ou literalmente). Esse pensamento é uma escuta *lógica* (não sensual); e não é emocional, mas pleno de alma (emoção suspensa: *frenesi sóbrio*). Quando eu digo que Mozart podia ouvir toda uma sinfonia instantaneamente, isso não significa que era uma escuta misturada e fundida, e quando disse que ele podia apreender conceitualmente uma peça de música, não significa que ele a suspendia em um conceito abstrato. A complexidade interior e todas as tensões (a identidade da identidade e da diferença dos opostos) estavam, é claro, preservadas. Era a vibração da vida fluida e rica da alma, não no meio do tempo empírico, mas sim no meio nativo da alma, no pensamento.

O único movimento "real" que há aqui quando lemos esse mito é um movimento em *nossa* mente, em *nosso* entendimento. A noção de "entrar na natureza selvagem" vai constantemente e cada vez mais se determinando e aprofundando. Nossa concepção é enriquecida, refinada. O que era somente implícito é trazido explicitamente para o espaço aberto. Mas não há nada de novo no final em relação ao início da história, não há movimento da "inocência" para a experiência madura da dimensão trágica da vida, tal como Moore (p. 186) disse, "apesar dos perigos e do inevitável desmembramento que se segue a tal inocência, os Actaions são recompensados com novas visões e frescas perspectivas". O mito inteiro com todas as suas "estações" é exclusivamente a exploração da "perspectiva original": a noção do caçador. Ou mais do que uma exploração: a plena realização dessa noção, o fazê-la *real*. O mito, não faz mais do que soletrar a palavra "caçador" (ou "natureza selvagem"). Não há uma "perspectiva fresca" no final. Todo o ponto do mito é que Actaion é "interiorizado" (*er-innert*) na "perspectiva" com a qual começou, e tão profunda e consistentemente que ele como sujeito submergiu e se dissolveu completamente nessa "perspectiva" ou intenção que ele poderia ter dito que "tinha" no início. Ele desapareceu nessa perspectiva e agora não há mais Actaion que poderia *ter* perspectivas, porque ele agora *é* essa "perspectiva". A "perspectiva" agora assumiu a frente: o Conceito existente. Actaion teve que realmente se *tornar* o que ele era.[257] Se você quiser colocar negativamente, poderia dizer que Actaion está, para o bem ou para o mal, absolutamente (irreversivelmente) "atrelado" à sua "perspectiva" *inicial*. Não há pluralidade de perspectivas, não há mudança de uma perspectiva para outra, não há "politeísmo" psicológico. Não há escolha. Não há escapatória. É como uma pedra. A pedra que não é uma pedra.

---

257. É assim que Jung definiu a individuação. O que a noção de "individuação" de Jung trata é, assim como na história de Actaion, *do mútuo intercâmbio do seus status* entre o sujeito (personalidade egoica) e o que o sujeito efetivamente é (Si-Mesmo). Para começar, a personalidade egoica é o sujeito existente e assim possui realidade empírica, e o si-mesmo está no *status* de idealidade (está, por assim dizer, ainda no céu; Jung: no inconsciente). O processo de individuação é o processo através do qual a personalidade egoica desaparece no Si-Mesmo e se submete a ele, perdendo sua propriedade (realidade empírica) e *passando-a* ao Si-Mesmo, que assim adquire "existência" concreta nessa vida. O Si-Mesmo desceu do céu à terra, enquanto a personalidade egoica, tendo perdido o seu *status* ontológico, foi sublimada, destilada em um mero "espírito", um princípio lógico.

No lugar onde nós psicologicamente estamos – no final do século XX, em uma era em que a autodestruição nuclear e ecológica da humanidade, assim como a destruição do planeta terra se tornou uma possibilidade mais do que factível, no meio de uma revolução da informação e do movimento da humanidade em direção ao ciberespaço – já não podemos nos dar ao luxo de abordar nossos tópicos em um modo apropriado para eras anteriores, (psico-)logicamente muito mais inofensivas. Não podemos nos dar ao luxo de imaginar o dionisíaco e o mito inteiro em termos de "pensamento pictórico". Nós temos que *pensar* o dionisíaco.

Torna-se claro porque a psicologia imaginal tem que rejeitar a ideia de si como disciplina da verdade. Comprometimento com a verdade teria implicado a necessidade da autossuspensão da psicologia, do desmembramento (putrefação) do seu próprio estilo imaginal – em outras palavras, expulsão do Paraíso da "terra média" da imaginação, na qual a psicologia arquetípica desfruta seu esplêndido isolamento da realidade (*Wirklichkeit*). Também se torna claro o que se consegue mantendo o dionisíaco aparte como se fosse uma estrutura separada ou uma experiência por direito próprio. Se for isso ele é meramente um *conteúdo* da imaginação de uma psicologia politeísta, um a mais entre outros. É possível refletir sobre ele, mas nunca se permite que opere na *imaginação mesma como uma forma de consciência*. Ele é projetado nas pessoas que se supõe *ter* tal experiência (ou tal perspectiva ou consciência arquetípica) em momentos particulares da sua vida. Ele nunca ameaça retornar ao lar na psicologia imaginal com todo o seu peso – o que aconteceria se fosse entendido que é o *telos* inerente de qualquer e de todas as imaginações (até mesmo aquelas como a de "Apolo") se autossujeitarem ao desmembramento dionisíaco ou à putrefação para obter a forma do pensamento (como Mozart "ouvia" música). A psicologia arquetípica, ao imaginar o dionisíaco como uma experiência ou perspectiva arquetípica de indivíduos em vez de ser uma dissolução lógica da própria imaginação, mostra mais uma vez que se agarra ao ego e tende a conceber a psicologia como o estudo das psicologias das pessoas.

A psicologia imaginal é uma psicologia "com alma". Mas a imaginação é o exílio da alma, um exílio sob as condições da ditadura totalitária de uma civilização positivista. Nesse exílio, a alma está em um estado "congelado". O mito, *se* tomado imaginalmente no meio do pensamento pictórico, é por assim dizer "literatura do exílio". A alma não deve permanecer para sempre no exílio, porque isso apenas apoiaria a ditadura. Ela precisa voltar para casa, do modo como a música voltou para Mozart. Um retorno ao lar, contudo, não pode ocorrer sem um implacável assujeitamento ao desmembramento e sem o colocar sobre os ombros todo o fardo do conhecimento de que a psicologia é uma disciplina da verdade. Ambos são a mesma coisa. O dionisíaco é o caminho para a verdade, para a Noção, para a alma *como* vida lógica. É o caminho para a verdade de qualquer situação arquetípica, de qualquer mito ou imagem, que só se torna plenamente verdadeira quando retorna ao lar em si mesma ou quando suportam o peso de si mesmas. Esse é o caminho no qual a imagem, tal como enunciou Jung, é "completada", *"völlig" gemacht*. O dionisíaco não pode ser reduzido a uma experiência emocional especial ou a uma perspectiva imaginal entre muitas.

Acima, eu disse que o final do mito de Actaion é um ataque à própria imaginação. Como se pode ver, eu adotei essa atitude. Mas isso não deveria ser entendido como um rechaço total das imagens, das fantasias e dos mitos da minha parte. Obviamente, neste mesmo texto eu tenho usado alegremente um mito como fonte da inspiração e informação, e até mesmo expressei minhas considerações por meio do seu imaginário. Nós *precisamos* das imagens, porque sem elas nós não seríamos capazes de pensar nada – a mente estaria simplesmente em branco. Mas precisamos delas apenas para suspendê-las. Não se trata de iconoclastia, nem de nenhuma cruzada contra os produtos da imaginação. Não há uma passagem ao ato literal da suspensão da posição imaginal da consciência por meio de uma limpeza da mente de todas as imagens. Tal passagem ao ato faria com que as imagens pagassem o preço que eu, ou melhor, que minha psicologia deveria pagar. A suspensão tem que ser "rememorada", "*er-innert*", interiorizada *dentro da forma da psicologia*. É a decomposição do sujeito como substância ou como substrato e é o seu desparecer em seus próprios atributos (na psicologia que era suposto ele "ter"). Não se trata da decomposição literal do sujeito enquanto pessoa real, e sim da *noção* de sujeito em termos ontológicos.

Essa decomposição, em vez de ser um "caminho para fora do sujeito" (que criticamos acima) pressupõe um sujeito resoluto.

Se a psicologia imaginal é uma psicologia com "alma", meu ataque à abordagem imaginal não implica cair atrás desse nível de reflexão, não implica um desvio do seu curso (como se fosse uma alternativa paralela a ela). Ao contrário, implica ir consistentemente mais além da sua posição presente continuando no mesmo curso. Isso é assim porque o que estou tratando de sugerir implica a suspensão, e a sublimação da noção imaginal de alma para que possa conhecer a si mesma *como* vida lógica (que durante todo esse tempo tem sido desconhecida). Em outras palavras, não uma psicologia "com a Noção" *ao invés* de uma psicologia "com alma". E sim uma psicologia com alma, mas uma que tendo visto através de si mesma, compreende a si mesma como a Noção e assim retorna ao lar. Pois enquanto a alma for imaginada como sendo imagem, ela é grosseiramente indeterminada.

Qualquer iconoclastia é testemunha do fato de que a consciência meramente alcançou o nível da Primeira reflexão do mito ou da imagem, guiada pelo conceito abstrato (Lógica Formal). A Primeira reflexão se exemplifica melhor com a crítica ao mito feita pelos filósofos pré-socráticos e por Platão, assim como pela crítica feita à religião e às crenças populares pelo Iluminismo. O que é preciso é um movimento para a Segunda reflexão (a reflexão da reflexão) ou para a Noção existente[258].

Recordando todo o nosso mito, poderíamos dizer que a posição metodológica ou teórica da psicologia imaginal é definida apenas pela primeira metade do mito (a primeira, a segunda, e a quarta determinação, até Actaion contemplar a Deusa). A psicologia imaginal se estabelece como o caçador caçando o Outro, a imagem arquetípica, no sentido de um (arquetípico) "ver através" ou *epistrophé*. Mas então para aí. Para aí até mesmo quando interpreta a segunda metade do mito, porque o faz a partir da posição metodológica que é descrita com a contemplação da Deusa por Actaion. Ela toma sua posição em uma instância *puer*, que então é projetada sobre Actaion (que, como eu mostrei, não era em nenhum momento um *puer*

---

258. Cf. sobre esse tema Bruno LIEBRUCKS. *Sprache und bewußtsein*, 7 (in 9) vols., Frankfurt (Akademische Verlagsanstalt, agora Peter Lang) 1964-1976.

inocente). Ela se mantém à distância das imagens arquetípicas, contemplando-as e admirando-as em frente a si mesma, mas mantendo as imagens como algo visível frente a frente, ela também paralisa ou congela a dinâmica inerente em direção ao seu *telos* dionisíaco. Aparte de eternalizar as imagens como Formas Platônicas, ela também as imobiliza ao ignorar os aspectos do seu *destino* interior. Pois como já vimos, se as imagens não estivessem congeladas, se encaminhariam elas mesmas para a sua própria decomposição[259]. Em seu próprio enfoque, a psicologia imaginal apoia a inocência da separação entre sujeito (Actaion) e objeto (a imagem, Ártemis) assim como a separação entre Actaion e a psicologia ou perspectiva *puer* que ele tem, mesmo quando ao discutir nosso mito (ou outro fenômeno) reconheça que o mito desfaz essa separação. Mas *imagina* (*vorstellen*) esse desfazer, e assim o lê de uma maneira inofensiva como o destino inevitável do *puer* de ter que perder sua inocência. Ao imaginá-lo, este destino é projetado e delegado à imagem de Actaion como figura *puer* e como conteúdo da sua consciência, enquanto a inocência *puer* da *própria psicologia imaginal* permanece intacta, e para que possa permanecer intacta.

Assim a segunda metade do mito, especialmente o tema do desmembramento, é lido como não mais do que uma mudança de uma perspectiva anterior para uma posterior "fresca", com a qual Actaion é "recompensado". A dissolução dionisíaca é seguramente encapsulada e cercada. É mais ou menos como uma

---

[259]. Essa fixação da imagem, *e. g.*, de Ártemis no momento em que ela pode ser contemplada é a contraparte do fato de que na psicologia arquetípica o sujeito é congelado (não deve mostrar nenhum comprometimento e não dever tomar nenhum partido pela verdade).

troca de roupas. E acerca da questão de que trata o "dionisíaco", vemos que ele é reduzido, à *la* Nietzsche, ao mero dizer "sim" de alguém à vida com todo o seu êxtase e dor (Moore, p. 173): "afirmar o dionisíaco é reconhecer e apreciar o lugar da dor e da morte na vida" (p. 176). Que visão tão inocente da perca dionisíaca da inocência! O sujeito permanece intacto: *nós* temos que reconhecer, afirmar e apreciar a dor e a morte como fatores na vida, esses fatores permanecem não mais do que conteúdos da nossa consciência, da nossa experiência emocional. O *status* da consciência permanece intacto. Tudo o que ocorre é que em um e mesmo quadro (as ideias que alguém tem sobre a vida) as cores rosadas são suplementadas por algumas cores escuras. Não há putrefação e nem reconstituição do próprio quadro desde o início. O dionisíaco se torna apenas um estado emocional intensificado no qual êxtase e dor se unem.

Nós dissemos que em sua posição teórica a psicologia arquetípica se detém no ponto em que Actaion contempla Ártemis. Mas se em sua posição metodológica você para no ponto da sua história em que a Deusa pode ser contemplada como algo independente em frente a você, então você não entrou na natureza selvagem junto com Actaion e não contemplou *realmente* Ártemis. O que você viu é no máximo a abstração de uma imagem congelada, talvez uma alegoria ou uma réplica de museu sem vida dela, que mesmo assim você pretende que seja a verdadeira Deusa. A psicologia imaginal ainda sequer chegou no ponto em que Actaion contempla Ártemis. *Ela* apenas imagina ou sonha seguir o movimento de *Actaion* na floresta primal, enquanto permanece confortavelmente em casa durante as imaginações desses eventos míticos. Ela os *assiste* como se estivessem na televisão. Assim seu parar no final da primeira metade da aventura de Actaion é um parar na primeira metade de sua imaginação televisiva da história de Actaion, mas não da história mesma.

Temos que ler tal mito para frente *e para trás*. Não devemos manter o início e o final aparte como pontos terminais de um desenvolvimento linear daqui para ali. No mito de Actaion, o final torna o começo possível em primeiro lugar. O desmembramento dionisíaco (que é contado no final da história) é a precondição para que em primeiro lugar possa haver uma natureza selvagem e para poder ver a Deusa como a verdade interior dessa natureza (um ver que *na* história, opostamente *conduz* ao desmembramento dionisíaco). Como um inocente *puer* sonhador não há um caminho pelo qual se poderia entrar na selva e efetivamente ver Ártemis nua lá. Sem esse desmembramento, você não seria mais do que um turista que, na medida em que permanece turista, jamais saberia o que a natureza selvagem é e o que Ártemis é, não importa para onde vá. É por isso que eu disse que as assim chamadas imagens arquetípicas da psicologia imaginal e os Deuses de uma "psicologia politeísta" são em larga escala falsos. Deuses de TV.

O final dionisíaco do nosso mito é seu verdadeiro início? Essa visão das coisas também seria incorreta. Para a psicologia imaginal, o dionisíaco é a unidade do êxtase e da dor: essa é só a interpretação passiva, só um *páthos, patheîn*, um estado que alguém sofre. Essa interpretação emocional do Dionisíaco é o modo no qual esse fenômeno pode ser explicado *e* ainda assim ser mantido à distância por uma atitude *puer*, ou como ele pode ser seguramente encerrado no vaso alquímico. Isso mostra que o dionisíaco tampouco é uma "realidade objetiva". Também depende de outra coisa a fim de ser o que realmente é.

Depende do quê? Do ato da matança. Não é muito significante que Moore não discuta a matança, dado que o texto do mito efetivamente não a menciona. Mas é significativo que Hillman, por princípio, rechace a ideia de matança como um modo primário de fazer alma[260]. Senão em geral pelo menos em nosso mito, a matança é aquele movimento através do qual a entrada na selva se torna *real* e através do qual há de fato alguém que pode ser desmembrado no espírito de Dioniso. Nem todo despedaçamento por cães é um desmembramento dionisíaco em um sentido psicológico e logicamente relevante, porque enquanto for apenas um fato positivo, é apenas uma desgraça comum ou catástrofe. Dioniso precisa de um sujeito que, por assim dizer, mostre seu pescoço, se exponha implacavelmente e dê a essa autoexposição uma *realidade* autêntica. Isso é o que ocorre através da matança. Com ela, Actaion se compromete. Agora ele está realmente presente na selva, na infinitude, sem um caminho de volta. A matança sela sua autossujeição à *corps perdu* ao seu destino dionisíaco. Sem ela, ele estaria no máximo "fantasiando" acerca do desmembramento, como uma espécie de espetáculo de TV imaginal. A psicologia arquetípica não se conecta realmente com a realidade, porque falta, tanto em sua teoria como em seu método, o momento da "matança". Seu enfoque se encapsula em suas próprias imaginações.

A matança é então o começo efetivo do nosso mito? Também não. Pois a matança e o desmembramento constituem um ao outro. Sem o desmembramento, a matança seria apenas um fato positivo, talvez uma carnificina comum. A determinação ativa de matar *é* em si mesma o se ver passivamente superado

---

260. HILLMAN, James. "Once More into the Fray. A Response to Wolfgang Giegerich's 'Killings'". *Spring 56*, 1994, p. 1-18.

A vida lógica da alma 479

pelo processo de decomposição. Ambos os movimentos, que procedem em direções opostas, são um só e mesmo movimento, são dois aspectos contraditórios que permeiam um ao outro. E só se são um e o mesmo é que ocorrem no *status* de negatividade lógica *e* abrem o espaço da negatividade lógica. Todos os elementos do nosso mito são mutuamente dependentes um do outro. Não há um começo e nem um fim literal, só há a simultaneidade dos diversos momentos de uma verdade arquetípica.

É por isso que também seria um erro se alguém supusesse que minha insistência no sujeito é um retorno à psicologia egoica. Não estou falando da necessidade "*do* ego". Não estou postulando primeiro um ego que então tem que se desenvolver, e no curso desse desenvolvimento (processo de individuação) talvez tenha que também sofrer um desmembramento dionisíaco. Estou falando de um sujeito ou Eu que começa como desmembrado, fermentado, suspenso, e pela matança dá a si mesmo, no seu estado desmembrado, *realidade*. O Eu que entra na selva já deve estar lá, na selva, para poder ser capaz de entrar. Já deve ser um Eu que entra no *frenesi* dionisíaco. Devemos lembrar o que foi dito no início sobre o *hysteron proteron* da entrada. Não há caminho *do* ego positivo *para* a experiência dionisíaca, assim como não há uma transição positiva de uma realidade positiva para a natureza selvagem ou infinitude, e não há entrada positiva para a psicologia. Se você não começa com já tendo tomado (pretérito perfeito!) sua posição no começo irredutível "arquetípico", você jamais chega lá. A matança não é mais do que o colocar todo o peso próprio atrás da *impertinência* com a qual você clamou para si mesmo nesse "ter *a priori* sua posição na" *arché*, na eternidade, no absoluto, na realização e através da qual você torna real essa pretensão.

Eu indiquei que temos que ler o mito para frente e para trás. Começo e fim assim como tudo que há no meio, tem que ser posto em vibração. A psicologia tem que se estabelecer no uróboros, como a unidade da identidade e da diferença dos opostos. Mas considerando que a uróboros contém tanto a unidade quanto a diferença, nosso mito tampouco deve ser visto unilateralmente como a descrição de uma única instância arquetípica. Ele também é a unidade de uma sequência linear de eventos *e* uma simultaneidade dialética, a unidade de meio e mensagem. E, portanto, é possível lê-lo desse modo ou daquele. O modo como se deveria ler é principalmente uma questão ética, psicológica. Jung poderia ter dito: é ao mesmo tempo o testemunho da própria liberdade de escolher entre verdade e erro[261].

Nosso mito, como o mito da Noção e como a relação da alma com a Verdade (sua própria Verdade), mostra a Noção não apenas como o resultado final. A Noção é a unidade do resultado final e de todo o movimento para esse resultado. É a simultaneidade de *todos* os momentos dentro da lógica interna do movimento da alma. A Noção é todo o escopo e extensão de Actaion que foi dionisicamente assimilado à Verdade e de Actaion que acabou de entrar na selva e ainda está bem longe da Verdade. É a dialética inteira de imaginar (personificar, objetificar, reificar, ontologizar) *e* des-imaginar (suspensão, dissolução, putrefação em um movimento lógico). A Noção ou Verdade é a unidade da sua realização *e* dos vários estágios de aproximação a ela. Nosso *insight* dialético tem que ser que suas realizações preliminares insuficientes estão compreendidas *na* Noção e pertencem a sua

---

261. *Memórias*, p. 306.

plena realização. Nada é perdido ou totalmente deixado para trás. Todo o movimento da alienação *em direção* à realização da Verdade tem lugar na Verdade e, ainda mais importante, *cada* momento dentro desse mito (de Actaion que ainda não deixou seu lar; de Actaion que anda vagando sem objetivos através da selva; de Actaion que contempla a Deusa se banhando; de Actaion transformado em cervo; de Actaion despedaçado por seus próprios cães) é tanto um momento de toda a verdade *como* já em si mesmo toda a verdade. Até mesmo a alienação é uma forma da Verdade. É por essa razão que a psicoterapia, que o projeto alquímico de fazer ouro a partir do estrume, é possível em primeiro lugar. Até mesmo a condição neurótica como uma forma distinta de não-verdade tem desde o início, de maneira desconhecida para si, seu lugar na verdade. Não devemos tentar "cair fora" das nossas neuroses – porque esse intento *é* a própria neurose, é o intento de escapar da Verdade. Nós devemos levar nossa neurose a sério com todas as suas contradições e levá-la até a sua própria conclusão, a qual ela suspenderia a si mesma. A neurose "tem tudo o que precisa" para se tornar Verdade "em si mesma". De fato, já *é* a própria verdade de alguém, mas na forma de sua rejeição, na forma do seu rechaço. A Verdade é inescapável.

***

Há duas grandes objeções que poderiam ser levantadas contra a posição apresentada aqui. A primeira é: Uma psicologia baseada na noção de alma como vida lógica não tem mercado. Não vende bem. A mera palavra lógica espanta as pessoas. O pensamento dedicado é por demais extenuante, requer muito esforço e concentração. Na era da mídia, o apetite das pessoas é por sensações, emoções, ideias simples fundamentalistas. Claro que nem todo esse apetite é facilmente satisfeito pelas cruas produções da TV, pelos enormes festivais de música, por drogas causando "êxtase", por simples sistemas de crenças sectários e coisas desse tipo. Há pessoas em quem esse apetite aparece de uma maneira mais fina, mais sutil e em uma variedade mais culta. A psicologia imaginal com seus *insights* excitantes e facilmente acessíveis (imagináveis) serve a um mercado (relativamente) amplo entre essas pessoas.

Mas essa objeção é obviamente uma objeção a partir do ponto de vista da reflexão *externa*, e enquanto tal não tem autoridade para a psicologia.

A segunda objeção é que a posição apresentada aqui é contra a lei. Não qualquer lei, mas contra a lei principal ou central que governa nossa sociedade, a lei, "Não deveis levantar a questão da Verdade".[262]

A isso só posso dizer que esse é justamente o meu ponto. Se a minha exposição não fosse totalmente ilegal em tal sentido fundamental – como ela poderia ter seguido Acation na selva?

---

262. Essa lei torna possível os quatro valores (e realidades) determinantes da nossa era: "informação", "eficiência técnica", "entretenimento" (sensações, experiências emocionais intensas, "picos") e "lucro rápido". Eles são os quatro caminhos por meio do qual o supremo *projeto* do nosso tempo está sendo realizado, o do estabelecimento *de uma existência absolutamente livre da verdade*: Ciberespaço.

7 Perguntas finais

Nossa discussão nos levou aparentemente a reinos muito elevados. Teremos perdido o contato com o chão? Pode uma psicologia que insiste expressamente em ser *teórica* ter alguma conexão com a realidade terapêutica, e alguma ligação com o tipo de problemas que se encontra diariamente no consultório de psicoterapia? Pode a ideia de vida lógica da alma e de uma psicologia cognitiva se tornar prática? Pode existir uma verdadeira "psicanálise selvagem" que tenha lugar na selva primal e que tenha nascido de um *frenesi* dionisíaco? Se a tarefa da psicologia é vista como a interiorização absolutamente negativa em sua própria Noção, ela não perde de vista o paciente literal, o ser humano que sofre?

Perguntas e mais perguntas. Todas elas mereceriam uma discussão extensa, ainda que para o leitor que seguiu de modo pensante o curso dos meus argumentos as linhas gerais das repostas possam ser claras a partir do que já foi dito. Aqui eu quero simplesmente mencionar duas coisas. Eu espero ser capaz de apresentar ao público, em um futuro não tão distante, outro livro no qual eu me volto, sobre a base das ideias acerca da vida lógica da alma apresentadas neste livro, às terras baixas da psicologia prática, à neurose. Eu intenciono mostrar como o ponto de vista da *lógica* da alma pode se abrir a um entendimento melhor, mais refinado do que realmente ocorre na neurose quando ela é vista por dentro[263].

Meu segundo ponto se refere ao entendimento do propósito de uma literatura psicológica e da natureza do treinamento na área da psicologia e da psicoterapia. Novamente, eu posso fazer apenas algumas alusões esparsas a um tópico que precisaria de elaborações mais detalhadas, considerando o grau com o qual nossa consciência está sob o feitiço da metafísica da ciência e da tecnologia. A literatura psicológica tem para minha mente nenhum outro propósito além do de educar ou cultivar a mente do psicólogo, do psicoterapeuta. Aparte de um conhecimento compreensivo da fenomenologia da vida da alma tal como se manifesta na história da humanidade, o treinamento de candidatos deveria ser uma diferenciação de suas mentes: processamento mental! A mente precisa aprender a fazer facilmente complexos movimentos lógicos, dialéticos que são requeridos se um entendimento é verdadeiramente psicológico e se o nível lógico da alma há de ser alcançado afinal. Ela precisa adquirir categorias e formas de pensamento verdadeiramente psicológicas, e uma minuciosa prática no trabalho com elas. O candidato não tem que aprender, não deve aprender truques técnicos com os quais possa prender os fenômenos psicológicos.

---

263. A Primeira Parte já apareceu: GIEGERICH, W. *Der Jungsche Begriff der Neurose*. Frankfurt/Main: Peter Lang, 1999. Também estou trabalhando em uma sequência deste volume, um livro com o título de *Die Neurose als metaphysische Krankheit*. [NOTA DO TRADUTOR: Essa sequência foi publicada em inglês com o título de *Neurosis: The Logic of a Metaphysical Illness*. New Orleans: Spring Journal Books, 2013].

As ideias e conceitos apresentados na literatura psicológica não devem ser ferramentas que o praticante possa então *aplicar* colocando os fenômenos em caixas; elas não devem ser usadas como armadilhas. O conhecimento acerca dos procedimentos técnicos não é o que conta. O interesse presente entre os terapeutas na questão da "eficiência" é um signo de imaturidade psicológica. A terapia não é um fazer, uma atuação (uma passagem ao ato da parte do psicólogo) e assim *não pode* ser "efetiva" (mesmo que possa ser de grande ajuda). A terapia é uma "rememoração", uma "recordação" – a interiorização absolutamente negativa (*Er-innerung*), do que quer que aconteça, em si mesmo, na Noção de alma. Certamente o terapeuta *é* o caçador. Mas ser um caçador significa acima de tudo ser caçado pelos próprios cães. O terapeuta real no consultório não pode se permitir *aplicar* uma teoria ou técnica. *Ele tem sempre que improvisar*, senão ele não estaria na natureza selvagem e não seria o "homem inteiro". Ele tem que improvisar por que tem que estar face a face com seu paciente, sem nenhuma técnica ou teoria sendo interposta. *Mas*: seu improviso deve ser realizado por uma *mente* plenamente cultivada psicologicamente...

Há mais uma questão completamente diferente a ser tocada. É a *questão do nome* que a psicologia apresentada neste livro deve receber. Devemos chamá-la de "lógica" ou de "psicologia dialética" (em vez de "psicologia arquetípica" ou "imaginal")? Claro que não. O propósito mesmo deste livro tem sido trabalhar em direção a uma noção rigorosa de psicologia. É verdade que a psicologia, e essa é uma de nossas ideias principais, tem que ser dialética, tem que avançar ao *status* do pensamento. Mas se *é* dialética e está no *status* do pensamento, ela é psicologia pura e simplesmente. Incluir "dialética" no nome da psicologia significaria ter cercado essa psicologia. Ela teria se estabelecido como uma variedade de si entre outras variedades. No momento mesmo em que isso acontece, a psicologia não poderia mais ser verdadeiramente dialética. A dialética significa dissolução, suspensão das cercas. A psicologia não é tal que possa haver muitas variedades dela, porque qualquer que seja a questão particular para a qual ela se volta, qualquer que seja o ângulo particular a partir do qual ela se volta para elas e qualquer que seja "equação pessoal" de quem esteja fazendo isso, a psicologia é sempre uma e mesma coisa: a interiorização absolutamente negativa de qualquer *prima materia* em si mesma (no si da própria *prima materia*), na sua própria Noção, na sua alma. Uma Noção, encarnada em Muitos.

# Referências

ARISTOTLE. *Politica*.

_____. *Metafísica*.

AUGUSTINE. *De Trinitate*.

AVENS, R. *The New Gnosis*. Dallas: Spring Publ., 1984.

BALTES, M. *Die Weltentstehung des Platonischen Timaios nach den antiken Interpreten*. Leiden: Brill, 1976.

BEIERWALTES, W. "Actaeon. Zu einem mythologischen Symbol Giordano Brunos". In: Idem. *Denken des Einen*. Frankfurt/Main: Klostermann, 1985, p. 424-435.

BERKELEY, G. *A Treatise concerning the Principles of Human Knowledge*.

BRUNO, G. "De immenso et innumerabilibus". In: FIORENTINO, Francesco (ed.) et al. *Opera latine conscripta* [reprinted 1962].

_____. *De gli eroici furori*, in: *Dialoghi Italiani*. Firenze, no date (1958) [ed. by Giovanni Gentile/Giovanni Aquilecchia.

CASEY, E. "Reality in Representations". In: *Spring 54* (1993), p. 32-41.

CLASSEN, C.J. *Untersuchungen zu Platons Jagdbildern*. Berlim, 1960.

COLERIDGE, S.T. *Aids to Reflection in the Formation of a Manly Character*, 1825.

Der kleine Pauly. Lexikon der Antike. 5 vols. München: Deutscher Taschenbuch Verlag, 1979.

DIOGENES LAERTIUS. *Lives of Eminent Philosophers.*

FICINO, M. *Theologia Platonica*, XIV 3 (Marcel edition vol. II).

FIGULUS, B. *A Golden and Blessed Casket of Nature's Marvels*. Londres: Vincent Stuart, 1963.

FÖSING, A. "Was kostet E = mc2?" In: *Süddeutsche Zeitung*, n. 300, 30 Dec. 1995, p. III.

GALIMBERTI, U. "Analytische Psychologie im Zeitalter der Technologie". In: *Analytische Psychologie* 1989, 20:87-120.

GEHRTS, H. "Die Perle Märchen auf dem Faden der Zeit". In: Idem. *Von der Wirklichkeit der Märchen*. Regensburg: Röth, 1992.

_____. "Vom Wesen des Speeres". In: *Hestia* 1984/85. Bonn: Bouvier Verlag Herbert Grundmann, 1985.

GIEGERICH, W. "The 'Patriarchal Neglect of the Feminine Principle': A Psychological Fallacy in Jungian Theory". In: *Harvest*, 1999, vol. 45, no. 1, p. 7-30. Agora em: Idem. *"Dreaming the Myth Onwards": C.G. Jung on Christianity and on Hegel. Part 2 of The Flight Into the Unconscious* (= W.G., CEP vol. 6) New Orleans, LA: Spring Journal Books, 2013, p. 47-84.

_____. "Materialistic Psychology: Jung's Essay on the Trinity". In: Idem. *"Dreaming the Myth Onwards":* C.G. Jung on Christianity and on Hegel. Part 2 of The Flight Into the Unconscious (= W.G., CEP vol. 6) New 280 References Orleans, LA: Spring Journal Books, 2013, p. 85-163.

_____. "The Opposition of 'Individual' and 'Collective' – Psychology's Basic Fault. Reflections On Today's *Magnum Opus* of the Soul". In: *Harvest 1996*, vol. 42, n. 2, p. 7-27. Agora em: Idem. *The Flight Into The Unconscious. An Analysis of C.G. Jung's Psychology Project* (= W.G., Collected English Papers [abbreviated: CEP], vol. 5) New Orleans, LA: Spring Journal Books, 2013, p. 332-369. Publicado também em Italiano: "L'oppositione tra 'individuale' e 'collettivo' – l'errore di base della psicologia. Riflessioni sul *Magnum Opus* dell'Anima di oggi," in: *l'immaginale (Rassegna di psicologia immaginale)* 21, anno 12°, ottobre 1996, p. 10-51.

_____. "Der Sprung nach dem Wurf. Über das Einholen der Projektion und den Ursprung der Psychologie". In: *GORGO* 1/1979, p. 49-71. Now also in English, "The Leap After the Throw: On 'Catching up With' Projections and on the Origin of Psychology". In: Idem. *The Neurosis of Psychology. Primary Papers towards a Critical Psychology* (= W.G., CEP vol. 1) New Orleans (Spring Journal Books) 2006, p. 69-96.

_____. *Der Jungsche Begriff der Neurose*. Frankfurt: Peter Lang, 1999.

_____. *Animus-Psychologie*. Frankfurt: Peter Lang, 1994.

GOETHE, J.W. von. *Faust I* and *II*.

GRINNELL, R. "Reflections on the Archetype of Consciousness – Personality and Psychological Faith". In: *Spring*, 1970, p. 30-39.

Grönländer und Färinger Geschichten. Thule vol. 13. Düsseldorf: Diederich, 1965.

HEGEL, G.W.F. *Phenomenology of the Spirit*. Oxford: Oxford Univ. Press, 1977 [transl. A.V. MILLER].

_____. "Differenz des Fichteschen und Schellingschen Systems der Philosophie". In: HEGEL. *Werke in zwanzig Bänden*. Theorie Werkausgabe, vol. 2. Frankfurt: Suhrkamp, 1970.

_____. "Vorlesungen über die Geschichte der Philosophie II". In: Theorie Werkausgabe, vol. 19, Frankfurt: Suhrkamp, 1971.

_____. "Grundlinien der Philosophie des Rechts". In: Theorie Werkausgabe, vol. 7, Frankfurt: Suhrkamp, 1970.

HILLMAN, James. "'Psychology – Monotheistic Or Polytheistic': Twenty-Five Years Later". In: *Spring 60*, Fall, 1996.

_____. *The Soul's Code. In Search of Character and Calling*. New York: Random House, 1996.

_____. "Once More into the Fray. A Response to Wolfgang GIEGERICH's 'Killings'". *Spring 56*, 1994, p. 1-18.

_____. "The Yellowing of the Work". In: *Paris 89*. Proceedings of the Eleventh International Congress for Analytical Psychology August 28 – September 2, 1989, ed. by Mary Ann Mattoon. Einsiedeln: Daimon, 1991, p. 77-96.

_____. *Archetypal Psychology*: A Brief Account. Dallas: Spring Publications, 1983.

_____. *Healing Fiction*. Barrytown: Station Hill Press, 1983.

_____. *The Myth of Analysis*. Evanston: Northwestern Univ. Press, 1972.

_____. *Re-Visioning Psychology*. New York: Harper & Row, 1975.

IAMBLICHUS. *Protrepticus*. Stuttgart: Teubner, 1967 [ed. H. Pistelli].

JAFFÉ, A. *Der Mythus vom Sinn im Werk von C.G. JUNG*. Zürich and Stuttgart: Rascher, 1967.

JUNG, C.G. *Memories, Dreams, Reflections*. New York: Vintage Books, 1989 [recorded and edited by Aniela Jaffé – transl. by Richard and Clara Winston, Revised edition].

_____. *Letters*. 2 vols. Princeton: Princeton University Press, 1975 [Bollingen Series XCV: 2 – ed. Gerhard Adler].

_____. *Briefe*. Vols. II and III. Olten and Freiburg i.Br.: Walter, 1972-1973 [ed. A. Jaffé].

_____. *Erinnerungen, Träume, Gedanken*. 4. ed. Zürich and Stuttgart: Rascher, 1967 [ed. A. Jaffé].

_____. *Gesammelte Werke*. Zürich and Stuttgart: Rascher/Olten and Freiburg i.Br.:Walter, 1958 ff.

_____. *The Collected Works*. Bollington Series XX. Princeton: Princeton University Press, formerly Pantheon Books, 1953 ff.

KANT, Immanuel. *Kritik der reinen Vernunft*.

KERÉNYI, K. "Kontakte mit C.G. Jung". In: *Wege und Weggenossen*. Vol. 2. München: Langen Müller, 1988.

_____. "Die Göttin Natur". In: *Apollon und Niobe* München: Langen Müller, 1980 [Werke in Einzelausgaben, vol. IV].

_____. *Die Mythologie der Griechen*. 4. ed. Vol. 1. München: dtv, 1979.

LANGE, F.A. Geschichte des Materialismus und Kritik seiner Bedeutung in der Gegenwart, 1866.

LEGGE, J. In: *I Ching. Book of Changes*. New York: Bantam Book edition, 1969.

LESSING, G.E. *Eine Duplik*, 1778.

Lexikon der Alten Welt. Zürich: Artemis-Verlag, 1965.

LIDDELL, H.G. & SCOTT, R. *A Greek-English Lexicon*. Oxford: Oxford Univ. Press, 1961.

LIEBRUCKS, B. *Sprache und Bewußtsein*, 7 (in 9) vols. Frankfurt: Akademische Verlagsanstalt, later: Peter Lang, 1964-1979.

MOGENSON, G. "Re-Constructing Jung". In: *Harvest 42*, n. 2, 1996, p. 28-34.

MOORE, T. "Artemis and the Puer". In: HILLMAN, James et al. *Puer Papers*. Irving, Texas: Spring Publ., 1979, p. 169-204.

NIETZSCHE, F. *Werke in drei Bänden*. München: Hanser, 1958 [ed. Schlechta].

NILSSON, M.P. *Geschichte der griechischen Religion*. 3. ed. Vol. 1 (= Handbuch der Altertumswissenschaft V.2.1). München: Beck, 1967.

ONIANS, R.B. *The Origins of European Thought*. New York: Arno Press, 1973 [reprint edition].

OTTO, W.F. "Der ursprüngliche Mythos im Lichte der Sympathie von Mensch und Welt". In: Idem. *Mythos und Welt*. Darmstadt: Wissenschaftliche Buchgesellschaft, 1963, p. 230-266.

OTTO, W.F. "Gesetz, Urbild, Mythos". In: Idem. *Die Gestalt und das Sein*, Darmstadt: Wissenschaftliche Buchgesellschaft, 1975, p. 25-90.

OVID. *Metamorphoses*.

PICO DELLA MIRANDOLA. *On the Dignity of Man, On Being and the One, Heptaplus*. New York: Kansas City (Bobbs--Merrill, The Library of Liberal Arts), 1965 [transl. by Charles Glenn WALLIS et al.].

PIETSCHMANN, H. *Phänomenologie der Naturwissenschaft. Wissenstheoretische und philosophische Probleme der Physik.* Berlin: Springer, 1996.

_____. "Die Sicherheit der Naturgesetze – Polarität von Mensch und Kosmos". In: *Eranos 55-1986.* Frankfurt/M. (Insel), 1988, p. 85-108.

PLATO. *Fédon.*

_____. *Sofistas.*

_____. *Teeteto.*

PLOTINUS. *Eneada.*

SALLUSTIUS. *Concerning the Gods and the Universe.* Cambridge 1926 [ed. D. NOCK] ou SALOUSTIOS. *Des dieux et du monde.* Paris: Société d'Édition "Les Belles Lettres", 1983 [ed. Gabriel ROCHEFORT].

SCHELLING, F.W.J. Philosophy of Mythology, 1842.

SEZNEC, Jean. *La Survivance des dieux antiques.* London, 1940.

SPIVAK, Gayatri Chakravorty. "Translator's Preface". In: DERRIDA, Jacques. *Of Grammatology.* Baltimore: Johns Hopkins Paperback, 1976, p. ix-lxxxvii.

STEIN Murray. "*Solutio* and *Coagulatio* in Analytical Psychology. One Man's View of Where Our Field is Today". In: *The Analytic Life* (Papers from a conference held in 1985). Boston: Sigo Press, 1988, p. 1-9.

VICO, Giambattista. *The New Science.* Cornell Univ. Press, 1970 [transl. Thomas Goddard Bergin and Max Harold Fisch, revised and abridged, Ithaca].

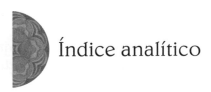

Índice analítico

Absoluto, o 404, 405, 429
absolutamente-negativa 388
autoabandono absolutamente negativo 440
como corrupção cada vez mais aprofundada de si 343
interiorização 171, 172, 175, 179, 258, 343, 425, 443, 449, 486
interiorização absolutamente-negativa de si em si mesma 171
negatividade absoluta 42, 178, 201, 367, 376, 394, 398, 404, 405, 420, 426, 444

pensamento abstrato: necessidade de treinamento no 26, 58
Acomodação 20, 22, 359, 441
Actaion
como um cervo: "concepção" real 443
como um *puer*? 188
e Ártemis 23, 189, 436
fim do mito: um ataque da própria imaginação 472
imagem da alma como psicologia humana 364s.
imagem para a psicologia que se move na floresta 368, 372-373
mito de Actaion 184-195, 204s., 208s., 226-230, 248, 289, 393, 397-406,

408-413, 415s., 417s.,
439, 443, 448, 470, 476
mito do momento da
Verdade 364/ não é um
amante/ não é um
gerador 443
mito/representação
pictórica da Noção 184,
353-482
o final do mito: instrução
para des-imaginar 456
seu desmembramento nos
priva dele como imagem
455s.
sua essência: *ser* caçador
406s.
transformação em um
cervo não é uma punição
432

Aflições

antiguidades psicológicas
302s.
e "os deuses": duas
abstrações 305s.
eventos físicos, cosmológicos
303s.
nossas 305s., 306s., 326

Afrodite 291, 308, 317s., 363

Agostinho 206

Agregação
miscelânea 154s., 160, 166,
168

Albedo (→ *nigredo*) 136, 366

Aldeias de Potemkin 37

Alegórico, alegoria 190-203,
208, 214, 215, 220s., 224s.,
230, 250

Além metafísico 395

Alma 33, 361-368, 374-377
alquimia da história da
alma 136, 139
"apenas como *anima*" 314
aspecto violento do
fazer-alma 416
autorreflexão urobórica 366
como contradição e
diferença 70, 336s.
como mundo invertido 449
como vida lógica, é noção,
pensamento 19s., 88s.,
199, 203, 241, 459, 483s.
e verdade: correlatos, e não
alternativos! 397s., 404
fala sobre si mesma 215
não é dupla, mas
autorrelação 361s.
não é nada positiva, não
é uma entidade 170s.,
234s., 457

não está trabalhando na *minha* consciência 267
não tem referente externo 119
noção de 74-81, 93-97, 144, 171s., 180, 212, 486
precisa de pensamento abstrato 58
preexistente à consciência 203s.
quer *conhecer* a si mesma 378
quer ser *feita* 413
se desdobra em uma sizígia de opostos 361
sempre pensa 180, 199s., 207, 217, 219, 365
sujeita a mudanças históricas 309

Alquimista(s) 37, 88, 177, 191, 194-199, 224, 235-281, 330, 336-341, 350s. 383, 404, 443, 465

adepto, figura que: torna a intervenção humana explícita 240s.
aspecto violento 416
da história da alma 135s., 139
deixou para trás a posição estritamente imaginal 236-238
dualidade do oratório e laboratório 49
estágios sucessivos como metamorfoses 253s.
importância do reconhecimento da subjetividade dos conteúdos 237
interpretação regressiva da 263s.
Jung: ela redime a sombra cristã 250
ligação histórica entre o passado e o presente 243
mistificação da 275s.
mostra a mente como ativa, produtiva 240
não é um termo da oposição mente/matéria 251s.
opus contra imaginationem 235
opus contra naturam como um *opus contra imaginationem* 244
realizada na "psicologia moderna" 279

relaciona-se com a lógica "quintessencial" da realidade 273
seu mistério é metodológico 278
suas diversas operações 249
teve que ir abaixo, suspender a si mesma 246, 281
todo o *estágio* do mito condensado na retorta 242
transmuta a *química* da matéria 248
via negativa 194

Amarelecimento 336-343, 346, 348

Amplificação 221, 262

Anders, Günther 396

Anima alba 309, 314

Anima mundi 306-308, 341, 344, 345s.

retorno à 307

Animus 313, 314, 316

Anschauung, sinnliche 50, 88, 187

Anthropos 124s.

Apolo 291, 307s., 315s., 317, 471

Aqua permanens 236, 241, 257, 259, 404

Aristóteles 229, 304

Arquétipo, arquetípico 78, 152, 200, 308s., 320
  arquétipo-em-si 294, 296
  supermercado de arquétipos 137

Arquétipos: todos precisam do desmembramento dionisíaco

autossuspensão 466

Arrebatamento (*Schwärmerei*) 381

Ártemis (→ Actaion) 185, 360s., 374s., 376s., 397, 403s., 407s., 408s., 442s., 448s., 452s., 465s., 476s.
  caçada 431
  como cervo ela também é a atividade da caça caçada 430s.
  como Deusa nua: imagem da verdade 385
  Deusa caçadora 411s., 425, 438s.
  "do cervo" 410, 430
  face positiva dessa negatividade 376

imagem interna do cervo assassinado 411

matar o cervo não é um crime contra 433

permanece intocada apesar do contato verdadeiro 444

unidade da caçadora assassina e do cervo 439s.

verdade nua, virgindade 360, 444

Assumptio Mariae 150

"Atualizar" (→ projeção) 85, 258

Aurea catena 138, 141, 166, 177, 265

Aurora consurgens 245, 259, 386

Aurum nostrum 191

Ausência, falta *vs.* completude, presença 110

Ausentando a si mesmo, homem moderno 392

Bacon, Francis 112

Baltes, Matthias 213

Barreira do mundo mental 399

Basalto, líquido flamejante *vs.* pedra cristalizada 110, 137, 165, 167

Beierwaltes, Werner 356

Berkeley, George 180, 200, 217

Bobin, Christian 65

Boss, Medard 95

Bruno, Giordano 356, 364, 407, 437

Cabordagens clínica *vs.* simbólica 122

Caçada 353s., 405-410

desaparecimento do caçador (sujeito) no ato da caçada 453s.

desfaz seu próprio substrato 458

Caçador 364s., 406-408, 438, 450s., 485

como alma conhece a si mesmo como verdade nua, Ártemis 360

procurando o Outro 355s.

unidade de matança e de deixar o Outro intocado 360

A vida lógica da alma

Cães: impulso de caça desencoleirados de Actaion 452s.

Campbell, Joseph 300

Caríbdis 31

Casey, Edward 136s.

Cassirer, Ernst 286

Cervo 209, 407, 410-413, 417, 429-435, 438s., 444, 452, 481

Ciberespaço 103, 310, 314, 331, 387, 471, 482

Ciência 112, 116s., 177, 237, 390, 409

  suspendida 120, 127, 133, 329

Circumambulando, *circumambulatio* 111

Civilização moderna 184, 324

  vazio (→ obsolescência) 324

  alma moderna e mito: incompatíveis 316

  resposta falsa à 314

  universalismo 310

Coagulatio 166

Cognição 355, 360-365, 378, 386, 410, 435-438, 440-446, 448

Coleridge, Samuel Taylor 208

"Como se" 286, 288, 381, 392

Comparando semelhanças 320, 321, 326

Conceito → Noção

Conceito existente

  homem como 205

  noção 124, 133, 170, 443, 444, 448, 455, 459, 466, 474

Concepção contraceptiva de conhecimento 414s., 437, 441, 442

Consciência

  contraditória, dialética 343

  defasada do que está acontecendo 51

Consumismo psicológico 318

Continuidade intacta da consciência 38

Contra naturam 337

Contradição ou dialética 228

Corbin, Henri 188, 198, 401

Corruptio, corrupção 341s., 346, 348s., 383

Cosmos, cosmologia 338-350, 411

projeto *humano* (egoico) de resgate do 338
"Cristão em geral" 123
Cristianismo 134, 135, 149, 255, 294, 308
  suplanta do mundo natural 246
Cristo 123s., 250
Cusanus (Nicolau de Cusa) 356

Daimon 33s., 38, 40-47, 89, 358
Daseinsanalyse 95
Derrida, Jacques 421-429
Descaramento lógico 65
  reality show 69
Descartes, René 309, 314
Desconstrução 103, 392
Desmembramento 209, 446, 448
Deus absconditus 396
Deuses 44, 60, 106, 127, 232, 235, 237, 263, 293, 297-304, 310s., 325, 394, 401, 416s.
  como antiguidades psicológicas 291, 311, 317, 320
  como formas abstratas 291, 293, 297
  entidades não "existentes" 408
  mortos, obsoletos/jamais morrem 262, 309, 313
  na psicologia imaginal 381s.
  realidade virtual da, como um "como se" 381
  respeitados apenas como Deuses de tempos passados 319
  se *imaginados*: são abstrações congeladas 416
  suspendidos 294, 319
  usados para "adornar" nossas aflições ordinárias 318
Dialética 259, 332, 343
  do imaginar e des-imaginar 480
Diferença psicológica 191s., 209, 216, 217, 233
Dinheiro, mercado de ações 52, 153s., 311
Diogenes Laercio 98
Dionisíaco 20, 209, 449, 462-467
  como um *frenesi* sóbrio 464

desmembramento 446-464, 472, 477-479
é a finalização da "entrada na selva" 451
frenesi 333, 464, 483
iniciação no pensamento rigoroso e na noção de forma 467
não como um estilo de consciência, mas como "lógica" 464
não como um evento particular 462, 464
não é para ser visto nos termos da patologização 464
não é uma experiência 454
necessário para completar a verdade artemisiana 466
só pode acontecer como um evento lógico, e não emocional 463
suspende a abordagem imaginal 461

Dioniso 291, 297, 308, 451

Dissociação 226

Dissolução "química" no Mercúrio 342

nível "químico" da "matéria" *vs.* dimensão física das entidades formadas 350

Dissolução 241, 278
da *noção* de personalidade, da ontologia em movimento lógico 452-456
do Si-Mesmo e do Outro em uma Outridade 446
química no Mercúrio 342

Dorneus, Gerhard 350

Ecletismo 173, 175

Edda (Snorri) 98

Einstein, Albert 25, 47, 48

Elêusis 69

Eliade, Mircea 204

Emoção 86

Entrada 32, 43, 48, 60
como transgressão 35, 39
e o momento de violência 35, 39
três defesas à entrada 60

Epistrophé (Proclus) 106, 232

Equação pessoal 322, 486

Ergriffener, ein 63, 64

Er-innerung, er-innern 25, 63, 72, 140, 147, 171, 336, 342, 474, 485

Escolas desenvolvimentistas 182

Espectro de cores 89
  analogia à emoção-imagem 88

Espelho 171s., 302, 339, 345
  externo ou interno? 173, 179, 229, 322

Esse in anima 103, 288, 328

Estágios, movimento através de 136, 253

"Excentricidade" do ponto de vista 167, 168, 173, 392

Evolução do animal para a existência humana 343

Experiências
  eventos convertidos pelo ego em 303

Falácia antropológica, diferença 233, 261, 451

Falar
  e o impronunciável 60, 64
  negado 62

  psicológico: unidade de si e do seu oposto 62

Fardo da (história) 164

Fausto 138-141, 215, 265, 266

Fazer alma 315, 416, 478

Fenômeno, não 119, 243, 398

Fermentatio, corrupção fermentante 348, 460

Ficino, Marsilio 437

Figulus, Benedictus 241

Física 26, 47, 57
  apensas modelos teóricos 51
  físico *vs.* "químico" 350

Física newtoniana 57

Floresta primal
  autoexposição à Outridade 356s.

Fluidez (→ liquidez) 178, 183, 214, 452, 459s.

"Forma, que é o intelecto, a" 350

"Formação, transformação..." 131, 215, 271, 362

Fracasso em erguer o gato 99-107, 122

A vida lógica da alma

Fracasso em ver através
  necessário para uma real experiência da negatividade lógica 106
Fraude, psicológica 60
Freud 63, 64, 75, 80, 85, 91-96, 167, 182, 192, 391
  como "ein Ergriffener" 63, 64, 75
  "lama negra do ocultismo" 391

Galimberti, Umberto 161-166
Gato que não é um gato 99, 100s., 115, 117s.
  como uroboros e horizonte lógico 101
  falha indispensável de "erguer o gato" 106
  não é um signo 104
Gehrts, Heino 19, 397, 411
Giegerich, Wolfgang 21, 150, 224, 251, 267, 284
Gnôsis toû theoû 380
Gnosticismo 243s.
  imagem de Deus na "psique" *vs.* Deus real 400

Goethe, Joh. Wolfgang von (→ *Fausto*) 138, 140, 175, 362, 386
  "formação, transformação..." 131
  raramente sonhava 266
Grinnell, Robert 76, 179
Guardião da entrada 31, 35, 40, 41s., 55, 58, 59s.
Guerra nuclear/lixo/armas 317, 331

Hardin, Garrett 145, 151
Hegel, G.W.F. 28, 39, 41, 48, 54, 82-88, 95, 117, 124, 154, 171, 198-201, 218, 219, 241, 243, 251, 253, 262, 263, 287, 302, 375, 385, 408, 443, 458
Heidegger, Martin 79, 95, 111, 116, 132, 216, 316, 397, 426, 428s.
Heráclito 62, 396
Hércules 307s., 315s., 317, 363
Hermenêutica 158, 207
Hermes 236, 308
Hermes Trismegisto 437, 451

Hic Rhodus, hic salta! 389

Hillman, James
 (→ psicologia arquetípica
 → psicologia imaginal)
 33, 76, 99, 180-183, 201,
 207, 224, 232, 240,
 286-288, 289, 296, 297,
 301, 306, 309, 311, 314,
 319, 321, 325, 327, 337,
 338, 341-351, 361, 378,
 380, 405, 476,
 seu re-visionando a
 psicologia 232

História (→ tempo)
 alquimia da história da
 alma 136, 139

Hölderlin, Friedrich 404
 "*heilig-nüchtern*" 68

Homem (→ homem inteiro):
como ego 398
 como a "Noção existente"
 (→ Noção) 206
 mandala 131s., 152

Homem inteiro, o 205-208,
213, 219, 269, 371, 390, 465,
485

Homo absconditus 396-400,
441

Hull, R.F.C. 130

Hysteron proteron 39, 111,
255, 365, 457, 479

I Ching 357

Identidade
 da identidade e da
 diferença 227, 437
 de agente e vítima 430s.

Ignotum per ignotius 195,
277, 278

Igreja 254, 255
 como uma fortaleza contra
 Deus 38

Imagem(s) 44, 86, 88, 184,
281, 284, 294, 309
 como afirmações 119
 como pensamento em uma
 forma visível 84
 contém tudo que precisa
 104
 "imagem é alma" 200, 328
 imagem real *vs.* uma apenas
 imaginada 418
 negadas e refletidas 235
 phainomena 119
 precisamos delas para
 suspendê-las e pensá-las
 473

temos que ficar com a imagem 221
tem "tudo o que precisa" 220
Imaginação 145, 236, 282, 285, 287, 315, 330-336, 350, 351
  como uma forma de consciência 471
  constrói o dionisíaco como uma experiência 462
  é o exílio da alma 472
  jamais poderia imaginar a "matéria" 249
  própria decomposição 457
  retém o sujeito como substrato 462
  se for consistentemente levada até sua conclusão/ se dirige para sua suas transformações são meta*morfo*ses, e não transmutações "químicas" 248s.

Imaginação ativa 390

"Imaginal, o": uma formação de compromisso 394

Imaginatio vera vs. Fantástica 224

Implícito *vs.* Explícito 82, 86, 94, 248

Imunidade 183
  à noção de alma 142
  ao *Zarathustra* 140

Inconsciente, o 23, 198, 235, 274, 277, 300
  coletivo e ainda sim em mim, pessoal 196
  "mente" alquímica falsamente identificada com 274

Índios Pueblo 69, 245
  Sol como seu Pai 246

Individuação 33, 37, 152, 156, 275, 277, 380, 470, 479

Infinidade 424, 425, 442

Informação: como conhecimento "com contraceptivos" 441
  sociedade da informação 317
  teoria da informação 259

Inire/iniciação 31, 37, 427, 449, 463
  como uma morte a ser realizada 31

Inocência, lógica 314
  ilegítima 318
Internet 310, 315, 327
Introspecção 171
Irrepresentabilidade da alma 200

Jaffé, Aniela 83
Juízo Final 40, 43, 46
  não é no futuro 42
Jung, C.G. *passim* 420, 421
  alto nível lógico de reflexão 80
  a vida sustenta uma questão endereçada a mim 133
  começa com respostas 113
  comparado a pensadores explícitos 94
  compreendeu o que "alma" significa 76
  e a ciência 112
  empirismo obstinado 78, 197, 200
  em relação à Freud 167
  e o pensamento 115
  falhou em entrar na lógica de um problema 196
  fazer teoria era vital para ele 115
  fluxo interno de lava 109, 114
  imagem de Deus na alma *vs*. Deus como real 380, 390
  "Jung" como um nome para um corpo de pensamento 90, 91
  lutando com o monstro da história 134
  minha vida pertence à generalidade 270
  nem sempre estava à altura dos seus próprios critérios 96
  nosso herói e pai? 91
  o poder do seu pensamento 125, 145
  pensador da alma 79-82, 220
  pensador implícito, e não explícito 81, 89
  "personalidade n. 1" e "n. 2" 89, 143, 264
  se distanciou dos seus discípulos 141
  senso de destino 110

seu trabalho *não é* o de um cientista 112
seu *único* pensamento 78s.
singular ao abordar a alma como real 72-75
sobre seu pai sofredor 123-126
Junguianismo oficial 143
Junguianos 22, 140
  burocratas com um verniz religioso de fazer o bem 145, 379
  necessidades subjetivas para se tornarem 152

Kafka 35
"diante da Lei" 29, 35, 60
kairós 411, 414
Kant, Immanuel 175, 197, 200, 230, 233, 238, 279, 314, 377-381
Kawai, Toshio 23
Kerényi, Karl 72-76, 128, 301, 396, 430, 454
killing 296s.
Kitsch, psicológico 153
Kuhn, Thomas 146

Lacan, Jacques 94, 361
Lança 19, 71
Lange, Friedrich Albert 61
Lapis 177
Lessing, Gotthold Ephraim 384
Lichtenberg, Georg Christoph 108
Liebrucks, Bruno 474
Lier, Doris 400
Limiar, motivo do 30, 33, 58-63
Liquefação, liquidez (→ fluidez) 161, 166, 241, 252, 259, 332, 348
Lógica dialética 125, 315, 350
Lógica, lógico 198, 274
  frenesi dionisíaco da lógica, psico-lógica 460
  (lógica) da alma não é trabalhada 330
  não é a lógica formal 48, 75
  onicompreensiva 347
  revolução lógica 332
  se aplica tanto ao físico quanto ao espiritual 255
Logocentrismo 395
Lopez-Pedraza, Rafel 221

Malraux, André 137

Massa confusa 88

Matar, matança, vontade de matar 356, 359, 405-431

  como autoinvestimento absoluto 418

  como absoluto autoarriscar 415

  como modo primário do fazer-alma 478

  como o meu dizer: "É isso!" 428

  como uma união real dos opostos 419

  como um momento de revelação da Deusa 407

  deve ser pensado 428

  e epifania: idênticos 405

  identidade da matança e da intocabilidade 412

  significa permitir que os opostos se unam 435

Medicina suspendida 127, 329, 336

Meditação 416, 419

Medusa 171

Meier, C.A. 172

Mercurius 118, 240-247, 255-259, 269, 288, 342, 350-351

  aprisionado na matéria e libertado 245

  como intuição da forma lógica 259

  como prata-rápida, conceito líquido 241

  como um conceito 241

  dissolução no 241, 278, 342, 349

  "in Mercurio" 267, 386

  Mercurius non vulgi 191, 195

  na alquimia: um conceito dialético 235

Mestres Zen 30

Metáfora da lava 109s., 112, 156-161, 165, 174

Midgard 99s., 107, 122, 126, 142-147, 151, 163

  o lugar do homem cotidiano 100

Mito(s) 150, 263, 292, 298-308, 326, 393, 423

  como expressões simples da verdade 300

como formas abstratas 291
fala sobre a Mesma, única verdade atômica 214
não há desenvolvimento linear 477
não há explicação, mas duplicação da psicologia humana 227
não há início e fim literal/simultaneidade 479
não há uma perspectiva fresca no final 470
só é real se é a verdade da nossa realidade 325
soletra uma perspectiva inicial/sua verdade 470
todos os eventos narrados "acontecem" ao "mesmo tempo" 468
unidade do que aconteceu e de como foi percebido 222

Modo mitológico de estar-no-mundo 304

Mogenson, Greg 76, 103s.

Moira or Aisa 312

Molière, Jean Baptiste 230

Momentos arquetípicos, muitos, diferentes 362

Monoteísmo 309s., 315, 429

Moore, Tom 185, 189, 193, 209s., 228, 289, 295, 414, 432, 469, 478

Mozart, Wolfgang Amadeus 468, 472
  A flauta mágica 29

Mundo de cabeça para baixo (→ Invertido) 252

"Mundo invertido" 39, 42, 172, 337, 373, 410, 443, 449

Mysterium coniunctionis 334

Mythos = palavra verdadeira 300
  não torna alguém criativo 269

Negação 41
  (negação) da negação 41, 59s., 351, 375, 395
  realizada 41

Negatividade lógica (→ negatividade absoluta) 45, 101, 106, 119s., 127, 132s., 146, 171, 201, 216, 252, 271, 359, 365, 369, 373, 376, 394, 405, 466, 479

Neoplatonismo 235, 243, 326, 329

Neumann, Erich 141

Neurose 45, 156, 399, 481, 484

  como uma negação de si mesma 47

Nietzsche, Friedrich (→ *Zarathustra*) 81, 138, 140, 154, 230, 382, 387, 428, 476

  "último homem" 382

Nigredo, albedo, citrinitas, rubedo 136

Nilsson, Martin P. 410

Noção/conceito 19, 74-79, 84-89, 94-97, 110, 147, 152, 167-171, 174-179, 184, 213, 345s., 377, 383, 387, 414, 424, 429, 455s., 472

  alma doadora de vida de qualquer corpo de pensamento 159s.

  como penetração que mata 415

  como um conceito "vivo" 75

  conceito existente/noção 124, 134, 170, 206, 443s., 448, 456, 459, 467, 474

  nível/reino do 406, 427, 458, 465

  unidade do resultado final de do movimento para esse resultado 480

Nossa era: seus quatro (cinco) valores/realidades determinantes 482

Numinosum, o numinoso 63s.

O estilo de imaginar coisas é decomposto enquanto tal pelo desmembramento 457

  modo da imaginação como uma reflexão externa 43

  o que não pode ser imaginado mas precisa ser pensado 62

  torna alguém um mero espectador 461

O Outro 34, 48, 334, 342, 355-361, 374, 405, 410, 418s., 430, 439, 443, 446

  como a alma mesma ou seu verdadeiro Si Mesmo 355

  se revela como um Si Mesmo 439

Obra, a 249, 269, 281, 338s., 465
estágios da Obra 136
Obsolescência 44s., 313, 429
como verdade atual acerca da imagem 45
permaneça intelectualmente abaixo do nível alcançado 53
Ofensa narcísica 30, 34, 48
Okeanos, Pai: origem de tudo 101
Onians, Richard Broxton 202, 387
Operações alquímicas: *destillatio, destillatio, evaporatio, fermentatio, mortificatio, putrefactio, sublimatio* 241
Opostos não dialéticos 344
Opus contra imaginationem 350
Opus contra naturam 37, 251
Opus magnum 144, 183, 268s., 275s., 349, 465
não pessoal, mas cultural 266

Opus parvum 267, 269
Orfeu 364, 443
Otto, Walter F. 202, 301
Ovídio 185, 356, 408s., 432s., 445

Parábola da festa do casamento real 31s.
Paradoxos em vez de pensar os opostos 255, 415, 432
é o *não-pensar* dialeticamente 248
Pedra, a, que não é uma pedra 191, 194s., 236, 258, 470
Pelicano 339
Pensamento 20, 26, 47, 79-97, 125, 172, 207, 214, 278, 469
a *quinta essentia* das quatro funções 208, 219
como evento *vs.* forma lógica 220
como imaginação suspendida 316
como nada além de pensamento pictórico 50
não é uma "função" 218

pictórico 50, 53

psicológico abstrato 58

Pensar

  implícito *vs.* Explícito 81s.

  não é o emprego de uma função 81

  um tipo de figura de caixa de areia *intelectual* 81

"Pequena casa no subúrbio" 134, 137, 149-154

Perseu 171

Personalidade n. 1, n. 2 89s., 143, 264s.

Pico della Mirandola, Giovanni 437

Pietschmann, Herbert 117s., 380

Platão 30, 229, 356, 366, 474

  formas platônicas 137, 475

  Parábola da Caverna 36

Plotino 212s., 468

Politeísmo 308s., 428, 471

Política de apaziguamento 308

  psicológico 164

Ponte, queima da 289, 336

Ponte para a alma 457

  dissolvida em favor de um movimento de cruzamento 459

Ponto-médio 321, 327-336, 471

  sem fundamento, terra de ninguém 328

Popper, Karl 111, 378

Popularizações 26

Porfírio 212

Posição marxista 341

Positivismo, positividade 306, 332, 342, 375, 394, 405, 410

Postura da Ilustração 118, 237, 281, 284, 292, 473

Pré-existência 202s., 207, 213, 219, 223, 282, 336, 352, 359, 367s., 387s., 406, 412, 442, 458s., 466

Pregar 33

Preservar a sanidade da mente 228, 445, 461

Pressuposições da interpretação psicológica dos mitos 190-227, 249, 389, 418, 433

A vida lógica da alma

alegórico 190-203, 208, 220, 224, 250
autossuficiência dos mitos 220, 389, 418, 423
desdobramento da vida interna de um único momento 209
diferença do subjetivo/objetivo 222-227, 434
tautológico 208-216, 221, 225

Pretérito perfeito 41

Prima materia, matéria prima 111-115, 128, 136, 235, 244, 330, 338s., 347, 369

corrupção cada vez mais aprofundada de si 343

Problemas atuais: estão em um nível mais alto de abstração 52

Problemas do meio narrativo/imaginal 210s.

Processos anônimos dessubjetivados 52

Proclo 213, 232

"Proibida a entrada!", "Não!" 30s., 39-44, 48, 55

  é a entrada do portão 41

Projeção 20s., 258

e "atualizar" 85, 258, 351, 440

Psicologia 379, 403

além das imagens: nível da forma lógica 53
alienação de si mesma 22
a questão do seu nome 485
autocorrupção da 341
autossuspensão da 336, 346
castração da 401
clínica *vs.* simbólica 122, 127
como acomodada 21
como aquilo que uma pessoa tem 189
como estudo das psicologias das pessoas 231
com/sem alma 61, 398, 473
como uma disciplina da verdade 404
concepção sem noção de 154
conteúdos *vs.* estilo de pensamento 31
disciplina do pensamento 20
é como um permanente Juízo Final 43

e conhecimento 381
é no fundo psicologia *pop* 28
enraizada na noção alma 96
e o leigo não qualificado 28
é religião suspendida, ciência suspendida, medicina suspendida 119, 127, 329, 335
fraterniza com o ego 36s., 48
ideia de oficina de reparos 148
impensabilidade da sua base 330
importância da sua forma lógica 47
importância para o futuro 20
interiorização absolutamente-negativa de qualquer *prima materia* em si mesma 485
interiorização em si mesma 22
não diferencia o especialista do leigo 27
não é o que está dentro da pessoa 20
não tem campo delimitado de trabalho 121, 206, 368
não tem ponto arquimediano fora de si 169
negatividade da sua própria noção 170
noção de 23, 72, 370
no espírito da negatividade lógica 45
que as pessoas *têm* (→ psicologia das pessoas) 215, 338
quem em mim faz psicologia 32
requer nossa morte lógica 42
requer o homem inteiro 130, 205
re-visionar *vs.* suspensão real da 335
se coloca como "ciência" 38
tarefa da [psicologia]: a interiorização absolutamente-negativa na sua própria noção 483
tarefa da [psicologia]: educar ou cultivar a mente do psicólogo 484

tecnológica *vs.* teórica 122
tem que encarar "o todo" 149
tem que ser psicologia cognitiva 379
tem que ser psicologia suspendida 216, 336s., 346
tem que ser sobre a alma 61
tem que ser teórica 148, 379
vendida como "psicologia do ego" 34
verdadeira psicologia: "*com* alma" 398

Psicologia alquímica 20

Psicologia arquetípica (→ psicologia imaginal) 198, 394, 401, 428, 459

de uma certa forma é psicologia suspensa 232
ponto crucial: permanência na imaginação 232
psicologia humanizante *vs.* psicologia de-humanizante 290
viés imaginal 23

Psicologia cognitiva 379, 483

Psicologia das pessoas 215, 263, 336, 402, 472

ter uma psicologia *vs. ser a sua* psicologia 226

Psicologia do ego 34, 366, 464, 479

Psicologia imaginal 185s., 194, 198, 201, 207, 226, 229-236, 262, 285, 289-296, 321, 327-332, 351, 381, 394, 405, 460, 465s., 477, 482, 485

como uma psicologia "com alma" 472s.
como uma psicologia do ego 231
compartimentaliza arquétipos como estruturas separadas 464
caçando o Outro, a imagem arquetípica 474
encontra a imagem com uma reserva mental 283
postula coisas, e então retrai esse postulado 283
rejeita ser uma disciplina da verdade 471
sua inocência *puer* 475

Psicologia junguiana 122, 151, 379, 400

alegada deficiência 174

Psicologia *new age* 60

Psicologia *pop* 28, 153

Psicologias que as pessoas *têm* 215, 340

Psicólogo: fala como alguém já falecido 45, 143

Psyché vs. *thymós* 202

Reconstrução (do trabalho de Jung) 156, 166, 174

Reflexão 80, 155, 158, 168s., 236

Reflexão interna ou imanente 155, 158, 322

Religião 149
  como sistemas psicoterapêuticos 128
  suspendida 119, 127, 150, 329, 335

Remitologização 301-305, 322, 329

Revolução Francesa 56

Rilke, Rainer Maria 385

Rompida, relação reflexiva com os conteúdos 114, 313

Rouala (povo nômade na Síria) 67s.

Sacrificium intellectus 125, 331

Salustios 213

Schelling, F.W.J. 199, 208

Schwärmerei 381

Selva (→ Ártemis) 208, 283, 384-388, 398, 401, 448s., 470
  a absoluticidade da verdade 372
  como a caça condensada em um ponto, em uma forma, face 411, 417
  como o artificie entrando no vaso 369
  como o reino da "pre-existência" 367s.
  como percepção suspendida 388
  domesticada 202, 385, 402
  metáfora para a negatividade lógica da alma 359
  não como um lugar, mas como exposição da noção de mim mesmo 373
  "regiões inexploradas, intransponíveis" 269, 358, 402

Semmelweis, Ignaz 49

Sentença especulativa 218, 408
Sentido (falta de) (da vida) 128, 151, 222, 277, 292, 324, 424
Ser apreendido 75
Serpente de Midgard 99, 105s., 115, 123, 157s.
Serpente do mundo 103
Significante *vs.* significado 102
Silêncio 64-68
Símbolo 44, 151, 175, 192, 263, 281
  morte dos símbolos 262
Si-Mesmo, o 33-40, 43-47, 89, 126-131, 146, 152, 159, 223, 238, 439, 447, 470
Similitude
  afirma uma continuidade intacta 291
  crítica da 289, 320, 326
Singular, o, e o universal 124
Sintoma psicossomático 86
Solidificação 166
Solutio 166
"Sonhar o mito adiante" 150, 153

Sonho 173, 222
  sonho pessoal *vs.* "grande sonho" 266
Spivak, Gayatri Chakravorty 425
Stein, Murray 90, 173, 181, 184
Subjetividade das pessoas *vs.* na forma objetiva 285
Suspendida (*aufgehoben*) 86, 119, 127, 133, 149, 214, 316, 329, 336s., 388
Suspensão (*Aufhebung*) 119s., 148, 207, 241, 245, 336-341, 351, 383, 395
Susana banhando-se 409

Tautegórico 208
Tautológico 208, 214s., 225, 407
  diferenças internas do que é estritamente o mesmo 211
Tempo, histórico: determina se uma imagem arquetípica tem *realidade* 312
Teoria 127, 153, 207
Terapia com caixa de areia 81, 250

Terceiro reino entre mente/ matéria 253

Terceiro, o 253, 331-336

Thor, deus germânico 98-108, 117, 122-128, 132, 142, 156s.

Todo, o 130, 148
    como horizonte lógico da psicologia 132
    totalidade do todo é o que torna algo selvagem 372

Totalidade 417
    não a "nossa" totalidade 130

Trabalho do Conceito 49, 243, 330

Tradição romântica 284

Transferência 66, 79, 126, 263, 419

Transformação 37, 383, 430, 440, 447

Transgressão 434s.
    não é uma ofensa moral 434
    seu crime: que ele não transgrediu o suficiente 35

Transmutação, "química", da matéria, ou ser humano individual 248, 347

Treinar a mente, necessidade de 48

Trono vazio de Deus 67

TV 37, 44, 47, 441, 445, 477s.

Reality Show 69

Unidade da diferença e da unidade 125
    do "ser humano singular" e do "Cristo universal" 125

Unidade da identidade e da diferença dos opostos 480

Unidade da unidade e da diferença 125, 177, 211, 225, 334

Unio mentalis 337

Unio naturalis 37, 337, 366

Unus mundus 261

Urerfahrung 270, 465

Uroboros 99, 107, 132, 480

Útgard, Útgarða-Loki 98s., 106s., 117, 122, 134, 142-147, 152, 156

Vento da história 164

"Ver através" 99, 224, 413, 416s.

como implacável
penetração 413
comparado a um
palimpsesto 225
Verdade 44, 269, 300, 383-388, 390s., 401, 404, 412, 427, 446, 450
absoluta 361s., 372, 394, 398-404, 412, 416, 420, 424, 438, 446, 450, 457s.
como o reprimido definitivo 379
e alma: não são alternativas! 404
formas históricas da 402
inescapável 481
mais detestada, proibida 391, 482
nua 360, 364, 377, 399s., 407, 410s., 420, 430, 434-438, 467
o intocado que foi tocado 412
preço por eliminar a questão da 387
sua absoluticidade é o que torna algo selvagem 372
tem que ser gerada e reafirmada 386

uma e a mesma, tem diferentes determinações, momentos 353
Vertical *vs.* horizontal 102
vertical, o 157s., 163
Vico, Giambatista 301
Violência 36, 39, 413
é necessária 413s.
realidade virtual 311, 381, 391s.
Voltaire, François M. A. de 341
Voyeurismo 407s., 415, 436, 443

Weber, Max 21
White, Padre Victor 142
Wilke, H.-J. 162s.
Wittgenstein, Ludwig 59
World Wide Web 104

Xamanismo de hoje 465

Zarathustra 138-141, 265
Zeus 248, 295-299, 305, 363, 400s., 463
e sacrifícios de touros 296

Coleção Reflexões Junguianas
Assessoria: Dr. Walter Boechat

- *Puer-senex – Dinâmicas relacionais*
Dulcinéia da Mata Ribeiro Monteiro (org.)
- *A mitopoese da psique – Mito e individuação*
Walter Boechat
- *Paranoia*
James Hillman
- *Suicídio e alma*
James Hillman
- *Corpo e individuação*
Elisabeth Zimmermann (org.)
- *O irmão: psicologia do arquétipo fraterno*
Gustavo Barcellos
- *Viver a vida não vivida*
Robert A. Johnson e Jerry M. Ruhl
- *O feminino nos contos de fadas*
Marie-Louise von Franz
- *Re-vendo a psicologia*
James Hillman
- *Sonhos – A linguagem enigmática do inconsciente*
Verena Kast
- *Introdução à Psicologia de C.G. Jung*
Wolfgang Roth
- *O encontro analítico*
Mario Jacoby
- *O amor nos contos de fadas*
Verena Kast
- *Psicologia alquímica*
James Hillman
- *A criança divina*
C.G. Jung e Karl Kerényi
- *Sonhos – Um estudo dos sonhos de Jung, Descartes, Sócrates e outras figuras históricas*
Marie-Louise von Franz
- O livro grego de Jó
Antonio Aranha
- *Ártemis e Hipólito*
Rafael López-Pedraza
- *Psique e imagem – Estudos de psicologia arquetípica*
Gustavo Barcellos
- *Sincronicidade*
Joseph Cambray
- *A psicologia de C.G. Jung*
Jolande Jacobi
- *O sonho e o mundo das trevas*
James Hillman
- *Quando a alma fala através do corpo*
Hans Morschitzky e Sigrid Sator
- *A dinâmica dos símbolos*
Verena Kast
- *O asno de ouro*
Marie-Louise von Franz
- *O corpo sutil de eco*
Patricia Berry
- *A alma brasileira*
Walter Boechat (org.)
- *A alma precisa de tempo*
Verena Kast
- *Complexo, arquétipo e símbolo*
Jolande Jacobi
- *O animal como símbolo nos sonhos, mitos e contos de fadas*
Helen I. Bachmann
- *Uma investigação sobre a imagem*
James Hillman
- *Desvelando a alma brasileira – Psicologia junguiana e raízes culturais*
Humbertho Oliveira (org.)
- *Jung e os desafios contemporâneos*
Joyce Werres
- *Morte e renascimento da ancestralidade da alma brasileira – Psicologia junguiana e o inconsciente cultural*
Humbertho Oliveira (org.)
- *O homem que lutou com Deus – Luz a partir do Antigo Testamento sobre a psicologia da individuação*
John A. Sanford
- *O insaciável espírito da época – Ensaios de psicologia analítica e política*
Humbertho Oliveira, Roque Tadeu Gui e Rubens Bragarnich (org.)
- *A vida lógica da alma*
Wolfgang Giergerich